4,-

Sahar Khalifa
Die Sonnenblume

Sahar Khalifa

Die Sonnenblume

Aus dem Arabischen von
Hartmut Fähndrich und Edward Badeen

Mit einem Nachwort von Hartmut Fähndrich

Unionsverlag · Zürich

Dialog Dritte Welt

Die arabische Originalausgabe erschien erstmals 1980 in Jerusalem unter dem Titel *Abbad al-schams*
Deutsche Erstausgabe

Zollikerstraße 138, CH-8034 Zürich, 01/55 72 82

Umschlagfoto: Michael Wolgensinger
Umschlaggestaltung: studio eldorado, Zürich
Gesetzt aus der Bembo 9 ½ / 11 ½p
der Firma Berthold AG
Gesamtherstellung: Steidl, D-3400 Göttingen
ISBN 3-293-00093-2

Sie wuchsen auf im Dickicht der trostlosen Nacht,
im Schatten des bitteren Feigenkaktus.
Sie waren erwachsen – über ihr Alter hinaus.
Sie wuchsen auf und wurden eins
mit einem geheimen Liebeswort.
Sie trugen es, unversehrt, gleich einem Evangelium,
gleich einem flüsternd gesprochnen Koran.
Sie wuchsen auf mit Hennabäumen,
verhüllten mit der Kefije sich –
Da wurden sie zur Sonnenblumenblüte.

Aus »Ode vom Werden« von Fadwa Tukan

1

Er stand unter dem Dach der Haltestelle und betrachtete die Egged-Busse und die Menschen. Eine Frau mit einem Korb voller Gemüse – Blumenkohl, Spinat, Rettiche. Ein Geistlicher mit einem Backenbart, der bei jedem Schritt wippt. Ein junger Mann und eine junge Frau, die sich um die Hüfte gefaßt halten und neugierig den Orient beschauen. Ein etwa zehnjähriger Junge springt, mit einem Beutel voller Lupinenkerne in der Hand, von einem Bus zum andern und schreit, so laut er kann: »Lupiiiiinen«. Ein paar Verkäufer – Sesamringe, Eier, Gewürze, Halva. Ein Bauchladen, dessen Waren unter Fliegenschwärmen verschwinden. Menschen gehen, andere kommen. Vorne an der Straße eine Nonne mit einer Traube Kinder im Schlepptau; wie eine geschlagene Truppe ziehen sie dahin.

Er sah sie schon von weitem, ihren Regenmantel, ihren langen Schal, der hinter ihr herflatterte; in der Hand hielt sie einige Bücher.

Sie gingen schweigend. An ihrer Seite hatte er das Gefühl, die Welt sei reicher und weniger kalt. Nein, er liebte sie nicht, er mochte sie. Die Frage nach der Liebe war nicht mehr so wichtig wie früher, als er noch jünger war. Es war genau wie mit der Religion – ob es Gott gibt oder nicht, das ist eine Sache; mich geht die Welt hier unten an.

Sie betrachtete ihn verstohlen. Noch immer kann sie nicht zu ihm finden. Sein Herz ist so abgekapselt. Er hat so eine Art zu diskutieren, daß sie ihn nie völlig durchschauen kann.

»Du bist heute schweigsam.«

Er lächelte matt. »Ich denke.«

»Woran?«

Er blieb auf dem Gehsteig stehen. Ergriff sie bei der Hand, gerade noch, bevor ein Auto sie erschreckte. Ihr Herz schlug heftig. Der Schreck war ihr in die Glieder gefahren. »Idiot!« rief sie wütend.

»Aber er hatte Vorfahrt. Für die Fußgänger ist noch immer Rot.«

Seine Ruhe machte sie wütend. »Die Straße gehört auch den Fußgängern«, sagte sie trotzig, »nicht nur den Autofahrern.« Ihre Stimme war lauter als nötig. Die anderen Passanten blickten sich nach ihnen um. Sie fühlte sich allseits von Augen umgeben. Die Fußgänger warteten noch immer auf Grün, eng aneinandergedrückt, aber jeder für sich – verschiedene Persönlichkeiten, unterschiedliche Lebensgeschichten.

»Sogar noch beim Überqueren der Straße wird der Klassenunterschied sichtbar«, murmelte sie in Gedanken, während er sie noch immer am Arm festhielt. Er lächelte, ohne Zustimmung zu zeigen. Sein Blick war umwölkt. Sie fühlte sich erniedrigt. Nie zeigt er Emotionen. Mit nichts konnte sie ihn wütend machen, und das machte sie noch wütender.

»Nur weil du ein al-Karmi bist«, sagte sie zänkisch.

Er blickte sie kalt an. Sie spürte, was er sagen wollte – und konnte sich nicht mehr beherrschen. Erbittert riß sie ihren Arm aus seiner Hand los und rannte über die Straße. Die Reifen eines heranfahrenden Autos quietschten, der Fahrer hupte ärgerlich und fuchtelte drohend mit der Faust.

Er holte sie ein, und nebeneinander gingen sie zum Amud-Tor; er würdigte sie keines Blickes. Als sie die

Treppen hintergestiegen waren und durch das mächtige Tor schritten, bemerkte er: »Du benimmst dich wie ein kleines Kind.«

Sie schritt weiter aus und ging jetzt einen halben Meter vor ihm her. Die Bücher an die Brust gepreßt, sagte sie: »Du bist so kalt, daß du rein nichts begreifst. Ich meinte, daß die Straße in erster Linie für die Fußgänger da ist und erst dann für die Autofahrer. Ich meinte, daß die Ampeln Augenwischerei und ein Komplott sind. Wer hat denn die Ampeln aufgestellt und die Regeln dafür festgelegt? Nur die Einfältigen glauben daran, ich nicht. Und deshalb gehe ich über die Straße, wann es mir paßt. Ich bin frei! Ich gehe über die Straße, wann es mir paßt. Ich warte nicht auf ein Licht von ihnen. Ich mache mir mein eigenes Licht.«

Er betrachtete ihr verbissenes Gesicht. Ihre weit geöffneten dunklen Augen erschienen noch funkelnder. Ihre leicht vorstehenden Zähne schienen bereit zum Beißen. Ihre Schärfe gefiel ihm. Ihm gab sie Wärme und Vitalität. Er lächelte: »Wenn du das nochmal machst, gehen bei dir alle Lichter aus.«

»Alle die Lichter können mich mal.«

»Auch das grüne?«

»Das grüne Licht ist Augenwischerei und ein Komplott. Sie wollen uns doch nur hindern, schnell zu gehen, damit sie ihre Ziele durchsetzen. Den Rest überlassen sie den Fußgängern.« Sie hob die Faust und schüttelte sie. »Alle die Lichter können mich mal.«

»Und eines Tages wirst du dann überfahren.«

»Jetzt hätte ich die Straße längst überquert.«

»Du wärst mitten auf der Straße überfahren worden und wärst niemals zum Amud-Tor gekommen.«

»Ich hätte den anderen ein Beispiel gegeben.«

Er empfand Ärger und Beklemmung. Streckte seine Hand aus, zog sie am Arm und drückte: »Sei vernünftig!«

»Laß meinen Arm los«, rief sie.
»Du brauchst Vorschriften.«
»Und du gibst sie mir?«
»Ja, manchmal.«
»Du bist wie das grüne Licht, ein Komplott.«

Er zog den Kopf zwischen die Schultern und schlug den Kragen seines Regenmantels hoch. »Du bist völlig verrückt«, murmelte er.

Tänzelnd sprang sie die Stufen hinunter und stieß dabei andere Passanten mit den Schultern. Ganz außer Atem rief sie: »Du bist wie alle orientalischen Männer und wie all diese alternden Dickwänste der Familie al-Karmi. Du hast mir aber überhaupt nichts zu befehlen, weder als Mann noch als al-Karmi.«

Zum erstenmal wurde er etwas lauter: »Du bist völlig verrückt.«

Sie entfernte sich von ihm; er folgte ihr. Plötzlich war sie in der Menschenmenge verschwunden. Er blieb stehen und schüttelte den Kopf. Dann ging er allein weiter durch die Gassen. Geruch von Lammfellen, die zu schneeweißen Pelzjacken verarbeitet werden. Krämer beidseits der überdachten Straße. Zerstampfte Oliven, griechische Oliven, Salzheringe, getrocknete Feigen, durchbohrt und in langen Ketten aufgehängt, Gemüse und orientalische Süßigkeiten. Ein Kuchenverkäufer. Kassettenverkäufer, die ihre Waren ausrufen. Melodien mischen sich, Sprachen mischen sich, die ganze Stadt ist ein Gemisch.

Japanische Windspiele aus Messing bewegten sich im Wind, der durch die Gassen strich. Sie klingelten leise. Schmerz über die Klage eines kleinen Kindes, das sich im Markt verirrt hatte. Schließlich erblickte er sie und holte sie ein.

Als er sie am Arm packte, brauste sie auf: »Die Tatsache, daß ich mit dir gehe, gibt dir nicht das Recht, mich an die

Kette zu legen. Ich bin dir ebenbürtig, nicht dein Anhängsel.«

»Aber du bringst dich um für nichts und wieder nichts.«

»Ich habe den anderen ein Beispiel gegeben. Ist das nichts und wieder nichts?«

»Blödsinn.«

»Wie kommst du überhaupt dazu, darüber ein Urteil zu fällen?«

»Was schadet es dir, den richtigen Augenblick abzuwarten und erst dann über die Straße zu gehen? Du würdest nicht dein eigenes Leben gefährden und würdest nicht die anderen in Angst und Schrecken versetzen. Außerdem könnte der Verkehr weiterfließen.«

»Ha, das sagen sie alle. Wenn ihnen sonst nichts mehr einfällt, nehmen sie das rote Licht als Vorwand. Aber das Spielchen ist zu durchsichtig.«

Er blieb stehen. »Welches Spielchen?«

Sie drückte ihre Bücher noch fester an sich und pflanzte sich trotzig vor ihm auf: »Das Spielchen vom immer obenauf Schwimmen.«

Am liebsten hätte er sie geohrfeigt. Er ballte die Faust in der Tasche. Spürte, wie ihm der Kopf anschwoll. Dachte an die Zeitschrift, an die hitzigen Diskussionen, an Salem. Das Blut schoß ihm in den Kopf. Er vergaß die Leute um sich herum, die Gasse, die Touristenläden, aus denen ein Duft von fremden Ländern und Reisen drang.

»Du suchst Streit.«

»Und du stinkst nach bourgeoisen Idealen.«

»Du bist völlig verrückt«, knurrte er zwischen den Zähnen hindurch und entfernte sich von ihr mit weitausholenden Schritten. Sie lief ihm hinterher und rief durch die dämmrige Gasse: »Läufst du weg vor mir?«

Er blieb stehen. Sie holte ihn ein. Ihre emotionale Geladenheit hatte einen Höhepunkt erreicht. Sie pflanzte sich vor ihm auf, Tränen in den Augen. Vorwurfsvoll würgte sie hervor: »Du willst dich an mir rächen?«

Er spürte Mitleid; sein Zorn verflog, und er sagte leise: »Weil ich nicht will, daß du überfahren wirst.« Er spürte sie ganz nahe bei sich. Ihre Augen durchbohrten ihn, und seine Stimmte bebte: »Warum willst du sterben?«

»Ich gebe den Leuten ein Beispiel.«

»Dein Beispiel ist furchtbar, weil es verfrüht ist.«

»Ich soll sie also warten lassen? Vielleicht müssen sie lange warten.«

»Dein Vorbild wird sie ängstigen, vielleicht gar ihr Handeln lähmen. Dann machen sie dir Vorwürfe, statt dir zu folgen.«

»Nun bin ich aber über die Straße gegangen und nicht überfahren worden.«

»Zufall. Außerdem bist du allein hinübergegangen. Und was hat das schließlich genützt?«

»Ich bin ihnen vorangegangen.«

»Aber sie sind dir nicht gefolgt.«

»Ja, weil sie feige sind. Weil sie Untertanengeister sind. Weil sie Sicherheit wollen.«

Er ließ verzweifelt ihre Schultern los. Immer dieselben Argumente, derselbe begrenzte Blickwinkel, dieselbe überhebliche prahlerische Logik. Warum mache ich mit alldem nicht Schluß? Die Zeitschrift, die Kollegen, diese aufgeblasene Atmosphäre. Und diese Rafif rundet das Bild ab. Er wollte wirklich weglaufen, aber er beherrschte sich. Vor einem kleinen Kaffeehaus blieb er stehen. Im Fenster standen massenweise Behälter voller Zitronen, Orangen und Tamarinden.

»Willst du etwas trinken?«

»Nein, nichts.«

»Ich gehe etwas trinken.«

Er betrat das von bläulichem Neonlicht erhellte Café, setzte sich in eine Ecke und wartete auf sie. Doch sie blieb stur an der Tür stehen. Er betrachtete ihre kleine Gestalt. Das Gefühl der Verantwortung kam wieder. Kinderrevolution, dachte er.

»Eine Limonade«, rief er, so laut er konnte.

Sie drehte sich weg; er verzog keine Miene. Als der Kellner zwei Gläser Limonade auf den Tisch stellte, folgte sie dem Ruf der Limonade. Mit Katzenschritten kam sie näher.

2

Es war die Niederlage nach dem lange währenden Kampf. Sie wurde stumpf an Gliedern und Gefühlen. Taubheit, Stummheit und völlige Gleichgültigkeit überkamen sie. Auch er war in keiner besseren Verfassung. Nach einem Tag voller Arbeit, Streiterei, Hetze und ständigem Grübeln war er total fertig.

Dennoch trieb er sich noch immer auf der Straße herum mit dieser ständig sprungbereiten Katze, die ihn immer noch gespannter und noch gereizter machte. Allzugern wäre er von ihr weggelaufen bis ans Ende der Welt, um Ruhe und Sicherheit zu finden. Doch er wußte, er würde die Ruhe nicht ertragen können. Er würde zu ihr zurückkehren, um sich von ihr an die Lebenslust der Jugend und die Unbeschwertheit der Jungen erinnern zu lassen.

Doch manchmal, wenn sie ihre Energien, zu reden, zu tanzen und unablässig von Gehsteig zu Gehsteig, von Ort zu Ort, von Platz zu Platz zu springen, erschöpft hat, überkommt auch sie eine seltsame Ruhe. Doch es ist immer die Ruhe vor oder nach einem Gewitter.

Er wandte sich ihr zu, sah sie an. Sie hatte zu kauen aufgehört. Der halbe Sesamring lag auf ihrem Schoß. Die

Papiertütchen mit dem Thymiangewürz waren auf der Erde verstreut.

»Warum ißt du nicht mehr?«

»Ich bin satt.« Sie betrachtete noch immer die oben über den Berg verstreuten Straßenlampen und die auf den Dachterrassen und von den Gebäuden Westjerusalems flackernden Lichter. Er hob die Hand und strich ihr übers Haar. Sie wandte sich ihm nicht zu. Starrte weiterhin auf die Lichter und in die Nacht.

»Ist dir kalt?«

»Nein.«

»Was hast du?«

»Nichts.«

»Erschöpft?« Er nahm sie bei der Hand und zog sie von der Bank hoch. Sie ließ es geschehen. Als sie stand, streckte sie sich und blickte ihn an. Langsam kam sie wieder zu sich. Unruhe überkam ihn. Gleich wird sie wieder Zähne zeigen ... Er aber brauchte Ruhe und Stille.

Sie lächelte freundlich und sanft. »Danke für das Abendessen. Wenn wir unsere Lohntüte haben, werden wir einmal üppig tafeln, bis uns der Bauch schmerzt.«

Ihre Einfachheit gefiel ihm, auch ihre Lebensfreude und diese merkwürdige Gier auf mal dies und mal jenes. Doch er hatte Angst vor ihr und ihrer unberechenbaren und herrischen Art.

Sie schlenderten dahin, auf dem Fußweg, entlang den westlichen Mauern von Jerusalem, vorbei am Chalil-Tor. Der Gehsteig, der Platz, die Rosen, der Flieder ... An der alten Mauer Pflanzen mit korallenroten Früchten. Tief darin Lichter, die Erinnerung an längst verlorene Stimmungen wachrufen – Nächte mit Festen, Wein und melancholischer Musik.

Sie hockte sich vor einen der Dornensträucher und betrachtete die Lichter. Drehte sich um, einen träumerischen Ausdruck im Gesicht. »Sieh mal!«

»Ich hab's gesehen.«

»Schau mal hinein. Siehst du die Früchte. Sie sind rot, blutrot, wie die Freiheit. Mein Gott! Siehst du das? Hast du das gesehen?«

Sie seufzte schwer, ein Seufzer voller tiefer Empfindungen. »Dinge wie diese beunruhigen mich. Schau dir die Fäden an.«

Er sah hin. Ein Spinnennetz, dessen Fäden in den Lichtstrahlen leuchteten.

Sie wandte sich ihm zu. Ihr Gesicht offenbarte ein Gefühl leidenschaftlicher Liebe. »Siehst du es?«

Er lächelte freundlich. »Das da, das hatte ich nicht gesehen. Du hast recht. Deine Beobachtungsgabe ist bemerkenswert.« Ein Gedanke schoß ihm durch den Kopf – die Freiheit und das Spinnennetz.

Sie atmete schwer. »Weil mich die Dinge faszinieren ...«

Er lächelte. Sie versäumte es nie, ihn an ihre literarischen Kenntnisse zu erinnern; nie ließ sie eine Gelegenheit ungenutzt, eine Zeile aus einem Gedicht zu zitieren. »Weil mich die Dinge faszinieren ...« Er versuchte, sich den Rest in Erinnerung zu rufen, doch vergeblich. Ihre Gedichte hatten immer diesen existenzialistischen und individualistischen Ton. Doch sie meinte es ehrlich, ja sie war brutal in ihrem brennenden Verlangen nach Offenheit. Wie großartig ist doch unsere Fähigkeit, schweigend nachzudenken. Ihn hat das nicht aufgebracht. ›Existenzialistin, Adel, ich soll eine Existenzialistin sein? Nein, mein Adel und alle deine Kollegen bei der Zeitschrift und anderswo. Meint ihr, ich glaube euch, wie euch die einfachen Leser glauben? Ihr seid doch kastrierte Gaukler und Taschenspieler. Ihr seid kastriert in dem, was ihr glaubt, in dem, was ihr tut, und in dem, was ihr fühlt.‹

Er lächelte. So wie sie jetzt vor ihm stand, war sie wieder hinreißend. Trotz ihrer aggressiven Art war sie wunderbar. Noch immer schaute sie in die Büsche hinein, betrachtete geblendet das Licht, die roten Früchte und das Spinnennetz. Auf ihren Lippen lag ein sehnsuchtsvolles Lächeln. Etwas in ihr sprach gleichermaßen Geist und Sinne an. Das Licht, die Nacht, die Märzkälte und Rafif – all das gab ein Gefühl, als stehe die Welt in Flammen. Er spürt ein Verlangen nach ihr, doch sie ist eine Araberin. Sie will Liebe, und die kann er ihr nicht geben. Eine lange Geschichte, zu lang, als daß man sie auf einem Gehsteig ausbreiten könnte.

Plötzlich blieb sie stehen, rieb sich rasch die Hände und lächelte, so daß ihre unschönen, vorstehenden Zähne sichtbar wurden. Sie ließ ein schallendes Gelächter tönen, ging in Startposition und rief, indem sie ihn an der Hand zog: »Renn!«

Sie schob ihn am Rücken, und er begann zu laufen. Zunächst fühlte er sich gehemmt, doch ihr unablässiges Drängen brachte ihn in Bewegung. Sie wirkte ansteckend auf ihn, und er verwandelte sich in ein Kind wie sie. Keuchend rief er: »Du bist übergeschnappt.«

Sie gab, so laut sie konnte, auf dem leeren Gehweg zurück: »Und du bist blöd, blööööd.«

Die Welt, ein Bergesgipfel, und du selbst stehst am Abgrund wie ein Adlerjunges, das fliegen lernt. Du vergißt alles außer deinem Lachen. Fühlst ein Brennen, das schärfer wird mit jedem Schrei. Und wenn die Rennschlacht aus märzwindverwundeten Augen verschwunden ist, strömen die Tränen und erreichen deinen Nakken. Du weinst am Abgrund der Welt über dich selbst und über die anderen. Dann erinnerst du dich daran, wo du bist, auf welchem Gehweg. Sie faßte ihn fester bei der Hand und lachte laut; ihre Augen waren tränennaß.

Sie überquerten einen grasbewachsenen Abhang neben der hohen Mauer. An seinem Fuß war eine Grotte und ein auf einen weißen Felsen gerichteter Scheinwerfer. Sie drehte sich um sich selbst und rief dabei: »Dreh dich, Welt, dreh dich herum!«

Sie sah zum Himmel hinauf und ließ ein tierisches Geheul los, gemischt aus Schmerz und kindlicher Freude – ihr Haar flog, und ihre Augen wogten. Er spürte sie sehr nahe bei sich. Die Welt war warm, schmeckte wie Wein. Er hätte sie gern umarmt, ihr zärtliche Dinge gesagt, sie geküßt, mit ihr im Gras geschlafen, wäre gern mit ihr unbeschwert und sorglos gewesen. Doch die Wirklichkeit ließ ihn keine Entspannung finden.

Sie warf sich auf die Erde und wälzte sich wie eine Wildkatze im Gras. Ergriff seine Hand – er sollte ihr helfen, ihn zu erreichen. Schweratmend setzte sie sich neben ihn, wischte sich Augen und Nase und schniefte.

Sie rückte zu ihm heran und hielt sich an ihm fest. Ihm stieg das Blut ins Gesicht, sein Herz schlug schneller. Er konnte sich nicht mehr zurückhalten. Er legte ihr den Arm um die Hüfte und versuchte, sie an sich zu ziehen. Sie erstarrte und wurde abweisend, wandte ihr Gesicht zur Scite und versuchte, von ihm wegzurücken.

»Willst du nicht?«

»Nein«, preßte sie verstört und abweisend hervor.

»Wirklich nicht?«

»Nein, wirklich nicht.«

Er war zutiefst enttäuscht. Doch er nahm sich zusammen und zündete sich eine Zigarette an. Langsam begann er seine Erklärungen. »Wir verlangen viele Dinge von der Welt. ›Freiheit‹ ist ein weiter Begriff. Freiheit heißt doch einfach, daß wir leben, daß wir unser Menschsein verwirklichen können. Das Geheimnis der Freiheit liegt in der absoluten Aufrichtigkeit.«

Sie starrte in die Nacht, auf die Lichter der Häuser. Ließ sich seine Gedanken durch den Kopf gehen, zweifelnd und beunruhigt: »Das Geheimnis der Freiheit liegt in der absoluten Aufrichtigkeit ... Wirklich? Das ist eine nicht akzeptable, weil romantische Definition. Freiheit, die wirst du wohl erst erreichen, wenn du vorher äußerst hart gegen dich selbst gewesen bist – und wie weit ist das von absoluter Aufrichtigkeit entfernt!« Sie hatte ihn ertappt. Er war, wie alle Intellektuellen, widersprüchlich und vage. Allgemeine Grundsätze für das Volk – und selbst, im Privaten, befolgen sie sie nicht. Sein Verhalten bei den Ampeln fiel ihr ein ... ›Du brauchst Vorschriften.‹ – ›Und du gibst sie mir?‹ Unterscheidet sich die nationale Frage von der Frauenfrage? Aber nein, sie gehören untrennbar zusammen. Die Frauenfrage ist ein grundlegender Teil der nationalen Frage ... Sie lösen ihre Komplexe auf meine Kosten; dann bekomme ich Komplexe und schaffe wiederum ihnen Komplexe durch mich. Der Teufelskreis dreht sich weiter und weiter, und wir drehen uns mit.

Er dachte über ihre Worte nach. Er war sicher, daß das, was sie gesagt hatte, richtig war. Und dennoch, es war nicht das, was er meinte. Er versuchte zu erklären: »Die traditionellen Beziehungen lassen den Menschen seine Aufrichtigkeit verlieren. Oder etwa nicht?«

»Doch.« Es klang traurig. Aber dann wurde sie wieder unnachgiebig und versank in Schweigen. Er spürte die Kälte in sich einströmen, und sie entfernte sich immer weiter von ihm und ließ ihn allein zurück mit der Nacht, den Lichtern und mit Westjerusalem. Er nahm ihre warme Hand und versuchte, sie zurückzuholen; auch die Wärme zurückzuholen.

»Was ist los mit dir?«

Ihr Blick wanderte über die Straße nach Westen, als sie langsam sagte: »Ich hänge einem Gedanken nach, der mich unablässig quält. Er kreist um die Frage des Engagements. Das Engagement gibt dem Menschen Kraft. Es gibt ihm das Gefühl, nicht allein zu sein, in einer schwierigen Lage nicht allein dazustehen, ja selbst im Tod nicht allein zu sein, sondern gemeinsam mit anderen zu sterben; und mit anderen sterben zu dürfen ist eine Gnade.«

Er blickte sie überrascht an, wollte sie an ihre Haltung an der Ampel erinnern. Sie wandte ihm ihr Gesicht zu; ein trauriges Lächeln lag darauf.

»Auch ich widerspreche mir selbst, auch ich schwanke noch immer hin und her. Ich fürchte das Alleinsein, und ich liebe die Freiheit. Ein krasser Widerspruch. Man kann sich nicht für das eine entscheiden, ohne das andere zu verlieren.«

»Ich habe Angst«, stammelte sie, ihre Lippen bebten.

Er spürte Mitgefühl und Trauer. Nicht nur für sie, auch für sich selbst und durch sich hindurch mit allen Menschen oder mit sich durch alle Menschen hindurch. Die Welt, die Besatzung, die Dritte Welt.

»Sieh nur, Jerusalem sieht ausgesprochen sauber aus. In der Welt scheint es überall Geborgenheit zu geben, und ich werde traurig, wenn ich daran denke.« Sie schwieg einige Augenblicke. »Wenn ich mich durch irgendeine Person eng mit der Welt verbunden fühle«, fuhr sie fort, »bedrückt mich das, und ich frage mich bekümmert: In dieser weiten Welt wohnen Tausende, ja Millionen von Menschen, die mir das Gefühl von Geborgenheit und Ruhe geben könnten. Selbst unter den Israelis gibt es Tausende solcher Personen. Warum begegne ich ihnen nicht?« Sie schaute ihn durch die Dunkelheit hindurch an. Sie hatte Tränen in den Augen, ihr Atem ging unruhig. Sie seufzte ... Ich fürchte mich, allein zu bleiben. Ich brauche ihn. Ich brauche seine Liebe. Aber er weiß nicht, was Liebe ist. Sie empfand ein Gefühl der Auflehnung und der Bitterkeit. Ja, sie gab ihm mehr als er ihr.

»Ich habe Angst, allein zu bleiben«, flüsterte sie. »Wenn du fortgehst, werde ich allein sein, und es wird niemand mehr dasein, der mir etwas bedeutet.« Sie brach in Tränen aus.

»Mein Kleines ... Du verlangst von mir die Fähigkeit zu Liebe und Heiterkeit? Mein Kopf ist grau geworden, aber mein Herz ist noch immer leer ... Seit meiner Kindheit. Ein Pfahl ist in mein Herz getrieben. Die Jahre sind, Schlag um Schlag, darauf herniedergeprasselt, und Jahre der Niederlage sind etwas anderes als Jahre des Sieges. Ein Jahr der Niederlage zählt wie hundert andere. Noch wenn ich sterbe, werde ich von einer Liebe träumen, die den Schlägen, allen Schlägen, trotzt, von einer großen Liebe, einer gewaltigen Liebe, einer noch nie dagewesenen Liebe.«

Er hielt sie an seine Brust gedrückt. Versuchte, seine und ihre Traurigkeit aufzunehmen. Einige Augenblicke verbarg sie sich in seinen Armen, dann zog sie sich abrupt zurück.

»Warum?« fragte er gequält.

Sie wandte ihr Gesicht von ihm ab. Sie wußte genau, daß er sie nicht liebte und auch nicht brauchte, daß er sie nur für Augenblicke, nur zeitweilig brauchte. Auch jede andere Frau könnte seine Leere ausfüllen. Aber das wollte sie nicht. Sie lehnte es ab, oberflächliche, vorübergehende Beziehungen aufzubauen. Eine Beziehung muß in die Tiefe gehen. Alles muß in die Tiefe gehen, muß intensiv sein, muß der Welt einen Sinn geben, einen Geschmack, muß zu etwas führen. Alles muß den Menschen dem Herzen der Welt näherbringen, dem Sitz der Wärme, dem Ausgangspunkt des Lebens. Dort liegt das Geheimnis der Freiheit. Aber die Freiheit braucht starke, gesunde Menschen, und der arabische Mann ist noch immer krank, ja schizophren. Er wünscht sich das eine und tut etwas anderes. Er besingt die Zukunft und ist an die Vergangenheit gefesselt. Ihre eigenen Erfahrungen und diejenigen ihrer Kolleginnen und auch die Arbeit an der »Frauenecke« hatten sie das gelehrt. Sicher, er ist ein Opfer, wie die Frau. Doch seine Krankheit ist schwerwiegender; denn er ist der Stärkere und gibt sich auch so. Das ist die Wirklichkeit, und sie will nicht das Opfer des Opfers sein. Doch dann – bleibt nur das Alleinsein.

Sie holte tief Luft und rief: »Ich habe Angst, allein zu bleiben.«

Schweigend dachte er über ihre Worte nach. Sie ist eben wie alle anderen orientalischen Mädchen. Das Mädchen in der arabischen Welt hat nichts im Kopf außer heiraten. Dann die Routine und die Unaufrichtigkeit. Vielleicht ist ja die Frucht rot wie eine Koralle, doch das Spinnennetz droht mit Erschöpfung und Tod.

»Warum nur bestehen wir darauf«, fragte er müde, »den anderen eine Last zu sein? Warum muß ich einen Knechtschaftsscheck unterzeichnen?«

Ein großes Fragezeichen und viele Zweifel standen ihr vor Augen. Verdrossen sagte sie: »Wenn ich einmal fünfzig bin und spüre, daß die ganze Welt um mich herum lebt, ohne daß ich darin einen sicheren Platz habe, dann werde ich die Kinder um ihr Spielen beneiden, die jungen Leute um ihre Leidenschaft und die Erwachsenen um ihr Aufgehen in Problemen und in Arbeit. Und ich werde allein sein.«

Ihre Gedanken drehen sich immer um denselben Punkt, diese kleine Hexe. Ihre Auflehnung betraf nur die äußere Schale. Und er, wieviele Schalen hat er? Wie kommt er dazu, ihr Vorwürfe zu machen! Er versuchte zu argumentieren: »So haben meine und deine Mutter gefühlt. Die Frau von heute ist anders. Ihre Eingliederung in Gesellschaft und Arbeitswelt wird verhindern, daß sie sich einsam fühlt.«

Er wollte gern noch mehr sagen, doch er spürte, daß er nicht mehr aufrichtig mit ihr und mit sich selbst war. Daß er versuchte, sie davon zu überzeugen, die Vorstellungen der Gesellschaft hätten sich gewandelt; und das, obwohl er doch wußte, daß die Veränderung auf eine kleine

Gruppe begrenzt war. Und selbst diese Gruppe war noch fest eingebunden in die Fäden eines verwickelten Problems, das nicht eindimensional erklärbar war. Es waren sich überlagernde Dimensionen, deren Wurzeln sich in drei Richtungen verteilten, Richtungen des Denkens, des Denkens von heute und von immer – Vergangenheit, Gegenwart, Zukunft.

3

Von Jerusalem nach Nablus – was gibt es Schöneres? Das Wagenfenster ist geschlossen. Einer fächelt sich Luft zu. Eine ist verschnupft und niest: Hatschi! ... Gesundheit und Gott segne dich ... Gott segne uns alle! Gott segnet uns nicht alle. Gott segnet weder das Horn von Afrika noch die ägyptische Fortschrittspartei. Gott segne weder Amerika noch das Öl noch auch die Keren Kajemet. Sie haben der Stadt eine Schlinge um den Hals gelegt. Der Junikrieg brachte uns Bulldozer mit höllischen Kinnbacken. Sie verschlingen die Erde, die Steine, die Bäume, die Menschen. Ihre *Schichuns,* ihre Überbauungen, dehnen sich aus wie Pilzkulturen. Ramla liegt mitten im Krieg.

Felder von Pilzen und Schwammigkeit. Beit Hanina – die stille Sehnsucht über ein Flugplatzgelände gebreitet. Flugzeuge, khakifarben, grau, schwarz. Krähen lassen sich auf dem Dach des Gefängnisses nieder. Dann die Rakifabrik, Anis, Pinien, Libanon in Flammen, Zypressen und ein Gebäude aus schwarzgewordenem Stein. Haufen von Glas glänzen unter einer winterlichen Sonne. Über die Straße Nägelsperren. Uzi-Maschinenpistolen.

»Gepäck aufmachen ... Motor aufmachen ... Ausweis vorzeigen... Gepäck zumachen... Motor zumachen... Maul zumachen... Aussteigen... du ... du... alle... alle... los... los.« Du fährst weiter, und immer wenn du weiterfährst, verfolgen dich die Augen. Blaue, grüne, gelbe, schwarze – mit khakifarbenen Lidern und uzibeladenen Wimpern.

Die beiden Berge von Nablus sichern die Stadt wie Zeltstricke. Nicht im Dienst der Staatssicherheit, aber als wackerste Aufsicht, welche die Geschichte je gekannt hat – die Kontrolle über die Innen- und Außenseiten, die Titelblätter, die Familiennachrichten und die Todesanzeigen: Du hast geheiratet. Du bist geschieden. Du hast die Masern bekommen. Du hast dich gezankt und hast dich wieder vertragen. Du hast gekocht, aber niemanden eingeladen. Der Name deiner Großmutter. Der Zweig deiner Familie. Deine Blutgruppe. Wenn du Bauer bist, so hängt dir das an. Du gehörst nicht zur Familie al-Karmi und zu keiner anderen einflußreichen, sei sie großzügig oder geizig. Du bist aus Staub und wirst wieder zu Staub, *und alle gehen dahin, die auf Erden leben. Ewig sind nur der Herr der Herrlichkeit* und die Besatzung.

Er ging auf den Platz hinab. Einer der Stadtnotabeln warf ihm im Vorübergehen einen schrägen Blick zu, direkt vor der Bank, die seit Beginn der Besetzung geschlossen war. An Tür und Fenstern der Wechselstube hatten die Spinnen ihre Behausungen gebaut. Die Treppen waren mit schwarzem Moos überzogen. Doch das Geld ging weiter hin und her. Zwar öffnete es nicht mehr die Türen der Bank und stieg nicht mehr ihre Treppen hinauf. Aber durch eine unsichtbare Kraft floatete es trotz des Floatens des israelischen Pfundes. Klassen versanken, andere stiegen auf, und ein winziger Teil der Mittelklasse gedieh auf dem Rest der Gesellschaft.

Ein anderer, noch schlimmerer Notabler ging vorbei. Deine Artikel, Adel al-Karmi, du rote Kanaille! Hast du deine Herkunft vergessen? Trittst du die Wohltat, die dir zuteil wurde, mit den Füßen? Als ob die Juden nur sein Haus hätten hochgehen lassen. Ganz klar Artikel, die der Neid diktierte. In ihren Fabriken hat er gearbeitet. Und heute ist er gekommen, um uns die Philosophie der roten Feinde des Volkes und der Heimat zu bringen, nur um das, was war, vergessen zu machen. Was war, war. Das ist etwas, was die Stadt nicht vergessen wird. Auch nicht, wenn über sie ein Erdbeben hereinbricht wie damals, im Jahr 29. Diese Stadt wird ihre Schande nicht vergessen. Sie vergißt nicht, daß deine Mutter nicht mehr täglich kocht, daß euer Haus ein Loch geworden ist und daß ihr nicht mehr zu den Notablen gehört. Und wenn alles wieder einmal wird wie früher, dann wird keiner von euch, aber auch kein einziger, auch nur einen Finger voll Macht erhalten.

Er bog in die Gasse, die zum Tor des Platzes führte. Ging am Fischverkäufer, am Gemüsehändler, am Altmöbelladen vorüber. Freundliche Gesichter lachten ihm zu. Die Händler grüßten ihn und luden ihn zu einer Tasse Kenar mit Walnüssen und Pinienkernen ein. »Komm doch rein! Bei Gott, wo bleibst du denn, Mann? Komm rein, sei ein guter Nachbar. Eine Tasse Kenar. Rauch doch eine Wasserpfeife mit uns!«

Der Puddingverkäufer rief laut vor seinem mit Plastikblättern und Plastikblumen geschmückten Wagen: »Warmer Pudding! Pudding mit Walnüssen und Ingwer. Gott grüß dich, Adel! Bei Gott, komm doch her. Iß doch schnell im Vorbeigehen eine Schale voll, mein Herr.«

Er erinnerte sich noch immer daran, daß ich ein Herr bin. Voller Wunder bist du, meine Stadt. Voller Wunder wie ein Panoptikum mit all den Bildern, die einander folgen. Damals, als Kinder, saßen wir auf der Holzbank und schauten durch die Öffnung in den Kasten – von einer Welt in eine andere. Abu Said al-Hilali, der Held, der ein

Pferd besteigt, einen Speer in der Hand, den er dem Ungeheuer ins Herz stößt. Doch das Ungeheuer lastet noch immer auf der Brust und auf dem Nacken und nimmt einem den Atem. Voller Wunder bist du, meine Stadt. Geduld. Herzensgüte. Feigenkaktus – stachlige Hülle, weicher Kern. Schwarzer Ruß. Weißer Marmor. Und die Widersprüche der ganzen Welt ...

»Nuwar! Wohin?«

Wie erwachsen das Mädchen geworden ist! Aber sie hat auch ihren Glanz verloren. Wie alle Menschen unter der Besetzung.

Die Schwester blieb auf der Treppe stehen, einen Stoß Hefte unterm Arm. »Wir haben uns so nach dir gesehnt. Wo warst du? Du warst so lange weg dieses Mal. Nicht einmal telefoniert hast du. Keine Nachricht hast du uns zukommen lassen. Wir haben uns alle Sorgen gemacht, und Mutter ist uns schrecklich auf die Nerven gegangen. Wir dachten gar, sie hätten dich eingesackt und dich gerupft. Am Freitag haben wir Basil besucht. Er hat nach dir gefragt. Seine Zeit ist beinah um. Aber ich muß mich beeilen! Die Schule. Wir sehen uns dann beim Essen. Mutter kocht. Ich werde nicht spät kommen. Es gibt Krautwickel zum Mittagessen. Wir pressen dann noch Zitronen aus darüber. Was hältst du davon?« Sie lachte, küßte ihn auf die Wange und drückte ihn ein wenig an sich. Es wurde ihm warm ums Herz, und er lächelte.

Er stieß die Tür auf und rief. Sie kam aus der Küche gelaufen. An ihren erhobenen Händen waren die Spuren des Kochkampfes zu sehen. Er beugte sich zu ihrem rundlichen Körper herab und küßte sie auf ihre festen Wangen. Er lachte und versuchte, sie auf andere Gedanken zu bringen, als sie ihm für sein langes Ausbleiben Vorwürfe machte. Er wollte wissen, wer drinnen sei.

Umm Saber helfe ihr mit den Krautwickeln, erwiderte sie. Seine Großmutter sei seniler, als er es sich vorstellen könne. Auch vom Besuch bei Basil sprach sie und jammerte dann: »Wann ist die Familie nur endlich wieder zusammen?»

Er folgte ihr in die Küche, wo es nach gekochtem Kohl roch. Er mochte diesen Geruch nicht, aber er erinnerte ihn an das, was daraus werden sollte. An ein Gericht, das nicht zu verachten war, ans Sattessen mit großartiger heimischer Kost, nachdem er das fade Restaurantessen leid geworden war.

»Basil?« kreischte die Großmutter mit ihrer weinerlichen Stimme. »Komm her, Basil, laß dich küssen. Du bist groß geworden, mein Junge.«

Auch Umm Saber begrüßte ihn: »Das ist Adel, liebe Hadscha. Wünsch ihm Wohlergehen und inneren Frieden. Wünsch ihm, daß Gott ihm eine anständige Frau schenkt, die ihn glücklich macht und ihm eine reiche Nachkommenschaft beschert. Beim Propheten, Gott beschütze dich. Ich wünsche dir Schutz vor dem Auge des Neiders und vor den Juden.«

Die Mutter breitete ein Plastiktuch über den kurzbeinigen Holztisch. Zusammen mit Umm Saber begann sie, die Krautwickel zu machen. Und kaum waren ein paar Minuten vergangen, da begann man, über andere herzuziehen. Und keine Frau und kein Mädchen im Viertel blieben ungeschoren. Alle wurden durchgehechelt. Umm Saber wiederholte mehrfach den Namen Sadija, worauf Adel mit unterdrücktem Ärger fragte: »Was hast du gegen Sadija, Umm Saber?«

Umm Saber verzog den Mund, wandte ihren Blick ab und verlieh ihren Worten Nachdruck mit einem Schlag gegen die Schüssel, die vor ihr stand. »Sie tut so allerlei und benimmt sich nicht, wie sich's gehört. Die Männer gehen bei ihr aus und ein, und sie behauptet, was sie hat, hätte sie durch Gottes und der Nähmaschine Güte. Oh Gott, Sadijas Nähmaschine. Oh Gott, oh Gott!«

Am folgenden Morgen traf Adel Sadija. Er saß an einem Tisch am Rand des alten, gepflasterten Platzes und sah gerade einige Blätter durch, auf denen er Notizen für einen Artikel über die Lage der Gemeinden unter der Besatzung zusammengetragen hatte. Der Kellner, noch ein Junge, brachte ihm eine Tasse Kaffee; dann setzte er sich unweit von ihm hin und begann, Spuren von Humus, Bohnen und angetrockneten Tomatenkernen von seiner Schürze abzukratzen. Plötzlich rief er mit seiner krächzenden Stimmbruchstimme: »Guten Morgen, Umm Hamada!«

Adel schaute schnell auf. Er stellte die Tasse auf den Tisch und folgte mit den Augen Sadija, die am Laden des Altmöbelhändlers vorüberging und Sofas betrachtete, denen man aus häßlichem Stoff ein neues Äußeres verliehen hatte.

Sie trug einen schwarzen Rock und eine langärmelige weiße Bluse. Sie war sehr dünn geworden. Die Rundungen an ihrem Körper waren verschwunden und durch kaum wahrnehmbare Windungen ersetzt worden. Auch ihr langes Haar war verschwunden. Statt dessen trug sie nun einen Rundschnitt, der ihr ein lebendigeres und jugendlicheres Aussehen gab.

Er zögerte lange, trotz des brennenden Wunsches aufzustehen und zu ihr hinzugehen. All das Gerede und all die Verdächtigungen, die Sadija über sich ergehen lassen mußte, waren schon genug; noch mehr, dachte er, habe sie nicht nötig. Er blieb sitzen und beschloß, sie in Begleitung seiner Schwester zuhause zu besuchen. Das war sicher besser. Er beugte sich wieder über seine Papiere, trank seinen Kaffee und hatte Sadija längst vergessen, als er ihre Stimme unmittelbar neben sich vernahm.

»Ja grüß dich Gott, Adel!« rief sie herzlich. In ihrer Stimme lag eine Festigkeit, die ein großes Maß an Selbstvertrauen offenbarte, was ihn mit Bewunderung und

Achtung füllte. Das ist eine starke Frau, imstande, ihren eigenen Umständen und denen ihrer Umgebung zu trotzen, eine Frau, die fest und unerschütterlich auf dem Boden steht. Er stand auf, streckte seine Hand aus und begrüßte sie herzlich: »Guten Tag, Umm Hamada! Wie geht's dir? Wie geht's deinen Kindern?«

Sie blickte ihn fast etwas vorwurfsvoll an und fragte: »Du warst wohl weit weg? Monatelang hast du dich nicht nach uns erkundigt. Nicht einmal du, Adel. Hast du meinen Seligen vergessen, der dir näherstand als ein Bruder? Du hast vergessen, daß dein Bruder Frau und Kinder hat. Was weiß ich, was in dem Viertel vor sich geht. Sogar Abu Saber fragt nicht mehr nach uns und zeigt sich nicht mehr. Aber du bist viel wichtiger als alle anderen – und handelst trotzdem wie Abu Saber. Weiß Gott, von dir hätte ich das nicht erwartet.«

Adel entschuldigte sich und schilderte ihr seine Situation. Daß die Arbeit bei der Zeitschrift ihn voll beanspruche. Daß die Fahrt zwischen Nablus und Jerusalem von Tag zu Tag schwieriger werde – die Kosten, der Aufwand, dann die Durchsuchungen und was sonst noch alles dazukommt. Außerdem wolle er ihr nicht noch mehr Unannehmlichkeiten machen. Man kenne ja die Stadt mit ihrem Getratsche. »Das weißt du ja alles, Sadija.«

»Und ob ich das weiß! Was man in dieser Stadt nicht alles ertragen muß. Mal die Juden, mal die bösen Zungen. Selbst das Witwendasein mißgönnen die einem und beneiden mich darum. Stell dir vor ...«

Sie fixierte ihn scharf. Ihre Augen waren feucht, ihre Stirn rot geworden. Sie schüttelte den Kopf, ihre Stimme klang bitter. »Was hab ich von dieser Stadt? Wenn du was brauchst, hilft dir nur dein eigenes Geld. Acht Monate bin ich daheim gesessen, und keiner hat den Kindern auch nur eine Banane oder einen Apfel geschenkt. Ich hab

Schwarz getragen und ein Kopftuch umgebunden. Ich hab auf der Bank am Fenster gesessen, hab geweint und gejammert und hab die Fatiha-Sure für meinen Seligen gesprochen. Und was hab ich davon gehabt? Das Schwarz hat mir den Seligen nicht zurückgebracht. Das Kopftuch hat mir bei den Leuten nichts genützt. Ich will beileibe nichts gegen das sagen, was du für uns getan hast. Aber alles hat seine Grenzen, und jeder Mensch muß sein eigenes Bündel tragen. Ich hab mein Bündel auf mich genommen, nachdem mich das Schicksal aus einer Welt herausgerissen und in eine andere Welt hineingeworfen hat. Wir haben gelernt, wie man sich durchbringt und wie man arbeitet. Wir haben aufgepaßt und viel erfahren und unsere Lektion gelernt. Aber mein Tadel trifft dich, Abu Saber! Du hast wenig Mumm gehabt. Er hat sich immer gezeigt und hat nach uns gefragt. Jeden Morgen hat er gefragt: Fehlt dir etwas, Sadija? Und ich hab ihm gesagt: Dein Mitgefühl ist mir die Welt wert. Aber in Umm Saber ist das Feuer ausgebrochen, und sie hatte Angst, ich könnte ihm gefährlich werden. Umm Tahsin hat ihr alles Mögliche erzählt. Kannst du dir das vorstellen? Als mein Seliger im Gefängnis war, seid ihr bei mir ein und aus gegangen, und niemand hat sich das Maul darüber verrissen. Was ist heute anders als damals? Als er eingelocht war, hat der Mann im Haus gefehlt. Und als er gestorben war, hat auch der Mann im Haus gefehlt. Was ist der Unterschied zwischen dem einen und dem anderen Fall? Der Unterschied ist, ich bin Witwe geworden. Witwe sein ist bitter, Adel. Statt daß es die Herzen erweicht und einem zuwendet, verhärtet es sie, und die Leute wenden sich ab. Tja, das ist unser Schicksal … Jemand anderem als Gott zu klagen ist erniedrigend. Aber du hast mit der Geschichte von dem Gerede in der Stadt angefangen. Und ich sage dir, ich weiß, wie es ist. Seit Jahren, Adel, hat sich die Welt immer mehr verändert. Auch du, du bist Journalist geworden, dein Name steht in den Zeitungen und Zeitschriften, und die Leute erzählen viel Gutes über dich.«

Plötzlich schaute sie auf die Uhr und schlug sich erschreckt an die Brust. Sie habe sich verspätet und habe noch so viel zu tun, was ihr ganz Nablus nicht abnehmen könne. Also, auf Wiedersehn! Leb wohl! Grüße an deine Mutter! Grüß mir deine Kinder! Du bist herzlich willkommen bei mir, auch Nuwar und alle anderen lieben Menschen. Leb wohl!

Wenige Minuten vor sechs ging er gemeinsam mit seiner Schwester hin. Jeder von ihnen trug eine Tüte mit Obst, Süßigkeiten und Knabbereien. Die Kinderschar empfing sie. Ebenso die verstohlen hinter den Fenstern der Nachbarhäuser gereckten Köpfe.

Im großen Zimmer, das ungewöhnlich sorgfältig aufgeräumt war, saßen artig und schweigsam die Kinder und warfen insgeheim schüchterne Blicke auf die beiden Gäste. Der große Empfang von kurz zuvor war wohl nur ein Gastfreundschaftsritual gewesen. Danach war alles wieder zum alten zurückgekehrt, und man verhielt sich wieder, wie es sich gehört.

Nuwar zog den kleinen Asis zu sich und setzte ihn sich auf den Schoß. Er hockte da wie eine verschreckte Katze und wagte noch nicht einmal, sie anzusehen. Adel brach in schallendes Gelächter aus, als er den spitzbübischen Ausdruck auf Raschads Gesicht bemerkte, mit dem jener Gleichgültigkeit mimte. Doch sein Lachen erstickte schnell, als sein Blick auf Sohdis Augen traf. Sein Bild hing mitten auf der gegenüberliegenden Wand... Ah, du hier. Das waren noch Tage mit dir, auch wenn es leidvolle Tage waren. Zumindest weiltest du unter uns und hast uns an den Wind von Kuweit erinnert. Inzwischen weht der Wind Saudi-Arabians und auch der unseres Unglücks noch schärfer.

Sadija legte ein Stück Kuchen auf einen Teller und sagte: »Samija, gib das Tante Nuwar.«

»Ein so großes Stück? Ich bitte dich, Umm Hamada!« rief Nuwar.

Sadija lachte. »Ob du willst oder nicht, du mußt deinen Anteil essen.«

»Weißt du, Mutter, vielleicht muß sie ja auf ihre Linie achten wie du«, rief Raschad.

»Halt du den Mund!« Sie schenkte ihre ganze Aufmerksamkeit dem Kuchenblech. Ihr Gesicht wurde noch röter. Das Wort »Linie« ging Adel im Kopf herum – es war wie ein Stein, der im Wasser Kreise zieht ... Einen Augenblick lang wanderte sein Blick, im spontanen Versuch, sich zu vergewissern, über ihre Beine und ihre Füße. Ja ... Linie ... Nicht schlecht. Es ist ihr gutes Recht. Tja, Sohdi ... Wie denn, was denn? Wenn du an ihrer Stelle wärst, würdest du untätig rumsitzen?

An der Haustür war ein kräftiges Klopfen zu vernehmen. Sadija brummte: »Geh, Raschad, und mach Onkel Schahada die Tür auf. Möglich, daß er die neue Ladung bringt.«

Adel bemerkte wohl die Blicke, die die Kinder austauschten, auch das Blinzeln und das verstohlene Feixen. Und als Raschad von der Fensterbank aufstand, machte er Schahadas federnden Gang nach. Samija stand noch immer an der Tür und hielt mit der Hand ein unterdrücktes Glucksen zurück, das geräuschvoll aus ihrer Nase brach. Sie drehte sich um und verbarg ihr Gesicht in der Zimmerecke, während Dschamal sich tief über ein Buch beugte, das auf seinen Knien lag.

Es erschien ein großes Bündel Hemden, umfaßt von zwei langen verschwitzten Armen.

»Los Dschamal, beweg dich und hilf Onkel Schahada«, rief Sadija. Dschamal stand auf und nahm einige der Hemden von dem Pack herunter. Schahadas Gesicht erschien, umrahmt von sorgfältig gepflegtem Haar. Es war eines der Produkte jenes Haarkünstlers auf dem Platz, an dessen Ladentür ein Schild mit der Aufschrift prangte: ›Hier werden kunstvolle Frisuren kreiert.‹ Schahadas Frisur war zweifellos ein exklusives Exemplar jener Kreationen.

»Guten Tag, Adel! Einen schönen guten Tag, Fräulein Nuwar! Allseits einen guten Tag!!«

»Fräulein ... Fräulein«, wiederholte Raschad tuschelnd. Die Kinder prusteten; sie versuchten, ihr Lachen zu unterdrücken.

4

Er verbeugte sich so tief, daß sein Kopf fast ihre Hand berührte. Dann hüpfte er einen Schritt zurück.

»Achtung, der Kuchen«, rief Sadija.

Er wandte sich behend; auf sein Gesicht war der Ausdruck größten Erstaunens gezeichnet. »Ich bedaure, ich bedaure. Verzeih mir, ich bedaure! Ich bin in deiner Schuld, verzeih mir!«

»Verzeih ihm doch, Mutter«, rief Raschad.

»Halt du den Mund.«

Der wissensdurstige Dschamal beugte sich tief über sein Buch und prustete. Samija krümmte sich neben der Tür, während der boshafte Raschad sein Gesicht fast in seinem Teller vergrub, auf dem er sich erbarmungslos zu schaffen machte.

Sadija füllte einen Teller für Schahada. Dieser nahm ihn und setzte sich neben Dschamal auf die mit Sitzkissen bedeckte Fensterbank. Er lauschte dem Gespräch zwischen Sadija und Nuwar und befleißigte sich des üblichen Austauschs von Artigkeiten, den er aufs vollkommenste beherrschte, und zwar ganz besonders mit Personen, denen er sich unterlegen glaubte. Schahada war nämlich von einem Gefühl beherrscht, das im wesentlichen darin bestand, daß jeder, der nicht den Namen Schahada trug, ihm auf die eine oder andere Weise überlegen war. Doch Schahada hatte – dank Gott, den Unternehmern und den Umständen im Land – seine Fähigkeit in manch einem Bereich beweisen können. Nachdem er die Orangenplantage der Familie al-Karmi verlassen hatte, war er als Bauarbeiter tätig – und zwar mit Erfolg. Dann war er als Gerüstbauer tätig – und zwar mit Erfolg. Später war er als Lastwagenfahrer tätig und transportierte Orangen von der Einwachsfabrik zum Hafen – und zwar mit Erfolg. Danach war er als Mechaniker und als Eisenwarenverkäufer tätig. Ergänzend machte er noch vielfach Geschäfte, die zwar außerhalb der Legalität waren, jedoch auch von vielen anderen betrieben wurden. So konnte er sich durch Gottes und der Umstände Hilfe einen Lieferwagen erstehen, mit dem er nun Unterschiedlichstes transportiert, beispielsweise auch die Hemden für Sadija. Diese Hemden holt er zugeschnitten, geordnet und sortiert bei einer Firma in Tel Aviv ab und bringt sie später verkaufsfertig zurück, versehen mit einem Schildchen »Made in Italy«, »Made in USA« oder »Made in Japan«. So kann man sie problemlos den Arabern in der arabischen Welt verkaufen, oder die Palästinenser im Ausland bringen sie, wenn sie in den Sommermonaten nach Hause kommen, den Daheimgebliebenen als Geschenk mit.

Zusätzlich zu seinem ausgeprägten Minderwertigkeitsgefühl verspürte Schahada auch ein Gefühl des Fremdseins, in arabischen gleichermaßen wie in israelischen Kreisen. In Nablus fühlte er sich als ein Fremder, wiewohl er seit der ersten Katastrophe im Jahre 1948, als er noch ein kleiner Junge war, da wohnte. Auch in den

Jahren, während er auf der Orangenplantage der Familie al-Karmi arbeitete, verspürte er dort dieses Gefühl. Ein Fremdsein, wenn er auf die Plantage ging, ein Fremdsein, wenn er von dort zurückkehrte. Ein Fremdsein, wenn er nach Nablus ging, ein Fremdsein, wenn er anderswo weilte. Dieses Gefühl des Fremdseins wurde noch viel ausgeprägter, als er an die Unternehmer und an die Verhältnisse vielfach Zugeständnisse machte und als ihm klar und deutlich geworden war, daß die vielen Pfunde in der Tasche ihm zwar die Türen der Kaffeehäuser und der Läden auftaten, ihm aber nicht zu Achtung und Ansehen verhalfen.

So pflegte Schahada in Kaffeehäusern zu sitzen und allen und jedem dies und jenes zu spendieren. Er bestellte eine Wasserpfeife für diesen, eine andere für jenen. Doch er wußte genau, wenn er sich plötzlich umdreht, wird er ein Auge sehen, das einem anderen spöttisch oder in geheimem Einverständnis zuzwinkert. Nun ja, was soll's? Ein verstecktes Blinzeln ist nicht so schlimm wie eine Beleidigung direkt ins Gesicht – wenn es schon sein mußte.

Was aber dieses Gefühl des Fremdseins auf israelischen Straßen angeht, das ist ja nicht weiter überraschend! Schließlich ist ihre Religion nicht die unsrige. Auch ihre Gewohnheiten sind nicht die unsrigen. Ein Mädchen schläft mit ihrem Onkel, und er darf sie heiraten. Oh, Prophet! Was ist das für ein Gesetz? Was für ein Volk? Aber: Wo du dein Brot verdienst, bleib! Und: Die Hand, die du nicht beißen kannst, küsse sie und wünsche ihr, daß sie zerbrochen werde!

Schahada war nicht eigentlich ein schlechter Mensch. Er war gutherzig und freigebig, immer bereit, einem Ruf Folge zu leisten. Aus diesem Grund konnte er auch nie den Ruf eines jüdischen oder arabischen Unternehmers überhören. Deren Stellung wirkt als Schutz und macht sich bezahlt. Wenn ihm darüber jemand Fragen stellte, antwortete er allemal: »Ich bin Pragmatiker. Wir haben unser Land verloren. Wir leben unter der Besatzung. Jeder handelt mit allem. Wer schlau ist, muß pragmatisch sein und aus den gegebenen Umständen seinen Vorteil ziehen. Es ist sowieso alles hin. Bei Gott! Und wenn schon, dann lieber anständig als in Schande.«

Doch es war ihm klar, daß seine Haltung nichts war, worauf er stolz sein konnte, und das verdoppelte seinen Drang, sich zu erniedrigen – eine Erniedrigung zunächst gegenüber dem Unternehmer, danach gegenüber seinen Kollegen, damit sie ihm jene erste Erniedrigung verziehen. Wenn er sich einer starken Persönlichkeit gegenübersah, spürte er eine Ehrfurcht wie ein Schüler gegenüber einem achtunggebietenden Lehrer. Am allermeisten aus diesem Grund war Schahada in Sadija verliebt. Es war eine Verliebtheit, wie er sie auch bei Geschichten von Heldentum und Opfermut verspürte, die er allerorts aufschnappte und sie mit großer Begeisterung weitererzählte, nicht ohne sie zuvor gepfeffert und gewürzt zu haben. Dabei redete er mit Händen und Füßen und stieß ständig Beteuerungen aus. Er lachte auch sein markantes, wieherndes Lachen, als er erzählte, wie die Soldaten vor Schreck gelähmt gewesen und dann, »Fatah, Fatah« schreiend, davongelaufen seien.

Er erzählte und erzählte eine seiner ständig wiederholten Geschichten: »Der Junge ist kreuz und quer durch alle Gassen gerannt, die Soldaten hinter ihm her wie Windhunde. Dann ist er auf eine Mauer geklettert und auf der anderen Seite runtergesprungen. Dort im Garten war eine alte Frau beim Gießen. Die hatte einen Rock an und ein großes Tuch auf dem Kopf. Die Erde tat sich auf und verschluckte den Jungen. Die Soldaten haben die alte Frau gefragt: ›Wo ist der Junge?‹ Sie hat zurückgefragt: ›Welcher Junge?‹ ›Der Junge, *Geveret!* Der Junge, Gnädigste! Eben der Junge!‹ Der Junge ist hier. Der Junge ist dort. Zwischen den Pflanzen. Den Baum rauf und runter. Da ist kein Junge und auch sonst nichts. Als die Soldaten dann wieder weggewesen sind, hat die alte Frau ihren Rock hochgehoben und hat zu dem Jungen gesagt: ›Los, geh heim zu deiner Mutter!‹ Da ist der Junge dann zu seiner Mutter gegangen, und die Soldaten suchen immer noch nach ihm.«

Er lachte schallend.

»Zum siebten Mal«, flüsterte Raschad hörbar.

»Halt du den Mund!«

»Aber es war zum siebten Mal, Mutter!«

»Ich habe dir gesagt, du sollst den Mund halten. Wenn dir hier was nicht paßt, geh raus!«

»Ich soll mir das siebenmal anhören und den Mund halten?«

»Auch zehnmal, wenn's sein muß. Los, steh auf! Gib mir den Zollstock, Samija.«

»Nein, nein, ich geh ja schon. Ich geh ja schon.« Raschad stand auf und verabschiedete sich: »Lebt wohl! Siebenmal.» Er zwinkerte Schahada zu. Sadija hob die Hand, doch er entfloh wie der Wind.

Offen und direkt schüttete Sadija Nuwar ihr Herz aus. Sie zog sich mit ihr zurück und tat die Schleusen ihres Inneren auf. Samija stellte den Fernseher an und setzte sich mit ihren Brüdern auf die Matratze auf der Erde. Adel war vollauf damit beschäftigt, Schahada und seinen Geschichten von den Arbeitern »drinnen« zu lauschen.

In Sadijas Brust lief das Maß über. Sie vergoß ein paar Tränen, die sie schnell wegwischte. »Ach, mein Seliger ...« In diesem Augenblick blitzte die Erinnerung an ihn auf wie die Strahlen der Sonne. Ihre Züge erhellten sich mit Zärtlichkeit und Verlangen. Ihr Herz schlug schneller, und ihre Tränen flossen. Nuwar nahm ihre Hand; sie war bewegt... Ach, Nuwar, was soll ich dir vom Witwendasein erzählen, von der Traurigkeit und von der Einsamkeit, vom Gefühl des Elends und von den Teufeln, die immer wiederkehren. Wie könnte ein Mädchen wie du verstehen, was es heißt, als Frau allein zu sein, ohne eine starke Brust, die einen stützt?

Sie versuchte, ihren Kummer zu vergessen. »Erzähl mir, Nuwar. Wie geht es Saleh? Bist du immer noch an ihn gebunden? Worin unterscheiden sich er und Sohdi? Der eine ist tot im Grab, der andere ist tot im Leben. Eines ist so schlimm wie das andere.«

Sie dachte ein Weilchen nach und fuhr dann fort, und ihre Stimme bebte: »Ich will dir was sagen, Nuwar, nimm's mir nicht übel. Heute bist du fünfundzwanzig Jahre, in der Blüte deiner Jugend. Aber vergessen wir nicht, wir sind Frauen, und jedes weitere Jahr ist anders als das vorhergehende.«

Nuwar betrachtete aufmerksam das Gesicht ihres Gegenübers – ein noch immer jugendlichen Gesicht, trotz all der Sorgen. Doch die Feder der Zeit hatte schon leicht daran geritzt. Erschreckt dachte sie: In zehn Jahren sieht mein Gesicht auch so aus. Und ich habe noch zwei, drei Jahrzehnte zu warten. Oh Gott ...

Plötzlich nahm sie wahr, daß Sadija weitersprach: »Das ist halt ihr Schicksal ... Ist es nicht so? Wenn einer stirbt, sterben wir mit. Wenn einer ins Gefängnis kommt, gehen wir mit. Das ist nichts zum Lachen, verstehst du? Willst du denn warten, bis deine Jugend dahin ist, Nuwar?«

Nuwars Herz füllte sich mit Zweifeln; Panik überkam sie. Hilfesuchend blickte sie auf ihren Bruder. Doch dieser war vollauf damit beschäftigt, Schahada zuzuhören.

»Also, jeder muß selbst für seine Zukunft sorgen. Du mußt ein anständiges Mädchen finden. Auch ich habe, um ehrlich zu sein, schon daran gedacht. Und Gott sei's gedankt, mir geht's nicht schlecht, wirklich nicht. Was ich verdiene, reicht, auch für eine Familie. Ja, es ist mehr als genug. Und ich hoffe doch, daß die Leute jemand wie mich auch zu schätzen wissen.«

Er warf einen verstohlenen Blick nach Sadija, der Adel nicht entging und der ihn beunruhigte. Sadija Schahadas Frau? Er betrachtete sie, wie sie mit Nuwar flüsterte. Eine wirkliche Schönheit, im Rahmen der Stadt. Noch immer in der Blüte ihrer Jugend. Sie hatte viel dazugelernt. Wie man arbeitet, wie man sich anzieht, wie man mit Männern spricht, ohne rot zu werden oder zu stottern. Ausgezeichneter Rohstoff, formbares Material. Aber das Bewußtsein! Ihr Bewußtsein ist nicht echt. Es ist nur der Abglanz einer Empörung gegen die Gesellschaft. Und dieser Schahada liegt auf der Lauer. Doch dann ... Die Frau würde beschädigt zwischen ihre Haremsmauern zurückkehren. Schahada und Unversehrtheit, das geht nicht zusammen.

Sadijas Tränen flossen heimlich weiter. Ihre Augen waren, über die Köpfe der Kinder hinweg, auf den Fernsehbildschirm gerichtet. Sohdi ... Was vorbei ist, ist vorbei. Nichts bleibt als das Witwendasein und diese Schar Kinder. Eine schwere Last. Wirklich, eine schwere Last.

Sie lächelte voller Zärtlichkeit. Eine salzige Träne, die nach Blut schmeckte, lief ihr in den Mund. Dieser kleine Lausbub da namens Raschad macht meine Sorgen und meine Probleme noch sichtbarer. Er kann sich nie ruhig halten. Wie sein Vater. Er ist wie eine kleine Taube, die fliegen will.

Sie hatte die gepfefferte Strafe noch nicht vergessen, die sie wegen seiner Schleuder hatte bezahlen müssen; und von der Demonstration ins Gefängnis mit den anderen Kindern. Bitte sehr, ihr Familien, zahlt, was ihr zahlen müßt. Viertausend Pfund, auf Heller und Pfennig. Hamada, Gott schütze ihn, hat gesagt: ›Mach dir nichts draus, Mutter. Wir sind weder die ersten noch die letzten, denen das passiert. Und Raschad ist weder der erste noch der letzte demonstrierende Schüler.‹ Aber er ist noch jung, Hamada. Die Besatzung, Mutter, hat weder mit Groß noch mit Klein Erbarmen. Endlose und immer gleiche Erklärungen brachte er vor. Manchmal diskutierte sie, manchmal schwieg sie; denn was Hamada sagt, ist ja richtig, und was Raschad tut, dagegen kann sie nichts unternehmen. Was könnte sie ihm sagen? ›Geh nicht demonstrieren und wirf keine Steine nach den Soldaten und sei nicht der Sohn des Seligen!‹ Doch die Last, die auf ihr liegt, ist schwer. Auch Hamada ist noch immer ein Teil dieser Last. Hamada, den sie im Jahr höchstens ein bis zwei Monate sieht und dem sie während der übrigen Zeit nur Geld in harter Währung schickt. Am Ende wird er sich in einem anderen Haus einrichten und wird einer anderen Frau Stütze sein. Ebenso Dschamal. Ebenso Raschad. Undsoweiter! Wer wird ihr bleiben? Wer wird bei ihr bleiben? Diese Leute da! Dieser Adel. Diese Nuwar. Dieser Schahada. Die Nachbarn. Die Wände. All das Getratsche. Der ganze tägliche Kampf. Und ihre schmutzigen Erlebnisse mit Leuten, deren Hilfe sie irgendwann einmal brauchte. Der Besitzer der »Magischen Schere« mit seinem Blick, der langsam von ihren Schenkeln zu ihrer Brust wanderte – ein Auge starrte, und eine Braue zuckte. Dann ein kräftiger Schlag auf die fette Wange und ein Fluch auf die »Magische Schere« und alle anderen Scheren dieser Welt.

Es war nicht das letzte Erlebnis dieser Art. Bemerkungen, Anspielungen, Verlockungen. Von Tür zu Tür. Von Geschäft zu Geschäft. Tatsächlich lernte sie die Menschen erst kennen, als sie sie brauchte. Als Sohdi noch lebte, war ihre Welt auf das Haus beschränkt, ihre Aufgaben auf das Kochen und das Saubermachen. Sich Sorgen zu machen, das war Sohdis Sache – von der Arbeitslosigkeit bis zu den Problemen mit den Juden. Als es dann keinen Sohdi mehr gab und sie in die Welt hinaustreten mußte, entdeckte sie, wie schwer das Leben der Männer war. Und das Schwerste daran war, daß sie dieses Leben jetzt als Frau leben mußte. Die Schwierigkeiten bei der Beschaffung des täglichen Brots, das sie wilden Bestien entreißen mußte, einmal beiseite gelassen – es gab noch andere, bittere und härtere Erfahrungen. Eine schöne junge Frau und Witwe ...

Wieviel sie für dieses »Witwe« – ein Begriff, der offenbar nicht unbescholten war – schon hatte bezahlen müssen! Witwe! Das hieß: kein Mann, der bereit war, jedem das Genick zu brechen, der sich etwas herausnahm. Das hieß: ein Land ohne Hüter sein. Ja, sie hatte dazugelernt. Diese Männer hatten ihr vieles beigebracht. Zum Beispiel, jedem Angebot, auch dem aufrichtigsten, zu mißtrauen. Dieser Schahada ist der einzige, der versucht, die Hand auf statthafte Weise nach ihr auszustrecken. Ein magerer Happen, den kein Schlund verschlingen, kein Magen verdauen will. Aber jedenfalls ist er ein Mann – zumindest in den Augen der Leute und des Gesetzes.

Sie empfand Zorn. Er krallte sich an ihren Hals. Warum? Warum mußte sie ständig an Schahada denken? Sie betrachtete ihn, wie er sich mit Adel unterhielt und sich dabei aufplusterte und anbiederte. Ist das nun die letzte Zuflucht? Ist er die einzige Lösung? Pfui, pfui – auf die Welt, die Menschen, das Witwesein. Denke ich denn an diesen mageren Happen, um vor ihrem schlechten Tun sicher zu sein? Und wenn ich vor ihrem schlechten Tun sicher bin, wie bin ich es dann vor seinem? Die Männer sind gemein. Selbst bessere als er haben sich gemein gezeigt. Warum sollte dieser anders sein? Er ist unterwürfig, bis er seiner Opfer sicher ist. Und wenn er soweit ist, macht er sie fertig und nimmt sie aus wie alles und jedes, was ihm unter die Finger kommt. Aber nein, sie wird sich nie und nimmer in eine solche Zwickmühle bringen. Soll sich doch die ganze Stadt aufregen? Pfui, über dich, meine Stadt. Gott ist nicht auf dich angewiesen! Auch nicht auf Umm Saber oder Umm Tahsin oder Schahada. Du kannst mich ja aufhängen, Stadt, an meinen Haaren, dort beim Tor. Was soll's? Schließlich bin ich auch vor dem Gefängnis gestanden wie die Männer und habe viertausend Pfund auf Heller und Pfennig bezahlt. Ich habe meinen Sohn da rausgeholt, aber ich habe ihm nicht gesagt, was die anderen ihren Söhnen gesagt haben: ›Wenn du das nochmal tust, Junge, dann breche ich dir die Hände, du Hundesohn.‹ Weder ist sein Vater ein Hund, noch ist seine Mutter eine Hündin. Aber die Leute vergessen schnell. Und das Ende vom Lied soll Schahada sein? Nein, bei Gott, und würde der Hacken gespalten und die Stirn abgehäutet. Weh dir, Sadija! Weh euch, ihr Juden! Wehe den Menschen! Wehe dem Pfund und dem Dinar! Wehe der Jugend, die vorzeitig welkt ...

Aber sie wird sich ein Stück Land kaufen auf dem Berg, in der Sonne. Sie wird auf der Glasveranda sitzen und Kaffee trinken, und die Stadt wird zu ihren Füßen hingebreitet liegen. Und sie wird weiter und weiter gehen – ohne sich je umzuschauen.

5

Sadija stand im Winterschlafrock mitten im Vorhof. In der Hand hielt sie eine alte Fettbüchse mit Wasser. Der Schlaf hing ihr noch in den Augenlidern, während die Bläue des Tages ihren Weg über die Gipfel des Ebal und des Grisim zur schlafenden Stadt nahm. Sie sog den feuchten Duft des Morgens ein und betrachtete das hohe Minarett, auf dem normalerweise der Gebetsrufer hinter den Lautsprechern stand, die ihren Lärm in alle Richtungen hinaussandten, wo er dann mit dem Lärm aus den Lautsprechern anderer Minarette zusammenprallte. Sie wünschte, die Elektrizität in der Stadt möge öfter ausfallen, als sie es sowieso schon tat; und sie möge am Morgen, nicht in der Nacht abgeschaltet werden – zumindest an Freitagen. Oh Gott, wenn ich doch ewig schlafen könnte, ohne Anfang und ohne Ende. Das ist ja, Gott sei's geklagt, das einzige Vergnügen im Leben …

Entlang den niedrigen Mauern des Vorhofs standen mit Erde und Pflanzen gefüllte rostige Blechkanister. Sie ging von einem zum andern und goß die Gewürze, die Fresien, das Basilienkraut. Befühlte die an der Wäscheleine aufgehängten Strümpfe verschiedener Farbe und verschiedener Größe. Warf einen letzten Blick auf die enge dunkle Gasse, die unter ihrem Haus vorbeiführte, und schaute auf die noch geschlossenen Fensterläden ihrer Nachbarinnen. Das rief ihren zweiten täglichen Wunsch wach – daß jene Fenster auf immer geschlossen blieben.

Während sie die Sonnenstrahlen betrachtete, die golden durch die Pinien und Kakteen des Ebal drangen, wiederholte sie ihren dritten, wichtigsten Wunsch – daß sie genügend Geld hätte, um sich auf jenem sonnigen Berg ein Stück Land zu kaufen. Dort ist die Luft rein, dort stinkt es nicht, das Salz bleibt auch im Winter trocken, die Gesichter bewahren ihren Glanz und ihre Gesundheit… Die Berge sind für die Reichen. Die übrigen Menschen leben in diesem elenden Tal, zerfressen vom Alter und der Fäulnis. Wann wird Gott ein Einsehen haben und sie sich erheben lassen mit den Erhobenen?

Dieser letzte Wunsch schien wie ein Traum, der bis zum Eintritt ins Paradies nicht in Erfüllung gehen würde. Und doch, bei Gott ist kein Ding unmöglich. Denn da gibt es ja Sabiha, die Lehrerin. Sie hat sich dort ein Stück Land gekauft und Zimmer um Zimmer ihr Haus gebaut. Immer wenn ein Zimmer fertig war, begann sie mit dem nächsten. Das ist pragmatischer, wenn auch mühsamer.

Doch was soll's? Sie wird es schaffen. Erst aber mußte sie das Land haben.

Sadija begann zusammenzurechnen, was sie besaß, was sie bei der israelischen Firma noch zugute hatte und was ihr ihre Kundinnen – die aus den besseren Kreisen, die auf dem sonnigen Berg oder in der betuchten Schweitra-Gegend wohnen – noch schuldeten. Sie berechnete, was ihr die Hemden einbringen würden, an denen sie gerade arbeitete. Bezog auch die Lohnkosten für ihre Arbeiterinnen mit ein; ebenso die Ausgaben für das Haus und für die Kinder. Dazu noch die fünfzig jordanischen Dinar, die sie Hamada zur Finanzierung seines Studiums nach Kairo schickt. Verzweifelt und traurig schüttelte sie den Kopf.

Doch als sie, auf der Schwelle zum Vorhof sitzend, ihren Kaffee schlürfte, preßte sie entschlossen die Lippen zusammen; ihre Augen blitzten, und sie versicherte sich: »Ich krieg es, koste es, was es wolle.« Als sie dann begann, das Haus aufzuräumen und jedes Stück, das die Kinder am Abend zuvor verlegt hatten, an seinen Platz zurückzustellen, blieb sie unter Sohdis Bild stehen und flüsterte: »Ich werde für die Kinder ein Haus bauen, Sohdi. Dein Geist sei mein Zeuge dafür.«

Sie betrachtete die beiden schwarzen Augen und den dicken Schnurrbart. Das Bild schien ihr fremd, es hatte nicht mehr seine frühere Wirkung; die Erinnerungen besaßen nicht mehr den deutlichen Geschmack, den immer neuen Duft. Zwar war auch sie fest davon überzeugt, daß der Geist eines Märtyrers mit der Welt Kontakt hält und sich seiner Lieben und Angehörigen annimmt; doch die Zeit läßt alles verblassen, nicht nur Sesselbezüge und Vorhänge. Aber es gibt einen Unterschied! Sessel kann man aufarbeiten und erneuern, Sohdis Gesicht jedoch nicht, weiß Gott. Sie wiederholte mehrfach »Weiß Gott«, und als sie in den Spiegel in der

Schranktür sah, wiederholte sie es noch einige Male. Sie sank auf einen Sessel, ihre Augen schwammen in Tränen. Die reißenden Zähne des unbarmherzigen Lebens weckten in ihr Gefühle von Angst und Einsamkeit.

Die Wohnung bestand aus zwei Zimmern, deren kleineres ihr und den jüngeren Kindern als Schlafzimmer diente; tagsüber war es ihr Nähzimmer. Das größere, in dem der Rest der Kinderschar schlief, diente außerdem als Wohnzimmer, Eßzimmer, Spiel- und Aufgabenzimmer für die Kinder und als Fernsehzimmer. Wie oft hatte dieses Zimmer nicht schon erbitterte Schlachten zwischen den Kindern erlebt, wenn eines die Nachrichten aus Israel, ein anderes »Alauddin« aus Amman sehen wollte. Ein drittes mochte weder das eine noch das andere, sondern wollte den Fernseher abschalten, um für die Klassenarbeit am folgenden Tag lernen zu können. Dann gibt es eine Wahnsinnsschlacht aller gegen alle, und Sadija steht auf. Hinter ihr erheben sich alle die Mädchen, die bei ihr arbeiten, und lassen die Hemden auf der Maschine oder auf dem Boden unter ihren Füßen liegen. Sadija hat einen langen Zollstock in der Hand, ein Metermaß hängt ihr um den Hals. Der Zollstock saust erbarmungslos auf die Kinder herab. Manchmal gehen ihr auch unter Schreien und Schlagen die Nerven durch, und sie bearbeitet eines der Kinder mit Händen und Füßen, bis es halb ohnmächtig ist. Dann schalten sich die Näherinnen ein, um das Kind aus ihren Händen zu retten, während das Angstgeschrei der anderen Kinder aus dem Vorgang eine Gruselfilmszene macht.

Danach wirft sich Sadija aufs Bett eines ihrer Kinder und beklagt schluchzend ihr Los, bis ihr die Augen geschwollen sind. Die Kinder ziehen sich verängstigt auf die Straße zurück. Allein das geschlagene Kind sitzt noch in der Ecke, mit zerzausten Haaren und Kleidern, schluchzt tonlos vor sich hin und befühlt seine Quetschungen an Kopf und Körper. Wenn die Mutter sich dann wieder beruhigt hat und ihr das Geschehene bewußt geworden ist, geht sie zu ihrem Kind und streichelt es voller Mitgefühl, drückt es an sich und erstickt es mit ihren Küssen. Sie wäscht ihm das Gesicht, befeuchtet seine Quetschungen mit kaltem Wasser und gibt ihm ein Stück Schokolade. Dann schickt sie es auf die Straße, um seine Geschwister heimzuholen, während sie selbst, von Schuldgefühl geplagt, ein ungewöhnlich üppiges Abendessen herrichtet.

Über der Wohnung liegt dann eine seltsam beklommene Ruhe. Die Kinder hocken nach dem Abendessen vor dem Fernseher und wechseln unsichere Blicke. Die Mutter sitzt derweil in der Ecke auf der Fensterbank, kaut an ihrer Traurigkeit und ihrer Einsamkeit, läßt die Vergangenheit an sich vorüberziehen, denkt über die Gegenwart nach und malt sich aus, welch schreckliche und trostlose Zukunft ihrer harrt. Bald sind die Kinder groß. In drei Jahren wird Hamada sein Examen machen. Dann wird er in Saudi-Arabien oder am Golf arbeiten gehen, um zur Ausbildung seiner Geschwister beizutragen und auf ein eigenes Haus zu sparen. Danach wird ihm Dschemal folgen, dann Samija, dann Raschad und schließlich der kleine Asis. Hierhin und dorthin werden die Kinder verstreut sein, und sie wird allein in ihrem Haus sitzen, da oben auf dem Berg. Sie wird mit der Näherei aufhören, sobald die Jungen eine Stelle gefunden haben und Samija verheiratet ist. Doch sie wird unter der schrecklichen Einsamkeit leiden, und Jahre zu früh wird sie eine alte Frau sein.

Schahada ...? Nein, nein! Ausgeschlossen. Was für ein Tausch! würden die Leute sagen. Eine Palme gegen ein Lamm! Wie könnte es ein Schahada mit einem Sohdi aufnehmen? Wo gibt es jemand vom Format eines Sohdi? Ja, der war ein Mann, ein richtiger Mann. Dagegen jener magere Bleichling mit seinem Löckchenhaar, seinen gerupften Koteletten und seinem wiehernden Lachen. Nein, bei Gott, auch nicht, wenn er einen Mercedes und einen Farbfernseher anschaffen würde.

Aber sie wird das Grundstück auf dem sonnigen Berg kaufen. Sie wird ein Stück Land neben der Lehrerin Sabiha bekommen und wird, Zimmer um Zimmer, ein Haus darauf bauen. Wenn die Kinder dann einmal groß sind und ihr Geld schicken, wird sie ein Obergeschoß darauf setzen mit einer Glasveranda, in der sie am Morgen allemal sitzt und Kaffee trinkt und die Stadt wie einen Teppich unter ihren Füßen hingebreitet sieht. Sie wird erhoben sein mit den Erhobenen. Sie wird dieser grausamen Stadt die Zunge herausstrecken. Sie wird auf Umm Saber und Umm Tahsin nur bedeutungsvoll herablächeln. Sie wird sie an ihr Getratsche erinnern und ihnen gleichzeitig Knafi anbieten, auf Tellern, die glänzen wie Diamant. Sie wird vor ihnen vorbeischreiten in einem Maxikleid – einem Geschenk ihrer Söhne am Golf. Und sie wird sich die Lippen lecken, wenn sie ihre Blicke an ihren roten Fellpantoffeln nagen sieht. Doch ... sie wird eine alte Frau sein. Sie wird Rot nicht mehr tragen können, und ihr Haar wird grau geworden sein. Weiß Gott!

Die Zukunft scheint finster – trotz des sonnigen Berges und der Träume vom Maxi und der Teller mit Diamantglanz. Sie erwacht aus ihren Gedanken durch den Lärm des wohlbekannten Streites unter den Kindern. Nimmt den langen Zollstock und eilt, den Groll auf ihr Schicksal loszuwerden. Weinend, schimpfend, fluchend schlägt sie brutal auf ihre Kinder ein, lästert Gott und bittet ihn dann um Verzeihung.

Aber die Tage haben sie gelehrt, wie man die kleinen Freuden des täglichen Lebens genießt. Und wenn sie den Lohn für eine Ladung genähter Hemden erhält und mit einem Scheck über zwei- oder dreitausend Pfund aus Tel

Aviv zurückkommt, hat sie das Gefühl, die Welt habe plötzlich mit ihr einen Waffenstillstand geschlossen; das Ende der Plackerei sei nicht mehr fern, und ihr Traum vom eigenen Grundstück sei nicht mehr nur ein Traum, sondern ein Plan.

Sie geht beim Metzger, beim Gemüsehändler, beim Krämer vorbei und füllt riesige Papiertüten mit all den guten Dingen, von denen sie schon zu Sohdis Lebzeiten immer geträumt hatte. Dann kehrt sie nach Hause zurück, ein Lastträger folgt ihr. Sie sieht die Frauen in den verfluchten Fenstern, wie sie voller Neid und Mißgunst auf sie herabstarren, und sie hat das Gefühl, daß sie zum Mann geworden ist – oder doch zum halben. Sie festigt ihren Schritt, holt tief Luft und ruft von unten die Treppe hinauf: »Hallo, Kinder!«

Dann springen ihr die Kinder entgegen, reißen sich gegenseitig die Tüten aus der Hand und beißen schon auf der Treppe in die Bananen und die Äpfel. Dabei rufen und lachen sie durcheinander und füllen die Gasse mit Lärm und Geschrei. In solchen Augenblicken empfindet sie die Welt als hinreißend schön.

Hingebungsvoll widmet sie sich dem Auffüllen des Eisschranks mit all den guten Dingen, und Stolz und Selbstvertrauen liegen in jeder ihrer Bewegungen. Sie öffnet ihr Küchenfenster, das dem von Umm Tahsin gegenüberliegt, und singt mit lauter Stimme, während sie Suppe und Omelett zum Abendessen zubereitet. Mehrfach singt sie, bewegend und kräftig: »Oh, du mein Auge …« Umm Tahsin hört es und ruft: »Ausfallen soll es!« Worauf Sadija, Gleichgültigkeit vorgebend, in lautes Lachen ausbricht, ihrer Stimme noch mehr Kraft verleiht und, so laut sie kann, singt: »Ihr Neider verbrennt euch den Mund!«

Natürlich ist das Viertel einige Tage später von allerlei Gerede erfüllt. Man erzählt, Sadija sei Gott weiß wo gewesen. Als sie nach Hause zurückgekommen sei, habe sie ein baumlanger Kerl begleitet, beladen mit allerlei guten Dingen. Gott allein wisse, wofür er ihr all das gegeben habe. Gott allein wisse, woher sie all das Geld habe. Denn das, was Sadija zusammen mit all ihren Mädchen näht, sei nicht mehr als ein Viertel dessen, was Abu Tahsin bei der »Magischen Schere« näht. Und trotzdem klagt der Besitzer der »Magischen Schere« andauernd über geringe Einkünfte, hohe Steuern und schlechte Marktlage. Wenn darüber schon die Männer klagen, wie sollte dann die Lage der Frauen erst sein? »Wem also willst du das weismachen, Tochter des Abu Schamar, der noch Tamarija auf einem Schemel verkauft hat?«

Einmal platzte Umm Tahsin vor Sadija heraus und machte ihr wegen der lächerlichsten Dinge Vorwürfe: »Tochter des Abu Schamar, paß ja auf deine Kinder auf, sonst ... Deine Kinder haben mir gerade noch gefehlt. Dein verschlampter Sohn Raschad hat vom Fenster aus auf meine Kinder mit der Schleuder geschossen. Er hat meinen Abduh an der Stirn getroffen – beinah ist's ins Auge gegangen.« Raschad stand hinter seiner Mutter. »Das ist gelogen!« rief er. »Er hat angefangen. Außerdem waren es keine Steine, sondern Papierkügelchen – bei meinem toten Vater.« Abduh, fett wie eine Dampfnudel, schaute hinter seiner Mutter hervor und rief: »Du lügst! Du hast mir ins Auge geschossen, genau wie den Juden immer bei den Demonstrationen.«

Sadija blickte nach links und rechts, aus Furcht, ein Soldat könne vorbeikommen. Sie legte die Hand auf den Mund und machte »Pst! Pst!« Doch in Umm Tahsins Herz fraß schon lange der Neid, seit dem Augenblick, da sie die neuen Nähmaschinen sah, die auf den Schultern von Trägern in Sadijas Haus gebracht wurden. Jetzt hatte sie eine passende Gelegenheit gefunden, all ihr Gift zu verspritzen. Sie drohte mit der Hand: »Bei Gott«, rief sie,

»dir werd ich's zeigen, du verkommener Lausejunge. Wir waren es, die Mitleid mit dir gehabt haben, und darum haben wir gesagt, er ist ein vaterloser Junge.«

Sadija schoß das Blut zu Kopf; sie lief rot an. »Schluß jetzt mit der Geschichte, Umm Tahsin! Such ja keinen Streit.« Doch Umm Tahsin zwinkerte ihr mit ihren geschwärzten Augen zu und bewegte ihre Hände. »So, ich soll mit der Geschichte Schluß machen, und ich soll keinen Streit suchen. Und das sagst du, die alle möglichen Geschichten hat und zweifelhaftem Geld nachrennt!« Da brach Sadija in wütendes Lachen aus, haute sich mit der Faust auf die Handfläche und rief: »Ihr seid doch hinterfotzige Schweine, du und dein Mann, ihr Habenichtse!«

Die Gasse sah einen Kampf wie nie zuvor und nie danach. Die meisten Nachbarn ergriffen für Sadija, die Witwe und Mutter der vaterlosen Kinder, Partei. Eine Minderheit stellte sich auf die Seite Umm Tahsins mit ihrer scharfen Zunge und ihrem wohlgeflochtenen Netz von Lügengeschichten. Sadija siegte, doch der Sieg war bitter und endete damit, daß sie die Nacht über lautlos weinte, während sie den kleinen Asis fest im Arm hielt. Und sie beschwor die segensreichen Tage, als ihr Mann noch lebte. Der konnte es mit Abu Tahsin, Abu Saber und ihren Frauen aufnehmen, und sie behandelten ihn, aus Furcht vor seiner männlichen Kraft, freundlich und respektvoll.

Doch das war damals, nicht heute. Das Weinen nützt nichts, die Streitereien bringen nichts. Um die Maschine mußt du dich sorgen, Sadija. Das ist das einzig Nützliche in diesem ganzen Viertel. Denn in Stunden der Not und der Sorge können selbst die guten und hilfsbereiten Nachbarn nicht helfen. Für diese vaterlosen Kinder bist du verantwortlich. Auch was Hamada für die Universität und zum Leben braucht, hängt an deinem Hals. Arbeiten, das ist die einzige Lösung. Nur so kannst du was verdienen, kannst vergessen und kannst deine Sorgen meistern. Bald hast du so viel Geld, wie du brauchst, um dir ein Stück Land auf dem sonnigen Berg zu kaufen. Dann ziehst du fort aus dieser dunklen Gasse und trinkst auf der Glasveranda oben auf dem Berg deinen Kaffee. Dann wirst du dir einen Wunsch erfüllen, den nicht einmal Sohdi sich erfüllen konnte.

Sie öffnet Schahada die Tür, nimmt von ihm eine neue Ladung Hemden entgegen und bittet ihn ins größere Zimmer, wo die Kinder auf dem Boden sitzen und sich auf dem jordanischen Fernsehprogramm »Alauddin und Jasmina« anschauen. Sie bewirtet ihn mit Kaffee und unterhält sich mit ihm wie mit einem Kollegen. Sie gibt ihm seinen Fahrlohn, und er beschwört sie, sie solle das auf sich beruhen lassen.

Doch sie runzelt die Stirn und sagt: »Geschäft ist Geschäft, Schahada, bitte nimm, was dir zusteht. Gott habe Wohlgefallen an dir! Laß uns Geschäfte machen wie Männer.« Sie blickt ihm klar und stolz in die Augen und fragt: »Wie Männer?«

Da wird er kleinlaut und schüchtern. Ihre Kraft hat ihn verunsichert. »Besser als Männer, Umm Hamada, garantiert besser. Bei meiner Ehre, Umm Hamada, deine Geschäfte sind die saubersten Geschäfte, und mit dir zu handeln ist am besten. Sogar die Juden geben das zu. Und Gott soll es bezeugen.«

Er beschäftigt sich noch ein wenig mit den Kleinen, während er die Mutter aus den Augenwinkeln betrachtet. Er nimmt Asis, setzt ihn sich auf den Schoß und erzählt ihm eine Geschichte, über die er in sein gewohntes wieherndes Lachen ausbricht, was die Kinder zu unbändiger Heiterkeit reizt. Kaum ist die Türe hinter ihm zugegangen, äffen sie ihn auch schon nach. Er hört es noch auf der Treppe.

6

Ohne die Ausgangssperre, die die Stadt unvorhersehbar wie Malariafieber traf, wäre Adel am dritten Tag nach seiner Ankunft wieder weggefahren. Doch ein Vorfall auf dem Platz hatte wie gewohnt Ausgangssperre zur Folge. Ein Militärjeep erbebte plötzlich. Es krachte, Splitter flogen umher. Ein blutiger, khakifarbener Brocken wurde herausgeschleudert.

Dann begann die Rennerei. Die Leute stießen sich gegenseitig und liefen weg wie aufgescheuchte Hühner. Die Händler schlossen ihre Läden und strebten mit flatternden Hosen ihren Wohnungen zu. Sie versäumten es sogar, Brot für die Kinder zu kaufen. Ein kleiner Junge, der auf einem rostigen Faß stand, rief laut: »Ich trug mein MG, lalalala ... Daß nach uns die Generationen Sensen tragen können.« Nach wenigen Augenblicken war die Straße menschenleer. Nur ein paar Kinder sprangen wie die kleinen Teufel umher. Jedes von ihnen hatte einen Stock geschultert, und sie marschierten wie Soldaten. Auf der sonst leergefegten Straße wiederholten sie: »Ich trug mein MG ...« Doch noch bevor sie bei »lalalala« angelangt waren, fanden sich sich in einem Militärauto wieder, mitten unter grimmigen Gesichtern und groben Stiefeln. Jeder prüfte die Quetschungen und Handabdrücke auf dem Gesicht der anderen und befühlte seine eigene Wange. Einer versuchte wegzulaufen, worauf er so verprügelt wurde, daß er blutete. Einer begann zu heulen; die Blicke der anderen blieben hart, obwohl sie vor Angst und Wut mit den Zähnen klapperten.

Umm Saber rief aus ihrem Fenster einer anderen Frau zu: »Sie haben die Stadt kassiert und niemand übriggelassen.«

Nuwar betrat das Zimmer, in dem Adel, auf seinem

Bett sitzend, Nachrichten hörte. »Verlaß ja das Haus nicht«, brachte sie schweratmend heraus. »Sie haben eine Ausgangssperre verhängt und mit Durchsuchungen begonnen. Wenn du hinausgehst, kannst du die Nacht im Gefängnis zubringen.«

Das Gefängnis! Immer das Gefängnis. Wenn du auf die Straße gehst, wartet das Gefängnis auf dich. Wenn du zuhause bleibst, wartet das Gefängnis auf dich. Dort, hinter der Brücke, ist ein großes, ein riesiges Gefängnis. Militärgesetze und gottgleiche Führer, die deinesgleichen sind, jetzt aber gegen dich stehen. Man hat als einzelner nichts zu erwarten! Man hat als Volk nichts zu erwarten! Und auf ihren Befehl *verschwinden alle, die auf Erden sind; bestehen bleibt allein dein Herr* und der Besatzer.

Er betrachtete sie, wie sie da am Fenster stand und in den Himmel schaute und auf die Äste des Zitronenbaumes im Garten auf der Ostseite des Hauses. Sie hatte noch immer ihre durchsichtige ruhige Schönheit bewahrt. Doch die Spuren der Traurigkeit, die sich Tag um Tag, Jahr um Jahr ansammelten, erinnerten allmählich an die Jahre der Entbehrung und der Vernachlässigung. Das Mädchen wird älter; sie ist jetzt Mitte zwanzig. Bald wird sie dreißig sein, und sie wartet noch immer. Und worauf? Auf die Erfüllung ihres Traums? Die Träume waren sehr nahe der Erfüllung. Jahre, die vielleicht Generationen dauern. Die Völker hoffen auf ihre Geschichte. Doch die Geschichte des einzelnen ist kurz.

Er sah sie verstohlen eine Träne wegwischen. Auch du? Und Sadija. Und alle anderen von Abu Saber bis zum Bürgermeister. Wir alle wischen verstohlen Tränen weg und sagen: ›Es gibt noch ein Recht ...‹ Wir haben den Haß nicht gesät, aber wir pressen seine Ernte aus. Wachse, Wunde, auf allen Stirnen!

»Komm her, setz dich zu mir!«

Sie schüttelte den Kopf, den Blick noch immer aus dem

Fenster gerichtet. Sein Mitgefühl verdoppelte sich, seine Stimme wurde unsicher: »Nuwar, Schwester!« Sie begann zu schluchzen.

Nun laufen die Tränen über, und der Kummer bricht hervor. Ihr Herz erträgt keine Einsamkeit. Gezeichnet, gepfändet, gebunden kehrt es immer wieder zum Fremdsein zurück.

»Diese Kinder!« sagte sie durch Tränen hindurch.

»Sind es denn wirklich Kinder?«

»Ich halte diese Atmosphäre nicht mehr aus. Ich will weglaufen. Aber ich habe mir gelobt zu warten. Das Warten hatte einen Sinn, und Saleh war mein Wunsch. Doch jetzt ist das Warten zum Gefängnis geworden, der Gefangene zur Fessel. Und ich träume davon wegzulaufen.«

»Und wohin?«

»Ich weiß es nicht. Aber ich habe meine Fähigkeit verloren, mich zu verleugnen.«

»Hast du es ihm schon gesagt?«

Sie starrte ihn entsetzt an. »Ihm sagen? Was denn? Ich sei das Warten leid? Seine Briefe säen nach wie vor Hoffnung – noch immer. Aber ich bin kein träumerisches Mädchen mehr wie früher. Ich brauche ihn hier, muß ihn vor mir sehen, muß ihn mit der Hand berühren können, muß seine Wärme in den Straßen spüren, nachdem der Glanz verflogen ist. Sieben Jahre sind vergangen; davor auch schon einige. Wieviele werden noch folgen? Und was nützt das Warten?«

Er spürte einen Groll. Das ist nun die Ernte der Familie al-Karmi und aller Familien. Schon an vielen Gefängnissen war er vorbeigegangen. In Nablus, in Jerusalem, in Ramallah. Er hatte Menschen auf die Besuchszeit warten sehen. Bäuerinnen in ländlicher Kleidung. Männer mit Kefijes und langen Gewändern. Dutzende von Kindern mit zerzausten Haaren. Und Frauen aus den hintersten Winkeln der Städte, Spuren der Armut und des harten

Lebens auf traurigen gelben Gesichtern. Eines Tages hatte ihn ein Kollege angestoßen und ihn gefragt: »Siehst du, was ich sehe? Frag ja nicht, wer das Land schützen soll.«

Es war wirklich schwierig. Was sollte er diesem Mädchen sagen? Warte weiter! Dein Versprechen! Was nützt ein Versprechen an Vergängliche? Ein Versprechen ist eine Haltung und eine Überzeugung. Genau gleich die Fähigkeit, sich daran festzuklammern und standhaft zu bleiben. Und wenn dann die Phantasie des Individuums verkümmert, wird es zu Asche. Das Geheimnis liegt tiefer. Seine Wurzeln reichen in die Tiefen der Wirklichkeit und des täglichen Brots. Menschen, die alles verloren haben, haben eben nichts mehr zu verlieren. Das ist die Regel, und daneben gibt es keine andere Wirklichkeit. Wenn die Regel nicht gilt, gibt es keine Ausnahme, und die Ausnahme hat keine Regel und keine Gültigkeit.

Als sie die Tür hinter sich schloß, bewegte sich die Gardine. Ein Windstoß trug den Duft des Zitronenbaumes ins Zimmer. Die Vögel zwitscherten am Himmel, grenzenlos, kettenlos.

Er betrachtete das Bild an der Wand. Die ganze Familie war dargestellt. Der Vater, in seiner ganzen Pracht und Herrlichkeit, sitzt in der Mitte; neben ihm, demütig, seine Frau; um sie herum die Kinderschar. Adel, als Halbwüchsiger, direkt hinter seiner Mutter. Auf seinem Gesicht zeichnen sich schon Spuren innerer Unruhe und unschuldiger Träume ab. Nuwar ist noch ein kleines Mädchen mit Zöpfen, Schleifen und vollen Pausbacken. Der kleine Basil trägt ein boshaftes Lachen zur Schau, das einen ungezogenen und aufsässigen Charakter verrät. Dann noch die anderen Kinder, von denen einige gestorben sind, andere lebten und heranwuchsen. Was Basil anging: der junge Mann kannte seinen Weg. Vielleicht war es ja nur ein Zufall, daß eine welke Familie eine saftig grüne Knospe wie ihn hervorbrachte und daß ein wohl zusammengesetzer Tropfen den Lenden eines Mannes entfloß, der an Zellzersetzung starb, und daß Usama gerade damals ins Westjordanland zurückkam, als Geist und Träume des Jungen aufgingen wie die Sonne und der Stolz. Die Umstände paßten zusammen, und aus dem ständig lachenden boshaften Jungen wurde ein Mann mit einem Glauben an das Land und einem Glauben an die Sonne.

Sie öffnete die Tür mit der einen Hand, in der anderen hielt sie ein Tablett mit Kaffee. Sie setzte sich neben ihn auf das ächzende und quietschende Bett. Er betrachtete sie und fragte sich überrascht, ob er sie zuvor falsch beurteilt hatte. Beruht mein Bild von ihr auf einem Vorurteil? Meine Schwester ist auf dem richtigen Weg, auch wenn ihre Perspektive noch nicht deutlich ist. Doch ihre Zukunft ist klar. Also war all das eine seinem Unterbewußtsein entstammende Vorstellung, die ihm seine Träume diktierte. So zeichnete sich das edle Bild, das er stillschweigend und ungeprüft annahm. Eine Frage tobte in ihm: ›Wenn nun in ihrem Kopf und in ihrem Herzen kein Saleh wäre, wen gäbe es darin?‹ Der Gedanke an ihre Frage: ›Was nützt das Warten?‹ erschütterte ihn. Ist das so einfach, Nuwar? Ist es so einfach für jemanden, ein Versprechen zu geben? Wer behauptet, es sei so? Eine Strömung, die den Strohhalm von einer Wasserblase fortzog. Wieviele Blasen, wieviele Strohhalme gibt es in der Strömung? Die Strömung zieht, solange eine Kraft in ihr wirkt. Wenn sie aufhört, wird das Wasser brackig. Die leuchtenden Blasen erlöschen ganz plötzlich, wie Sternschnuppen. Wie sie kamen, vergehen sie. Und nur die Strohhalme bleiben auf der unbewegten Oberfläche – ein fruchtbarer Boden für Ungeziefer und für Mückeneier.

Ist es tatsächlich so? Ist das die Wirklichkeit? Warum

denn nicht? Man kann es ja überprüfen. Man kann es ruhig zugeben. Wunderbar, wie der Mensch von einer besseren Wirklichkeit träumt; und das Wunderbarste ist, daß er nicht die Verbindung verliert zu den Wahrheiten der gegenwärtigen Realität, damit er nicht wie eine Blase auf einer unbewegten Wasseroberfläche treibt.

7

Abu Saber betrachtete überrascht das Gesicht des jungen Mannes; Freude strahlte aus seinen Augen.

»Abu al-Iss!«

Dann Umarmungen, Küsse. Viele Gesichter. Hände, die ihn begrüßten. Lippen, die Gott lobten. Gott sei Dank, daß du gesund und wohlbehalten bist, Basil. Wir haben dich, weiß Gott, ja gar nicht wiedererkannt. Bist du aber groß geworden. Ein richtiger Mann. Mein Gott, ihr Leute, wie die Jahre vergehen. Sechs Jahre, oder war's länger? Was das Land inzwischen durchgemacht hat, Abu al-Iss! Einen großen Krieg. Einen Bürgerkrieg. Einen Krieg innen und einen außen. Die Lage ist schwierig, alter Junge. Wird schwieriger und immer schwieriger. He, Mohammed. Bring Limo, Kenar, Kaffee und Wasserpfeife! Ob sich was verändert hat? Al-Hadsch Abdallah, der Krämer, ist dahingegangen. Saber ist weg. Hamada studiert. Maruf vielleicht auch. Auch Saber nur vielleicht, unter uns gesagt. Gott weiß es am besten. In Beirut ist's losgegangen, und nichts ist dort wie früher.

Die Kunden versammelten sich im Kaffeehaus, saßen und standen um den jungen Mann herum und betrachteten ihn mit freudiger Neugier. Wie geht's im Gefängnis? Wie geht's den Jungs dort? Was machen Saleh und Ibn Tafida? Bei Gott, es stimmt, es gibt viele Gefängnisse, alter Junge. Wir sagen ›das‹ Gefängnis, als gäbe es nur ein einziges. Wie geht's dir gesundheitlich und sonst? Die Lage ist mies, und das Leben ist bitter. Trink, alter Junge! Trink! Erhol dich!

Aus den Fenstern ertönten Jubeltriller, die Kinder scharten sich zusammen. Die jungen Burschen betrachteten den Gefängnisabsolventen mit Scheu und Ehrfurcht. Sie rannten hierhin und dorthin. Jedes Kind trug seiner Mutter die Nachricht zu: »Basil ist wieder draußen! Basil ist wieder draußen.« Dann stellten sie sich wieder hinter die Scheibe am Kaffeehaus und warfen verstohlene Blicke hinein. Welch großartiges Ereignis! Welch grandioses Bild. Das Gefängnis ist schön, ihr lieben Leute. Als Kind kommt man rein, als Mann kommt man raus, und die Leute empfangen einen mit Jubeltrillern und tausend Glückwünschen. Das Gefängnis ist groß. Das Gefängnis ist gewaltig.

Raschad lud seine Schleuder und begab sich zum Platz, wo die Patrouille lauerte. »Mutter, Nuwar, Adel, kommt her. Setz dich. Erzähl von dir. Wie geht's dem Land? Als ich aus dem Gefängnis gekommen bin, hab ich die Erde geküßt und habe die Sonne angebetet. Das Auto ist dahingeflogen, und mein Herz ist fortgeeilt. Die Luft hat mir das Gesicht verbrannt, doch ich war überwältigt, und die Tränen flossen mir übers Gesicht. Mein Herz hüpfte wie ein Sperling auf dem Dreschplatz. Für Augenblicke vergißt du deinen Schöpfer und bewunderst nur noch seine Schöpfung. Du betest die Erde an und alles, was darauf ist. Ich bin über die Ebenen und durch die Berge gelaufen, durch grüne, braune, weiße, gelbe Felder. Felder voller Baumwolle und Sonnenblumen. Ich habe geglaubt, ich sei allein auf der Welt. Aber ich war nicht allein. Ich war wie ein Sonnenblumenvogel. Ich habe das Licht in mich aufgenommen und habe es als Samenkörner im Herzen bewahrt. Jetzt warte ich auf das kommende Jahr. Dann werde ich aus jedem Samenkorn eine Blume wachsen lassen, mit den Blumen eine Wiese bedecken ... viele Wiesen. Und die Ernte kommt zu ihrer Zeit.«

Er weinte kummervoll. Auch die anderen weinten. Umm Sabers Jubeltriller klangen herüber; man reichte Zitronensaft, und das Haus wurde zum Mekka des Viertels, ja zum Wallfahrtsort der ganzen Stadt.

»Und wie geht's dir, Adel? Was macht die Zeitschrift? Ich soll dich von den Gefährten grüßen. Am Horizont ist ein Plan, den Saleh vorbereitet. Jetzt erzähl mir mal, wie's im Land so geht. Mann, das kann doch nicht wahr sein! Und die Demonstrationen? Und die Aufstände? Wir haben auch bei den anderen Freunde und Genossen. Ich habe einen von ihnen im Gefängnis getroffen. Ja, einen Israeli. Einen Demokraten, wie ich ihn noch nie gesehen hatte. Es stimmt ja, es sind nicht viele, aber es werden immer mehr. Und wir, sind wir denn viele? Aber wir werden immer mehr. Und wir werden an Bedeutung gewinnen, und auch das Land wird an Bedeutung gewinnen. Ob ich Optimist bin? Natürlich, natürlich! Und du? Etwa nicht? Die Intellektuellen verstehen sich darauf, alles kompliziert zu machen. Ich, ich glaube an die Tat.«

Adel saß in der Ecke und betrachtete den lachenden jungen Mann. Er war groß geworden, breitschultrig, hatte einen Schnurrbart, ein kräftiges Kinn und leidenschaftliche Gefühle. Vor dem Brodeln seines Bruders spürte er seine eigene Erschöpfung. Vielleicht war es das Alter, das seinen Tribut forderte, vielleicht auch die bitteren Erfahrungen. Es ist gut, daß die Natur die Alten sterben läßt und daß die Jungen kommen mit neuer Hoffnung und frischem Mut. Vielleicht hat ja das Gefängnis eine läuternde Wirkung. Doch die Gefängnisgesellschaft ist anders als die Gesellschaft hier draußen. Hier gibt es Frauen, Witwen, Greise, Kinder und die ständige Abwertung des israelischen Geldes. Im Gefängnis gibt es Jungen, Männer und die Fesseln des Wärters, sonst nichts. Hier draußen gibt es andere Fesseln – die Kinder, die Verantwortung, die Sorge ums tägliche Brot und die Angst, ins Gefängnis geworfen oder ausgewiesen zu werden. Dort gibt es nicht die Angst vor dem, was ohnehin schon geschehen ist, und keine Vergleichsmöglichkeit. Auch du, Abu al-Iss, wirst Dinge entdecken, die du nicht erwartet hast.

»Ich Dinge entdecken, die ich nicht erwartet habe? Merkwürdig. Auch du dürftest Dinge entdecken, die du nicht erwartest. Der Weg ist lang, da sind wir uns doch einig? Aber was soll's! Ich werde mich im Land umschauen, werde mich mit den Leuten unterhalten und werde unsere jetzige Wirklichkeit verstehen lernen. Nur Mut! Die Revolution kommt nicht aus China. Wir müssen sie machen.«

8

Endlich ein richtiges Bett, nicht mehr diese Matte! Ein großes Fenster, nicht mehr diese Luke! Auf dem Boden ein bunter Teppich aus Gasa. Nur das Licht ist noch spärlich, und die Farben sind noch immer wie im Schlaf. Die erste Nacht weg vom Gefängnis und von den Vorschriften des Gefängniswärters. Der erste Morgen ohne Saleh. Sie mußten sich mit Schlafen und Wachen abwechseln, weil der Raum überfüllt war. Und ich liege hier allein in einem Zimmer. Die Laken sind weich und duften nach Sonne und Seife. Welch ein Luxus!

Die noch schlafheisere Stimme des Gebetsrufers schallte über die Dächer der Stadt. Sie war tief und zog vorüber wie der Wind über das Frühlingsgras. Einmal nahm uns Mutter zu jenem fernen, fernen Hügel. Auch Vetter Usama und seine Mutter und viele Nachbarinnen mit ihren Kindern waren dabei. Es war früh am Morgen, und der Weizen war frisch und smaragdfarben, die Felsen weiß wie Wolken. Ich war der Jüngste und konnte noch kaum gehen. Die Frauen saßen im Gras, tranken Kaffee und tratschten; ihr Gelächter war weithin zu hören.

Es gibt nichts Schöneres als den ganz frühen Morgen. Man hat das Gefühl, daß die Welt noch neu ist. Wie das Auge einer Schönen, voll weicher Empfindung. Unser Nachbar, der Polsterer, hatte eine Tochter. Hanan hieß sie. Immer saß sie neben ihm auf der Erde und streckte verstohlen die Hand aus, um den Satin der Decken zu betasten. Ich sehe sie noch vor mir, wie sie in seinem Laden sitzt, die Hand ausstreckt und den Stoff betastet. Ich spürte ein Zittern. Ich glaube, ich wünschte mir, ich könnte auch meine Hand ausstrecken und gemeinsam mit ihr den Satin betasten. Ich beneidete sie; oder ich beneidete den Satin. Er glänzte in allen Farben. Der Polsterer legte die Decke auf die Erde und breitete den Satin darüber. Blau wie das ferne Meer. Rot wie Anemonen. Hellgrün wie junges Basilienkraut. Bernsteingelb wie die Gebetskette meiner Tante Umm Usama. Sie besaß eine über fünfzig Jahre alte Gebetskette. Ihr Mann hatte sie ihr von der Pilgerfahrt, aus Mekka, mitgebracht. Als sie starb, stand ihr das Bild der Kaaba und das Bild Usamas vor Augen. Er war ein guter Mensch. Er hat mir vieles beigebracht; doch er war noch kein richtiger Mann. Männer werden im Gefängnis geboren oder auf dem Schlachtfeld und beim Warten auf den Kampf.

Mutter, sie kochte jeden Morgen Kaffee. Aber Vater – ich hasse es, mich an ihn zu erinnern. Ich habe all die Krankheitsrituale gehaßt. Ich floh ins Viertel hinaus, nachdem ich Hani gepfiffen hatte. Ich stand auf dem Dach und steckte meine Finger in den Mund. Ein langer, lauter Pfiff erklang, der von den beiden Bergen widerhallte. Er erreichte die Gipfel und die Pinien des Ebal. Es kam mir vor, als spaltete ich den Himmel. Ich wiederholte es viele Male. Er brachte mir bei, wie man durch verschiedene Lippenstellung und Atemdruck die Tonhöhe verändern konnte. Der Pfiff wurde zu einer Melodie wie ein Berglied. Die Bewohner von Galiläa wissen, wie ein Berglied klingen muß.

Der Gebetsrufer singt noch immer. Der Lautsprecher verzerrt seine Stimme. Das Gerät brummt und scheppert. Seine brüchige Stimme wird noch lauter. Der Geruch von Kaffee. Aber der Schlaf, das Bett und der Duft von Seife.

Der Schlaf und Saleh ... Saleh. Er hielt mir ein neues Buch hin. Bücher mochte ich erst im Gefängnis. Eine Welt, die alle Gefängnismauern überwindet. Viele Bücher, jede Art. Die Nacht kommt, die Nacht geht. Ich und das Buch. Saleh hat mich verlassen. Ich habe die Bücher und die rote Farbe liebgewonnen. Ich blickte in seine geröteten Augen und fragte besorgt: »Du hast nicht geschlafen?« Ich war klein und hatte niemanden. Keinen wirklichen Vater. So hängte ich mich an Saleh, klebte an ihm, folgte ihm von einer Ecke in die andere. Wir nahmen gemeinsam die Matten auf und wischten den Boden, nachdem wir die Hosen hochgekrempelt hatten. Seine Beine kamen zum Vorschein, haarig und dünn. Er litt an Migränekopfschmerzen und band sich ein Tuch fest um den Kopf. Ein Bauer hatte ihm das gezeigt und ihm gesagt: »Wickle dir was um den Kopf.« Doch Saleh hatte es nicht getan. Auch als er es ihm nochmals sagte, tat er es nicht. Da wickelte ihm der Bauer das Tuch um den Kopf und sagte tadelnd: »Du als Bauer verachtest ein altes Bauernrezept.«

Der Gebetsrufer war noch immer zu hören. Wo bleibt der Schlaf? Ist es wegen der ersten Nacht? Ist es wegen dem Gebetsruf und wegen dem krächzenden Apparat?

Ist es, weil ich das königliche Bett und den Seifenduft nicht mehr gewöhnt bin? In der Zelle roch es immer abgestanden. Schweiß. Atem. Füße. Saleh war immer sehr erpicht auf Sauberkeit. Am Anfang meiner Zeit war ich eher großzügig. Meine Füße ...! Von Kindheit an in einem Siechenhaus. Ein kranker Vater. Eine vom Sauberkeitsfimmel geplagte Mutter. Wasch dein Gesicht! Wasch deine Füße! Zeig deine Hände! Was ist denn das? Los, hopp, ins Bad! Los, los! Setz dich zu Tisch! Zeig mir deine Hände! Nein, diese Hände! Steh auf! Rühr ja nichts an! Du ißt nichts, und du trinkst nichts! Los, ins Bad! Laß mich an deinen Händen riechen, ja, riechen! Du hast sie nicht mit Seife gewaschen. Los, hopp, ins Bad! Ich verberge mich im Bett und schließe die Augen. Sie öffnet die Zimmertür und fragt: Schläfst du schon? Es ist zwecklos, nichts zu sagen. Sie schlägt die Decke auf und schreckt vor meinen Füßen zurück. Was ist denn das, Basil? Was ist denn das, mein Junge? Steh auf, steh auf, steh auf! Ach was! Ob es dir paßt oder nicht, auf ins Bad! Mein Gott! Gott bestrafe dich für diesen Anblick. Bitte, Mama! Da hilft keine Mama und kein Papa. Los, ins Bad! Ach was! Da! Eine kräftige Ohrfeige, wie ein Hornissenstich. Also gut, dann stehe ich eben auf. Wasch dich gründlich, mit Seife, hast du gehört, mit Seife! Ich habe richtige Seifenkomplexe bekommen. Ich haßte Wasser, und ich haßte Seife. Darum habe ich mir im Gefängnis zuerst nie die Füße gewaschen. Saleh hat gelacht und sich die Nase zugehalten. Als ich ihm die ganze Geschichte erzählt und behauptet habe, ich sei von einem Gefängnis ins andere geflohen, haben alle gelacht, und Saleh hat immer wieder gerufen: Ausbrecher! Ausbrecher! Saleh wird sicher ausbrechen ... Keine Spur von Müdigkeit.

Manchmal überkam mich das Lachen. Dann habe ich gelacht, bis mir das Wasser in die Augen trat. Alle haben mich angestarrt. Die Jüngeren haben auch gelacht, die

Älteren nur den Mund verzogen. Die meisten waren jünger. Ich habe erbarmungslos Witze erzählt. Ein Witz von hier, ein Witz von dort. Die Geschichten von der Ameise und dem Elefanten haben mir besonders gut gefallen. ›Kennt ihr den?‹ hab ich gefragt. Saleh sah mich scharf an: ›Wirst du denn nie erwachsen werden‹, wollte er wissen. Hört zu, hört zu! Wir hören ja. Ein Elefant verstieß seine Frau, eine Ameise. Diese weinte und sagte – ratet mal, was. Ratet mal! Nun sag's schon Basil! Ratet erst mal! Nun sag's schon! Ratet? Gut, wir raten. Sie sagte: Ich flehe dich an. Sie sagte: Hab Erbarmen. Nein, nein. Sie sagte: Sei gnädig. Nein, nein. Also los, sag's schon. Nein, nein, ihr müßt es sagen. Alle dachten nach, Saleh schmunzelte. Er schüttelte den Kopf. Wirst du denn nie erwachsen werden. Obwohl wir dich Abu al-Iss genannt haben, bist du doch nicht erwachsen geworden. Der Prolet rief: Er ist eben einer von den Besseren. Aber mit dem feinen Leben ist jetzt Schluß, ihre Zeit ist aus. Jetzt sitzen wir alle im selben Boot. Singt, Araber, singt: Wir gingen aufeinander los ... Wir haben im stillen gelacht. Euch geschehe dasselbe. Dann sitzen wir alle im selben Boot ... Also gut, was hat die Ameise zum Elefanten gesagt? Also los, hör auf damit! Soll ich Radau machen? Soll ich Radau machen? Bitte, ganz wie ihr wollt. Jetzt langt's aber. Sei still. Also, was sagte die Ameise zum Elefanten? Sagte sie: Mir bricht das Herz, ich Arme? Nein. Sagte sie: Lieber sterben? Nein. Bitte, Basil, wirst du denn nie erwachsen werden? Ich werde erst erwachsen werden, wenn ihr es erratet. Sag schon und gib Ruhe. Nein, ihr müßt es sagen. Hat die Ameise eine Demonstration veranstaltet und gerufen: Nieder mit dem Elefanten? Nahm sie eine Katjuscha und feuerte eine Granate? War es Sabotage? Dummkopf, eine Ameise und Sabotage. Aber, meine Herrn, Gott legt sein Geheimnis in die Schwächsten seiner Geschöpfe. So ist es, so ist es. Aber was sagte die

Ameise zum Elefanten? Sie steckten die Finger in die Ohren. Soll ich Radau machen! Wir werden es nicht hören. Gut, ich werd's euch sagen. Wird auch Zeit, du hast uns lang genug auf die Folter gespannt. Die Ameise sagte zum Elefanten: Hab Erbarmen mit dem Elefanten, den ich unterm Herzen trage. Riesengelächter. Hübsch, nicht wahr? Ja, wie der Duft von deinen Füßen. Riesengelächter. Der Sohn aus besserem Hause – wir werden unter seinen Füßen ersticken. Jetzt brach sogar Saleh in schallendes Gelächter aus ... Saleh wird fliehen.

Beim Unterricht im Gefängnis fragte Saleh: Was ist ein Bourgeois? Der Witzbold antwortete: Ein Opportunist. Saleh blickte ihn hart an und sagte: Es ist nicht die Zeit für Witzeleien. Der Witzbold darauf: Sie haben uns seit Generationen verkauft. Saleh darauf: Das ist Quatsch. Der Witzbold darauf: Wir haben in Gesprächen immer Quatsch gequatscht. Da wurde Saleh wütend und zog sich seufzend in eine Ecke zurück. Dann völlige Ruhe. Nur der Gebetsruf. Schlaf jetzt weiter. Warum das Bett nur so wogt?

Dann die Besuchszeit. Adel kam; Nuwar begleitete ihn. Sie stand mit Saleh am selben Fenster. Es war ein riesengroßes Gefängnis. Die Luft darin war drückend und feucht. Man durfte nur durch ein vergittertes Fenster miteinander sprechen. Adel erzählte, er habe seine Arbeit da unten aufgegeben. Wir seufzten erleichtert. Da erblickte ich sie; sie saß auf einer Holzbank, glich unserer Nachbarin Rebab. Saleh sagte: Du verursachst einen Skandal, sprich leiser. Ich flüsterte: Wenn ich rauskomme, werde ich sie überall im Westjordanland suchen. Saleh darauf: Sie ist aber vom Golan. Dann suche ich sie auf dem Golan. In derselben Nacht las ich einen Roman, dessen Heldin Sana hieß. Sie glich dem Mädchen vom Golan ebenso wie Rebab, der Tochter unseres Nachbarn. Da sagte ich zu Saleh: Das Mädchen vom Golan heißt

Sana. Er lachte. Also auf zum Golan! Ich darauf: Ich werde mich doch nicht an syrischem Gebiet vergreifen. Dann vergreift sich Syrien an dir. Da traf mich Sana mit dem bösen Blick, und ich dachte plötzlich an Tell Saatar, nicht mehr an den Golan.

Beim Unterricht im Gefängnis fragte Saleh: Was ist Freiheit? Der Witzbold antwortete: Daß man nicht auf einer Matte schlafen muß. Der Prolet meinte: Nein, daß alle auf Matten schlafen. Saleh fragte mich: Was meinst du dazu, Abu al-Iss? Ich erwiderte: Freiheit ist, daß alle in einem richtigen Bett schlafen können. Das hier ist ein richtiges Bett, keine Matte. Es ist weich und riecht nach Sonne und Seife. Ich habe richtige Seifenkomplexe bekommen. Eine Zeitlang habe ich mich von ihr getrennt. Dann habe ich mein inneres Gleichgewicht zurückgefunden und um Wasser gebeten.

Saleh fragte: Was ist Sauberkeit? Der Witzbold antwortete: *Sie ist Teil des Glaubens,* Herr Lehrer. Saleh darauf: Und wie übst du deinen Glauben aus? Mit Sauberkeit, erwiderte der Witzbold. Wir lachten; Saleh fauchte uns an: Es ist nicht die Zeit für Witzeleien. Der Bärtige meinte: Ernst ist es an dem Tag, an dem der Mensch von seinem Bruder, seiner Frau und seinen Kinder fliehen muß. Der Prolet sagte: Wir waren ganz große Klasse im Unterricht, Herr Lehrer; Note sehr gut. Saleh darauf: Das Durchfallen erfolgte umso rasanter, aber kehren wir zum Thema zurück. Was ist Sauberkeit? Der Prolet meinte: Wenn auch fremde Taschen so leergeputzt sind wie die eigenen. Der Bärtige sagte: Es ist die rituelle Waschung oder die Ersatzreinigung mit Sand. Erläutere das, forderte Saleh ihn auf. Wenn Wasser vorhanden ist, ist die Ersatzreinigung unzulässig. Und wenn Wasser nur spärlich vorhanden ist? Dann vollziehen wir, so der Witzbold, die Ersatzreinigung mit Erdöl. Und wie machst du es, wo du doch im Knast sitzst? Darauf herrschte Schweigen. Was meinst du dazu, fragte mich Saleh. Ich werde die Ersatzreinigung mit Sonnenschein vollziehen. Du hockst doch aber tief in einer Zelle? Ich warte auf den Spaziergang, Herr Lehrer. Und nach diesem? Auf dem Spaziergang spazieren wir fort, flüsterte ich vorsichtig. Seine Augen leuchteten auf, und er klatschte in die Hände. Kehren wir zum Thema zurück, sagte er. Was ist Sauberkeit? Der Witzbold sagte: Daß man seine Körperteile und alle Geräte sauberhält und daß man regelmäßig kakken geht. Darauf Saleh: Und wenn man Verstopfung hat? Darauf der Bärtige: Dann enthält man sich der Nahrung. Der Prolet meinte: Das haben wir schon probiert, aber es hat nichts geholfen, das sollen andere versuchen. Du meinst also, andere sollen sich der Nahrung enthalten, und wir sollen kacken. Genau das meine ich, Herr Lehrer. Sehr schön, sagte Saleh, ihr wart ganz große Klasse. Note sehr gut, Herr Lehrer, ergänzte der Witzbold. Das Durchfallen erfolgte um so rasanter.

Kehren wir zum Thema zurück. Was ist Sauberkeit? Es ist, wenn man alles über, unter und um sich herum sauber hält. Und wie ist es mit den Händen. Sie haben gelacht und auf mich gezeigt. Und wie ist es mit den Füßen? Ja, wie ist es mit den Füßen? fragte Saleh. Abu al-Iss will uns davon überzeugen, sagten sie, daß er etwas anderes ist als wir; aber seine Füße bringen uns um. Das nun, sprach Saleh, nennen wir Extremismus. Daraufhin habe ich mich, ohne Hornissenstich-Ohrfeige und ohne mütterlichen Befehl, in den Waschraum begeben.

Mutter weinte. Ich fürchtete ihre Befehle nicht mehr; sie blieben aus. Ein Gefäß voll Tränen, nach Mottenkugeln riechend. Vater brüllt sie an, sie brüllt uns an. Ich fliehe auf die Straße hinaus und betrachte Hanan und den Satin. Blau wie ein fernes Meer. Rot wie Frühlingsanemonen. Grün wie die Blätter an Maiskolben. Gelb wie Bernstein und die Sonne. Das Auto ist über das Land gerast. Felder voll Baumwolle und Sonnenblumen. Ihre Industrie bringt sie weiter. Sie gewinnen Öl aus Sonnenblumen und Mais. Wir gewinnen Öl und essen den Mais. Wenn Öl vorhanden ist, wird die Ersatzreinigung unzulässig. Und wie machst du es, wo du doch im Knast sitzt? Wir wenden unseren Blick in Richtung Kaaba. Wir weinen auf einem Gebetsteppich. Mutter, du faßt alle Tränen der Erde; du verkörperst die Unfruchtbarkeit der Bauern.

Saleh war begeistert: Du schreibst ein Gedicht? Usama hat mir vieles beigebracht. Erinnerst du dich an ihn? Ich erinnere mich an ihn; auch an Sohdi; und an Adel. Adel ist mein Bruder, mein ältester Bruder. Du bist nicht geworden wie er. Auch er ist nicht geworden wie ich. Machst du ihm Vorwürfe? Er hat dort unten gearbeitet, aber jetzt nicht mehr; er hat sich dem Journalismus zugewandt; er will mit seiner Feder zur Verbesserung der Lage beitragen. Was braucht es zur Verbesserung der Lage? Wenn Wasser vorhanden ist, ist die Ersatzreinigung unzulässig. Und wenn Wasser nur spärlich vorhanden ist? Dann ist Erdöl vorzuziehen. Aber im Unterricht hast du von Sonnenlicht gesprochen. Ohne Sonne gibt's kein Erdöl. Ohne Hitze entzündet es sich nicht. Und du könntest wohl verbrennen. Ohne Entzündung kein Brennen. Aber du hockst im Gefängnis. Ich warte auf den Spaziergang. Und ich werde fliehen. Du allein? Du bist doch mein Lehrer und Nuwars Verlobter. Seine Augen strahlten.

Adel schaut mich an; er wirkt ausgezehrt. Seine Erklärung – er hat sich nicht an das Zu-Fuß-Gehen gewöhnt. Immer ruhig. Immer wäscht er sich vom Scheitel bis zur Sohle. Ausgesprochen reinlich. Sauberkeit, haben sie gesagt, ist unerreichbar, wenn man sich nicht die Hände schmutzig macht. Und ohne Entzündung kein Brennen. Er gab mir eine Tasse Tee und fuhr mir mit der Hand durchs Haar. Er hatte Tränen in den Augen. Du bist erwachsen geworden im Gefängnis. Ich lachte: Nicht allzusehr, ich albere noch immer gern. Erzähl uns ein paar Gefängniswitze, bat Nuwar. Ich gab den von der Ameise und dem Elefanten zum besten. Mutter hat gelacht, bis ihr schwindlig wurde. Du bist doch noch immer ein Lausejunge, Basil, kann denn eine Ameise mit einem Elefanten schwanger sein! Sie wird einem Elefanten das Leben schenken, sagte ich mit Nachdruck. In Nuwars Augen traten Tränen. So ist es. In allem ist Saleh erfolgreich, nur in der Liebe nicht. Adel seinereits liebt Rafif. Rafif flattert auf der Erde herum. Doch Adel zieht hoch oben seine Kreise.

Beim Unterricht im Gefängnis fragte Saleh: Was ist eine Frau? *Sie ist die halbe Religion,* sagte der Bärtige. Saleh stritt mit ihm: Aber ihr fehlt es an Verstand, und in der Religion ist sie unvollkommen. So ist es, versicherte der Bärtige. Darauf Saleh: Aber die Frau ist die halbe Religion und das halbe Land. Also werden wir das halbe Land befreien. Wenn wir aufstehen, sagte der Bärtige, steht sie auch auf; wir sind die Hüter. Sag lieber Zuhälter, meinte der Witzbold. Darauf entstand ein wilder Krach aus Beschimpfungen und Handgreiflichkeiten. Erst als Saleh wütend dreinblickte, beruhigten sich alle. Zurück zum Thema, sagte er. Der Witzbold sagte: Man hat sie Generationen lang verkauft. Und als Saleh fragte: Wo steht die Frau?, meinte er: Hast du mich nicht verstanden? Saleh wandte sich an mich: Sag uns, Abu al-Iss, wo steht die Frau? Mutter kocht, antwortete ich, Nuwar wischt Staub, Rebab füttert Hühner, Hanan spielt mit Satin. Darauf Saleh: Sehr hübsch, aus dir kann noch was werden. Wirst du denn nie erwachsen! Soll ich der Wirklichkeit entwachsen, Herr Lehrer?, fragte ich. Deshalb bist du hier. Ja, ich liege hier in einem weichen, weichen Bett. Wann hört bloß dieser Apparat auf, den Gebetsruf zu verbreiten? Und diese Stimme zu verzerren? Der Hahn kräht. Die erste Nacht.

9

Am Spätnachmittag ging Basil ins Kaffeehaus hinunter, wo die alten Freunde zusammensaßen. Abu Saber, Abu al-Nuf, Schahada und Abu Maruf, der freundliche Wirt.

Der Himmel war wolkenlos, aber der Wind war schneidend kalt, und die Nase wurde zu einem Stück Eis. Kaum hatte er seinen Fuß auf die Schwelle gesetzt, als ihm ein Dunst entgegenschlug, gesättigt mit dem Geruch von Wasserpfeife, Kaffee und verbrannter Kohle.

»Herzlich willkommen!« rief Abu Maruf mit einer von chronischem Asthma kaputten Stimme. »Tausendmal willkommen! Gott zum Gruße tausendfach! Wo steckt denn dein Bruder? Man sieht ihn so selten wie den Vollmond. Nablus ist ihm nicht mehr groß genug. Wir sagen ihm: Komm her, schreib doch in dieser Stadt. Muß es denn Jerusalem sein? Ist Nablus nicht gut genug? Da sagt er dann: Die Zeitschrift, die Druckerei, die Zensur... Was weiß ich! Das ist die Sache der besseren Leute. Wir sind das einfache Volk. Und du, wie geht's dir? Gut? Prächtig! Bist ein strammer Bursche geworden. Weißt noch, wie sie dich zum erstenmal eingesperrt haben und du draus eine Riesengeschichte gemacht hast? Weißt noch, wie du die Scheibe an der Tür vom Kaffeehaus zerschlagen hast, mit einem Stein, der war so groß wie dein Kopf. Dabei hast du immer mit den anderen Kindern geschrien: ›Schließ deinen Laden, Gottloser! Auch für dich gibt's kein Palästina mehr.‹«

Basil lachte, daß man seine Weisheitszähne erkennen konnte. Gott, waren das Zeiten! Dann kamen ihm die Tränen. Er wischte sich das Gesicht und lachte weiter.

»Am Tag drauf hast du mir zwei kräftige Fußtritte verabreicht. Weißt du noch?«

»Ja, ja! Und ob ich das noch weiß. Das war ganz am Anfang der Besatzung. Damals war meine Gesundheit noch in Ordnung. Inzwischen bin ich ein alter Mann geworden. Das Asthma hat mich fertiggemacht, und auch die schreckliche Zeit. Es war eine schreckliche Zeit. Aber es wird besser werden, mit Gottes Hilfe. Mohammed, bring eine Wasserpfeife und einen rechten Kaffee für Abu al-Iss, den Helden des Viertels.«

Basil nahm das Mundstück und begann zu nuckeln. Dann legte Abu Maruf erst richtig los.

Die Geschichten der Stadt, die Skandale, die Todesfälle, die Stadtverwaltung, die Probleme mit Wasser und Strom, die Verhaftung vom Sohn des Gemüsehändlers Abu Dschamil.

»Sie fanden es alles, eingewickelt in Obstpapier, unter Äpfeln und Orangen. Jawohl, mein Herr. Sie haben das Haus gesprengt und den Laden versiegelt. Sie haben Dschamil gerupft nach Strich und Faden. Die Tochter von Abu Salem hat bei der Demonstration einen Stein geworfen, der dem Offizier ein Loch ins Hirn geschlagen hat. Sie sind ihr von Straße zu Straße und von Gasse zu Gasse nachgerannt. Aber kaum war sie vor ihren Augen verschwunden, stand sie plötzlich da, als ob die Erde sie ausgespuckt hätte, wie der Leibhaftige. Ein Teufelsmädchen, eine ganz Durchtriebene ... Was weiß ich? Sie sind schamlos geworden, die Mädchen heutzutage. Der Soldat hat sie gepackt und zu ihr gesagt: ›Keine Angst vor Schlägen, Arabermädchen, ich weiß vor was du Angst hast.‹ Da hat sie das Tuch vor ihrer Brust so weit zerrissen, daß man ihren BH gesehen hat. ›Das meinst du doch‹, hat sie gesagt, ›aber nicht einmal davor hab ich Angst.‹ Gott der Allmächtige verzeihe uns. Eine Generation, die nichts kennt und der keiner beikommt. Vaterland, das ist ja schon recht und gut, aber weißt du, mein Sohn, die Ehre ist viel wert, und wir sind Araber.«

»Ohne die Ehre des Landes und der Erde gibt's keine andere«, warf Basil ein.

»Nun ja, natürlich, du kommst direkt aus dem Gefängnis und hast einen revolutionären Kopf. Du bist auch noch jung und weißt noch nicht, was sich gehört. Dein Vater selig, Gott erbarme sich seiner, war ...«

»Mein Vater, Gott erbarme sich seiner, ist tot«, unterbrach ihn Basil, »und über die Toten nichts als Gutes. Jawohl, er ist tot, Gott hab ihn selig. Erzähl die Geschichte von Abu Salims Tochter weiter.«

»Ja, mein Lieber. Sie ist dem Soldaten aus den Händen geschlüpft wie ein Vögelchen. Sie sind durch die Gasse hinter ihr hergerannt. Da tauchten plötzlich die anderen Schlingel auf, und los ging's mit Steinen und Schleudern. Dann haben sie das Feuer eröffnet und den Sohn von Abu Hamid, dem Metzger, getötet. Sechzehn Jahre war er alt, aber ein starker Bursche, wie man ihn sich wünscht. Ich hab ihn mit eigenen Augen gesehen, wie er mit der Schleuder gezielt hat. Jeder Schuß ein Volltreffer an einem Kopf, ehrlich. Wie eine Feder ist er gesprungen. Das letzte Mal, daß ich ihn gesehen habe, hab ich gesagt: ›Gott schütze dich, Junge; so wie du bist, das kann ja nicht gutgehen.‹ Und, bei deinem Schnurrbart, gleich drauf ist es passiert. Am nächsten Tag war er tot – noch ein Opfer. Dann hat es eine Demonstration gegeben, daß das ganze Land zitterte. Tausende von Leuten sind auf die Straßen geströmt, mit Palmblättern und Fahnen; und vermummte Jungen, auf den Schultern von anderen, haben Parolen gerufen, und die Leute haben zurückgerufen. Immer: Nieder mit, nieder mit ..., bis mein Herz niedergesunken ist. Ich hab mir gesagt, das Militär muß was unternehmen. Jawohl, mein Lieber. Sie haben den Jungen begraben und sind zurückgekommen. Die Frauen haben Jubeltriller ausgestoßen. Die jungen Männer haben laut Parolen gerufen. Die Fahnen sind geflattert, und die Tränen sind geflossen. Es ist einem richtig ein Schauer über den Rücken gelaufen. Es war einmalig, Abu al-Iss. Man hätte fast sagen können, das Land hätte sich befreit und wäre zum Staat geworden. Keine Besatzung, keine Verhaftung, keine Steuern, keine Brücken, keine Passierscheine.«

»Und die Soldaten?«

»Der Teufel soll sie holen. Vom Anfang bis zum Ende der Beerdigung haben wir keinen Knochen gesehen. Weißt du, das Land hat uns gehört. Wir haben darin machen können, was wir wollten; und es war lustig, so ohne Armee und ohne Polizei. Wirklich, gar niemand Fremdes da. Zum ersten Mal seit Menschengedenken, kannst mir's glauben, zum ersten Mal. Wie wir zurückgekommen sind, kam mir ein Gedanke. Drei oder vier Stunden Freiheit für einen Sechzehnjährigen, hab ich mir gesagt. Sollen sie doch einen zweiten und einen dritten nehmen, aber Schluß mit der Besatzung.«

Basil lächelte. »Wirst du ihnen Maruf opfern, deinen Sohn?«

Abu Maruf sprach nicht weiter. Er brütete, sein Blick wurde starr. Dann wandte er sich um. »Hm, das ist eine Frage, über die man nachdenken müßte. Maruf wird dir gefallen, Abu al-Iss. Nächstes Jahr kommt er als erstklassiger Ingenieur zurück. Er ist alles, was wir haben. Ich habe mich für ihn halbtot gezahlt. Wenn er doch zurückkäme und mir eine Stütze in der Not wird. Fünfzig Jahre lang diese Drecksarbeit. Gott mache ihr ein Ende! Ich hab im Leben als Wasserpfeifenjunge angefangen. Ich hab einen Behälter mit glühenden Kohlen rumgetragen und sie auf Wasserpfeifen verteilt. Was haben wir nicht alles gesehen und gearbeitet! Wie haben wir gekämpft auf der Welt. Da gab es Tage mit Hochs und Tage mit Tiefs und

Tage, die waren so beschissen wie heute. Unter der Treppe, da wo ich euch dieses phantastische Klo gebaut habe, was da schon alles passiert ist! Was da sich schon für Leute versteckt haben! Von den Revolutionären von sechsunddreißig in der Mandatszeit über die Kommunisten und Baathisten zur Zeit der Jordanier bis zu den demonstrierenden Kindern von heute. Unter der Treppe, was da schon alles passiert ist! Was da schon los war! Manchmal kannst du da Leute treffen, die sich mit Politik beschäftigen. Manchmal solche, die sich miteinander beschäftigen. Einmal ist Hadsch Achu Aini unter der Treppe hervorgekommen und hat einen gehbehinderten Jungen in erbarmungswürdigem Zustand hinter sich hergeschleppt. Abu Saber hat gerufen: ›Sogar mit einem Lahmen, Hadsch Achu Aini.‹ Da hat er mit seinem kranken Auge gezwinkert und gefragt: 1Ja brauche ich ihn etwa für einen Wettlauf?1«

Abu Maruf lachte sich halbtot; sein Gesicht wurde krebsrot. Er begann zu husten, und das Wasser trat ihm in die Augen. Basil reichte ihm ein Glas Wasser, das er langsam schlürfte, seine Hand auf der Brust.

Noch immer mit Tränen in den Augen und, nach Luft schnappend, fuhr er fort: »Die Welt geht unter, und es ist nicht schade drum. Wir essen in Blut getunkte Bissen. Schau dir die Leute an! Schau dir das Land an! Schau dir die Kinder an! Schau dir an, was im Libanon passiert ist! Schau dir an, was sich um dich herum abspielt! Siehst du den, der da drüben sitzt, den Kopf in die Hand gestützt? Der hat drei Söhne im Gefängnis. Einer hat hundertdreißig Jahre gekriegt, der nächste sechsunddreißig, der dritte sieben. Und der Betrunkene dort, der hat eine Tochter im Gefängnis von Ramla, seit dem Anfang der Besetzung bis heute. Einmal sagen sie ihm, sie ist gestorben. Dann sagen sie ihm, sie lebt noch. Dann wieder sagen sie ihm, sie liegt im Sterben. Der junge Mann da drüben, der mit dem Schnurrbart, der wie ein Gespenst aussieht, der ist vor zwei Monaten rausgekommen. Er lag volle zwanzig Tage im Krankenhaus. Sein Magen ist völlig kaputt. Was er ißt, geht direkt durch. Auch wie er sich bewegt, ist komisch. Siehst du ihn? Er sitzt allein am hintersten Tisch. Der eine geht, der andere kommt. Und wenn ich sage: Gott beschütze uns, lachen sie und sagen: Bis heute hat er uns nicht beschützt. Sollen wir schweigen oder weiterreden? Ich schluck's und sage: Gott sei Dank ist Maruf in Ägypten. Und du, Abu al-Iss, paß auf, daß du's nicht auch so machst. Verschone uns, und Gott beschütze dich.«

Basil lachte und klopfte ihm auf die Schulter. »Bis heute hat er uns nicht beschützt. Sollen wir schweigen oder weiterreden?«

Abu Maruf hustete nochmals. Wieder trank er etwas Wasser. Das Husten hörte auf, und er fuhr fort: »Ich sag immer: Weiß ich denn, ob Maruf in Ägypten ist und nicht sonstwo? Einer erzählt mir: Ich hab ihn im Libanon gesehen. Ein anderer erzählt: Ich hab ihn in Syrien gesehen. Ein dritter erzählt: Ich hab ihn in Ägypten gesehen. Es kommt mir ja schon komisch vor, daß ich ihm Briefe über Zypern schicke und er zurückschreibt. Ich frag ihn über die Universität, und er antwortet, alles ist in Ordnung. Aber einmal hat er geschrieben: ›Wenn du in den Libanon gehst, sprich das Wort 'Tomate' wie ein Libanese aus. Die Phalangisten bringen nämlich alle um, die es anders aussprechen.‹«

»Ja, und bist du in den Libanon gegangen?« fragte Basil neugierig.

»Ja sicher, mein Lieber. Mein älterer Bruder wohnt im Lager Dschisr al-Pascha. Gott helfe ihm! Aber die Lage dort – gottserbärmlich! Grauenhafter als die Besatzung, grauenhafter. Alle Wände sind voll von Bildern. Lauter Gefallene drauf. Und gefallene Söhne von Gefallenen.

Und gefallene Söhne von gefallenen Söhnen von Gefallenen. Das hört nie auf... Der Libanon ist grauenhafter als die Besatzung, und alles dort ist dreckiger als anderswo. Aber ich sage dir, Abu al-Iss, die Leute dort, denen ihre Moral ist himmelhoch. Die gehen mit festem Schritt herum und rufen: Revolution, Revolution bis zum Sieg. Weiß Gott, ich verstehe das nicht. All das Gemetzel, und dann Revolution, Revolution bis zum Sieg? Mensch, die lachen übers ganze Gesicht. Gibt's denn sowas? Und wir lassen den Rüssel weit runterhängen, obwohl wir nicht halb so viel mitgemacht haben wie sie und keine solchen Gemetzel erlebt haben. Man könnte fast glauben, wir sind nicht das gleiche Volk. Ihre Gesichter sind voll Feuer und Funken. Unsre Gesichter sind eiskalt und verbissen. Erklär mir, warum! Erklär mir, warum sie so warm und wir so kalt sind. Erklär mir's, bei Gott!«

»Die Bewegung macht warm, Abu Maruf«, flüsterte Basil.

Abu Maruf starrte und zwickte sich in die Wange. »Gut«, erwiderte er, ebenfalls flüsternd. »Und im Land hier gibt's welche.«

»Bei den Leuten auch?«

»Gewiß, ja! Ich bin dort gewesen und hab's mit eigenen Augen gesehen. Aber sag mir, woher will Maruf das mit den ›Tomaten‹ wissen? Meinst du, ... Maruf ...? Also ... Nein, zum Teufel mit diesen Gedanken. Wie wenn Palästina nur noch Marufs Blut bräuchte. Unsre Familie hat ihren Anteil geleistet, und nicht zu knapp. Mein älterer Bruder im Lager Dschisr al-Pascha hat zwei Söhne begraben. Mein anderer Bruder hat neunzehnsiebzig in Sarka einen Sohn begraben, einen Jungen wie eine Palme. Ich, ich hab niemand als Maruf, mein Gott. Er ist mein Einziger. Ich habe nicht mehr lange zu leben. Und wer kümmert sich dann um die Familie? Nur schon dran zu denken, versetzt mich in Angst und Schrecken. Bist groß geworden, Basil, mein Junge. In dieser Welt kümmert man sich weder um Wärme noch um Gesundheit.«

»Wichtig ist, daß die Jungen es warm haben. Und die Bewegung macht warm, Abu Maruf, die Bewegung macht warm.«

»Aber das feuchte Klima von Nablus bringt mich um. Rheuma, Asthma und eine Kälte, die man in den Gelenken spürt. Sei uns gnädig, Herr, sei uns gnädig.« Er hustete, bis ihm die Augen hervortraten und er schwer keuchte. »Ein dreckiges Asthma; ich hoffe, du bleibst verschont davon.«

Abu Saber betrat mit einem Gruß das Kaffeehaus: »Willkommen, Abu al-Iss! Ein Willkomm dem Helden des Viertels! Wie geht's, alter Junge?«

»Du hast mir gefehlt. Alle haben mir gefehlt. Jede Straße und auch das Land hat mir gefehlt. Setz dich, Abu Saber, setz dich!«

Abu Saber zog einen Stuhl heran und nahm Platz. »Ja, ja, Abu al-Iss, unser Los ist es, daß einer dem andern fehlt, während wir im selben Land sitzen. Und dein Bruder, Gott helfe ihm, was immer er tut, auch der fehlt uns. Weiß Gott, ohne ihn ist das Viertel leer. Jedenfalls bist du jetzt da, Abu al-Iss. Bleib du bei uns und mach's nicht wie dein Bruder – da und doch nicht da, ehrlich! In Nablus geht's gut, und alles wird prachtvoll laufen, solange du hier bist. Du wärmst uns und erleuchtest uns, da kann sogar das elektrische Licht einpacken. Und Abu Maruf hier tut ein übriges und zieht uns das Fell über die Ohren. Fünfzehn Piaster für eine Tasse Kaffee! Wo hat man sowas schon erlebt?«

»Was soll das heißen, Abu Saber? Fangen wir schon wieder damit an? Willst du etwa behaupten, ich sei verantwortlich für die ganze Steuerrechnerei. Das ist unser Schicksal – den ganzen Tag sehen wir Leute, die uns das

Geschäft verderben. Da bitte, schau dir das an!« Er wies mit dem Finger durch die Scheibe. Draußen war eine Gruppe von Soldaten zu sehen, die, die Waffe im Anschlag, vorbeipatrouillierten.

»Bleib doch sitzen. Wohin willst du, Mann? Kaffee mit Zucker, Mohammed! Nein, du sollst wirklich einen Kaffee von Abu Saber annehmen. Du hast uns genauso gefehlt wie wir dir, Abu al-Iss, bei deinen Toten. Also nun, mein Lieber, was hast du für Pläne? Willst du studieren oder dir eine Arbeit suchen oder etwa ins Ausland gehen, wie alle jungen Männer? Ausland heißt Elend, und das Land gehört dem, der drin bleibt. Bald werden wir dich verheiraten, und du wirst uns Freude machen. Anständige Mädchen gibt's genug, mehr als man sich wünschen kann, du mußt nur auswählen. Es gibt zuwenig junge Männer, und die unverheirateten Mädchen werden wie unser Gemüse, wenn sie die Brücke sperren. Ja, die Lage ist schlimm. Nichts läßt sich absetzen, nicht einmal die Mädchen. Die jungen Männer gehen zum Studieren, zum Arbeiten, ja sogar zum Heiraten ins Ausland. Die Mädchen sitzen hier und werden uns zur Last, müssen essen und arbeiten nichts. Was soll man da tun, mein Lieber? Sie sitzen doch rum, nutzlos wie unbestelltes Land. Was soll man da tun? Wo liegt die Lösung?«

Abu Maruf würgte. Dann brach er in schallendes Gelächter aus, doch aus seiner Brust klang es seltsam. »Die Lösung liegt beim Hosengurt, dort wo der Beutel hängt.«

Abu Saber nahm die Witzelei auf. »Damit ist dann alles gelöst und die Lösung klar. Aber was wissen wir ...«

Abu Maruf klatschte in die Hände und japste: »Wer hat denn gesagt, sie brauchen ihn für einen Wettlauf?« Riesengelächter.

Ein neuer Hustenanfall überkam Abu Maruf, der eine Verstärkung des Asthmas anzeigte. Er stand auf und ging zur Toilette, um auszuspucken. Basil blieb allein mit Abu Saber am Tisch zurück.

Der Tag war vergangen. In der Stadt gab es jetzt nur noch streunende Katzen und die pausenlos hin und her fahrenden Patrouillenfahrzeuge. Das Kino schloß seine Tore; nur die Plakate waren noch erleuchtet – Frauen mit gewaltigen Brüsten und unglaublichen Hintern. Mohammed brachte die vor dem Kaffeehaus auf dem Gehsteig verstreuten Stühle herein und traf Vorbereitungen zum Schließen. Nur noch drei Männer saßen dort, selbstvergessen ins Kartenspiel vertieft.

10

Basil betrachtete Abu Saber. Sein Gesicht war noch faltiger geworden; sein Haar noch weißer; sein lang herabhängender Schnurrbart war nicht mehr so markant wie früher. Seine Schultern waren noch eingefallener, sein Blick war noch verschwommener.

»Und du, wie geht's dir, Abu Saber? Was macht die Arbeit?«

»Mit der Arbeit geht's nicht schlecht, Gott sei Dank. Die Stadtverwaltung ist sehr anständig – bei deinem Schnurrbart. Trotz all der großen Probleme ist die Stadtverwaltung sehr anständig mit dem Unterhalt; und die Arbeit dort auch. Tja, weißt du, man lebt jedenfalls unter seinesgleichen und bei der Familie. Dürfen wir das vergessen? Du warst ja noch jung, Basil, und hast die Bitterkeit, die wir kosten mußten, nicht so bewußt miterlebt. Bei uns hat es Tage gegeben, Abu al-Iss, da konnten wir nur zwischen Feuer und Hölle wählen. Wenn wir dort unten gearbeitet haben, hatten wir keine Ruhe; und wenn wir hier oben gearbeitet haben, auch nicht. Wenn wir ausgewandert sind, hatten wir keine Ruhe; und wenn wir hiergeblieben sind, auch nicht. Das Unglück ist ja, daß du verantwortlich bist für deinen eigenen Magen und den von anderen. Kinder hängen dir am Hals, eine Familie, Frauen, Verwandte und die Sorge für heute und für morgen. Glaub mir, Junge, die Tage haben an mir gezehrt. Die Welt ist wie eine Säge – sie schneidet dich, ob du rauf oder ob du runter gehst. Fürs Essen mußt du zahlen – mit deiner Hand, mit deinem Herz, mit deinem Blut. Und immer sagst du: Nun ja, was soll's. Morgen sind die Kleinen groß und helfen uns. Ihr werdet's schon schaffen, mein Junge! Ich wünsche euch Erfolg dabei.«

Basil seufzte tief. Er betrachtete Abu Sabers verstümmelte Hand, die schlaff auf der Tischkante lag, und spürte die Last mit ihrem ganzen Gewicht. Das gequälte Gesicht seines Bruders kam ihm in den Sinn, und immer wieder schoß ihm der Vergleich durch den Kopf: Diesen hat's getroffen, und jenen hat's getroffen.

»Ihr werdet's schon schaffen, mein Junge. Ich wünsche euch Erfolg und Leute wie Saber und Hamada. Wir haben getan, was wir tun mußten. Gott gebe euch bessere Tage als uns. Aber offenbar ist das Schicksal nicht auf unserer Seite.«

»Morgen wird sich das Schicksal wenden«, murmelte Basil mit Überzeugung. »Morgen wird es sich wenden.«

Ein bitteres Lächeln spielte auf Abu Sabers Gesicht. Etwas hinter der Glasscheibe, auf den leeren Straßen zog seine Aufmerksamkeit an. »Diese Stadt ist zum Friedhof geworden. Mit Sonnenuntergang sind die Straßen finster – keine Leute, keine Bewegung, kein Leben. Jeder fürchtet sich vor dem, was morgen und was danach kommt. Mehrmals schon, wenn ich bis spät gearbeitet habe und erst bei Nacht nachhause gegangen bin, hat mich eine Patrouille angehalten. Schon drei- oder viermal. Dann wollen sie den Ausweis sehen und wollen alles mögliche wissen. Wo gehst du hin? Wo kommst du her? Undsoweiter. Wenn sie dann sehen, daß ich ein einfacher alter Mann bin, lassen sie mich weitergehen. Aber andere haben sie schon oft nicht weitergehen lassen. Lerne daraus, Abu al-Iss, lerne daraus. Denn wir lernen ja von anderen, nicht wahr?«

»So ist es.«

Abu Saber betrachtete Basils finsteres Gesicht. Usama fiel ihm ein. Die beiden sind Vettern, Usamas Mutter die Schwester von Basils Vater. Das war einmal. Die Zeiten vergehen. Er erinnerte sich noch gut an die Geschichte vom Keller und von der Sprengung des Hauses.

»Nachdem sie das Haus gesprengt haben«, sagte er eifrig, »haben wir alle zusammen geholfen und es neu aufgebaut. Kein Mann im ganzen Viertel, der nicht mit zugepackt hätte beim Bau. Es ist ein hübsches kleines Haus. Die Sonne scheint von früh bis spät hinein. Adel, Gott helfe ihm, hat sich halbtot geschafft, bis es stand. Kein Mann im ganzen Viertel, der nicht zugepackt hätte! Übrigens, gefällt dir das Haus?«

Zum erstenmal sah Basil sich mit dieser Frage konfrontiert. »Gefällt dir das Haus?« Er zuckte ratlos mit den Schultern. »Ich weiß nicht recht.«

Abu Saber fixierte ihn unsicher. »Was soll das heißen, ich weiß nicht recht?«

Die beiden schauten sich lange forschend an. Dann sagte Basil erklärend: »Ich bin erst vor zwei Tagen aus dem Gefängnis gekommen und habe noch nicht über das Haus nachgedacht. Ich denke zur Zeit nur über eins nach: daß ich wieder draußen und hier in der Stadt und unter den Leuten bin. Vom Haus haben mich bisher nur die Bewohner interessiert.«

»Adel hat sich halbtot geschafft, bis es stand«, erinnerte sich Abu Saber nochmals.

Basil lächelte. Jetzt hatte er verstanden, was mit der Frage gemeint war. Er gab sie an Abu Saber zurück. »Und du, gefällt dir das Haus?«

»Natürlich.«

»Ich meine dein Haus.«

»Mein Haus?« Abu Saber winkte mit seiner verstümmelten Hand ab und lachte trocken. »Wen interessiert denn mein Haus? Ich meine euer Haus, das Haus der al-Karmi, dein Vaterhaus, Basil, mein Junge. Du kannst Gott dafür danken, daß dein Vater erwachsene Söhne zurückgelassen hat. Denn wer einen Erben hat, der lebt weiter.«

»Er ist aber gestorben«, sagte Basil mit Nachdruck. »Und wer tot ist, dessen erbarme sich Gott. Aber die Lebenden haben das Erbarmen noch nötiger.«

»Und das Haus?«

»Wem gehört das Haus? Adel hat es mit eigenen Händen gebaut. Aber nicht für sich selbst. Er hat es für seine Familie gebaut, für euch, deine Mutter, deine Schwester, deine anderen Geschwister und dich.«

»Für die Familie hat er es gebaut?«

»Ja natürlich, mein Junge. Er hat es für euch, nicht für sich selbst gebaut.«

»Und gefällt ihm denn das Haus?«

»Er hat es mit eigenen Händen gebaut, und wir haben ihm geholfen. Ob es ihm gefällt? Natürlich gefällt es ihm.«

»Und warum wohnt er dann nicht darin?« fragte Basil trocken.

Abu Saber riß die Augen auf; sein Schnurrbart hing herab. »Die Umstände hindern Adel daran, mein Sohn. Seine Arbeit bei der Zeitschrift hält ihn vom Haus fern.« Er erzählte weiter und weiter und begann dann wieder ganz von vorn. Wie das Haus gesprengt wurde. Wie die Männer beim Wiederaufbau halfen. Wie die Familie einzog. Dann wieder, wie Adel bei der Zeitschrift als

Journalist zu arbeiten begann. »Alle zwei bis drei Wochen hat Adel einen Artikel an die Zeitschrift geschickt. Er hat über die Lage der Arbeiter und über die Situation in der Stadt geschrieben. Über Dinge, die sich hier oben abgespielt haben, und über Dinge, die sich dort unten abgespielt haben. Danach hat Gott es so gefügt, daß man ihn aufgefordert hat, ganz bei der Zeitschrift zu arbeiten. So ist dein Bruder ein Journalist und Schriftsteller geworden, auf den man stolz sein kann, nachdem er zuvor ganz übel dran war. Du kannst Gott dafür danken, daß dein Bruder Erfolg hat bei seiner neuen Arbeit. Jetzt ist er frei von Sorgen, nachdem ihm das Leben so schrecklich mitgespielt hat. Dein Bruder hat sich früher furchtbar abgerackert. Du kannst Gott dafür danken, daß er Erfolg hat.»

»Manchmal ist Erfolg auch ein Fluch«, murmelte Basil. Abu Saber wußte darauf nichts zu sagen. Er verstand nicht, was im Kopf des jungen Mannes vor sich ging. Was will dieser Junge? Noch wichtiger aber war die Frage: War dieser Junge eigentlich erwachsen geworden?

Basil schaute sich um. Das Kaffeehaus war leer bis auf Abu Maruf, der, nachdem er seine Tagesabrechnung gemacht hatte, weltabgewandt dasaß. »Also los, gehn wir«, sagte Basil zu Abu Saber.

Gemeinsam gingen sie in Richtung Saada-Viertel, und jeder kaute an seinen Fragen und Vermutungen. Abu Saber unterbrach das Schweigen und seine eigenen und seines Begleiters Gedankengänge. Er begann, von den tagtäglichen Unannehmlichkeiten und Schwierigkeiten zu erzählen.

»Alles hier ist beschissen. Mit ihrer Wirtschaft wird es immer schlimmer. Ihr Geld ist keinen Pappenstiel mehr wert. Eine Fabrik und eine Firma nach der anderen gehen pleite. Das Schicksal hat unseren Arbeitern übel mitgespielt. Weder im Westjordanland noch in Israel gibt's genug zu tun für sie. Also was tun sie? Sie gehn nach

Osten, so wie sie bisher nach Westen gegangen sind. Du kannst sie zu Tausenden sehen, wie sie nach Jordanien, nach Saudiarabien, in den Irak fahren, und was weiß ich, wohin sonst noch. Weiß Gott, ich fürchte, der Tag wird kommen, da geht's uns wie den Arabern in Jaffa. Die sind von allen Seiten umzäunt – von vorne, von hinten, von Osten und von Westen. Und um sie herum wohnen Fremde und Ausländer, und das kauderwelscht in allen Sprachen, nur nicht arabisch. Ein Mechaniker aus Jaffa hat mal zu mir gesagt: Stell dir vor, Abu Saber, du wärst in ein Haus gesperrt, wo alle Nachbarn Fremde sind. Da wirst du ein Fremder, ohne daß du weggehst. Stell dir das vor! Verflucht sei diese Welt! Manchmal macht einen das glatt verrückt. Gott gebe uns Geduld und Gleichmut. *Sag, Gott wird den Menschen helfen.* Stell dir vor, sogar das Wasser in deinem Land ist den Fremden erlaubt und dir verboten. Dir ist es verboten, zu trinken oder deinen Durst zu löschen, und den anderen ist es sogar erlaubt, Schwimmbäder zu bauen. Sie haben uns gesagt: Stadtverwaltung, es ist verboten, Brunnen zu graben. Wir haben gefragt, warum. Da haben sie gesagt – hör gut zu, es ist kaum zu glauben: Wenn ihr in Tulkarm nach Wasser grabt, zieht ihr alles Wasser unter Israel ab. Wir haben gesagt: Das darf doch nicht wahr sein. Das Land gehört uns, der Boden auch, und das Wasser ebenfalls. Sie haben nochmal gesagt: Es ist verboten. Und siehe da, letzten Monat bin ich an denselben Ort gegangen, wo wir einen Brunnen graben wollten. Da ist da Baggerlärm gewesen. Ich hab gefragt, was los ist. Aber so ein Schmuel, der Tankwagenfahrer, hat gesagt: Nichts ist los; Scheiße, das ist's. Und siehe da, mein Lieber, ihre Bagger graben, und das Wasser fließt in Strömen, und unsere Vettern, die Juden, schwimmen drin. Schwimmen drin! Uns ist ein Messer im Hals steckengeblieben, aber wir haben geschwiegen. Eine Hand kann einer Ahle nicht widerstehen. Wir haben uns überlegt, was tun, und haben uns gesagt: Gut, graben wir weiter östlich. Und was haben sie gesagt? Das ist verboten. Das heißt, wir können, verdammt nochmal, weder im Westen noch im Osten graben. Das Ende vom Lied war, daß sie Leute geschickt haben, die nach Grundwasservorräten im Land herumgesucht haben. Und wie hat man sie genannt? – Pfadfinder.«

»Pfadfinder?«

»Es waren zwei, die alle mögliche Ausrüstung und Apparate bei sich hatten, die wir zum Teil gekannt haben, zum Teil auch nicht. Wir haben gefragt, was los ist. Aber so ein Schmuel hat wie üblich geantwortet: Nichts ist los; Scheiße, das ist's. Die Leute haben herumgeschrien, sich dann beruhigt und verlangt, man soll zur Stadtverwaltung gehen. Unsere Polizei hat die beiden festgenommen und sie eingesperrt. Aber unsere Vettern, die Juden, haben Bescheid gewußt und sind gleich zur Sache gekommen. Sie haben ein noch schlimmeres Verbot ausgesprochen als zuvor: Die Stadtverwaltung darf keine Polizei mehr haben. Und seither hat die Stadtverwaltung keine Polizei mehr.

Zwei oder drei Wochen später sind die beiden mit ihrer Ausrüstung und ihren Apparaten wiedergekommen und zu der Quelle gegangen. Die Leute haben geschrien, man soll zur Stadtverwaltung gehen. Als die Stadtverwaltung nichts tun konnte, haben die Kinder und die Frauen Steine genommen und die zwei erbarmungslos damit beworfen. Die sind dann geflohen. Aber die Leute hier haben immer Angst. Von dem Tag an hat Umm Saber immer wieder gesagt: Probier mal das Wasser. Es schmeckt nicht mehr wie früher. Ich sag ihr: Du bist ja nicht gescheit. Doch sie sagt: Probier mal das Wasser. Es ist nicht in Ordnung, Abu Saber. Mir ist es nicht geheuer. Vielleicht haben die was unternommen gegen uns, Abu Saber. Und immer wieder: Abu Saber, Abu Saber, Abu

Saber, bis ich übergeschnappt bin. So ist es. Sogar wenn wir Wasser trinken, haben wir Angst. Was meinst du dazu? Siehst du irgendwo eine Hoffnung, oder stimmt es, was dieser Schmuel da sagt?«

Basil zuckte geistesabwesend mit den Schultern. »Ich weiß nicht recht.«

»Komisch! Ich frage dich über das Haus, und du sagst: Ich weiß nicht recht. Ich frage dich über das Wasser, und du sagst: Ich weiß nicht recht. Ich frage dich über die Lage im Land, und du sagst: Ich weiß nicht recht. Ich wüßte, bei Gott, schon gern, was dich eigentlich beschäftigt.«

Basil hielt das Haupt gesenkt. Er dachte daran, was Adel ihm am Tag seiner Entlassung aus dem Gefängnis gesagt hatte: ›Du wirst Dinge feststellen, Abu al-Iss, die du nicht erwartest.‹ Er strich sich mit der Hand über den Kopf. »All das war zu erwarten, Abu Saber. Was verlangst du denn? Zu leben, als wärst du frei? So ist eben die Besatzung.«

Der Satz ging ihm nicht aus dem Kopf. »Du wirst Dinge feststellen, Abu al-Iss, die du nicht erwartest.« Er wünschte, Adel wäre jetzt bei ihm, um ihm zu sagen, was er damit gemeint hatte. Es stimmt ja, Adel, Abu Saber denkt nicht an Grundlgendes. Es stimmt auch, daß er sich über das Haus Gedanken macht, weil er an seinem Bau beteiligt war. Es stimmt ebenfalls, daß er nicht an sein eigenes Haus denkt, sondern nur an das der Familie al-Karmi. Es stimmt schließlich, daß seine Hand kaputt ist und er immer Angst hat, sogar wenn er ein Glas Wasser trinkt. All das stimmt, doch was bedeutet es? Es bedeutet, daß der Weg lang ist, und das erklärt alles. Sind wir uns darüber nicht einig? Ein anderes, Adel, hast du ebenso vergessen wie die ganze Stadt, daß nämlich die Stadtverwaltung keine Polizeigewalt mehr besitzt. Wenn die Leute das endlich zur Kenntnis nehmen, werden sie aufhören, herumzuschreien und zu jammern. Das ist ein

Beispiel aus der tagtäglichen Wirklichkeit hier. Aber wann werden die Leute wirklich aufhören, zu rufen, man solle zur Stadtverwaltung gehen? Nun ja, nichts bleibt unverändert, und was geschehen ist, bleibt wirksam, solange man es in Erinnerung behält. Der Weg hat gerade erst begonnen. Sind wir uns darüber nicht einig?

11

Die zweite Nacht. Wie aus einer Rose strömt die Erinnerung. Erinnere mich nicht an Kindheit, Liebe, Schönheit! Schlaflose Nächte. Saleh, wo bist du geblieben? Wo ist Nuwar geblieben? Und ich, mich hat das Westjordanland in die Arme geschlossen, und die Gewehrmündungen hindern mich, die Mädchenscharen anzuschauen. Schwarze Augen gehen an mir vorüber und lassen mein Herz erbeben. Doch das Pochen der Erde und der Gewehre ist stärker. Die Unschuld ging hinter den Gittern verloren und hat sich in Kindheitserinnerungen verkrochen. Jetzt gibt es nichts mehr als Bücherseiten und das Gekrächze des Gefängniswärters. Ich schlage ein neues Buch auf, blättere weiter. Die neue Seite weckt Erinnerungen. Wege, Straßen, Kaffeeduft. Das Klopfen des Polsterers. Gekrempelte Wolle. Einmal Schnee auf dem Klappfenster. Die Gefährten und Kameraden drängten sich aneinander. Sie zündeten eine Eierschachtel an, hängten eine Dose darüber, tranken den Tee und starrten in ihre Becher. Sie sahen Gesichter und Filme darin, und sie erzählten sich traurige, aber auch lustige oder schlüpfrige Geschichten. Sie lachten, bis ihre Wimpern naß waren; dann weinten sie, bis ihre Bärte naß waren.

Die grünen Mandelbäume wiegten sich. Jener Tag liegt lange Jahre zurück. Nuwar war gekommen und stand hinter dem vergitterten Fenster. Ich trat zurück, um ihr eine Gelegenheit zu geben. Das Stimmengewirr war ohrenbetäubend. Die Besucher, die Kinder, das Weinen einer alten Frau, deren Mann gestorben war und die allein die Besuchszeit erwarten mußte. Mein Junge, sagte sie nicht nur einmal, nein, tausendmal zu ihm.

Ich blickte verstohlen hin. In ihren Augen lag jener Blick, auf ihren Wangen das Abendrot. Er streckte seine Finger durch das Metallgitter. Sie nahm seine Finger und streichelte sie. Ich wünschte, das Mädchen vom Golan wäre auch da. Unschuldig wie ein Kind holte sie einige grüne Mandeln aus der Tasche, die sie an der Kontrolle vorbeigeschmuggelt hatte. Schaute sich um und flüsterte: Ich habe dir grüne Mandeln mitgebracht! Sie lachten und schoben ihre Gesichter näher ans Gitter. Ihre Stirn berührte fast die seine, doch das Metall stand hindernd zwischen ihnen. Sie steckte ihm die grünen Kerne durch das Gitter hindurch zu. Er nahm sie und aß davon, immer weiter redend. Was er ihr wohl sagte? Was sie ihm wohl sagte? Sie hörte zu, sprach nicht; aber sie lachte. Ihr Anblick erinnerte mich an Rebab, unsere Nachbarstochter, die jeden Morgen die Hühner fütterte. Ich saß immer am Rand des Daches und schaute hinunter auf den Hof, wo ein großer Hühnerkäfig stand mit einem Taubennest darin. Mit einer Stimme, die süßer war als das Wasser im Badan-Tal, lockte sie: Komm, tuck, tuck, tuck. Nuwar sagte lachend: Ich füttere dich mit Mandeln. Er: Aber der Zucker fehlt. Worauf ich kommentierte: Kein Wunder, wenn Fairus davon singt. Sie wurde rot und sagte: Schäm dich, uns zu belauschen. Er zeigte auf mich: Wenn er's nicht live mitkriegt, bekommt er von mir später die Aufzeichnung zu hören. Am Abend sitzen wir nämlich zusammen und lassen die ›Ton- und Bildaufzeichnungen‹ vom Besuch immer wieder ablaufen; und das bis zum nächsten Besuchstag ... Er liebte sie mehr als den Sonnenaufgang. Mehr als alles in der Welt. Sie bedeutete ihm alles. Mich erstaunte, wie sehr er sie liebte. Gut, sie ist schön, aber ihre Schönheit ist starr, wie bei der Jungfrau und den Heiligen auf den Bildern. Eine Schönheit westlichen Ursprungs mit orientalischen Zügen ›geimpft‹. Zufällig fand ich ihr Bild. Er bewahrte es unter der Matte auf der Erde auf. Ich lachte, als ich es betrachtete: Dein Geschmack ist völlig daneben. Ich persönlich liebe die Schönheit vom Land, von hier. Dunkle Augen, kräftige Züge ... Du bist eben vom Land, sagte er scherzend. Jemand schnappte es auf und begann mit lauter Stimme zu singen: Mein Land, mein Land! Ich will zurück in mein Land. Der Wärter hörte es und brüllte: Also du gehen. Der Mann nahm den Besenstiel und schlug von hinten durch die Gitterstäbe auf den Wärter ein. Ein allgemeiner Tumult brach los.

Rebab ist verheiratet und füttert jetzt keine Küken mehr, sondern Kinder. Ich sah sie über die Straße gehen. zwei Kinder hielten sich an ihrem Kleid fest, eines hielt sie an der Hand, ein weiteres im Bauch. Sie sagte nicht mehr: »Komm, tuck, tuck, tuck.« Inzwischen hieß es: »Komm, gib Händchen!« Als ich ihr zulächelte, glaubte sie, ich wolle mit ihr anbändeln, und schalt ihre Kinder: Los, schnell, gib Händchen. Es war, als sei ihr das Muttersein Zuflucht und Schutz. Aber bald sind ihre Kinder groß und beteiligen sich an Demonstrationen. Dann wird Rebab verstehen.

Einmal, er schrieb gerade an sie, fragte ich ihn: Wie hast du dich in Nuwar verliebt? Werde ich dich nicht in Verlegenheit bringen? fragte er zurück. Dann werde ich, entgegnete ich, nur das halbe Land befreien. Du machst schnelle Fortschritte. Also, wie hast du dich in Nuwar verliebt? Sein Blick wurde verklärt: Du weißt, sie ist mit

Lina befreundet. Lina hat immer von ihr gesprochen. Sie hat auch von eurer Familientragödie erzählt. Von der Krankheit, der Niere, dem Vater, der mit seiner Krankheit niemanden gesund sein lassen wollte. Ich traf mich mit ihr, und sie weckte meine Zuneigung. Sie fühlte sich sehr einsam. Niemand kümmerte sich um sie oder hörte ihr zu. Sie war unterdrückt, und sie wußte es. Sie verglich sich mit Lina. Ich war einfach freundlich zu ihr. Da weinte sie und fragte, ob ich mich über sie lustig machen wolle. So fing es an.

Also hast du einfach Mitleid mit ihr gehabt und dich dann in sie verliebt. Sie war intelligent. Wie ihr Bruder. Wie ihr Bruder? Wäre sie's doch. Bedauerst du es? Du machst schnelle Fortschritte. Und sie, macht sie keine Fortschritte? Wie soll das denn gehen, wo wir doch so weit auseinander sind? Und die Briefe? Wie die Briefe der Radiohörer an ihre Verwandten. Und die Besuche? Da fehlt nur noch, daß die Brücke gesperrt wird. Der Passierschein ist ja vorhanden. Wie also soll sich Nuwar ändern? Sie ist hin und hergerissen. Ich habe Angst, daß sie mir entgleitet. Alles geht dahin – Zuneigung, Schönheit, Hoffnung. Nuwar ist mein Fenster zur Welt. Ich habe Angst, das Fenster könnte zugehen, ich könnte Nuwar verlieren und einsam zurückbleiben. Bist du traurig? Entehrt Trauer den Revolutionär? Du bist noch jung. Ich habe angefangen, mich zu fürchten. Warum? Weil ich so gern lache und weil mir die Witze von der Ameise und dem Elefanten so gut gefallen. Er lachte herzlich und klopfte mir auf die Schulter. Erzähl mir einen. Eine Ameise tauchte in einen Becher. Rate mal, warum. Um nach einem Elefanten zu suchen. Nein, nein. Sie tauchte nach Perlen? Nein, nein. Riesengelächter. Sie suchte nach Moby Dick? Nein, nein, nein. Riesengelächter. Also sag's schon. Spann mich nicht länger auf die Folter. Gut, ich sag's dir. Die Ameise tauchte in den Becher, um einen

Brief zu schreiben. Einen Brief? Ja, ihren Unterwasserbrief. Bravo. Du machst wirklich schnelle Fortschritte. Wer hat dir das beigebracht? Hab ich vergessen, es sind mehr, als man aufzählen kann. Erinnerst du dich an Usama? Kann jemand sein Fleisch und Blut vergessen? Bist du traurig? Entehrt Trauer den Menschen? Er hat mich umarmt, und wir haben beide geweint.

Im Unterricht fragte Saleh: Wer war Kopernikus? Der Bärtige sagte: Ein Ungläubiger, ein Ketzer, ein Atheist. Der Witzbold meldete sich eifrig zu Wort: Im Christenviertel gibt es einen Verkäufer von schwarzen Oliven; ist es der? Saleh schalt: Woher hast du diese Weisheit! Darauf der Vorlaute: Vom Tourismusamt. Saleh schwieg eine Weile und seufzte dann tief: Werden wir wieder ernst! Darauf der Witzbold: Sie spalten uns seit Generationen. Dann bist du also ein Spaltpilz? Nein, ein Fußpilz, Herr Lehrer oder gar ein Theologenfilz ... Ein Tumult brach los. Ich schaltete mich ein, um eine Spaltung zu verhindern und den Streit beizulegen. Ich versuchte es mit einer Ameisengeschichte: Drei Ameisen gingen an den Strand. Zwei davon im Badeanzug. Die dritte weigerte sich, sich umzuziehen. Warum? Saleh fragte: Ist das wirklich der richtige Augenblick, Basil? Die anderen schenkten ihm keine Aufmerksamkeit. Sie ließen sich gern durch Ameisen von ihm ablenken. Der Vorlaute meinte: Die dritte hatte ihre Tage. Nein. Sie hatte Übergewicht. Riesengelächter. Nein. Sie hatte Angst vor hohem Wellengang. Riesengelächter. Sag's schon. Sag's schon. Los, bitte! Sie war eine islamische Gesetzesgelehrte. Der Tumult wurde noch lauter. Saleh zog sich in eine Ecke zurück. Ich folgte ihm kleinlaut. Er war ganz Vorwurf. Habe ich dir das beigebracht? Ich weiß doch, wer Kopernikus ist. Die Sonne ist das Herz des Weltalls. Alles andere sind Planeten. Kein Licht ist stärker als ihr Licht. Ich lehne das einfach ab. Deine Ablehnung ist noch immer unbedeutend, meinte er nachsichtig, werde erst einmal älter, Basil! Werde erst einmal älter, Abu al-Iss. Ich fragte: Machst du mir meine Abstammung zum Vorwurf? Du trägst eben noch immer die Spuren deiner Abstammung mit dir herum. Du fürchtest, die Sonne könnte ihren Anspruch, etwas Besseres zu sein, verlieren. Ich erwiderte: Und ihre Stellung, Herr Lehrer? Er darauf: Wichtig ist die Wirkung. Die Bedeutung liegt nicht in der Stellung. Jeder Stern leuchtet entsprechend seinem Umfang. Ich jubelte voller Freude: Richtig, bei Gott, es ist die Sonne, die von nichts überwunden wird. Er darauf geduldig: Doch, vom Sonnensystem. Ich dachte lange nach und sagte schließlich: Weiß Gott, sie ist das Sonnensystem.

Ich lebe noch immer hier und dort. Denn ich bin zwar dort, aber gleichzeitig bin ich, wie wunderbar, hier auf einem weichen Bett. Hör zu Saleh, Adel hat mir etwas Wichtiges gesagt. Auch der Mann mit dem Asthma hat vieles gesagt. Was meinst du dazu? Immer fragst du, Saleh, und immer gibst du die Fragen an mich zurück. Fern von dir fühle ich mich wie in der Fremde. Ich weiß ja, was du sagen wirst: Außerhalb vom Gefängnis fühlst du dich wie in der Fremde. Wir, Saleh, wissen nicht mehr, wo eigentlich das Gefängnis ist. Über den Tod wird durch ein Wort entschieden. Wenn du »Tomaten« nicht wie ein Libanese ausspricht, bedeutet das deinen Tod. Wundert es dich, daß du dich wie in der Fremde fühlst? Ein kleiner Akzent, ein kleiner senkrechter Strich entscheidet über den Verlauf des Schicksals. Entscheidet er über alle Schicksale? Über das ganze Sonnensystem! Er erklärte: Wenn ein Planet seine Bahn verläßt, kommt es zu einer Karambolage. Er stößt mit einem anderen zusammen; dieser wiederum mit einem anderen. Die Anarchie wird allgemein, und alles versinkt in Flammen. Und das alles als Wirkung des kleinen senkrechten Strichs. Ist das nicht merkwürdig? Ein Strich entscheidet über den Verlauf des Schicksals. Der Strich ist senkrecht. Zerteile ihn, gut, mach daraus eine Hypotenuse in einem Dreieck und verschiebe es ein bißchen. Du meinst, man soll handeln. Ich meine, man soll manövrieren. Aber Saleh, das ist eine Abweichung. Erzähl mir den von der Ameise und der Seife: Eine Ameise stand am Rand einer schmierigen Seife. Warum stand sie da? Sag's doch? Um Selbstmord zu begehen. Und warum? Um Ruhe von aller Schmierigkeit der Welt zu haben. Was hast du da bloß gelernt! Ich dachte, Seife sei Symbol für Sauberkeit. Ist sie ja auch. Aber es besteht ein gewaltiger Unterschied zwischen dem einen und dem anderen, zwischen Schmierigkeit und Sauberkeit. Die einen nennen es schmierig, die anderen sauber. Was also sagt die Ameise? Sie weiß nicht mehr, wo sie steht. Der Abgrund aber gähnt. Was sollen wir tun? Wenn sie stürzt, wird sie unweigerlich zerschmettert. Natürlich, natürlich; das Gesetz der Relativität kommt zur Anwendung. Aber der Gelehrte hat uns daran erinnert, daß die Anziehungskraft durch den Luftwiderstand vermindert wird. Also wird sie nicht zerschmettert. Doch, sie wird zerschmettert. Wie denn? Warum denn? Du hast vergessen, du Schlaumeier, daß die Ameise mit einem Elefanten schwanger ist; das erklärt das Geheimnis ihres Gewichts. Du bist großartig, Herr Lehrer. Laß dich nicht blenden, ich bin auch nur ein Schüler. Also, das Problem mit der Seife ist noch immer nicht gelöst. Was sollen wir tun? Der Abgrund gähnt, und der kleine, senkrechte Strich wird länger. Zerteile ihn doch. Mach daraus eine Hypotenuse in einem Dreieck. Und wie soll das vor sich gehen? Die Erde ist noch immer schmierig. Die Ameise steht noch immer dort. Der kleine Strich sieht noch immer wie ein Stock aus. Das Stück Seife ist noch immer ein Stück Seife. Was sollen wir tun? Denk nach und laß dir was einfallen. Ich dachte lange nach und fand schließlich das Ei des Kolumbus: Fummle mit dem Schwerpunkt. Bravo. Du machst schnelle Fortschritte. Wer hat dir das beigebracht? Es sind viel mehr, als man aufzählen kann. Erinnerst du dich an Usama? Kann jemand seine Wunde vergessen? Bist du traurig? Entehrt Trauer den Revolutionär? Ach Saleh, du bist für mich Vater, Bruder, Kopernikus und Nuwars Verlobter. Er sagte: Hüte dich vor Vergöttlichung. Ich mit Nachdruck: Aber die Sonne ist der Angelpunkt. Er mit noch größerem Nachdruck: Nein, das Sonnensystem. Ich dachte weiter nach: Wenn sich der Schwerpunkt verschiebt und verändert, gibt es ein Vakuum und eine Lücke. Soll ich Saleh fragen? Er wird sagen: Laß du dir selbst etwas einfallen. Gut, ich laß mir was einfallen. Jetzt weiß ich es. Lieber in jenem Vakuum als im Abgrund. Sie wird sich eine Hand brechen, einen Fuß, doch zerschmettert wird sie ganz sicher nicht. Lieber in jenem Vakuum als im Abgrund. Ich will also versuchen, den Schwerpunkt zu verlagern.

Der Lautsprecher begann zu zischen. Dann räusperte sich ein Scheich. Im Gefängnis stehen wir auf und räuspern uns. Ja, im Gefängnis stehen wir auf und räuspern uns. Mutter kocht noch immer. Als ich ins Gefängnis ging und als ich aus dem Gefängnis kam, hat Mutter gekocht. Schon vor meiner Zeit im Gefängnis fühlte ich mich in einem riesigen Gefängnis. Ich habe nie dieses Gefühl gehabt. Ich habe immer die Sorge des Gefängniswärters empfunden – Mutter, Vater, Adel, Nuwar und diese ganze Kinderschar. Die Kinder sind größer geworden, das Gefängnis auch. Ich bin ins Gefängnis gegangen und habe Saleh getroffen. Von ihm habe ich gelernt, was Liebe ist. Liebe? Ich bin durch ihre neuen Viertel gegangen. Ich bin durch die Gassen der Träume und Wünsche geschritten. Ich sah die Mädchen; da ist meine Phantasie gewachsen. Die Neigung eines Herzens, das sich eine Sana ersehnt. Und wieviele Sanas!

Adel und Rafif. Du bist verliebt, Adel. Wie komisch. Er zögerte, aber er lächelte nicht. Nuwar wies auf ihn und flüsterte: Er ist in Rafif verliebt ... Ich wünsche mir tatsächlich, Adel, daß du eine Reaktion zeigst. Du bist so langsam wie alle historischen Prozesse. Was mich angeht, so laß mich nur machen. Ich liebe schöne Namen: Sana, Rebab, Hanan, Daad. Saleh sagte: Du wirst nie erwachsen werden. Sei doch erwachsener als sie. Größer als ein Ei oder ein Hahn. Fühl mal, fühl mal, wie weich. Ich liebe Eier, und ich liebe Sana. Du bist noch immer nicht erwachsen. Weil ich das Lachen liebe, die Mädchen, den Kaffee und das Land.

Hör zu, Saleh, hör zu. Ich bin durch den Gewürzhändlermarkt spaziert. Ich habe die Gewürze gerochen. Ich bin schweigend gegangen, während um mich herum ein Riesenlärm war. Mädchen schlenderten hin und her. Ich kam an einem Kaffeeröststand vorbei und nahm eine Handvoll Bohnen heraus. Der Verkäufer hat mich angesehen; da habe ich gelächelt und im Scherz gefragt: Sind das Aprikosen oder Wassermelonen? Er hat keinerlei Überraschung gezeigt, hat mir zugeblinzelt und geantwortet: Du hast richtig geraten, es sind Wassermelonen. Ich habe ihn nicht gekannt. Einfach ein Mann. Einfach jemand aus unserem Land. Steht da hinter seinem Kaffeegerät, hält seinen Schöpflöffel fest und rührt das Pulver in der Maschine, trägt eine Schürze umgebunden, hat einen weit herabhängenden Schnurrbart und eine leuchtende Glatze. Sein Auge sagte es, wir verstanden uns ohne viele Worte. Ich wiederholte: Also sind es Wassermelonen. Er darauf: Saftig und schnittfest. Ich darauf zu ihm: Wo ist das Messer? Im Auge der Schönen, Schlaumeier! Das hat er gesagt, ich schwör's. Ich hab dann so weitergemacht: Ich glaube ja doch, es sind Aprikosen. Hör zu, was er gesagt hat. Er hat gesagt: Wenn Sie befehlen, *Adoni,* sind es Aprikosen. Da hab ich ihm gesagt: Du sagst *Adoni!*

Wo ist das Messer? Er darauf: Schluck's runter, das ist unser Los. Ich darauf: Du sagst, das ist unser Los? Und ich soll es schlucken? Er darauf: Die *Adonis* behaupten vom Kaffee, es seien Wassermelonen. Wie findest du das, Saleh. Ich sagte: Spiel was anderes. Er darauf: Ich hab ausgespielt. Ich darauf zu ihm: Nochmal. Er hat gelacht, aber nicht weitergemacht. Du hast gewonnen, Abu al-Iss. Wirklich, eine großartige Szene. Wir haben uns dann auf der Straße umarmt. Einfach ein Mann. Einfach jemand aus unserem Land. Wir behaupten, das Gefängnis bringt uns auseinander. Das Gefängnis bringt uns einander näher. Aber manchmal macht es auch etwas kaputt, und wir sagen dann für Kaffee Wassermelonen. Der Verkäufer sagte noch: Aber es wird einem nichts umsonst gegeben.

Dieser Teppich aus Gasa, mit Farben wie das Abendrot. Ich habe Mutter gefragt: Hast du den Teppich noch immer gern. Sie darauf: Wir haben ihn verkauft. Dann habe ich sie gefragt: Dieses Haus hier, gefällt es dir? Sie darauf: Es ist nicht übel. Ich darauf: Mir hätte es größer besser gefallen. Sie darauf: Wir sind weniger geworden, der Selige ist nicht mehr bei uns; er hat uns verlassen. Ich habe nichts gesagt, mir nur gedacht: Du beweinst den Seligen. Was sonst? Ist sie nicht aus vergangener Zeit? Doch sie schleppt sich noch immer dahin. Ich sollte mich schämen, schließlich ist sie meine Mutter. Sie sagte: Wir sind weniger geworden, wozu ein größeres Haus? Ich darauf: Um unsere Lieben zusammenzuscharen. Sie darauf: Ich habe meine Kinder um mich, Gott sei gepriesen. Ich darauf: Deine Kinder sind zahlreicher als der Sand am Meer. Sie feierlich: Das ist mir in der Welt genug, daß du zu mir zurückkommst. Ich darauf: Und Saleh? Sie darauf: Ich will nicht an ihn denken, mein Junge, Nuwar bleibt sitzen und wird zur alten Jungfer … Erst war ich sehr traurig, dann froh, weil ich eine Entschuldigung für Adel gefunden hatte. Fliehst du all das, Adel? Fliehst du das Haus, in dem Nuwar wohnt?

Ich sagte ihm nochmals in aller Deutlichkeit: Ich kann dich nicht verstehen, Saleh. Sag mir, hier und jetzt, wie sich ein Revolutionär wie du in ein schwaches Mädchen wie Nuwar verlieben kann? Warum, fragte er lächelnd, ist sie denn dadurch kein Mensch mehr? Ich darauf heftig: Der Schah von Iran ist auch ein Mensch. Er starrte mich lange an; ich nahm es zurück: Ich habe es nicht so gemeint, Nuwar ist meine Schwester; sie trifft keine Schuld, sie ist ein Opfer. Er darauf: Damit hast du meine Frage schon beantwortet ... Du bist also der Liebende, nicht der Geliebte! Er darauf: Warum nur, Basil, bedauerst du immer und immer deine Schwester; hat sie denn kein Anrecht auf Liebe? Ich darauf: Doch, und sie erhält ja auch viel davon, aber, aber ich verstehe nicht! Sprich, du brauchst dich nicht zu schämen. Aber sie ist doch völlig ohne Bewegung, und ich liebe Schönheit voller Bewegung. Ohne Bewegung? Ja, Saleh, immer ohne Bewegung. Also ist Schönheit Bewegung, oder Bewegung ist das Geheimnis von Schönheit. Zweifellos. Verschaffen wir ihr also Bewegung. Aber wie? Mit einem Passierschein von ihnen oder von uns. Oder vom Besucherfenster. Du hast die Hauptwunde getroffen. Bist du traurig? Ich hasse diese ständig wiederholte Frage. Aber durch Wiederholung lernt man. Also wiederhole! Es gibt keine große Revolution ohne große Schmerzen. Du machst schnelle Fortschritte. Darüber bin ich sehr froh. Sehr froh und sehr traurig. Das Wort und das Gewissen des Revolutionärs, glaubst du nicht daran? Doch, Saleh, ich glaube daran, ich glaube daran; der Wind weht ohne Erlaubnis und ohne Passierschein. Hüte dich davor, allein aufzusteigen. Sicher, wir werden fliegen. Gib mir Zeit, dann werde ich die Gitter hinter mir lassen.

Saleh wartet noch immer.

12

Das Klackern der Holzschuhe hallte von der nahen Moschee herüber. Der Morgenhimmel war noch indigofarben, und die Gassen von Nablus lagen noch im Dunklen. Schahada parkte den Wagen beim Tor auf dem Platz und schlich durch die Gasse. Behend sprang er die Treppe hinauf und klopfte an ihrer Tür. Sein Herz schlug schnell. Er spürte die Erregung eines Diebes und eines Liebhabers. Gott, mach, daß sie sich nicht anders besinnt, flehte er.

Als sie ihm, Reiseproviant in der Hand, folgte, versuchte er, seine Freude und seine Unruhe zu verbergen – hinter einer ernsten Miene und einem dunkelroten Gesicht. Er schritt aus, seine Schuhe berührten kaum den Boden. Sadija keuchte hinter ihm her und pries seine Umsicht. Denn die verfluchten Fenster thronten noch immer wie Höllenvögel über ihr, und Umm Tahsin war noch immer bereit, einen *Stein aus gebranntem Ton* oder etwas anderes nach ihr zu werfen.

Die Arbeiter hatten schon ihre Plätze im Heck des Lieferwagens eingenommen. Auf der mittleren Sitzbank, direkt hinter dem Fahrer, saß eine kräftige Frau mit einem Kopftuch; außerdem noch zwei Arbeiter. Das Auto fuhr weich über die gepflasterten Gassen. Als Sadija Abu Tahsin erblickte, der in Holzpantinen die Straße überquerte und in die Moschee ging, schlug ihr Herz heftig.

Ob er mich wohl gesehen hat? Wenn er mich zu dieser Zeit mit Schahada sieht, was wird er denken? Natürlich wird er es seiner Frau erzählen. Dann weh dir, Sadija! Aber es war noch dunkel. Der Scheinwerfer des Autos hatte ihn ganz sicher geblendet – mit Gottes Hilfe. Aber wer weiß, vielleicht hat er mich doch gesehen?

Sie lenkte sich ab, indem sie durchs Fenster die Gassen

betrachtete, von denen sie jede Handbreit kannte. Hier war sie ein Kind gewesen. Hier war sie herangewachsen. Dieser Brunnen, wie oft hatte er sie Blechkanister voller Wasser wegtragen sehen! Einmal, da entleerte sich der Kanister über ihr Haar und ihren Körper, an dem das Kleid dann klebte und alle Einzelheiten erkennen ließ. Sohdi beobachtete den Vorgang. Sie wurde, obwohl sie vor Kälte mit den Zähnen klapperte, rot im Gesicht. Ihm zitterte der Schnurrbart, und seine Augen leuchteten. Zwei Tage später hielt er um ihre Hand an. Zwei Wochen später heiratete er sie. In der Hochzeitsnacht sagte er zu ihr: »Ab heute gibt's keinen Brunnen und keine fremden Blicke mehr.« Er ertastete ihre Einzelheiten und murmelte: »Als dir das Wasser über den Körper herablief, hat man das gesehen und das und das ... Ab heute gibt's keinen Brunnen und keine fremden Blicke mehr. Das gehört jetzt mir, mir ganz allein.«

Das waren andere Tage als heute! Wenn er sie jetzt hier neben Schahada sitzen sähe, unterwegs nach Tel Aviv, was würde er wohl sagen? Der Brunnen ist gnädiger als Tel Aviv, aber Tel Aviv ist gnädiger als Verhungern. Sohdi hat das auch getan, und wo liegt der Unterschied zwischen ihr und Sohdi? »Ich bin ein Mann, Gnädigste. Die Frauen gehören ins Haus, und damit basta.« Das waren andere Tage als heute! Ihr Platz ist nicht mehr nur im Haus. Das Haus ernährt und mästet nicht. Sie ist nicht mehr nur eine Frau. Sie ist Mutter und Vater; sie ist zwischen dem Haus und Tel Aviv hin- und hergerissen.

Allmählich verschwand die Stadt. Die Autoscheinwerfer leuchteten noch immer. Schahadas ausgestreckte Hand, mit der er ihr eine Thermosflasche reichte, holte sie aus ihren Gedanken. Sie nahm die Thermosflasche und öffnete sie. Der Duft von Kaffee und Kardamom verbreitete sich im Auto. Die Frau mit dem Kopftuch stieß einen Freudenschrei aus, dem sie ein klingendes Lachen folgen ließ. Einer der beiden Arbeiter rief flehentlich: »Hab Erbarmen!« und hielt Sadija einen kleinen Becher hin.

Sadija dachte an das Frühstück der Kinder. Jedesmal wenn sie nach Tel Aviv hinunterfuhr, war ihre Hauptsorge das Essen für die Kinder. Nur mit dem Frühstück und ohne etwas Warmes zu Mittag werden sie nicht satt. Würde es während ihrer Abwesenheit zum Krach zwischen Raschad und Abduh kommen? Würden die Kinder sie bei ihrer Rückkehr schon auf der Treppe mit allerlei Hiobsbotschaften überhäufen? »Mami, Raschad hat mit Steinen geworfen und Abduh am Kopf getroffen. Mami, Samija ist hingefallen und hat sich das Knie blutig geschlagen. Mami, Asis hat mit der Nähmaschine gespielt und sie kaputtgemacht.« Ihr Herz schug schneller, und sie schenkte den schlüpfrigen Witzen, die sich die Frau mit dem Kopftuch und die beiden Arbeiter erzählten, keine Aufmerksamkeit.

Heute wird sie über zehntausend Pfund erhalten. Auch nach Abzug des Lohns für die Arbeiterinnen, der Kosten für Essen, Kleidung, Bücher, Wasser, Strom und der Ausgaben für die Kinder wird noch eine erkleckliche Summe übrigbleiben. Ja, sie wird ein Haus besitzen, und zwar ein großartiges. Ein Zimmer für sie, zwei Zimmer für die Kinder. Ein geräumiger Wohnraum mit einem Eßtisch und dazu passenden Stühlen. Ihr niedriges Tischchen wird sie auf der Schwelle des neuen Hauses in Stücke schlagen und ihm keine Träne nachweinen. »Auf Nimmerwiedersehn, du Tischchen, und auf Nimmerwiedersehn, du Viertel, das mir nur Kummer und Sorgen gebracht hat. Auf Nimmerwiedersehn!«

Und doch! Die Trennung von all den Orten, die die Erinnerung an Sohdi bewahren, wird ihr schwerfallen. Und Umm Tahsin ist ihr, trotz all ihrer Fehler, ein schon lange Jahre vertrautes Gesicht. Was ist in diesen Jahren nicht alles geschehen! Was habe die Nachbarn nicht alles miteinander erlebt! Das sind Dinge, die dazugehören und die man nur schwer entbehren kann. All die kleinen Zänkereien, die sich in Nichts auflösen, sobald sich etwas gegen das Viertel oder gegen einen der Streitenden richtet. Die Ausgangssperre, wieviele Barrieren zwischen den Leuten sie niedergerissen hat! Durch sie haben sich getrennte und verschiedenartige Herzen gewandelt und gefunden. Der Tod eines Angehörigen im Libanon. Die Verhaftung eines Jungen. Die Razzia von Soldaten in einem Haus. Wieviele Kanäle, die Monate oder Jahre verstopft waren, wurden durch diese Dinge wieder frei. Als Umm Tahsin sah, wie der Soldat Raschad schlug, steckte sie ihren Kopf zum Fenster hinaus und rief: »Möge Gott dir die Hände brechen! Deine Kinder sollen dir sterben, du Feind!« Und noch am selben Tag schickte sie Sadija einen Teller mit Essigfrüchten, den diese ihr, gefüllt mit Gebäck, zurückbringen ließ. Am Nachmittag versammelten beide ihre Kinder auf den Dachterrassen. Jede hatte eine Trommel bei sich, und sie füllten das Viertel mit Jubeltrillern, mit jenen Parolen und Liedern, die die Kinder immer bei Demonstrationen sangen. Es war, als würde im ganzen Viertel Hochzeit gefeiert. Jede Mutter hielt eine Trommel in der Hand und versammelte die Kinderschar um sich. Gesang, Klatschen, Getöse – Demonstrationen, auf die Dachterrasse verlegt. Und die Soldaten tobten unten, riefen Drohungen und schmutzige Schimpfworte hinauf und machten obszöne Zeichen. Aber wem? »Ich glaube an dieses verlorene und geknebelte Volk.« Du Mund halten, Frau! Du Mund halten, Junge! »Ich ließ meine Wunden und mein Blut auf der Ebene und in den Tälern fließen wie einen Bach.« Du Mund halten, Frau! Du Mund halten, Hure! Araber, alles Huren! »Und ich trug mein MG, daß nach uns die Generationen Sensen tragen können.« Eine Stunde später bezahlten die Männer des Viertels die Strafe für die Frauendemonstration auf den Dächern. Statt MGs trugen sie die Pflastersteine von hier nach da und von da nach hier. Sie mußten Fußtritte einstecken und wurden mit Gewehrkolben traktiert. Dann strichen sie die Parolen an den Hauswänden mit warmem Teer zu, den man sie mit bloßen Händen zu schöpfen zwang. Die Nacht brachten sie stehend auf der Straße zu, ohne zu murren.

»Umm Hamada, bitte frühstücke doch mit uns, sei so gut!«

Sie schob seine Hand zurück, die ihr einen Sesamring reichte, und murmelte ein Dankeschön. Sie öffnete die Tüte, die sie bei sich hatte, und begann schweigend zu essen. Er betrachtete sie von der Seite. Noch ein weiter Weg lag vor ihm. Wenn ihm das Glück hold wäre und die Umstände es ihm möglich machten, würde er ihr heute sein Herz öffnen und ihr alles gestehen. Wenn sie ihn als Ehemann nicht verschmähte, würde er die Sorge für sie und ihre Kinder auf sein Haupt laden und ihr das Leben zum Paradies machen. Er würde ihr das Haus bauen, von dem sie träumt. Er kann sich das leisten; ja, nicht nur das. Schließlich besaß er ein Stück Land in Askar. Aber sie wollte etwas auf dem Berg nördlich der Stadt, und dort ist Land kaum zu bezahlen. Er würde das Land in Askar abstoßen und ihr dafür ein Grundstück kaufen, und wenn sie es auf dem Mars wollte. Er würde auch seinen Lieferwagen gegen einen Mercedes eintauschen und diesen auf der Strecke Nablus-Ramallah als Taxi fahren lassen. Dann hätte alle Not ein Ende, und Sadija und er würden leben wie die besseren Leute. Aber ihre Kinder sind kleine Teufel, besonders Raschad. Selbst Engel könnten sie und ihre Teufeleien nicht ertragen. Wie sollte er dazu imstande sein?

Auf der Suche nach einem Weg, sich ihrer Kinder zu entledigen, trug ihn seine Phantasie weit fort. Hamada ist an der Universität. Die Bosheiten des ersten wären wir also los. Dschamal hat noch ein Jahr und ein paar Monate. Dann wären wir auch die Bosheiten des zweiten los. Samija hat noch vier Jahre, Asis noch zehn ... Verflixt nochmal!

Er zündete sich eine Zigarette an und rauchte zornig. Auf welche Art und Weise könnte man sich der Kinder entledigen? Hätten sie doch eine Großmutter, dann könnte man sie unter ihre Obhut geben. Hätten sie doch einen Onkel, dann könnte man ihn auffordern, sie zu übernehmen. Ein Onkel stünde ihnen näher. Hätten sie doch einen Vater! Sohdi! Er wurde noch mißmutiger. Zigarettenqualm prustend haute er aufs Lenkrad. Dieser Sohdi, an den man mich bis zum Überdruß erinnert. Wer ist denn dieser Sohdi? Was ist er denn Besonderes? Bald wird Sadija sehen, und dann kann sie entscheiden. Mit welchem Recht hat eigentlich Sohdi eine solche Kinderschar zurückgelassen? Hatte er denn nichts anders zu tun, als sich fortzupflanzen? Fast sieht es aus, als werde die ganze Welt gezwungen, Sohdis Kinder aufzuziehen. Aber ich lasse mich nicht zwingen. Nein, ich nicht, und wenn Sadija die Tochter des Propheten Mohammed wäre.

Er warf einen verstohlenen Blick auf ihr ruhiges Profil. Eine Aura von Stolz umgab es. Er wurde kleinlaut und haute nochmals aufs Lenkrad. Dir zuliebe, Sadija, wird das Teure billig, das Bittre süß.

Er hielt ihr eine Gurke hin und sagte schmeichlerisch: »Iß die Gurke, Sadija!«

Sie sah ihn befremdet an; er verbesserte sich: »Bitte sehr, nimm die Gurke, Umm Hamada.«

Sie nahm die Gurke und sagte ruhig: »Danke, das ist sehr freundlich von dir.«

Hätte sie diesem Satz doch noch seinen Namen folgen lassen!

Hätte sie doch gesagt: Das ist sehr freundlich von dir, Schahada. Ihre Worte hätten einen noch angenehmeren Klang. Und würde sie doch nicht darauf bestehen, von ihm Umm Hamada genannt zu werden. Ihr Name hätte einen noch angenehmeren Klang. Doch sie war trotz allem liebenswert. Sie war die fabelhafteste Frau im Viertel – konkurrenzlos. Ja, die fabelhafteste Frau in ganz Nablus, weiß Gott!

Einer der beiden Arbeiter sagte gähnend: »Los, Leute, laßt uns ein bißchen Musik hören. Schalt das Radio ein, Schahada, damit wir munter werden.«

Scherzend erklang die frische Stimme von Mohammed Kandil:

›Oh Süße, sag Guten Morgen! Oh Süße,
schau herab!
Oh Süße, sag Guten Morgen! Wie Jasmin wird
der Tag.‹

Die Frau mit dem Kopftuch begann mitzusingen, und zwar so falsch, daß es sowohl die Melodie als auch die harmonische Atmosphäre zerstörte. Sadijas Ohren revoltierten, doch sie hielt ihre Zunge gezügelt und drehte nur das Radio etwas lauter. Schahada lächelte und führte den unausgesprochenen Befehl aus: »Sei still, Chadra. Deine Stimme ist nicht so schön. Hab ich recht, Umm Hamada?«

Doch Chadra gab nicht nach und erhöhte ihre Frequenz sogar noch, worauf die beiden Arbeiter sich die Finger in die Ohren steckten und einer lachend zum anderen bemerkte: »Ich nehme an, inzwischen bist du putzmunter.«

Tel Aviv tauchte auf. Schahadas Gehirn begann ein Szenario zusammenzustellen, in dem er Sadija seine Liebe erklären könnte. Doch wo war ein geeigneter Ort? Und wenn er einen gefunden hätte, würde Sadija zustimmen, dorthin mitzugehen? Und wenn sie mitginge, würde sie einwilligen, seine Frau zu werden? Aber er würde Bedingungen diktieren. Er konnte nie und nimmer mit Raschad im selben Haus leben. Wenn sie ihn dann fragte, wo sie ihn hinbringen solle, würde er ihr eine Waisenschule vorschlagen. In Jerusalem ist eine solche Schule, die beste ihrer Art auf der Welt. Man wird ihm dort etwas Nützlicheres beibringen, als auf die Universität zu gehen wie sein Bruder Hamada, der Musterjunge; denn sonst heißt's blechen – und nicht nur in irsraelischen Pfund. Das ginge ja noch. Nein, in jordanischen Dinaren. Dann wird er Sadija nicht mehr nach Tel Aviv hinunterfahren lassen, und auch nirgends anderes mehr hin! Schau, Sadija, ich bin ein eifersüchtiger Mann. Bei mir gibt's sowas nicht, daß Frauen sich unter Männer mischen; das verdirbt sie bloß. Die Frauen gehören ins Haus, und damit basta. Jawohl, Arbeit ist ja schön und gut, aber die Gänge nach Tel Aviv sind meine Sache. Ich hole die Hemden ab, ich bringe sie hin, und ich rechne darüber ab. Dein Geld kriegst du, auf Heller und Pfennig. Was ist schon für ein Unterschied zwischen deinem Geld und meinem? Mein Geld ist dein Geld, und dein Geld ist mein Geld. Darüber müssen wir uns von vornherein klar sein.

»Tel Aviv schläft noch, Umm Hamada. Was hältst du davon, mit den anderen auszusteigen und in einem Kaffeehaus eine Tasse Tee zu trinken?«

Sie schaute auf ihre Uhr. Gerade halb sieben. Es war das erste Mal, daß sie um diese Zeit nach Tel Aviv kam. Sie war auch zum erstenmal mit Schahada und seinen Kunden heruntergefahren. Aber sie hatte nie daran gedacht, in was für eine Lage sie geraten könnte – gezwungen zu sein, sich in Tel Aviv in ein Kaffeehaus zu setzen. Was würden die Leute in Nablus sagen, wenn sie davon erführen? Sadija hockte mit Arbeitern zusammen in einem Kaffeehaus in Tel Aviv, hat Tee getrunken und geraucht.

Sadija hockte mit Arbeitern zusammen in einem Kaffeehaus in Tel Aviv, hat getrunken und geraucht. Sadija hockte mit Arbeitern zusammen in einem anrüchigen Lokal in Tel Aviv, hat sich vollaufen lassen und es ganz schön getrieben. Weh dir, Sadija! Ohne Kaffeehaus und ohne Zigaretten ist es schon schlimm genug!

Schahada parkte den Lieferwagen am Rand einer Straße mit üppigen Bäumen. Die Läden waren, bis auf das Kaffeehaus, noch geschlossen. Er drehte sich zu ihr und flüsterte verschwörerisch: »Steigen wir aus?«

Sie schreckte auf und dachte nach, erstarrt. Die beiden Arbeiter stiegen aus, dann die andere Frau. Nur sie allein und Schahada blieben im Auto sitzen.

Soll ich aussteigen? Wenn ich nicht aussteige, werde ich über anderthalb Stunden hier allein im Auto sitzen. *Es gibt keine Kraft und keine Macht außer bei Gott.* Du hättest dir das ersparen können, Sadija. Wäre ich doch wie üblich allein heruntergefahren, all das wäre nicht so gekommen. Aber was ist denn los? Was ist denn passiert? Beim nächstbesten Streit wird Umm Tahsin sagen: Du Rumtreiberin, du Flittchen, du hängst in den Kaffeehäusern von Tel Aviv herum. Nein, lieber sterben! Sadija soll sich in den Kaffeehäusern von Tel Aviv herumtreiben? Nein, die Freude mach ich dir nicht, du Schandmaul, du Dreckschleuder. Die Freude mach ich dir nicht, du dumme Kuh, ja, dumme Kuh. Weiß Gott, du bist eine dumme Kuh. Neidisch und dumm. Der Teller mit Essigfrüchten sei mein Zeuge. Möge Gott dir die Hände brechen. Deine Kinder sollen dir sterben, der Feind soll's bezeugen. Aber eine dumme Kuh ist sie, und Umm Saber ist auch nicht besser. Das ganze Viertel ist so und Nablus und alle ...

Unbewußt streckte sie die Hand aus und öffnete die Tür. Einen Augenblick später stand sie auf dem Gehsteig unter den Bäumen.

13

Im Kaffeehaus roch es seltsam. Es gab ihr das Gefühl, zu etwas Verbotenem unterwegs zu sein, sie schrak zusammen. Zog sich auf sich selbst zurück und versuchte, sich an der Erinnerung an etwas festzuklammern, was ihr Sicherheit gab – Sohdi, die Kinder, Hamada, der weit fort war.

Sohdi! Wem hast du mich zurückgelassen, Sohdi? Diese Welt ist fürchterlich. Diese Atmosphäre hier und diese Männer. All die fremden Augen und der seltsame Geruch. Wie ein verängstigter Hase, mit weit geöffneten Lauschern und klopfendem Herz... Das fernste Flüstern verwandelte sich in ihren Ohren zu Donner und Getöse. Chadras Gerede und ihr ordinäres Lachen erschreckten sie. Auch das Geräusper und das Gehuste aus den Raucherlungen der Arbeiter. Ebenso die Teetasse, die mit europäischem Kaffee gefüllt war, auf dem ein Riesenberg Schaum lag. Sie kostete ihn, erst vorsichtig, dann gierig.

»Ach Gott, hier hocken können, was will man noch mehr im Leben«, hörte sie Chadra sagen.

Hier sitzen? Wo sind wir denn, du Schamlose? Hier sitzen unter Männern, die einen anstarren? Hier sitzen in Tel Aviv, bei den Juden? Hier sitzen, mitten in diesem seltsamen Geruch und dieser seltsamen Atmosphäre?

»Wenn Tel Aviv weiterschlafen würde«, sagte Chadra, »und wir weiter wach wären, dann wär die Welt ein Schlaraffenland.«

Wozu jemand mit träger, verschlafener Stimme bemerkte: »Wenn das Wörtchen wenn nicht wär ...«

»Bei Gott«, Chadras Stimme klang herausfordernd, »wenn ich wollte, würd ich ganz Tel Aviv auf den Kopf stellen.«

»Wie ist denn das gemeint«, fragte die verschlafene Stimme spöttisch.

»Wie ich's sag, ich würd es auf den Kopf stellen.«

»Also, tu's, bei deiner Ehre.«

»Ehre, wo ist denn die?« fragte ein anderer.

Sadija fühlte sich ins Gesicht geschlagen. Weh dir, Sadija. Da sitzt du nun im gleichen Lokal mit Leuten, die keine Ehre haben. Was werden bloß die Leute in Nablus dazu sagen? Was wird bloß Umm Saber dazu sagen ...

»Ich hab vor niemand Angst, weiß Gott, vor niemand«, fuhr Chadra fort, »auch nicht vor Gott. Tel Aviv mit all seinem aufgeblasenen Getriebe schrieb ich mir ungestreift in den Arsch.«

Sie lachten; einer fragte spöttisch: »Ist er weit genug?«

»Du gehst auch noch rein«, erwiderte Chadra rüde.

Sie brüllten vor Lachen, und einer meinte: »Du bist unsterblich, Ata. Na ja, wenigstens hättst du dann das Leichentuch gespart.«

Finstere Welt, welch Schande, Sadija. Die Welt ist schamlos geworden, und wir sind nicht mehr anders als die Juden. Mein Gott, die Niederlage war verdient.

»Adoni, Adoni«, rief Chadra dem Kellner zu, *»tislachli, ani rozah.* Herr Ober, bitte, ich hätt gern ...«

Mein Gott, mein Gott, auch noch fließend Hebräisch, nicht zu fassen! Gott erbarme sich deiner, Nablus! Das müßten die Leute von dort mal sehen!

Schahada sah, daß Sadija mit offenem Mund und aufgerissenen Augen dasaß, und flüsterte ihr ins Ohr: »Achte nicht auf sie, sie ist ein ordinäres Weib.«

»Wo stammt sie her?« fragte Sadija neugierig.

»Was weiß ich, wo sie herstammt. Was kümmert das uns? Soll ich dir ein Stück Gebäck bringen? Sie haben hier europäisches Gebäck. Es gibt nichts Besseres.«

Sadija überhörte die Frage nach dem Gebäck und bohrte weiter: »Gibt's in ihrer Familie keine Männer, die auf sie aufpassen?«

»Sie ist nicht nur mit einem, sondern mit zwei Männern verheiratet«, flüsterte er vorsichtig, »und mit beiden ganz legal.«

Sie schreckte zusammen und schlug sich gegen die Brust. Hätte nicht die ganze Runde um Chadra gebrüllt vor Lachen, wäre Sadija das Zentrum der Aufmerksamkeit geworden.

Von Minute zu Minute wuchs ihr Zorn. Diese Männer, die sich um nichts scheren! Das einzige, worum sie sich scheren, ist ihr Gaudi, und Chadra dient bestens dafür, ihnen zu geben, was sie wollen. Chadra ist schutzlos wie eine Frau und fühlt wie andere Frauen. Wenn sie eine von der schiefen Bahn abbringen und beschützen kann, wird Gott sie und ihre Tochter und alle ihre Nachkommen beschützen. Aber ... wird Chadra auf sie und ihre Ermahnungen hören? Was soll's? Sadija wird dem heiligen Wort Folge leisten und die schiefe Bahn wenigstens mit der Zunge ebnen. Das ist immerhin die gute Tat im Kleinen.

Sadija betrachtete Chadra mit ihrem roten Tuch und ihren straffen, glühenden Wangen mit den Lachgrübchen, ihren blitzenden Zähnen, ihren Augenbrauen wie Bleistiftlinien mit Antimonstrichen, schärfer als ein Schwert; dann dem Kaugummi, der unermüdlich im Munde hin und her wanderte.

Wie abscheulich! Schon mit einem Ehemann, das ist mehr als genug; aber mit zweien, du Luder!

»Hör mal, Schahada!«

Schahada lieh ihr sein mit Koteletten überwachsenes Ohr. »Was kann ich für dich tun?«

»Stell mich Chadra vor.«

Auf seinem Gesicht zeichnete sich Unwillen ab, seine Miene lud sich mit Spannung. »Ich dich Chadra vorstellen? Weißt du, Chadra ist ein ordinäres Weib. Was haben wir mit ihr zu schaffen?«

»Ich will mit ihr ein paar Worte wechseln, vielleicht wird das Mädchen ...«

»Mädchen? Ich sage dir, sie hat zwei Ehemänner und Gott weiß, wieviele noch. Weißt du, jeden Tag ist sie bei einem andern; bei ihr geht's kreuz und quer. Das Gericht ist ihr nicht beigekommen, wie solltest da du?«

»Schahada, stell mich Chadra vor!«

Schahada wurde wütend; er schnaubte unwirsch, seine Hände verkrampften sich. »Laß die Finger von ihr.«

»Sie ist eine Frau wie ich. Vielleicht hat sie Kinder wie ich. Sie stammt aus demselben Ort wie ich und gehört derselben Religion an wie ich. Wir müssen sie ermahnen, daß sie sich nicht mehr so mit Männern abgibt, denen sie nur zum Spaß und zum Vergnügen dient.«

»Sadija, Chadra ist nicht mehr zu retten. Was nützt es also? Weißt du, selbst ich als Mann fürchte ihre Nähe.«

Sadija musterte ihn und bemerkte spöttisch: »Aber Chadra ist deine tägliche Kundin.«

Im Überschwang seiner Erregung mißverstand er ihre Bemerkung und glaubte, eine Anspielung herauszuhören, die Sadija aber nicht beabsichtigt hatte. »Meine was? Meine Kundin? Bei Gott, in meinem ganzen Leben habe ich sie noch nicht angefaßt.«

Sadija hielt sich die Hand auf den Mund und unterdrückte ein Lachen, das ihr fast entschlüpft wäre. Nervös und gereizt starrte Schahada ihr noch immer ins Gesicht. Die einfachste Selbstverteidigung ist ja die Lüge. Glaubt doch Sadija, er treibe es mit Chadra. Das sind Dinge, die man tut, über die man aber nicht spricht. Höchstens hin und wieder unter Männern, wenn man sich allerlei Schweinereien erzählt. Bei einer anständigen Frau wie Sadija ist das etwas anderes. Aber diese Frau, verflixt nochmal, kommt gleich dahinter, und wenn sie erfährt, daß ich mit solchen wie Chadra Beziehungen habe, dann ade, du mein Plan!

Nachdrücklich beschloß er, ein Zusammentreffen zwischen Sadija und Chadra zu verhindern. Er setzte eine ernste, ja furchteinflößende Miene auf und sagte mit einer Stimme, in die er alle Autorität legte, zu der er fähig war: »Hör zu, Sadija, du bist eine schutzlose Frau, und ich bin für dich verantwortlich.«

Sadija spitzte die Ohren und riß voller Überraschung die Augen auf. Es war das erste Mal, daß Schahada sich erdreistete zu behaupten, er sei für sie verantwortlich. Außerdem, wie kam er eigentlich dazu, sie einfach Sadija zu nennen!

Sie trommelte einige Male mit den Fingern auf den Tisch. »Seit wann nennst du mich einfach Sadija, Schahada? fragte sie ihn und blickte in sein verstelltes Gesicht. »Schon einmal hast du mich Sadija genannt, und ich hab's geschluckt; darum hast du's wahrscheinlich jetzt nochmal gesagt. Du vergißt deine Grenze. Denn erstens bin ich für dich Umm Hamada und nicht Sadija. Zweitens bin ich keine schutzlose Frau, überhaupt nichts Besonderes, sondern ich bin wie du; ich mache meine Geschäfte, und du machst deine Geschäfte. Drittens ist außer Gott und mir selber niemand für mich verantwortlich. Ist das klar?«

Schahada regte sich nicht. Er kochte vor Wut und Ärger über sie. Bald wirst du sehen, ob du eine schutzlose Frau bist oder nicht, Sadija! Bald wirst du sehen, ob ich für dich verantwortlich bin oder nicht, Sadija! Bald wirst du sehen, ob Hamada besser ist als Schahada, Sadija! Umm Hamada, ha, also gut. Aber du wirst schon sehen. Was hat sie für einen Grund, stolz zu sein, diese Frau, und sich als was Besseres vorzukommen? Etwa die zwei Groschen, die sie besitzt? Oder die Hemden, die sie näht? Was also? Näher und Näherinnen gibt es mehr als genug im Land. Aber es stimmt auch, daß Sadija am saubersten arbeitet und handelt. Selbst die Juden anerkennen das und sagen: Umm Hamada sehr gut, Arbeit sehr gut, Termin sehr gut, alles sehr gut.

Die Arbeiter rückten ihre Stühle, standen auf und strömten zur Tür. Chadra blieb etwas zurück und posierte vor der Glastür, in der sie sich spiegelte und bewunderte. Sie brachte ihr Kopftuch in Ordnung, machte ihren Gürtel um ihre alles andere als schlanke Taille fest und ging, ohne nach rechts und nach links zu schauen, zur Tür.

»Chadra!«

Sie wandte sich um. Ein neugieriges Lächeln zeichnete sich auf ihrem Gesicht ab, als sie Sadija näherkommen sah, hinter ihr Schahada wie ein geprügelter Hund.

»Ich hätte mich gern zu dir gesetzt, aber ich hab mich geschämt, neben den Männern zu sitzen.«

Einen Augenblick lang lächelte Chadra freundlich. Dann wurde ihr Blick mißtrauisch, und sie fragte mit einer Mischung aus Spott und Neugier: »Was willst du?«

»Nichts weiter ... Aber ich habe gehört, daß du auch für eine Nähfirma arbeitest. Da wollte ich dich nur fragen, ob diese Nähfirma auch eine Niederlassung in Nablus hat.«

Chadra knallte mit dem Kaugummi, einen verächtlichen Blick in den Augen. »Was weiß ich? Geh doch fragen!«

Schahada schaltete sich ein: »Chadra arbeitet weder in einer Werkstatt noch in einer Fabrik. Ich meine, sie arbeitet als Taglöhnerin, jeden Tag was anderes.«

Chadra sah ihn forschend an und vermutete ein Komplott; sie ging zur Vorwärtsverteidigung über: »Also genau wie du. Mal als Arbeiter, mal als Fahrer, mal als Unternehmer, mal als Zuhälter. Mal läßt du mich auch ohne Lohn arbeiten. Heute aber nur gegen Vorauszahlung, mein Lieber.«

»Halt den Mund, du ...« Er verschluckte ein übles Schimpfwort. Seine Pupillen bebten, sein Blick wanderte hastig zwischen Chadra und Sadija hin und her.

Chadra lachte dröhnend. Achselzuckend drehte sie sich um und ließ die beiden stehen. Sadija, der die Haare zu Berge standen, rührte sich nicht von der Stelle; innerlich schäumte sie.

Schahada streckte aufgebracht seine Hände aus: »Nun, hat es dir gefallen? Ich hab dir ja gesagt, sie ist eine schamlose Person und nicht zu retten. Ich hab dir ja auch gesagt, daß du eine schutzlose Frau bist und von solchen Sachen nichts verstehst. Also bitte, gehen wir jetzt zur Firma.«

»Was geht dich die Firma an?«

»Ich beschütze dich. Du brauchst einen männlichen Schutz.«

Sadija glaubte ihren Ohren nicht zu trauen. Sie schluckte schwer. Du mich beschützen? Du, Schahada, willst mich beschützen? Du hattest mir gerade noch gefehlt, Schahada. So fängst du schon an. Wie würde das enden?

Sie eilte Chadra nach, die draußen auf dem Gehsteig stand, neben einem großen Egged-Bus, in dem einige israelische Fahrgäste saßen. Chadra unterhielt sich mit dem Fahrer, der seinen Kopf zum Fenster hinausstreckte. Beide lachten. Dann zeigte er mit dem Finger auf Sadija und fragte: »Ein fremder Vogel?«

»Nein, von uns, von Nablus.«

Der Fahrer betrachtete Sadija und erkundigte sich: »Soll ich euch wo hinbringen? Steigt doch ein!«

Chadra warf Sadija einen Blick zu, in dem eine Mischung aus Spott und Herausforderung lag. Sie machte mit der Hand ein Zeichen zur Tür des Busses und rief: »Los, steig ein! Du willst doch wissen, ob die Firma, bei der ich arbeite, eine Niederlassung in Nablus hat? Komm mit, geh fragen!«

Sadija blieb wie angewurzelt stehen. Sie brachte kein Wort heraus. Chadra rief nochmals herausfordernd: »Steig ein!«

»Ich will ... ich ...«

Sie blickte sich um und sah Schahada auf dem gegenüberliegenden Gehsteig stehen, Zeichen von Angst auf dem Gesicht. Mit ausgestreckten Händen winkte er warnend und versuchte, die Straße zu überqueren. Doch die nicht enden wollende Autoschlange hinderte ihn daran. So blieb er, mit den Händen fuchtelnd, stehen.

»Soll ich euch wo hinbringen?« fragte der Fahrer nochmals. »Steigt schnell ein!«

»Willst du oder willst du nicht?« fragte Chadra.

Sadija sah, wie sich Schahada einen Weg zwischen den jetzt stehenden Automassen hindurch bahnte, und plötzlich fühlte sie sich wie ein verfolgtes Kind. Sie setzte einen Fuß auf das Trittbrett des Busses, zog ihn wieder zurück und fragte unsicher: »Du bringst mich zu meiner Firma?«

Der Fahrer lachte belustigt: »Zu deiner Firma?«

»Ja, zur Firma, für die ich Hemden nähe.«

»Ich bring dich auch zum Mars, aber steig schon ein! Los, fertig jetzt, einsteigen.«

Sadija fand sich im Bus wieder, auf dem Sitz direkt hinter dem Fahrer. Chadra saß neben ihr. Der Fahrer betrachtete sie durch den Innenrückspiegel. Lachend fragte er Chadra nach einer Weile: »Nun, wie steht es heute?»

»Aber nur gegen Vorauszahlung.«

»Wieviel? Wie beim letzten Mal?«

»Zehn Pfund mehr. Bei der Inflation!«

»Einverstanden.«

»Und die Fahrgäste?«

»Was gehen die uns an. Zum Teufel mit ihnen.«

Sadija schlug sich mit der Hand an die Brust. »Und ich?« rief sie. »Bitte laß mich raus, und Gott schütze dich. Chadra, Gott erbarme sich deiner und deiner Lieben. Sag ihm, er soll mich rauslassen.«

Doch der Bus fuhr immer weiter. Die Fahrgäste saßen da, jeder für sich, keiner willens, sich um Sadija zu kümmern. Die Leute stiegen aus, während sie weiter auf ihrem Platz saß und nicht wußte, was tun. Wohin, Sadija? Gott zerstöre dein Haus, Chadra! Und da wollte ich dir was Gutes tun, du Luder. Ihre Augen füllten sich mit Tränen. Sie spürte, daß sie in eine Falle geraten war, und wollte einen anderen Fahrgast um Hilfe bitten. Doch im letzten Augenblick besann sie sich anders: Das wäre ja nochmal schöner, Sadija! Du die Juden gegen deine Leute um Hilfe bitten? Die Juden.

Sie wandte sich, Tränen in den Augen, an den Fahrer: »Bitte, Gott beschütze dich, bring mich wieder dahin, wo ich eingestiegen bin. Ich fürchte, ich verlaufe mich. Ich bin fremd hier. Gott beschütze die Deinen.«

Der Fahrer sah ihre Tränen. Er spürte, daß etwas nicht in Ordnung war. Diese Frau ist anders als Chadra. Vielleicht ist sie gar eine anständige Frau. Ja, zweifellos ist sie eine anständige Frau. Diese Tränen, diese Kleider, dieses Gesicht. Dieser ›Gott schütze die Deinen‹. Diese Frau ist sicher anders als Chadra. Voller Beschämung und Mitleid in der Stimme sagte er: »Es tut mir leid! Du brauchst keine Angst haben. Mach dir keine Gedanken! Ich bring dich schon wieder dahin, wo du eingestiegen bist. Ganz wie du willst! Nur bleib ruhig sitzen.«

Chadra betrachtete Sadijas Tränen ungläubig und erstaunt. Was hat sie nur in diesen Jammerzustand gebracht? Es ist doch noch früh am Tag, und noch gar nichts Schlimmes ist passiert. Vor was hat diese Sadija bloß Angst? Fürchtet sie etwa um ihre Ehre? Ach was – Ehre ... Schmeere? Als ob uns noch was Schützenswertes geblieben wäre.

Sie holte einen Beutel mit Sonnenblumenkernen aus ihrer Tasche und begann davon zu essen. Sadija hatte sich auf den Sitz hinter ihr gesetzt und wischte sich die Tränen ab. Sie kam sich verlassen, fremd und erniedrigt vor. Eine Frau ist immer eine Frau. Du tust mir leid, Sadija. Denn weiß Gott, selbst wenn du dir einen noch so dicken Schnurrbart ins Gesicht kleben würdest, du bliebst doch eine schutzlose Frau. Wem hast du mich zurückgelassen, Sohdi? Wem hast du mich zurückgelassen?

Chadra hielt ihr die Tüte mit den Sonnenblumenkernen hin. »Da bitte, tröste dich damit. Du hast mir ganz schön Angst eingejagt, meine Liebe. Ist Jusuf etwa ein Untier, das Frauen frißt? Warum heulst du also?«

Jusuf fuhr ruhig weiter; er blickte durch den Rückspiegel und fragte, leicht belustigt: »Und du, Chadra, du hast doch keine Angst?«

»Nicht einmal vor Gott.«

»Etwa vor den Juden?«

»Weder vor Jud noch vor Wasserflut noch vor Feuersglut.«

»Hast du je in deinem Leben geheult?«

»Nur wenn mir was weh tut, heul ich.«

»Und wann wäre das?«

»Wenn ich Kopfweh hab, wenn ich Bauchweh hab, wenn ich Zahnweh hab, wenn ich Arschweh hab ...«

»Sonst noch irgendwas?«

»Nein, nichts mehr.«

»Und die Besatzung?«

»Scheiße.«

»Und die Araber.«

»Noch mehr Scheiße.«

»Pfui, du gottverfluchtes Geschöpf. Du schreckst wirklich vor nichts zurück.«

»Gott im Himmel, es sind deine Araber, die vor nichts zurückschrecken. Dank deinem Schöpfer, daß wir nicht im Libanon sind. Die Palästinenser dort haben sie zu Hackfleisch und Kebab gemacht. Aber lassen wir das! Warum sollen wir uns die gute Laune verderben lassen!«

Sie streckte ihren Kopf aus dem Fenster und winkte einem Mädchen mit bloßem Bauch zu, das, ein Badetuch in der Hand, auf dem Gehsteig ging. Dazu brüllte sie vor Lachen und schrie so laut sie konnte: »Dein schöner Nabel macht mich wahnsinnig, *Geveret,* mein Fräulein.«

Sadija bedeckte das Gesicht mit den Händen und brach in Tränen aus. Sie zitterte vor Angst und Scham. Chadra drehte sich zu ihr um und schrie zornig: »Was ist denn nun schon wieder los, du Heulsuse. Haben wir nicht schon genug Jammer und Elend? Über was heulst du denn? He, über was? Es gibt nichts mehr zu heulen. Ich will nicht mehr Chadra heißen, wenn ich nicht bereit und willens bin zu sterben, ohne daß ich noch eine einzige Träne vergieße. Und wenn's sein muß, reiß ich dem Dajan auch gern noch sein gesundes Auges raus. Dann können sie mit mir machen, was sie wollen. Ehrlich, ich hab nicht mal vor Gott Angst.«

Sadija hörte auf zu weinen und begann, Koranverse herunterzubeten und Gottes Hilfe herabzuflehen. Chadra betrachtete sie, wie sie da vor sich hinbetete, und wand sich vor Lachen, als ob sie jemand unterm Arm kitzelte. Dann wischte sie sich die Lachtränen ab, streckte den Kopf zum Fenster hinaus und holte tief Luft, sog den Geruch des Meeres ein und seufzte schließlich: »Mein Gott, der Sommer ist doch schön! Und das Meer ist doch verflucht herrlich! Fahr ans Meer, Jusuf!«

»Ans Meer?« Der Fahrer lachte belustigt. »Du willst mich wohl ruinieren? Meine Liebe, wenn der Bus nur eine Handbreit von seinem Kurs abweicht, geht es mir an den Kragen.«

Chadra knallte mit dem Kaugummi. »Hasenfuß! Pfui!« sagte sie verächtlich, drehte den Kopf und klopfte auf die Lehne des Sitzes vor ihr. Dazu sang sie: »Oh Reisender, in des' Gedächtnis die Liebe verblich – Ich möchte dich, ja beim Propheten, ich möchte dich.«

»Bravo, bravo«, rief der Fahrer ermunternd, »du singst wie Umm Kulthum.« Beide lachten, während Sadija noch immer Koranverse und Gebete sprach.

»Also los«, drängte Chadra nochmals, »eine Spritztour ans Meer!«

»Du bist verrückt!«

»Warum? Das letzte Mal haben wir ja auch eine gemacht.«

»Dafür hab ich auch bezahlt. Die haben geglaubt, ich wollte den Bus entführen und was anstellen.«

»Wenn du's nur tätst!«

»Sag ich dir nicht, du bist verrückt!«

»Verrückt bist bloß du. Wird's je wieder eine so günstige Gelegenheit geben?«

Dann sang sie: »Zum Land des Geliebten bringe mich; – die Trennung verbrennet mich.« Sie streckte die Hand aus und kitzelte ihn unter dem Arm. Er wand sich hinter dem Steuerrad. Dann zwinkerte er ihr im Spiegel zu und fragte mit einem Blick auf Sadija: »Was meinst du?«

»Na ja, manche schwimmen, manche nicht!«

Dann sang sie wieder: »Auf dem Meer hab ich euch nicht verlassen, – Auf dem Meer habt ihr mich doch verlassen. – Oh weh ...«

»Großartig, Chadra! Eine verrückte Stunde mit dir läßt einen Kummer und Sorgen vergessen. Jawohl.«

Sie streckte die Hand zum Fenster hinaus und winkte dem Fahrer eines vorbeirasenden Egged-Busses zu. »Ahoi, mein Schiff, sag mir, wohin du fährst«, sang sie.

»Los, fahr ihm nach, überhol ihn, Jusuf! Laß dich nicht lumpen, Jusuf! Läßt du dich von einem Juden abhängen?

»Wenn du nur das willst, das ist nichts«, brummte der Fahrer.

»Ja, mein Gott, Jusuf, ich an deiner Stelle würd's ihm zeigen.«

»Gott nehme dich zu sich, dann hab ich Ruhe vor dir.«

»Also los, fahr uns zum Meer und gib Gas.«
»Ich geb ja schon Gas.«
»Noch mehr!«
»Noch mehr?«
»Zwei, drei, vier los! Fahrer, Fahrer, gib doch Gas! Fahr hundertneunzig, rase, ras!« Der Bus flog dahin. Sadija schlug sich an die Brust. Alles verschwamm vor ihren Augen. Sie schrie und jammerte, während Chadra immer weiter sang. Auch der Fahrer sang mit.

Plötzlich schossen zwischen den dichten Bäumen am Straßenrand Polizeimotorräder und ein Radarwagen hervor. Da überkam den Fahrer ein plötzliches Gefühl von Ausweglosigkeit und Zorn. »Gott hole dich zu sich, Chadra. Gott hole dich zu sich, und zwar mit ihnen zusammen. Verflucht seid ihr alle, ihr Hurenkinder! Gefällt es dir jetzt so, du verfluchte Kreatur. Jetzt stecken wir ganz tief im Schlamassel, du verrücktes Weib.«

»Und ich?« rief Sadija angstvoll.

»Und du mit uns, du Unglücksweib. Jetzt geht's direkt ins Kittchen. Gott gebe dir kein Wohlergehen, Chadra. An allem bist du schuld.«

Die beiden verstrickten sich in eine Wortschlacht. Sadija erschien all das ganz unwirklich. Sie war weit weg, und als sie die Augen wieder öffnete, fand sie sich in einem kleinen Raum auf einer Polizeistation wieder. Sie war allein; nur Chadra war bei ihr.

14

Ist das ein Alptraum oder Wirklichkeit? Sie befühlte die Zimmerwände und den Holzstuhl, auf dem sie saß. Ihr kam das alles wie ein Traum vor. Vor dem Zimmer unverständliche hebräische Laute. Telefonklingeln. Der Geruch von Filterkaffee und Putzmittel. Chadras regungslose Gestalt am Fenster. All das erreichte sie durch ein Gefühl der Benommenheit hindurch, das ihr die wirkliche Situation nicht voll bewußt werden ließ. Sie erhob sich von ihrem Holzstuhl. Sank wieder zurück. Im Dunkel ihrer Erinnerung tauchten Gassen auf und Gesichter, Hände, die auf sie zeigten und Augen, die sie anstarrten. Dann die Kinder. Asis, Samija, Raschad, Dschamal. Das Abendessen der Kinder. Sie schlug mit dem Kopf gegen die Wand hinter sich; es dröhnte dumpf. Ein Beben stieg in ihr auf und schüttelte sie. Das Fenster drehte sich. Chadra drehte sich. Die Decke wogte; auch der Fußboden. Sie griff sich an ihren rebellierenden Magen, um den Brechreiz unter Kontrolle zu bringen.

Ein dröhnendes Pochen an der Tür und das Krachen der Klinke, die sich heftig bewegte. Chadra trat mit dem Fuß gegen die Tür und schrie: *»Ptach had-deled! Ptach had-deled! Mamserim!* Aufmachen! Aufmachen, ihr Dreckskerle! *Ani rozah laleched!* Ich will gehn! *Ptach! Ptach!* Aufmachen!«

Die Tür ging auf; ein kleiner bärtiger Soldat kam herein. Er hielt Chadra drohend die Hand vors Gesicht und schrieb: *»Scheket!* Ruhe hier!«

Chadra schrie wild zurück: »Was *scheket? Ani rozah ...* Ich will ...«

Der Soldat streckte die Hand aus und stieß Chadra von der Türe weg. Sie wich zurück, packte dann aber die Tür, bevor der Soldat sie wieder geschlossen hatte. *»Ani rozah laleched, ani rozah ...«* Sie zog mit aller Kraft an der Tür. Diese ging auf; der Soldat wurde mit hereingezogen. Er hob die Hand und schlug Chadra heftig ins Gesicht. Sie wehrte ihn ab, zog ihn zu sich heran und trat ihn zwischen die Beine, daß er zusammenbrach. Einige Augenblicke stand sie über ihm und schaute Sadija an; ihre Augen standen vor, ihr Haar war zerzaust.

»Los, komm!«

Als Sadija sie erschreckt anstarrte, schrie Chadra brutal: »Los, komm, du blöde Kuh!«

Sadijas Herz klopfte wild. Für einige Augenblicke wurde sie sich der Situation bewußt. Was tut diese Verrückte bloß? Will sie etwa aus der Polizeistation fliehen? Und die Soldaten? Und die Zäune draußen? Und ganz Israel? Ihr Kopf fiel gegen die Wand. Der Boden begann sich wieder zu drehen. Der Soldat hob seine Hand und packte Chadra am Schenkel. Ihr schwerer Körper fiel über ihn. Blitzschnell öffnete sie den Mund und bohrte ihm ihre Zähne in die Nase. Er schrie gepreßt. Sie packte seinen Kopf mit ihren kräftigen Händen und schlug ihn auf den Boden. Es dröhnte dumpf; er schwieg. Sie stand auf, stellte sich vor Sadija und streckte ihr die Hand hin.

»Los, komm, du blöde Kuh. Lauf schon.«

Sadija schaute sie mit leerem Blick an und brachte langsam hervor: »Wir sollen fliehen?«

»Natürlich fliehen – oder vielleicht rumtanzen?«

Sie stürzte sich auf sie und zog sie hoch. Sadijas Körper schaukelte schlaff. Sie sank auf ihren Platz zurück. Im Gang waren Stiefeltritte zu hören. Chadra drehte sich entsetzt um und schrie: »Jetzt hast du alles verpatzt, du blöde Kuh! Das hast du jetzt davon, du rabenschwarzes Unglücksweib.«

Sie ließ sie sitzen und stürzte zur Tür. Dort stieß sie auf khakifarbene Körper und starke Arme. Der Kampf begann. Chadras Schreien. Das Gefluche der Soldaten. Sie rissen sie an den Haaren. Sie fiel zu Boden. Zog einen am Bein. Der trat sie in den Bauch. Doch Chadra hielt sich an der Türe festgekrallt und schrie alle Schimpfworte heraus, die ihr einfielen. Zwei Soldaten rissen sie schließlich los und schleiften sie in eine Ecke. Dort traktierte sie der Dritte mit Schlägen, während sie brüllte: »Mamserim. Dreckskerle! *Ani rozah laleched! Ani rozah . . .*«

Nachdem sie sie erledigt hatten, schauten sie sich um. Einer von ihnen trat mit funkelnden Augen zu Sadija und packte sie an den Haaren. »Um Gottes Willen!« rief sie.

Der Soldat schüttelte sie und brüllte: »Welcher Gott? Welcher Gott? Es gibt keinen.«

Sie spürte Schläge und Püffe am ganzen Körper. Taumelte. Stürzte zu Boden. Die Soldaten verließen den Raum. Erschreckt griff sie sich an den Kopf. Was ist das? Ein Traum – der schlimmste, den sie in ihrem Leben je sah. Aber diese Kopfschmerzen, das ist Wirklichkeit. Und das Brennen an der Schläfe, das ist Wirklichkeit. Der Soldat. Alle die Soldaten. Plötzlich kamen ihr die Kinder wieder in den Sinn, wie sie auf der Treppe warten und weinen, wie sie sich nach ihr erkundigen und wie die Leute fragen. Umm Tahsin gafft herum und verbreitet die Neuigkeit. Dies und das wird sie erzählen. Schahada, den sie vor dem Kaffeehaus hatte stehenlassen, wird nach Nablus zurückkehren, nach ihr fragen und berichten, Sadija sei in einem Egged-Bus weggefahren und nicht zurückgekommen. Welch Unglück, Sadija. Wie wenn das mit den Kindern nicht schon schlimm genug wäre.

Der kleine Asis fiel ihr ein, und sie sehnte sich nach seiner warmen Berührung. Der Arme wird ohne seine Mama schlafen müssen. Ob er wohl schlafen kann? Sie verschränkte die Arme auf der Brust und stellte sich seinen kleinen warmen Körper vor. Tränen liefen ihr übers Gesicht. Ihr Herz war gebrochen. Die Schläge fielen ihr wieder ein. Sie stellte sich die Augen ihrer Kinder vor, wenn sie all das miterlebt hätten. Empfand Entsetzen und Erniedrigung. Aber warum hatten sie sie geschlagen? Ich habe doch gar nichts getan, womit ich ihre Schläge verdient hätte. Ich habe nicht versucht zu fliehen. Ich habe sie nicht geärgert. Ich habe sie nicht geschlagen. Warum also haben sie mich geschlagen? Warum?

Sie fühlte sich allein in dieser Welt. Mit niemandem zur

Seite, der ihr den Rücken stärken und ihr helfen könnte. Sie klagte und jammerte; dabei wiegte ihr Körper nach rechts und nach links – wie bei Klageweibern.

Chadras zornige und scheltende Stimme drang an ihr Ohr. »Und jetzt, du Heulsuse? Bring du uns hier raus!«

Sadija hob den Kopf und sah die andere Frau. Sie saß in der Ecke wie ein wildes Tier im Käfig. An ihrer Brust klebte Blut. An der Stirn hatte sie eine Beule. Ihr Kleid war zerrissen. Aus Angst versiegten Sadijas Tränen. Lähmendes Entsetzen bemächtigte sich ihrer wieder.

»Die Scheißkerle haben mich geschlagen«, begann Chadra und spuckte auf den Boden. »Weiß Gott, wenn ich einen von denen in die Finger krieg, dem reiß ich die Eier ab. Die ganze Blase hat sich über mich hergemacht, diese Schweine. Ich werd's ihnen zeigen. Gott verfluche ihre Religion! Sie haben uns eingelocht, uns verprügelt, uns beschimpft! Und alles nur wegen dem Bus. Was heißt das schon? All das wegen einem einzigen Bus. Dabei haben sie uns alles weggenommen, und niemand hat sich drum geschert.«

Sie befühlte die Wunde an ihrer Stirn und preßte ihre Hand darauf. »Ha, sie haben mir eine Tracht Prügel verpaßt, die sich sehen lassen kann. Aber was soll's? So was hab ich schon so oft erlebt, wie ich Haare auf dem Kopf hab. Der Vater verprügelt einen. Der Ehemann verprügelt einen. Die Juden verprügeln einen. Prügel hier und Prügel da. Aber weiß Gott, die Prügel von den Juden sind eigentlich besser. Da fühlt man sich wenigstens geachtet. Morgen geh ich raus und erzähl aller Welt: Ihr könnt mir's glauben, ha genau! Das Gefängnis ist auch was für Frauen, ihr Männer, ha! Die ganze Blase von Hundesöhnen hat sich über mich hergemacht, und ich war ganz allein. Sie waren zu dritt, ich allein. Wenn der mit dem Bart allein gewesen wär, dem hätt ich's aber gezeigt, den hätt ich aber am Schwanz rumgezogen.«

Sadija war von all dem, was Chadra erzählte, wie benommen. Was für ein Mensch ist diese Frau? Noch nie in meinem Leben hab ich eine so grobe Person gesehen. Ist sie überhaupt ein Mensch? Ein Mensch hat Angst. Ein Mensch hat Schamgefühl. Ein Mensch denkt an die Folgen. Aber diese Frau da hat keine Angst, kein Schamgefühl und denkt an keine Folgen. Merkwürdig ist sie!

Chadra brachte ihr Kleid in Ordnung. »Dreckige Welt, der man keine Träne nachweint«, knurrte sie dabei. »Tag für Tag Prügel, Demütigung, Bitterkeit und Scheiße. Du da, Frau, wie heißt du schon wieder? Ich hab wirklich deinen Namen vergessen.«

Sadija antwortete nicht. Entsetzt starrte sie weiterhin auf das furchterregende Bild.

»He, du da, Frau«, schrie Chadra, »wie heißt du gleich, du taube Gestalt?«

Sie redete vor sich hin und versuchte gleichzeitig, die Blutspuren von ihrem Kleid zu entfernen. »Diese Frau da ist eine patentierte blöde Kuh. So ein Bähmull hab ich noch nie gesehen. Ich kenn die Sorte; ich weiß, wie verhätschelt die ist. Wenn einer vor ihrem Gesicht auch nur mit der Hand rumfuchtelt, schreit sie nach ihrer Mama. Gott, was für ein Exemplar!«

Sie schaute sie voller Verachtung an. »Denk nur nicht, Schahada würd als dein Retter und Beschützer erscheinen. Nein, hier gibt's keinen Schahada, und auch sonst niemand. Du bist ja das reinste Kind! Hör mal zu! Einen guten Rat. Ich hab nicht nur einen, nein, ich hab fünf durchprobiert. Einer dreckiger als der andere. Alle eklig und gemein, Gott bewahre. Jeder bumst und dreht sich dann um. Ohne Aufwiedersehn zu sagen. Jeder denkt nur an sich selbst. Solang einer von dir was kriegt und dich braucht, hängt er an dir wie ein Blutegel. Aber wenn du ihn brauchst, ist er auf und davon.«

»Und deine Kinder?« Sadijas Frage kam unwillkürlich.

Chadra senkte den Kopf und fuhr fort, das Blut von ihrem Kleid zu entfernen. »Meine Kinder, Gott hab sie selig.«

»Sie sind tot?«

»Was weiß ich, ob sie tot sind oder leben! Sie sind bei ihrem Vater. Gott verfluche sie und ihren Vater. Ihr Vater wohnt in al-Sarka; sie sind bei ihm. Und hab sie seit zehn Jahren nicht gesehn. Siebenundsechzig sind wir auch ins Ostjordanland gezogen. Da haben wir Tage erlebt wie seit achtundvierzig nicht mehr. Ja, meine Liebe, da hat sogar Gott sich gegen uns gestellt. Fertigmachen will er uns. Ich weiß wirklich nicht, was wir dir getan haben, Gott!« Sie schaute auf und reckte ihre Hand nach oben. »Was haben wir dir getan, du da oben? Weißt du's, du da? Wie heißt du doch gleich? Sag mir doch, wie du heißt.«

»Ich heiße Sadija«, antwortete Sadija ergeben, »die Leute nennen mich Umm Hamada.«

Chadra tippte grüßend mit dem Finger an den Kopf. »Gott zum Gruße. Ich heiße Chadra. Früher nannten mich die Leute Umm Chalil.«

Sie sann einen Augenblick nach. Plötzlich traten ihr die Tränen in die Augen, und unvermittelt begann sie zu weinen. »Verdammtes Schicksal! Was für eine elende Welt. Sogar unsre Kinder wollen nichts mehr von uns wissen. Oder willst du behaupten, Kinder, die eine Mutter haben wie mich, wollen was von ihr wissen? Mein Gott, ich kann ja nichts dafür. Gott sei ihnen gnädig, wo immer sie sind. Das ist unser Los.«

Sie wischte sich die Tränen ab und versank in langes Brüten. »Und du, hast du einen Mann, Sadija?« fragte sie schließlich.

Sadija senkte den Kopf und dachte an Sohdi. Sie seufzte. »Ich hatte einen Mann, und was für einen!«

Dann begann sie wieder zu klagen und hin und her zu wiegen. Chadra betrachtete sie. Spürte Mitleid mit ihr.

Ein armes Weib, das nichts von der Welt weiß. Sie ist wirklich noch ein Kind. Traut sich nicht einmal, sich zu wehren. Als der Soldat sie an den Haaren gepackt hat, hat sie nichts anderes getan als »Um Gottes Willen« zu schreien. Welchen Gott meinst du denn, du Arme, welchen Gott? Sie hatte die angstvollen Blicke in ihren Augen und die Unentschlossenheit noch nicht vergessen, als sie ihr die Befreiung aus dem Gefängnis anbot. Wir sollen fliehen? Ja, sollen wir. Natürlich sollen wir fliehen. Jetzt hast du es verpatzt, du blöde Kuh. Jawohl, sie ist eine blöde Kuh, die keine Ahnung von der Welt hat. Sie spürte, daß sie die Stärkere und die Erfahrenere von ihnen beiden war. Dieses Hurenleben, mit dem nur Huren fertigwerden, das ist zuviel für solche wie Sadija.

»Komm her, Sadija«, sagte sie freundlich. »Setz dich zu mir. Komm her, du Unglücksfrau. Du hast jetzt nur noch mich auf der Welt.«

Sadija blickte erschreckt auf. Ihr schwindelte. Ich soll jetzt nur noch dich auf der Welt haben? Lieber sterben. Wieder schluchzte sie bitterlich. Wem hast du mich zurückgelassen, Sohdi?

»Mach dir keine Sorgen, meine Liebe!« sagte Chadra tröstend. »Nur etwas Schläge! Das ist doch wohl nicht neu für dich? Wir haben das doch schon oft gekostet. Mit Schlägen sind wir doch aufgewachsen. Sei still und beruhige dich, meine Liebe. Du darfst mir nicht das Herz brechen. Bist eben ein Unglücksweib, das weißt du ja, und dein Herz ist gebrochen. Hör zu, Sadija, beim Leben deines Vaters. Ich sag dir ...«

Ihre laute Stimme ließ Sadija verstummen. Sie schaute auf Chadra wie auf eine erfahrene Lehrerin.

»So gefällst du mir«, fuhr Chadra fort. »Sei doch vernünftig! Denk doch mal nach! Tränen nützen nichts. Jammern nützt nicht. Nichts nützt was. Wollen wir doch keine kleinen Kinder sein, Sadija, und auch keine Heulsusen. Wir haben diese Schläge so oft bekommen, wie man Haare auf dem Kopf hat. Das erste Mal, wo ich das so richtig mitgekriegt hab, das war, als ich auf meiner Mutter lag. Wir sind von zuhause weggegangen, zu Fuß. Sind immer weiter marschiert. Meiner Mutter ist das Blut zwischen den Beinen rausgelaufen. Sie hat noch ein Kind zur Welt gebracht; es ist unterwegs in ihren Händen gestorben. Wir sind über Berg und Tal gezogen. Wir haben Gras gefressen und im Freien geschlafen. Dann ist sie auf die Erde gesunken, hat die Augen zugemacht und ist zu ihrem Schöpfer zurückgekehrt. Ich hab ›Mama‹ geschrien, während man Schüsse und Explosionen gehört hat. Auch mein Vater hat geschrien. Ich bin erst aufgestanden, nachdem ich eine schlimmere Tracht Prügel bekommen hab, als du je erlebt hast. Was weiß ich, Sadija, was weiß ich? Du bist noch ein unbeschriebenes Blatt. Du hast noch nicht erlebt, was ich erlebt habe. Über uns Unglück, unter uns Unglück. Auch wenn wir krepieren, hängt sich das Unglück noch an uns und klebt uns an den Fersen. Von Lager zu Lager. Von Straße zu Straße. Von einem zum andern. Und bei allem – Unglück auf Unglück. Wir fliehn davor. Wir fliehn von einem Ort, und am nächsten stoßen wir wieder drauf. Was sollen wir denn tun? Es ist unser Los. Sag mir, Sadija, bist du damals auch geflohn?«

Sadija schüttelte den Kopf und sagte schniefend: »Nein, ich bin von Nablus. Aus der Altstadt von Nablus.«

»Bei Gott, Nablus ist nicht übel. Ja, dir geht's jetzt besser als mir, aber man sieht, daß du auch schon allerhand mitgemacht hast.«

Sadija wiegte hin und her; sie seufzte. Kuweit fiel ihr ein. Der Wind von Kuweit. Auch das Zimmer wie ein Backofen. Sie war nach wenigen Monaten weggelaufen. Sohdi war mit seinen Kameraden allein dort geblieben. Das finstere enge Haus fiel ihr ein, wo sie das Licht der

Welt erblickte. Die Festtage fielen ihr ein, an denen sie die Kleider der Mädchen aus den besseren Kreisen anzog, wo ihre Mutter als Wäscherin tätig war. In diesen Kleidern hatte sie immer die Straßen der feinen Leute gemieden, aus Angst, ein Mädchen könne ihr nachlaufen und rufen: »Sadija, Bettlerin, du trägst mein Kleid.« Einmal war das geschehen, und Sadija hatte sich halbtot geweint.

»Weiß Gott, uns ist's auch schon schlecht gegangen«, sagte sie. »Wer die Stadt vom Platz aus anschaut, glaubt, alles ist in Ordnung. Aber wer mal hinter die Kulissen schaut ... Aber jetzt geht's, Gott sei Dank, nicht übel.«

Sie blickte zum Fenster hinaus und sah, daß das Blau des Tages allmählich verschwand und die Dunkelheit hereinbrach. »Weh mir, draußen ist's dunkel! Du Unglücksfrau, Sadija«, rief sie, schlug sich an die Brust und an den Kopf und weinte und jammerte wieder. Umm Tahsin, Umm Saber, das ganze Viertel und die Kinder, die sie auf der Treppe erwarteten. Der weinende Asis mit tränenverschmiertem Gesicht und triefender Nase. Weh dir, Sadija ...

»Was ist los, Sadija? Ich hab gedacht, du bist vernünftig geworden.«

»Die Kinder, Chadra, die Kinder.« Sie dachte an Asis, seine runden Bäckchen, die beim Lachen Grübchen bilden, an seine weißen Zähne, die sichtbar werden, wenn sie ihn kitzelt oder auf seinen warmen Nacken küßt und er lacht. Sie weinte und weinte, mit gebrochenem Herzen.

»Komm jetzt, hör auf, Sadija. All das ist wie die Tracht Prügel. Du bist selber schuld, daß du deinen Zorn nicht an ihnen ausgelassen hast. Hättst du sie so verhauen wie ich, wärst du jetzt viel ruhiger.«

»Hör doch endlich auf! Die Sorge um die Kinder ist größer als alle anderen Sorgen. Der Schmerz der Kinder ist schlimmer als alle Prügel. Die Kinder sitzen auf der

Treppe und warten und fragen: ›Wo ist unsere Mama hin?‹ Asis, mein Kleinster, ist gerade sechs. Ach, Chadra, du fragst nicht nach deinen Kindern. Deine Kinder sind groß. Meine sind noch klein und hilflos. Asis ist noch ein Winzling. Ich vermisse sie, Chadra. Ich vermisse sie.«

Chadra brach wieder in Tränen aus. »Nach wievielen sehnen wir uns«, fragte sie, »nach wievielen? Gott sei ihnen gnädig, wo immer sie sind. Bei Gott, Sadija, wenigstens fragen deine Kinder nach dir. Ich dagegen – Jammer über mein Schicksal! Ich hab nichts als meinen Alten, und statt daß er mir hilft, muß ich ihm helfen. Ich bin vom ersten weggerannt – Gott strafe ihn. Er hat immer gleich geschlagen. Wie zum Zeitvertreib hat er mich verprügelt. Der Teufel hätt das nicht ausgehalten. Ich bin abgehauen und hab mir gedacht: Jetzt find ich vielleicht Ruhe. Aber was nützt's? Hab ich dir nicht gesagt: Wir fliehn vor dem Unglück; wir fliehn von einem Ort, und am nächsten stoßen wir wieder drauf. Den Zweiten hab ich geheiratet und hab gedacht: Vielleicht find ich ja jetzt Ruhe. Ich hab mir gedacht: Ich hock mich ins Haus von einem, der für mich sorgt. Dann muß ich nicht mehr in fremden Häusern die Dienstbotin spielen oder klauen und rumhuren. Doch dann hat sich rausgestellt, daß er krank ist, und zwar richtig. Und statt daß er für mich sorgt, hab ich schließlich für ihn sorgen müssen. Das arme Schwein! Sein Herz ist kaputt, und bei jedem Anfall ist er drauf und dran zu krepieren. Ich bring ihm zu essen und zu trinken und kauf Medizin für ihn. Das arme Schwein! So liebevoll. Kein böses Wort. Er nennt mich nie anders als Chadra, du Wunderbare. Er spricht mit mir, wie noch nie jemand mit mir gesprochen hat. Weißt du, Sadija, was in einem Unglücksherzen ist, können nur andre Menschen ermessen, die Unglücksherzen haben wie wir. Mein Mann ist so alt wie mein Vater, aber eben liebevoll. Mein Vater war liebevoll bis zum Augenblick, wo meine Mutter gestorben ist. Von dem Tag an ist er wie ein reißendes Tier geworden. Er hat auf sich und auch auf uns eingedroschen. Wenn jemand gesagt hat: ›Papa, ich hab Hunger‹, hat er uns grün und blau geprügelt. Zuhause, wo meine Mutter noch gelebt hat, war alles noch in Ordnung. Sonne. Luft. Orangen. Es gab alles. Mein Vater ist Bauer gewesen, wie alle andern auch, hat ein kleines Stück Land gehabt, grade groß genug zum Überleben. Dann haben wir unser Zuhause verloren und haben das Land verloren und sind von einem Zelt zum andern gezogen, von einem Lager zum andern, von einem Haus zum andern. Ich hab als Dienstmagd da und dort gearbeitet, bis man mich verheiratet hat. Mein Vater hat den Brautpreis kassiert und sich einen Pferdewagen gekauft. Das arme Schwein. Die Stadtverwaltung hat Pferdewagen verboten, und mein Vater ist rumgezogen wie ein Derwisch. Später ist er nach Kuweit gegangen und dort gestorben. Ich bin bei einem Mann geblieben, ein Dreckskerl. Wann's ihm grad einfiel, hat er mich verprügelt. Außerdem hat er schon eine Frau gehabt. Auch Kinder; die sind älter gewesen als ich. Wenn die andre zu ihm gesagt hat: Chadra hat das getan, hat er mich grün und blau geprügelt; wenn sie gesagt hat: Chadra hat jenes getan, hat er mich auch grün und blau geprügelt. Ich sag dir, wir sind und bleiben fluchbeladen, Gott ist Zeuge. Ich bin abgehauen und hab mir gedacht: Jetzt find ich vielleicht Ruhe. Dann ist's noch viel schlimmer gekommen. Ich habe meine Kinder und alles verloren und bin schließlich so geworden, wie du mich hier siehst. Einen Tag mit Schahada, einen Tag mit Jusuf. Einen Tag hier, einen Tag dort.«

»Aber könntest du denn nicht anders, Chadra?« In Sadijas Stimme lag Tadel. »Denk doch mal an deine Kinder. Wie konntest du sie verlassen? Wie konnte dir dein Mutterherz all das erlauben?

»Ach meine Liebe, du weißt eben nicht, was Prügel

alles tun. Man schweigt einmal, zweimal, dreimal. Dann sagt man: Hilf dir selber ... Dann krempelst du die Ärmel hoch, fletschtst die Zähne und beißt nach rechts und links. Ich will dir mal was erzählen. Am Anfang von meiner Ehe, wenn er mich da geprügelt hat, hab ich ›Vater!‹ gerufen. Der kommt, doch statt mir zu helfen, war er auch gegen mich. Dann setzt er sich hin, heult wie ein Weib und sagt: ›Lern geduldig sein, Chadra. Lern dich unterwerfen. Laß deinen Kummer in deinem Herz und mach keinen Skandal.‹ So ging's immer weiter, bis er nach Kuweit gegangen ist. Einmal dann, als mein Mann mich wie üblich grün und blau geschlagen hat, hab ich mir gesagt: Wie soll das weitergehn? Ich hab mich an seinen Bart gehängt, bis er auf den Boden gefallen ist ... Soll ich dir das Geheimnis verraten, Sadija? Wenn du nicht mehr aus noch ein weißt, trittst du dem Mann zwischen die Beine. Du wirst sehn, er fällt auf den Boden wie ein Sack. Vorher tut er wie der stärkste Hengst, und nachher krümmt er sich wie eine Schnecke, auf die man Salz streut, ha ha ha. Was ich damit sagen will? Seit damals weiß ich, daß ein Schlag, den man nicht zurückgibt, noch mehr weh tut. Und sogar der, der dich schlägt, fürchtet sich vor dir, wenn er merkt, daß du ihm beikommst. Also wird er an die Folgen denken. Wenn du deinen Zorn auslassen und zuschlagen würdst, wären die Prügel nicht mehr so schmerzhaft. Es tut weh, aber nicht so arg, wie wenn du alles im Herzen hältst und deine Galle sich nicht leert. Mein Gott, Sadija, so ist die Welt.«

Sadija dachte nach.

»Warum«, fragte sie, »bist du dann weggelaufen von ihm, wenn er doch vor dir Angst gehabt hat? Dann hättst du doch bei ihm und deinen Kindern bleiben können.«

Chadra verzog das Gesicht zu einer Riesengrimasse. »Wenn er mich geschlagen hat«, erwiderte sie, »hat er seine Kinder mitgebracht. Jedes eine Riesenportion. Sie waren viele, ich allein. Sie sind gemeinsam über mich hergefallen, wie grad vorhin die Soldaten. Die waren ja auch zu dritt gegen mich allein. Wie hätt ich das schaffen sollen? Wenn du nicht so ein Hasenfuß gewesen wärst, hättst du mir geholfen. Aber dir ist das Herz in die Hose gerutscht. Du bist eben ein unbeschriebenes Blatt. Und schließlich, was haben wir eigentlich getan, daß sie uns einlochen! Den Bus für ein Stündchen genommen. Nichts als einen Bus. Und sie haben uns eingelocht und uns fertiggemacht; alles wegen dem Bus. Diebe haben sie uns genannt wegen dem Bus. Sie haben uns alles weggenommen, und niemand hat sie Diebe genannt oder Banditen oder *mluchlachim,* Dreckskerle.«

»Aber sie haben dich doch nur geschlagen, weil du versucht hast zu fliehen«, meinte Sadija erstaunt. »Wenn du das nicht versucht hättest, wäre dir auch nichts passiert.«

Die Erinnerung daran, daß sie wegen Chadra geschlagen worden war, ließ sie Zorn verspüren. Sie wünschte sich, sie könnte es der Frau ins Gesicht schreien, doch sie fürchtete sich. Vielleicht würde sie sie schlagen, denn sie schonte ja offenbar keinen. So nahm sie sich zusammen und sagte ruhig: »Sie haben mich wegen dir geschlagen.«

Chadra starrte sie an. Du blöde Kuh, dachte sie sich. Aber sie sagte scheltend: »Und ganz ohne Grund.«

»Wenn du nicht versucht hättest zu fliehen«, entgegnete Sadija langsam, »hätten sie weder dich noch mich geschlagen.«

»Sollen sie prügeln. Fehlt uns etwa eine Hand oder ein Fuß?«

Sie schwiegen einige Minuten. Beide fühlten sich allein in einem Tal ohne die andere. Also war es vergeblich, einander verstehen zu wollen. Chadra stand auf, rückte das Tuch auf ihrem Kopf zurecht, holte aus ihrem Kleid einen Kaugummi und begann zu kauen. Verdrossen drehte sie einige Runden im Zimmer. Dann setzte sie sich wieder in ihre Ecke, ganz wie zuvor, und schaute die traurige, geknickte Sadija an. Verspürte Mitleid mit ihr. Zog nochmals ein Stück Kaugummi aus ihrem Kleid und fragte sie: »Willst du einen?«

Sadija schüttelte den Kopf und blickte, ohne etwas zu sehen, auf die Frau. Die Kinder. Asis. Umm Tahsin. Umm Saber. Das ganze Viertel ...

»Hast du Hunger?« fragte Chadra.

Sadija schüttelte den Kopf. Chadra fühlte an ihrem Bauch herum und sagte zornig: »Verprügelt haben sie uns. Eingelocht haben sie uns. Nicht mal zu fressen geben sie uns was.« Sie tastete auf ihrem Magen herum und kaute schneller. Plötzlich hörte sie auf zu kauen und spuckte den Kaugummi weit von sich. »Pfui«, schalt sie, »verflucht sollen sie alle sein. Ich hab Hunger.«

Sadija fragte sich verwundert, wie die Frau in dieser Lage an Hunger denken konnte. Wie konnte sie hungrig sein? Sie betrachtete sie, die noch immer an ihrem Bauch herumfühlte. Ihr Zorn verstärkte sich, kam in einem lauten Lachanfall zum Ausbruch. Chadra blickte sie nachsichtig an.

»Du lachst? Na ja, macht nichts, lach halt. Dich lachen zu hören ist jedenfalls besser, als dich jammern zu hören.«

Freundschaftliche Blicke zwischen ihnen stellten wieder eine Atmosphäre der Vertrautheit her, und Chadras Zunge löste sich.

»Verdammt nochmal, wenn sie jeder von uns wenigstens eine Banane geben würden! Magst du Bananen?«

»Meine Kinder mögen sie. Immer wenn ich meinen Lohn bekommen habe, kaufe ich ihnen ein paar Kilo. Gott bewahre sie; sie essen ein Kilo in nullkommanichts auf. Asis allein ißt fünf Stück und will noch mehr.«

Auf Chadras Gesicht trat ein kindliches Lächeln. »Als ich noch klein war«, erzählte sie, »hab ich immer denselben Bananenverkäufer am Rand vom Lager heimgesucht. Ich hab seine Unaufmerksamkeit ausgenützt und ihm Bananen geklaut und bin dann abgehauen. War ein alter Mann, ein lieber armer Teufel. Wenn ich weggerannt bin, hat er hinter mir hergeschrien: Schäm dich! Bald wirst du erwachsen sein und eine richtige Diebin werden. Armer Teufel, er war so lieb, Gott hab ihn selig. Aber der Salabiverkäufer war ein Dreckskerl. Ihm hab ich nur zwei oder drei Mal ein paar Stücke geklaut. Beim letzten Mal hat er mich erwischt, mich am Kragen gepackt und mir seine Finger in den Rachen gesteckt, bis ich alles, was ich in mir gehabt hab, rausgekotzt hab. Seither ist mir Salabi zuwider; schon der Geruch ekelt mich. Aber wenn sie mir jetzt welches brächten, ich würd es essen. Magst du Salabi?«

Sadija nickte und lächelte verschämt. »Ja, ich mag es.« Ihr Magen begann zu rumoren. Sie wünschte, Chadra möchte still sein und sie nicht ständig an Hunger und an Essen erinnern.

Sie versuchte, das Thema zu wechseln. »Stehlen ist ja auch eine Sünde, Chadra. Ich würde lieber sterben als stehlen.«

»Stehlen ist eine Sünde?« Chadras Stimme klang abschätzig. »Nein, es ist keine Sünde. Was ist denn besser, daß einer vor Hunger draufgeht oder daß er klaut und was zum Essen hat? Vielleicht meinst du gar, rumhuren ist auch eine Sünde! Und was ist besser, daß ich rumhure und für meinen Mann sorge oder daß ich ihn krepieren laß? Wenn er nämlich den Anfall hat und fast draufgeht, wünsch ich mir, ich könnt ganz Nablus klauen und ihm Medizin kaufen dafür; er nennt mich nie anders als Chadra, du Wundervolle. Hat das sonst schon mal einer zu mir gesagt? Ja, er ist krank, schwach, das arme Schwein. Aber nie ein böses Wort, und so liebevoll. Also, ist es nicht viel mehr eine Sünde, daß er stirbt und ich allein in dieser Welt weiterlebe, ohne ein liebes oder herzliches Wort? Ich sag dir, Sadija, ein liebes Wort läßt einen Kummer und Sorgen vergessen.«

Sadija spürte, daß sie nun das Leben in Anstand verteidigen müsse. »Aber Stehlen ist eine Sünde, und es gibt tausend Arten, sich anständig durchzubringen.«

Chadra winkte ab und unterbrach sie. »Ach, meine Liebe, Ehre ... Schmeere. Es gibt doch nichts mehr, was wir zu verlieren hätten. Willst du denn behaupten, die, die Geld haben, seien anständig? Komisch, komisch. Bist wirklich ein unbeschriebenes Blatt, Sadija. Weißt du, wenn man die feinen Leute sieht, was sie so tun, weißt du, was man sagt?«

Sadija dachte an den Direktor der »Magischen Schere« und zuckte zusammen. Aber dann dachte sie auch daran, daß sie selbst im Schweiße ihres Angesichts ihr Brot verdienen und anständig bleiben konnte. »Es gibt tausend Arten, sich anständig durchzubringen«, sagte sie. »Aber man muß geduldig sein, um zu etwas zu kommen.«

»Und wenn das Faß überläuft«, fragte Chadra gehässig, »was tun wir dann? Dann krempeln wir unsre Ärmel hoch, fletschen die Zähne und beißen zu. Weißt du, wenn der Kerl mit dem Bart da wiederkommt, ich würd ihn vor deinen Augen auffressen. Nur fürcht ich, sein Bart würd mir im Hals steckenbleiben.«

Sie lachten beide. Chadra dachte wieder ans Essen. »Magst du Kebab?« fragte sie.

»Fang doch nicht damit wieder an, meine Liebe!«

Doch Chadra fühlte an ihrem Bauch herum; das Wasser lief ihr im Mund zusammen. »Jawohl, ich mag Kebab und Pistazien und Mamul.«

Sadija mußte lachen. »Und was magst du nicht, Chadra? Es gibt nichts mehr, was du magst; es gibt nicht einmal Salabi.«

»Ja, weiß Gott, Sadija. Alles ist gut und schmackhaft. Ich hab schon immer gern und viel gegessen. Immer wenn ich am Kebabladen vorbeigegangen bin, ist mir das Wasser im Mund zusammengelaufen. Immer wenn ich am Süßwarenladen vorbeigegangen bin, ist mir das Wasser im Mund zusammengelaufen. Immer wenn ich am Nüsseladen vorbeigegangen bin, ist mir das Wasser im Mund zusammengelaufen. Ja, für wen ist denn all das Essen? Etwa nicht für die Leute? Oder gibt's etwa solche und solche Leute? Ich will dir mal was erzählen, Sadija; wir haben ja keine Geheimnisse voreinander. Ich hab mal bei Leuten geschafft, die haben Reis und Zucker gleich sackweise gehabt. Da hab ich mir gesagt: Was ist schon dabei, wenn ich mir hier ein bißchen nehm und da ein bißchen und es verkauf und mir Kebab hol und Pistazien und andre Dinge, auf die ich Lust hab? Eine einmalige Gelegenheit. Man kriegt ja nichts andres als höchstens mal einen guten Happen. Dann hab ich angefangen, jeden Tag ein bißchen aus dem einen und ein bißchen aus dem andren Sack zu nehmen. Und wenn ein paar Pfund zusammen waren, hab sie sie einem Krämer irgendwo weit weg verkauft und hab mir dafür Kebab besorgt und Pistazien und Mamul und was mir sonst noch so in den Sinn gekommen ist. Ich hab mich hinters Haus gehockt und gegessen und es mir wohl sein lassen. Aber die Nachbarn haben mich gesehen und mich verpetzt. Da hat man mich rausgeschmissen.«

»Das hast du verdient«, meinte Sadija schadenfroh.

»Verdient? Warum?« schrie Chadra wütend. »Was hab ich denn getan? Den Leuten da hat doch das bißchen Reis und das bißchen Zucker nichts ausgemacht. Ich hab ihnen nicht das Haus geklaut oder das Auto oder den Bus. Sie haben mich behandelt wie die Dreckskerle hier. Ich hab ein bißchen Reis und ein bißchen Zucker stibitzt und da haben sie mich rausgeschmissen und mich fertiggemacht, und wenn sie's gekonnt hätten, die hätten mich eingelocht. Die hier haben mich verprügelt und fertiggemacht und mich eingelocht; sie haben's gekonnt. Die einen wegen ein bißchen Reis, die andern wegen ein bißchen Bus. Die sind allesamt gleich beschissen. Alle schlagen und prügeln. Aber eben, von den Juden verprügelt zu werden ist noch gnädiger. Zumindest kriegt man da das Gefühl, was wert zu sein.«

Nachdenklich schwieg sie einige Augenblicke, dann fuhr sie fort: »Sagst du jetzt immer noch, Klauen ist eine Sünde? Ich sag, es ist keine Sünde. Alle Menschen klauen, alle Menschen huren. Die Armen und Unglückseligen wie wir gelten als unanständig wegen ein bißchen Klauen. Die Reichen und Starken klauen die Welt und alles drin, und keiner gilt als gemein und schändlich. Wenn ich nun keinen Reis und keinen Zucker geklaut hätte, wie hätt ich je Kebab gegessen?«

»Aber muß es denn Kebab sein?« Sadija war verwirrt und abgestoßen.

»Jawohl, es muß Kebab sein! Für wen ist es denn da? Warum müssen manche Leute Kebab fressen und manche Scheiße? Erklär mir, warum?«

»Das ist unser Los, Chadra, unser Los. Und man muß sich mit dem zufriedengeben, was einem zugeteilt ist.«

»Ich pfeif auf die Zuteilung; und auch gleich noch auf die Teilung! Und wer hat denn zugeteilt?«

»Gott hat zugeteilt, Chadra, Du lästerst Gott; auch das ist eine Sünde.«

»Nein, nicht Gott hat zugeteilt! Und wenn's Gott wär, hätt er's falsch gemacht. Warum sollten denn wir Gott fürchten und andre nicht? Bist du denn so blöd? Hast du nicht gehört, wie der Soldat zu dir gesagt hat: ›Gott gibt es nicht‹? Und er hat dich weitergeprügelt, obwohl du ›Um Gottes Willen‹ geschrien hast.«

Sadija fühlte sich erniedrigt. Sie dachte an die Prügel, die sie hatte einstecken müssen, und wie jämmerlich sie geschrien hatte: »Um Gottes Willen«. Sie nickte bitter mit dem Kopf.

Sohdi, ach Sohdi, wenn du nur noch auf der Erde weiltest, hätte Sadija dann solch schwarze Tage erleben müssen? …

»Laß doch Gott ganz aus dem Spiel«, fuhr Chadra fort. »Die Menschen tun dies und das und schieben dann Gott vor. Und nur wer so blöd ist wie du, schreit ›Um Gottes Willen‹. Laß Gott Gott sein und uns uns. Gott kümmert sich weder um dich, noch um mich. Selbst wenn er's wollte, wie sollte er's schaffen?«

Einige Minuten lang schwieg sie; dann verlor sie die Geduld und schrie: »Was ist jetzt los mit diesen Dreckskerlen? Wann lassen sie uns raus? Uns langt's, uns stinkt's, wir wollen raus! Die Prügel sind geradezu lächerlich gegen das Eingelochtsein. Ich hab einen armen, unglücklichen Mann. Was soll der denn tun? Wenn er erfährt, daß ich eingelocht bin, verliert er glatt den Verstand. Er liebt mich, Sadija. Er nennt mich nie anders als Chadra, du Wunderbare. Chadra, du Gute, die mir mein Leben tragen hilft. Seine Worte sind wie Honig auf meiner Seele. Ich wünschte, ich könnt mein Blut für ihn geben. Weißt du was, Sadija? Ein freundliches Wort macht die ganze Welt freundlich. Und wenn du spürst, daß dich jemand liebt, wird die ganze Bitterkeit der Welt unbedeutend. Hat dich dein Mann geliebt, Sadija?«

Sadija wiegte mit dem Kopf nach rechts und links. »Ja, hat er«, seufzte sie. »Aber das war einmal.«

»War er gut zu dir?«

»Was soll ich dir erzählen, Chadra? Was soll ich dir erzählen?«

Beide ließen die Köpfe hängen. Chadras Augen füllten sich mit Tränen; sie seufzte: »Wenn der Arme erfährt, daß ich eingelocht bin, kriegt er einen Anfall und stirbt. Dann hab ich keinen Menschen mehr auf der Welt, der mich liebt oder mir ein liebes Wort sagt. Wen hab ich denn noch auf der Welt? Schahada? Gott gebe, daß ich ihn vergesse.«

Sadija fiel Schahada ein, wie er dastand und die Hand nach ihr ausstreckte. Ein Schauer überlief sie. Auch an Sohdi dachte sie, und hoffte, so ihre Sicherheit wiederzufinden. Doch diese Sicherheit war ebenso fern von ihr wie von diesem Land und der ganzen Welt.

Chadra wischte sich die Tränen ab und wiegte hin und her. »Wenn er stirbt, hab ich auf der Welt überhaupt niemand mehr.«

Auch Sadija überkam die Verzweiflung, und sie weinte. Sohdi, ach Sohdi ... Doch Sohdis Bild rückte in immer weitere Fernen, und sie blieb allein mit der Kinderschar. »Du hast keine Kinder, Chadra«, brachte sie unter Tränen hervor. »Ich habe welche. Er ist gegangen und hat mir die Sorge für sie, für ihn und für mich selber überlassen. Ein Mann, und was für einer! Sie haben ihn umgebracht, Chadra, umgebracht. Und dabei war er noch so jung.«

Chadra nickte mit dem Kopf und wischte sich die Tränen ab. »Er ist nicht der Erste und nicht der Letzte. Die Welt ist voll Unglück und Elend. Die Welt hat uns verkauft, aber niemand hat uns wollen. Auch mein Vater hat mich verkauft und hat sich ein Pferdefuhrwerk dafür gekauft. Und ich verkauf mich selber und kauf Medizin für das arme Schwein. Die Welt, der man keine Träne nachweint – Mord, Beleidigung, Klauen, Hurerei und Scheißdreck. So ist die ganze Welt.«

Sadija drehte sich alles im Kopf; sie fragte sich: Ist die ganze Welt so? Ist es denn denkbar, daß alle Menschen und daß die ganze Welt so ist? Sind denn wirklich alle Leute gezwungen, zu stehlen und zu huren, um leben zu können? Sie schüttelte entschieden den Kopf. Nein, in der Welt gibt es Helles und Dunkles, und jeder kann wählen ...

Chadra stand vom Boden auf, ging zur Türe und

begann, diese mit Händen und Füßen zu bearbeiten. Doch niemand reagierte darauf. Da riß ihr der Geduldsfaden, und sie schrie: »Mensch, jetzt reicht's endgültig. Verdammt, laßt uns endlich raus. All das wegen einem Bus. All das wegen diesem Bus. Immer Gefängnis. Ich wollt, ich hätt mehr geklaut als einen Bus.«

Völlig verzweifelt setzte sie sich auf die Erde und fragte Sadija provokativ: »Klauen ist also Sünde, Sadija?«

»Ja, so ist es«, antwortete Sadija müde.

»Und einen Bus klauen ist also eine Sünde?«

»Ja, so ist es.«

»Und die da haben geklaut und nichts gelassen. Sie haben dir deinen Mann geklaut, du blöde Kuh. Ist Klauen also Sünde oder nicht?«

»Stehlen ist eine Sünde, eine Sünde«, entgegnete Sadija mit Bestimmtheit.

»Sie haben dich verprügelt, ohne daß du was getan hast; sie haben dir deinen Mann weggenommen; sie haben sich alles genommen. Und wir haben uns für ein Stündchen den Bus stibitzt. Ist Klauen nun etwa Sünde oder nicht?«

Sadija war völlig am Ende ihrer Geduld. »Es ist eine Sünde, eine Sünde«, schrie sie.

»Ist das eine blöde Kuh«, knurrte Chadra vor sich hin, »wirklich eine patentierte blöde Kuh.«

15

Stockfinstre Nacht. Kein Mond, keine Sterne, nichts. In Nablus wie üblich Ausgangssperre. Militärfahrzeuge blockierten alle Zufahrten. Der Fahrer hielt einige Kilometer vor der Stadt an und ließ die beiden aussteigen.

Sadija überließ sich ganz der Führung Chadras, die zuversichtlich meinte: »Komm ins Lager.«

Eine weitere unerwartete Situation, eine, die sie nicht in Betracht gezogen hatte. Unterwegs hatte Sadija alle Möglichkeiten erwogen, nur diese nicht. Sie hatte an die Kinder gedacht und an das Wiedersehen mit ihnen, an Umm Tahsins Lästermaul und an den zu erwartenden Skandal. Sie hatte darüber nachgedacht, wie sie Chadra am sichersten noch außerhalb der Stadt loswerden könnte. An all das hatte sie gedacht. Nur nie und nimmer an diese böse Überraschung mit der Ausgangssperre. Was war jetzt zu tun? Wo sollten sie beide die Nacht verbringen? Sie versank in pessimistisches Grübeln und starrte auf die Straße, bis Chadra sie antrieb. Da legte sie ihr Schicksal in Gottes und Chadras Hände und murmelte. *»Es steht auf der Stirn geschrieben; man muß es nur lesen.«*

»Hier lang«, flüsterte Chadra ihr zu.

Sadija folgte ihr wie ein Schaf, ging hinter ihr zwischen den kleinen, dunklen Häusern durch, den offenen Wasserläufen und den Schwärmen von Ungeziefer, die um die erleuchteten Fenster tanzten. Von da und dort hörte sie vereinzeltes Singen, immer das gleiche Lied: »Ich glaubte an dieses gefesselte, verlorene Volk.« Sadija standen, vor Schrecken und Scheu, die Haare zu Berg. Sie kannte dieses Lied, wie sie die Klagelieder von Farid al-Atrasch kannte und das Lied von Sabah, in dem sie sang: »Ihr, die ihr nicht hier weilt, in Liebe zu euch verzehrt sich mein Herz«. Sie sang dieses Lied allemal mit Tränen in den Augen und Kummer im Herzen, wenn sie an Hamada dachte, der in der Ferne weilte und einmal zurückkommen würde, und an den anderen, der in der Ferne weilte und nie mehr zurückkehren würde, Sohdi. Hier hatten diese Lieder einen anderen Klang. Keine Tränen, keine Schmerzenslaute, kein Klagen. Auf ihrem Kopf und ihren Armen standen die Haare senkrecht, aber statt Bitterkeit füllte Wärme ihr Herz. Die rauhen Männerstimmen gaben ihr das Gefühl, Sohdi lebe noch und fülle das Haus mit Sicherheit und Hoffnung. Wenn sie mit den anderen Frauen und den Kindern auf den Dächern singt, klingen die Lieder angenehm, frisch und heiter. Das rhythmische Klatschen wird laut, die Trommeln dröhnen über die Dächer des Viertels. Dann fangen die Soldaten an, sie zu beschimpfen und ihnen Schweinereien zuzurufen.

»Hier lang«, flüsterte Chadra. Sadija folgte ihr; im Vorbeigehen schaute sie durch die Fenster in die Häuser. Im einen sah sie eine Familie um einen niedrigen Eßtisch geschart, im anderen einen jungen Mann, der, ein Transistorradio ans Ohr gedrückt, auf einem Bett lag. Hier ein alter Mann mit seiner Frau, dort eine Mutter, die ihr Kind stillte und dazu ein Lied sang.

Der Weg wollte nicht enden. Sie blieb stehen und fragte flüsternd: »Wohin gehn wir denn?«

»Geh weiter», drängte Chadra, »und sei still!«

Sie blieb unbeweglich stehen und blickte auf Chadras dunkle Gestalt.

»Verflucht nochmal«, zischte Chadra am Ende ihrer Geduld. »Geh weiter!«

»Erst wenn du mir sagst, wo wir hingehen.«

»Los, geh schon! Wenn du nicht kommst, laß ich dich hier allein stehen. Es ist Ausgangssperre, du rabenschwarzes Unglücksweib. Weißt du, was das heißt, Ausgangssperre? Es heißt, wenn dich ein Soldat trifft, dann packt er dich an den Haaren und läßt dich zur Belustigung vom ganzen Lager in wilder Verzweiflung ›Um Gottes Willen‹ schreien.«

Sie ging weiter hinter Chadra her, verfluchte sie. Wieder und wieder mußte Chadra sie an diese Szene erinnern, als wolle sie sich damit ihrer eigenen Schlauheit und Tapferkeit brüsten. Aber sie hatte auch noch nicht vergessen, wie ihr Chadra die Hand hinstreckte und ihr fliehen helfen wollte. Vielleicht, wenn sie nicht Angst gehabt und gezögert hätte, hätte Chadra fliehen können. Und vielleicht, wenn sie Chadra gefolgt und sich beeilt hätte, hätten sie nicht die halbe Nacht im Gefängnis verbringen müssen, und ihr selbst wäre dieses schändliche Nachspiel erspart geblieben, über das Umm Tahsin in allen Tönen tratschen wird. Habt ihr's schon gehört? Sadija hat in Tel Aviv übernachtet ... Habt ihr's schon gehört? ... Habt ihr's schon gehört? ... Gehört ... gehört ... gehört ... hört ... hört ... Eine andere Frau wird sich entsetzt an die Brust schlagen: ›Der böse Blick soll sie siebzigmal treffen. Ist es soweit mit ihr gekommen?‹ Umm Tahsin wird erwidern: ›Ja, weiß Gott, der böse Blick trifft sie ... Und dann noch all das Geld, mit dem Sadija um sich wirft. Woher kommt wohl das? Etwa von der Nähmaschine? Meine Hochachtung, Nähmaschine! Gottes Segen und Schutz für Sadijas Nähmaschine!‹

Sadija spürte, wie Groll ihr Herz füllte. Ohne Chadra wären ihr all diese Schwierigkeiten und Schicksalsschläge erspart geblieben. Der Bus, das Gefängnis, die Schläge, das Haareziehen, die Angst um die Kinder, der Skandal; all das war nur Chadras Schuld. Aber sie ging immer weiter; was hätte sie schon anderes tun können?

Chadra blieb vor einem Haus stehen und klopfte. Das Blech dröhnte und schepperte. Chadra rief mit gepreßter Stimme: »He, Hadsch! He, Hadsch!«

Doch niemand antwortete.

»He, Hadsch Abu Hasan! Hadsch!«

Auf Abu Hasan, Umm Hasan, die Tür und die Juden fluchend, klopfte Chadra nochmals, diesmal kräftiger. Dann stieß sie gegen die Tür, die überraschend und unerwartet aufging. Chadra, frech und tollkühn wie immer, überschritt die Schwelle und trat in das dunkle Zimmer. Sadija blieb nichts anderes übrig, als ihr zu folgen. Chadra stand in der Mitte des Zimmers und streckte ihre Hand in eine bestimmte Richtung aus, woraus Sadija schloß, daß Chadra mit dem Ort aufs beste vertraut sei. Ihr Herz klopfte angstvoll; sie erwartete eine weitere von Chadras verfluchten Überraschungen. Sie dachte auch daran, sich zurückzuziehen. Aber wohin?

»Bestens«, murmelte Chadra, während sie irgend etwas in die Hand nahm. Sadija trat vorsichtshalber einen Schritt zurück. Doch als Chadra auf einem Tisch vorne im Zimmer eine kleine Lampe anzündete, trat sie wieder vor und betrachtete das Zimmer. Ein schmales Bett, eine Matte, ein paar vergrößerte Bilder junger Männer mit entschlossenen Gesichtszügen. An der Wand auf der anderen Seite, an der ein dicker Vorhang hing, waren an einem Nagel auch ein Gebetsteppich und eine Gebetsschnur mit Perlen aus Olivensteinen aufgehängt.

Chadra zog sich die Schuhe aus und ließ sich auf das Bett fallen, das ächzte. »Was stehst du rum?« fragte sie.

Auch Sadija zog ihre Schuhe aus, setzte sich auf die Matte und versank in Nachdenken. Nur Augenblicke später füllte Chadras Schnarchen den Raum. Sadija schaute sich um und entdeckte am Tischrand ein kleines Transistorradio. Sie kroch hin, nahm es und begann, daran herumzuspielen. Plötzlich lief es; Chadra wachte auf. »Mach uns was zu essen«, brummte sie herrisch.

Sadija stieg das Blut zu Kopf. »Du hast mir grade noch gefehlt«, murmelte sie. Sie dachte an ihre Kinder, nach denen niemand schaute, für die niemand sorgte, denen niemand etwas zu essen richtete, während ihre Mutter Chadra versorgte. Doch in einer Mischung aus Furcht und Mitleid Chadra gegenüber überwand sie sich und nahm die Sache ohne Streit in Angriff.

Sie stand auf und durchsuchte das Zimmer nach etwas Eßbarem. Fand auch einen Schrank mit einer Fliegengittertür, wie er im allgemeinen zur Aufbewahrung von

Eßwaren diente. Darin lagen einige Oliven, etwas Öl, Thymiangemisch und Halva. Nach einigem Suchen stieß sie auch auf einen Teekrug und einen Behälter mit trokkenem Brot. Während sie Tee kochte, hörte sie Nachrichten und erfuhr, was sich in Nablus abgespielt hatte. Eine Explosion, zwei Tote, einige Verwundete, Ausgangssperre; danach Durchsuchungen, Festnahmen und Provokationen. Sie dachte an ihre Kinder, und ihr Kopf begann hin und her zu wiegen. Was, wenn die Soldaten in ihr Haus eingedrungen waren und ihre Kinder verängstigt hatten? Was, wenn sie Raschad provoziert hatten, oder er sie? Was, wenn Asis angefangen hatte zu weinen und nach seiner Mutter zu rufen? Würde Samija ihn wohl zum Schweigen bringen und beruhigen können? Plötzlich konnte sie sich nicht mehr beherrschen, und sie schrie: »Steh auf, Chadra, steh auf!«

Sie setzten sich auf die Erde. Chadra aß. An Sadija nagten Sorge und Angst. Plötzlich hielt Chadra beim Kauen inne, merkte auf und flüsterte: »Hör mal!«

Sie hörten Schritte, die sich langsam näherten. Sadija stellte das Transistorradio ab, während Chadra den Docht der Lampe herabdrehte. Beide hielten den Atem an und schauten gebannt auf die Tür, die langsam und leise knarrend aufging. Bild und Ton vermischten sich. Der Ton eines Aufpralls, schwarze Mündungen, vermummte Männer, befehlende Stimmen. Die beiden Frauen erhoben sich auf die Knie. Sadija verbarg ihr Gesicht und murmelte das Glaubensbekenntnis. Sie erwartete das Ende und hörte von einem der Vermummten die Frage, die sie aber nicht begriff: »Wie heißt du?«

Sie schlotterte mit den Zähnen, halbohnmächtig. Chadra antwortete sofort: »Ich heiße Chadra, die da Sadija.«

Dann herrschte tiefes Schweigen, das Chadra beendete. Sie stieß Sadija mit dem Ellbogen und erklärte aufgeregt: »Das sind sie, Sadija, das sind sie.« Die grobe Stimme flüsterte warnend: »Sei still, halt den Mund, Chadra. Setzt euch!«

Chadra war ganz aufgeregt. »Laßt mich mein Leben für euch geben, ihr Männer«, rief sie begeistert. »Gott verleihe euch den Sieg. Wir haben die Tür offen gefunden und sind reingegangen. Wir sind im Gefängnis gewesen. Wie man uns dort entlassen hat, sind wir nach Nablus gefahren. Aber da ist Ausgangssperre gewesen, und wir haben gedacht, wir übernachten hier.«

Allmählich erfaßte Sadija die Situation. Ihr Atem ging stoßweise, und ihre Stimme zitterte, als sie sagte: »Ich sehe die zum erstenmal in meinem Leben.«

»Dieses dämliche Geschöpf hier«, erklärte Chadra spöttisch, »ist die Witwe von einem von euch. Sie sagt: ›Ich seh euch zum erstenmal in meinem Leben. Ihr Mann, Sohdi, ist in der ganzen Stadt bekannt. Laßt mich mein Leben für euch geben und den Staub an euren Füßen küssen, bitte eßt doch, laßt's euch schmecken. Wir haben schon gegessen, Gott sei gepriesen. Steh auf, Sadija, wir machen den Männern was zum Essen.«

Die beiden Frauen standen auf. Die drei Männer setzten sich auf die Matte, nachdem einer von ihnen noch die Lampe in eine Ecke gestellt hatte. Es war jetzt fast dunkel im Zimmer. Sie begannen zu essen; die beiden Frauen standen neben dem Tisch. Die Männer hielten die Köpfe gesenkt; Sadija konnte keines der Gesichter sehen.

Einer von ihnen fragte beim Kauen kurz und bündig: »So, eingelocht haben sie euch?«

Nun begann Chadra die ganze Geschichte von Anfang bis Ende zu erzählen. Sie überging nur den Charakter ihrer eigenen Tätigkeit und behauptete, sie arbeite als Näherin bei einer israelischen Firma. Sie erzählte vom Bus, vom Gefängnis, von den Schlägen. Sie berichtete, wie sie zu fliehen versucht hatte, wie aber wegen Sadija und ihrer Feigheit alles schiefgegangen sei. Einer fragte etwas ungläubig, wie sie denn den Soldaten zu Boden geworfen habe, worauf sie begeistert erzählte: »Ich hab ihm so richtig kräftig zwischen die Beine getreten. Da ist er der Länge nach hingefallen wie ein Sack.«

Sie lachten, was Chadras Begeisterung noch steigerte. Sie prahlte nochmals mit ihrer großen Heldentat; dabei verglich sie sich und ihr Tun mit Sadija. »Diese Sadija da ist noch ein völlig unbeschriebenes Blatt. Die hat Angst vor ihrem eigenen Schatten. Wenn sie nicht so ein Hasenfuß gewesen wär, dann wären wir aus dem Gefängnis abgehauen. Stellt euch mal vor, ihr Burschen. Ich habe vor ihren Augen eine Wahnsinnstracht Prügel bekommen, und die da rührt sich nicht, um mir zu helfen. Sitzt nur da und heult wie die Witwen.«

Die Männer brüllten vor Lachen; einer von ihnen wiederholte amüsiert: »Wie die Witwen? Wie die Witwen, Sadija?«

Sadijas Magen verkrampfte sich. Sie schluckte und würgte und malte sich schon die Reaktion der Männer aus, wenn Chadra ihnen den Rest der Szene beschrieb und ihnen erzählte, wie der Soldat sie an den Haaren gezogen und sie nur ›Um Gottes Willen‹ geschrien habe. Eine Welle von Scham überkam sie, und sie begann, über sich selbst und über Chadra wütend zu werden. Doch sie sagte kein Wort. Chadra prahlte noch immer vor den Männern mit ihrer Schlauheit, und wenn sie lachten, wurde sie noch begeisterter und erzählte noch weitschweifiger. »Danach streckte der Soldat die Hand aus und zog ...«

»Halt doch den Mund!« rief Sadija. Sie wischte sich verstohlen die Tränen ab, die ihr übers Gesicht liefen, und sagte schnell: »Mein Mann war ein ganz großartiger Kerl. Aber er ist gestorben und hat mir eine Schar Kinder hinterlassen. Ich hab sie im Schweiße meines Angesichts anständig großgezogen. Jawohl, mit Schweiß und Tränen hab ich meine Kinder anständig großgezogen.« Sie kniff Chadra in ihren kräftigen Schenkel. Diese verfluchte sie insgeheim; denn der Hinweis war deutlich. Es lag etwas Drohendes darin, das Chadra sofort zum Schweigen brachte. Sie ließ die Geschichte mit dem Haareziehen sein, erzählte aber, den Bericht etwas abändernd, weiter: »Sadija hat zu mir gesagt: Wegen dir haben die mich verprügelt. Da hab ich ihr gesagt: Nein, die haben dich wegen nichts und wieder nichts verprügelt. Stimmt's etwa nicht, seid ehrlich?«

»Stimmt vollkommen«, antwortete einer kauend. »Bald wird auch Sadija das lernen.« Sie waren sich einig im Urteil gegen Sadija; diese sah, daß sie der einzige Feigling im Zimmer war. Noch einmal wiederholte sie ihre Entschuldigungen und Rechtfertigungen: »In meinem ganzen Leben habe ich niemanden geschlagen und bin nicht geschlagen worden und hab das Schlagen nie gern gehabt.«

Eine Stimme, die ihr bekannt vorkam, ließ Sadija die Haare zu Berge stehen. »Deine Kinder schlägst du nie?«

Die anderen lachten; das Lachen wirkte ansteckend auf sie.

»Ich schlage meine Kinder«, sagte sie beschämt. »Aber ich habe sie noch nie geschlagen, weil sie demonstriert oder mit Steinen nach Soldaten geworfen haben. Gott ist mein Zeuge, viertausend Pfund hab ich gezahlt, um meinen Sohn aus dem Gefängnis zu holen.«

»Ohne diese Zahlerei«, bemerkte einer der Männer trocken, »würden die Israelis zum Gespött der ganzen Welt. Lernt das doch endlich!«

Eine solche Reaktion hatte Sadija nicht erwartet. Sie geriet immer mehr in Bedrängnis und suchte nach einer anderen Rechtfertigung. »Ich hab erst gezahlt, als alle anderen auch gezahlt haben. Sollten denn die Kinder von den anderen Leuten rauskommen und mein Sohn im Gefängnis bleiben? Die anderen Leute, die genug Geld haben, haben ihre Kinder aus dem Gefängnis geholt; und ich, Gott sei Dank geht's mir nicht schlecht.«

Die Männer flüsterten lange miteinander; dann schwiegen sie. Chadra sagte eifrig: »Es ist noch viel Tee da. Darf ich nochmal einschenken?«

Einer der Männer nahm die Teekanne. Chadra sagte, Genugtuung in der Stimme: »Mein Gott, wer hätte das gedacht, daß ich euch heute sehen würde! Siehst du, Sadija? Siehst du, wie die Welt ist?«

»Vergiß das Ganze, Chadra!« sagte einer der Männer trocken, doch Chadra entgegnete aufgeregt: »Laßt mich mein Leben für euch geben und den Staub an euren Füßen küssen.«

Der Mann sagte nochmals, diesmal schärfer: »Ich hab dir gesagt, du sollst das Ganze vergessen, Chadra.«

Chadra krebste sofort zurück: »In Ordnung, verstanden! Wir haben absolut nichts gesehen. Wir wissen absolut nichts voneinander! Haben wir was gesehen, Sadija?«

Sadija, den Blick auf die Gewehre auf der Matte neben den Männern gerichtet, sagte: »Wir haben nichts gesehen, und wir haben nichts gehört.«

»Und wenn man euch fragt?« vergewisserte sich einer der Männer.

»Dann waren wir in Tel Aviv beschäftigt«, entgegnete Chadra geistesgegenwärtig. »Und als wir zurückgekommen sind, war Ausgangssperre. Da haben wir die Nacht unter einem Baum verbracht.«

»Sehr klug, Chadra! Du bist wirklich mit allen Wassern gewaschen.«

Chadra fühlte sich geschmeichelt, als sie das Lob hörte, das ihr diese Männer höchstpersönlich spendeten. Sie fuhr mit ihrer Prahlerei fort. »Weiß Gott, ich hab vor niemandem Angst, nicht mal vor Gott. Was haben wir noch zu befürchten? Die Welt ist futsch und die Menschen drin auch, und wir haben nichts mehr zu befürchten. Aber Sadija hier ist noch ein Kind. Hab ich dir doch gesagt, Sadija, oder nicht? Ich hab dir doch gesagt, ich würd dem Dajan noch sein gesundes Auge rausreißen, und zwar mir nichts dir nichts. Ich hab dir doch gesagt, daß ich bereit und willens bin zu sterben, ohne daß ich noch eine einzige Träne vergieße. Hab ich das gesagt oder nicht? Wirklich, um was wollen wir denn Angst haben? Wenn frische junge Männer sterben ohne Furcht um ihre Jugend, um was sollten wir da Angst haben?«

Nun war bei Sadija das Maß voll. »Du hast keine Kinder, um die du Angst haben mußt«, schrie sie wütend. »Ich habe eine ganze Schar davon, und die brauchen zu essen, und zwar viel. Worum machtst du eigentlich so viel Wind? Um den Bus? Und was hat es uns genützt, mit dem Bus abzuhauen. Sie haben uns verprügelt und an den Haaren gezogen. Ja, sie haben mich an den Haaren gezogen, und mir kam es vor, als würden sie mir die Kopfhaut abziehen. Wir sind fertiggemacht worden und haben unsere Kinder auf der Straße zurückgelassen, und Gott allein weiß, wie es ihnen geht. Und all das wegen einem Bus. Also, was hat es uns gebracht, daß wir mit dem Bus abgehauen sind?«

»Beim Leben des Propheten«, entgegnete Chadra aufgebracht, da seht ihr, wie verzweifelt sie ist. Die ganze Zeit sagt sie schon: Klauen ist eine Sünde, Klauen ist eine Sünde. Nach allem, was passiert ist, sagt sie: Klauen ist eine Sünde. Sie haben uns alles weggenommen, und keiner von ihnen hat gesagt: Klauen ist eine Sünde. Sie haben sich genommen, was sie wollten, und keiner hat zu ihnen gesagt: Klauen ist eine Sünde. Sagt ehrlich, ist Klauen eine Sünde oder nicht?«

Die Männer lachten belustigt. Chadra kam sich ungeheuer wichtig vor und plusterte sich auf wie ein Truthahn. Sadija wurde immer kleiner und wünschte sich, die Erde würde sie verschlucken. Sie begann wieder zu zittern.

Einer der Männer fragte sie beim Kauen: »Ist Töten eine Sünde oder nicht, Sadija?«

Sadija war nichts mehr klar, und sie wußte nicht, was sie antworten sollte. Denn wenn sie nicht sagte, was sie meinte, so war das eine Lüge, und sie hätte Gottes und seiner Engel Strafe verdient. Im anderen Fall dagegen die Strafe der Welt. Sie wog die beiden gegeneinander ab und fand, die Strafe der Welt sei leichter zu ertragen. Sie senkte den Blick und legte ihr Geschick, komme, was da wolle, in Gottes Hände. »Töten ist eine Sünde.«

»Und der Mörder, Sadija?«

»Der Mörder wird, so Gott will, auch getötet.«

»Richtig, Chadra! Denk noch mehr darüber nach.«

Die Männer nahmen ihre Sachen und verließen das Haus. Chadra verabschiedete sich von ihnen an der Türe. »Gott sei mit euch«, flüsterte sie, »und sein Wille.«

Während der Nacht dachte Sadija noch viel darüber nach. Immer wieder stellte sie sich dieselbe Frage. Sie dachte an Sohdi, an ihr Witwendasein, an ihre vaterlosen Kinder und an alle Witwen und alle vaterlosen Kinder.

Als sie am Morgen mit Chadra nach Nablus unterwegs war, sagte sie: »Töten ist eine Sünde, Chadra.«

Chadra blickte sie mit schlafverquollenen Augen an. Heiser erwiderte sie, mit einer Stimme voller Zorn und Verachtung: »Aber dein Witwendasein ist keine Sünde, beim Propheten!«

16

Im Versuch, seinen Verstand zusammenzuhalten, preßte Adel seinen Kopf zusammen. Doch das Brummen der Diskussionen blieb ihm in den Ohren und verwandelte seinen Kopf in eine Zeitbombe, die zu detonieren drohte. Er zündete sich eine Zigarette an und begann zu rauchen. Wünschte, er könnte die Augen schließen, und wenn er sie wieder aufmachte, fände er sich im Kaffeehaus wieder, unter einfachen Leuten, nuckelte eine Wasserpfeife, tränke Kaffee, lauschte den Liedern von Umm Kulthum und sagte, wie die anderen, hin und wieder einfach Allah, Allah ... Doch er wußte, das Dröhnen in seinen Ohren würde nicht aufhören, selbst wenn er sich plötzlich dort wiederfände ... Salem und dieser unerträgliche Herr Badi.

Die Wirklichkeit ist eine Krise. Du wirst Dinge entdecken, Abu al-Iss, die du nicht erwartest. Er lächelte zärtlich beim Gedanken an den optimismusgeladenen und hoffnungsfrohen jüngeren Bruder. Spürte etwas wie Bedauern mit sich selbst. Was hatte ihn nur in diese Lage und in diese komplexgeladene rauchige Atmosphäre gebracht? Eine mißliche Lage früher, eine mißliche Lage jetzt. Aber die Arbeit dort unten hatte wenigstens die Kampflinien klar gezogen und seinen Kampfgeist aufgeladen. Bei den Kämpfen hier verwandelte ein Spinnennetz jeden einzelnen in einen saft- und kraftlosen Leichnam.

Er dachte über den Unterschied zwischen sich und seinem Bruder Basil nach und spürte, daß er alt geworden war. Der Rauch in seinem Kopf verdichtete sich. Der Nebel in seinen Augen wurde dunkler. Er war kraftlos und ausgebrannt. Versuchte, sich aus dieser Atmosphäre zu entfernen, indem er sich an Rafifs Gesicht erinnerte.

Doch es schwand aus seinem Gedächtnis, und nur für wenige Augenblicke gelang es ihm, es festzuhalten. Er seufzte bekümmert. Keine Rafif und auch sonst niemand. Und die Diskussionen donnerten weiter und dröhnten ihm in den Ohren. Vom Schreibtisch nebenan vernahm er Salems Stimme. Das Telefon klingelte. Das Radio brachte Nachrichten aus dem Libanon. Salem redete. Hier und dort. Die Mauern von Jerusalem. Die beiden Berge von Nablus. Die Hügel von Galiläa. Die Rakach. Die zionistische Linke. Salem. Politische Streitereien. Gezänk. Die Freiheit der Rede. Die Demokratie des Denkens. Die schweigende Mehrheit. Die lammfromme Mehrheit. Der leichtgläubige Mitbürger. Der einfache Mitbürger. Die Diktatur der arbeitenden Klasse. Die Nahziele. Die Fernziele. Und sei doch still. Wir haben es satt. Wir haben es satt.

Die Erde begann zu wanken. Und wenn die Erde unter dir wankt, wogt auf der Erdoberfläche alles. Du versuchst, dich an etwas Festes zu klammern, doch auch das Feste schwankt. Dann schreib. Meißle Schrift in Stein. Verliere dein Bewußtsein und dein Unterbewußtsein. Ohnmacht, dann Wolken. Dann Aufhellung und Auflösung, wenn Schwerelosigkeit eintritt und die Wirklichkeit weggewischt ist. Du wandelst dich in einen Propheten und durchbrichst auf den Schultern eines Dichters den Nebel. Dann prallst du mit einer Sternschnuppe zusammen, und dann – welch Augenblick des Verbrennens!

Als die Diskussion begonnen hatte, standen die meisten Kollegen auf seiner Seite. Als sie zuende war, hatten sich die meisten aus der Diskussion und aus dem Zimmer zurückgezogen, in dem er allein mit Salem zurückgeblieben war. Ach, Salem... Laß sie doch ihre Fähigkeiten entwickeln. Du fütterst sie mit Ideen, die ihr Verstand nicht verdauen kann. Stopfst sie mit Stroh voll, mit Kleie, mit vorfabrizierten Impfstoffen, die die Abwehrkraft nur scheinbar stärken.

»Da sitzen sie vor dir. Die Zeitschrift liegt vor dir. Darum sag, was du willst. Das Leben gehört dem Tauglichsten.«

Welcher von beiden ist der Tauglichere? Dieser ist tauglicher. Nein, jener. Nein, dieser. Nein, jener. Dann Brummen und Zeitbomben. Die Meinungsverschiedenheit dreht sich um die Zeit. Den Faktor Zeit, das Taktieren und die Politik der kleinen Schritte.

Salem krempelte die Ärmel hoch; der Angriff begann. »Taktieren ist falsch und verlogen; außerdem unterdrückt es die Spontaneität und die Kreativität der Massen.«

»Aber Salem.«

»Die Zeit ist ein Mittel zum Zweck, das ich einsetze, von dem ich mich aber nicht einsetzen lasse.«

»Aber Salem.«

»Die Politik der kleinen Schritte ist die Rechtfertigung der Defätisten, der Kapitulanten, der Intriganten und der Verräter.«

Alle Leiden, nur dieses nicht. Das Leiden an Israel ist Schicksal. Das Leiden am Arabertum ist Schmutz. Das Leiden am Imperialismus ist wohlbekannt. Doch dieses hier, da sei Gott vor.

»Nein zu Genf. Nein zu einem Scheinstaat. Nein zum Ausgleich, welcher Art auch immer. Völlige Befreiung, von Jordanien bis zum Mittelmeer, vom Atlantik bis zum Golf.«

»Und die Revolution; wird sie es aushalten?«

»Absolut, wenn sie sich auf der Ebene der arabischen Volksmassen abspielt. Auf ihren Schultern liegt die Aufgabe der Revolutionierung ...«

»Jeder muß bei sich selbst anfangen. Sie müssen erst sich selbst und ihr Volk revolutionieren. Zuerst muß der

Boden bereitet sein. Du wirst keinen Honig ernten von Bienen, die nicht in einem Bienenstock organisiert sind. Organisiere erst mal den Bienenstock. Schaff erst einmal die Basis.«

»Die Revolutionierung der Massen vom Atlantik bis zum Golf.«

»Und wie lange wird das dauern? Den Preis zahlst du in Form von Zeit und sinnlosen Opfern. Organisiere erst mal den Bienenstock. Danach können wir uns ausdehnen wie Flammenzungen von einer Fackel.«

»Geschwätz. Meine Strategie ist klar festgelegt. Die Befreiung des gesamten arabischen Vaterlandes! Nicht Politik der kleinen Schritte, keine Waffenstillstände, keine halben Lösungen. Nein zu Genf, Nein zu einem Scheinstaat, Nein zu einer Scheinrevolution.«

»Und was bleibt dann?«

»Die echten Revolutionäre!«

»Und wer sind die?«

»Diejenigen, die nein sagen!«

»Die Völker spucken dich voller Überdruß aus. Besetzung und Zersetzung, Armut, Krankheit, Ölpest und die Verwaistheit der Völker mit zerbrochenen Flügeln. Sie sagen: ›Leck mich, Mensch!‹ und strecken dir alle verfügbaren Ärsche hin. ›Wenn das die Revolution ist, dann kann sie uns mal. Scher dich zum Teufel; wir haben genug Probleme.‹«

Eine Herde von »Feiglingen, Einfaltspinseln, Ignoranten, Kranken.«

»Nein, es sind einfache Menschen, die Sicherheit begehren, die ihre Nachkommenschaft vergöttern und sich nach Weizen und warmem Brot sehnen; es sind Menschen, deren Herzen nach Wärme verlangen, nach Hochzeiten und nach den Freuden der Jahreszeiten.«

»Feigheit! Und du verteidigst Demut und Unterwürfigkeit auch noch. Verräter an der Sache der Befreiung und der Revolution. Die revolutionäre Elite ist die Hefe; und du gehörst nicht dazu.«

»Die Elite … Nein, dazu gehöre ich nicht und werde nie dazu gehören. Ihr aber auch nicht. Das Klassendenken in bestickten Gewändern. Die Elite. Dazu gehöre ich nicht.«

»Du willst also nicht der Herde vorangehen? Wer soll sie denn dann führen?«

»Ich gehe den Leuten eine Elle, ein paar Meter, ein paar Schritte voran; nicht so weit, daß nicht mehr klar ist, was ich sehe und wovon ich träume.«

»Herdenmentalität.«

»Für wen und mit wem machst du denn dann die Revolution?«

»Mit der Arbeiterklasse.«

»Wo ist die denn? Hat sie sich schon herauskristallisiert?«

»Wie werden sie sich kristallisieren lassen.«

»Und wo ist die Industrie.«

»Das Denken der Arbeiterklasse ist gemeint.«

»Und ihre Wirklichkeit?«

»In China gab es auch keine Industrie.«

»Daher war auch das Modell anders.«

»Gewiß, das Modell war anders.«

Das Modell. Das Modell. Was ist das Modell? Wie ist das Modell? Jenes Modell. Dieses Modell. Jenes Modell. Dieses Modell. Jenes. Dieses. Jenes. Jenes. Dieses. Dieses.

Du wirst Dinge erleben, Abu al-Iss, die du nicht erwartest. Dann, was wird verlangt? Was wirst du arbeiten, wie wirst du leben? Das Leben hier erfordert Geld und Brot. Der Kampf spielt sich auf verschiedenen Ebenen ab. Die erste ist, trotz allem im Land zu bleiben. Du mußt dich selbst überzeugen und die Deinen und auch die andere Seite. Die andere Seite ist wichtig und nötig. Liebe ist nicht etwas Einseitiges. Der Eheschluß erfolgt zwar aufgrund einer Vertragsunterzeichnung und wird auch durch eine solche beendet. Liebe aber kommt ohne Pakt und Ketten. Die Voraussetzung für Liebe sind Bewußtsein und Vernunft. Wie lange auch das Dunkel dauerte, hie und da sind doch Windstöße des Erwachens aufgekommen und haben die Augen einiger mit Visionen gefüllt. Die Welt kochte mal hoch, mal niedrig. Doch Erfahrung, Etappenabläufe und der Faktor Zeit sind unumgänglich.

Er zündete sich die zwanzigste Zigarette an und trat ans Fenster. Der Weg. Das Frühlingsgras. Ein uralter Eukalyptusbaum, ein gewaltiger Stamm, der an die Kreuzfahrerangriffe gemahnt. An jede Besetzung. Die Äste bleiben. Das Laub bleibt. Und die Bitterkeit bleibt als Ernte, die den Kern der Krankheit heilt.

Er sah sie den Weg entlangkommen, mit ihrem langen Wollschal. Eine schwangere Frau folgte ihr. Zweifellos eine Leserin der »Frauenecke«. Sie wird ihr viele Dinge sagen – Ehe, Scheidung, Schwangerschaft, Geburt, Gerichtshöfe, Gesetze jeder Art. Eines folgt aus dem anderen, und alles kommt in denselben Topf. Rafif bleibt – ein Kampf am Weg des Kampfes. Der Weg ist lang, Salem. Wir werden uns nicht einigen können. Der Faktor Zeit und Erfahrung. Spring wie du willst. Bewegungen eines Don Quichotte und eines Akrobaten. Langsam wirst du erwachsen werden. Und du, Rafif, wann wirst du erwachsen werden?

Das Telefon klingelte aufdringlich. Ja, Rafif? Ich denke dran, ich denke dran. Ja, wir werden uns treffen. Und wie läuft's so? Eine gepreßte Stimme, voller Emotionen. Wann, Rafif, wann wirst du lernen? Morgen wirst du alt sein. Kommt die Erfahrung, kommt auch die Reife hinterher.

17

Sie wartete. Die Freunde scherzten und waren vergnügt, wollten einen Abend verbringen, der sie die Vorgänge dieses Tages, ja, aller Tage vergessen ließ – wenn auch nur scheinbar. Stimmen und Gelächter mischten sich. Da und dort kam es zu lautstarken Unterhaltungen und Diskussionen. Ägypten. Sadat. Die Zeitung »al-Ahali«. Verbot einer Zeitung in Kuweit. Was ist geschehen? Der Wind von Kuweit. Nein, der von Saudiarabien. Das ist doch nutzlos. Nein, überhaupt nicht. Sicher muß man den Kampf eskalieren. Wie denn? Durch Worte. Durch die Parteien. Durch die Gewerkschaften. Durch Zusammenschlüsse unter der Erde und über der Erde. Die völlige Befreiung. Die Teilbefreiung. Die Politik der kleinen Schritte. Das Taktieren. Die Strategie. Israel. Begin. Der Likud-Block. Der Likud-Block ist nicht anders als der Arbeiterblock. Peres sieht besser aus und ist schlauer.

Eine helle Frauenstimme war zu hören. Saitenklänge. Sehnsuchtsvolle andalusische Lieder. Die Gläser zittern. Die Augen füllen sich mit Tränen. Brennender Schmerz strömt ins Innere mit jedem Schluck, mit jedem erdgeruchbeladenen Windstoß, mit jedem Regenschauer.

Sie wartete noch immer in der dunklen Halle und betrachtete zwei, die im Garten saßen und sich nicht um die Welt und die beißende Kälte kümmerten. Sie empfand Einsamkeit und Angst. Vielleich ist er ja verhindert zu kommen oder tut wenigstens so. Ob er sie liebt? Er hat es nie gesagt. Aber auch nicht das Gegenteil. Noch nie saß er mit ihr so nahe zusammen wie diese beiden. Noch nie hat er ihre Hand warm in die seine genommen und ihr mit einem Blick in die Augen gesehen, der sagt, was seine Zunge noch nie gesagt hat. Aber er hat sie bei der Hand genommen, als sie über die Straße gingen und sie völlig verrücktspielte und auf den leeren Straßen umherrannte, lachte und herumschrie. Doch das hat er nur getan, um sie zu schützen und mit ihr weiterzugehen. Hätte sie ihn nicht aus seiner Haltung gerissen – von sich aus hätte er das nie getan. Sie mußte eine heldenhafte Anstrengung unternehmen, um etwas Bewegung in ihn zu bringen. Warum kann er nicht lieben? Ist er denn kein Mensch mit Herz und Gefühlen? Ja, er begehrt sie; er hat es selbst zugegeben. Aber sie will sein Herz. Sie will eine wechselseitige, nicht eine einseitige Beziehung. Also ging der Kampf um sein Herz weiter, und jedesmal, wenn er sie wieder enttäuschte, unternahm sie einen noch heftigeren Anlauf als zuvor. Sie will sein Herz, und davon wird sie nicht ablassen.

Sie sah ihn mit langsamen, ausholenden Schritten näherkommen. Wenn doch mehr Bewegung in ihm wäre! Wenn doch sein Körper sich so schnell bewegen würde wie sein Gehirn! Wenn doch sein Herz ... Wenn doch! Er begrüßte sie mit einer Mischung aus Freundschaftlichkeit und Sympathie. Und doch, in seiner Stimme und in seinen Bewegungen lag keine Spur von Begeisterung. Zwischen ihnen gab es Gemeinsames. Sie gingen zusammen spazieren, schlenderten. Sie sammelten Informationen über Themen, die sie interessierten. Er gab ihr Bücher zum Lesen, Bücher über verschiedene Themen und aus verschiedenen Gebieten. Literatur, Kunst, Politik, Wirtschaft, Psychologie. Durch alle diese Bücher und diese Themen hindurch versuchte sie, ihn besser kennenzulernen und sein innerstes Wesen zu erforschen. Doch je näher sie ihm kam, desto tiefer und weiter empfand sie die Kluft. Dann verstärkte sie beharrlich und hartnäckig ihre Bemühungen.

»Wo warst du? Du kommst spät.«

Er betrachtete den dunklen Saal und die offene Türe

und antwortete: »Die Sitzung hat lange gedauert. Immer dieselben Probleme. Immer dieselbe Nerverei. Ich habe einigen Leuten bei der Redaktion ein Projekt vorgelegt. Einige hielten es für einen Witz, andere für einen nationalen Terrainverlust. Einige stellten sich vorbehaltlos dahinter. Es muß verwirklicht werden. Wir müssen die andere Seite erreichen, die Leute, die uns das Gesetz des Handelns vorschreiben. Die israelische Öffentlichkeit wird uns nie verstehen, wenn wir nicht an sie gelangen. Und du, du warst nicht bei der Sitzung. Warum nicht?«

Wie üblich verhört er sie über die Arbeit. Nur das interessiert ihn an ihr. Mit verhaltenem Ärger sagte sie: »Ich habe geschlafen, dann gelesen, dann wieder geschlafen.«

»Sonst nichts?«

»Nein, sonst nichts.«

»Und diese Frau?«

»Ich habe ihr zugehört und mir einige Notizen gemacht. Dann ist sie weggegangen und ich auch.«

»Du hast nichts geschrieben?«

»Nein, nichts.«

»Und die ›Frauenecke‹?«

»Ich hab sie satt. Ich trage mich mit dem Gedanken, damit aufzuhören.«

Plötzlich explodierte sie: »Warum bieten wir eigentlich weiterhin diesen Blödsinn an? Ist das nun eine fortschrittliche Zeitschrift oder nicht? Das möchte ich gerne wissen. Wenn es nämlich wirklich eine fortschrittliche Zeitschrift ist, sollten wir sofort damit aufhören, die Frau wie einen isolierten gesellschaftlichen Sektor zu behandeln. Sie ist ein Mensch und muß dasselbe lesen wie die Männer. Sie hat dieselben Sorgen und Interessen. Warum also weisen wir ihr eine separate Ecke zu? Das ist albern. Ich mache da nicht länger mit.«

Er lehnte sich gegen die Säule des Saales, verschränkte

die Arme auf der Brust und erwiderte in seiner bekannten bedächtigen Art: »Wir haben das schon mehr als einmal diskutiert.«

»Und keine Lösung gefunden.«

»Doch, haben wir. Die Zeitschrift muß sich an den Markt anpassen. Wir brauchen mehr Leser, und wir brauchen mehr Gönner. Dazu kommt noch das Problem von Verkauf und Vertrieb.«

»Und statt daß wir die Leser beeinflussen«, schnaubte sie wütend, »lassen wir uns von ihnen beeinflussen. Das ist schlicht und einfach beschämend.«

Er schaute zu Boden und erwiderte mürrisch: »Wir müssen doch realistisch sein. Wir werden die Welt nicht von heute auf morgen ändern. Manchmal braucht es eben eine Anpassung, damit man sich nicht von der Wirklichkeit entfernt.«

Sie spürte all ihren Groll gegen diesen verschlossenen Mann, diesen langsamen und bedächtigen Revolutionär, all diesen Groll, der sich in ihrem Herzen und ihrem Kopf aufstaute und sie mit Haß erfüllte gegen ihn und gegen die Atmosphäre, die sie beide umgab. Die Nacht um sie herum wurde immer dunkler, und sie spürte die Einsamkeit und den Zorn noch stärker.

»Da muß sich etwas ändern, jawohl!« rief sie aus.

Er lächelte matt, wußte er doch nur zu gut, was sie dachte, was sie sagen wollte, was sie fühlte. Er lächelte verständnisvoll. Dachte an Nuwar. Das bleiche Gesicht, die reglosen Tiefen. Den Vergleich, den er immer zwischen beiden anstellte. Nun ja, zumindest stieß ihn das auf eine Wirklichkeit, die nach Veränderung rief.

Er richtete sich auf und fragte: »Werden wir uns den ganzen Abend von den Kollegen fernhalten? Sollen wir nicht etwas trinken? Bring mir doch was, Rafif!«

Die Nennung ihres Namens löste die Grollwolken auf und vertrieb sie. Mütterliche Gefühle durchfluteten sie.

Zärtlichkeit strömte in ihr Herz, und sie konnte nicht widerstehen. Sie streckte ihm die Hand hin, und er fügte sich. Sie führte ihn hinein – durch Begrüßungsrufe hindurch, die von allen Seiten ertönten. Füllte ihm ein Glas, warf etwas Eis dazu und reichte es ihm. Er lächelte dankbar und blickte sie freundlich und zärtlich an.

»Du bist wunderbar«, brachte er hervor.

Ihr Herz schlug, aber sie nahm sich zusammen und zeigte keine Regung. Nach jeder Runde, die sie durch die lärmende Wohnung unternahm, kehrte sie zu ihm zurück und fand ihn noch immer in Diskussionen verwickelt. Sadat. Die Sammlung der Linken. Der Likud-Block. Die Ausgangssperre. Die Probleme der Arbeiter in Israel. Sein neues Projekt, um an die israelische Öffentlichkeit zu gelangen. Die Zwangsläufigkeit der geschichtlichen Prozesse. Wann wird er mit alldem fertig sein? Wann wird er mit alldem fertig sein und Zeit für sie haben?

Sie leerte mehrere Gläser, um ihre Einsamkeit und die Demütigung zu vergessen. Die Sehnsucht nach ihm erniedrigte sie. Ihre Anhänglichkeit machte sie fertig. Daß sie sich mit ihm beschäftigte und nicht mehr mit ihren Gedichten, brachte ihre literarische Entwicklung zum Stillstand. Und die »Frauenecke«, die sie so albern fand – ohne ihn hätte sie sie längst verlassen. Alle ihre Entschlüsse waren mittlerweile mit ihm verknüpft; ihr ganzes Tun und Lassen war mittlerweile Reaktion auf ihre Beziehung zu ihm. Das ist falsch, ganz falsch! Wo bleibt denn da die Freiheit als unabhängige Frau?

Trotzig zog sie die Schuhe aus und tauchte in die Wellen der Musik und zwischen die zusammengedrängten Körper. Aus den Augenwinkeln beobachtete sie ihn. Er schwatzte noch immer. Drei Personen standen bei ihm ganz hinten im Raum und hörten ihm zu. Er schwatzte noch immer. Was er wohl sagt? Sadat? Ägypten? Das

Abschreckungspotential? Die israelische Öffentlichkeit und die Zwangsläufigkeit der geschichtlichen Prozesse? Verflucht sei das alles! Kann er es denn niemals vergessen? Kann er denn nie ihr ein bißchen Aufmerksamkeit schenken, und sei es nur für eine Stunde?

Der Schweiß lief an ihr herab. Sie atmete stoßweise und schwer. Gab sich verzweifelt der lauten Musik und den Schlagzeugrhythmen hin.

Verflucht sei das alles. Er und die Araber und Israel und alles andere. Wir brauchen ein einziges Stündchen Geborgenheit, ein einziges Stündchen Frieden. Aber es gibt keinen Frieden auf Erden, weder bei den Menschen noch weit weg von ihnen. Es gibt keinen einzigen Augenblick der Zärtlichkeit, der uns unsere Lage vergessen ließe. Die Tränen liefen ihr übers Gesicht. Sie drehte sich. Es wurde heiß im Saal; alle tanzten. Nur er war noch immer weit weg von ihr und von den andern.

Sie stand allein in der Halle. Spürte, wie ihr die Luft schmerzhaft die Poren zerriß. ›Ich werde mich erkälten, werde mir Fieber, Lungenentzündung oder Angina holen. Dann werde ich sterben, und er wird nicht einmal nach mir fragen ...‹ Ihr Selbstmitleid verdichtete sich, und ihr Bedürfnis nach ihm wuchs. Wäre er doch bei ihr und für sie da! Sie brauchte ihn allein, sonst niemanden. Alle anderen hatten kein Gewicht mehr. Nichts auf der Welt konnte ihr Interesse wecken, nur er. Das Universum ließ sich in einer einzigen Person zusammenfassen.

Sie haute mit der Faust gegen den Türpfosten und brüllte. Falsch! Falsch! Wo bleibt die Poesie? Wo die weite Welt der Literatur? Wo bleiben die Menschen? Wo das Elend der Menschheit? Sie drehte sich um sich selbst. Kaute an ihrer Enttäuschung und ihrer Hilflosigkeit. Und die Tage gehen dahin, bitter wie Koloquinten. Fragen und Folgerungen, aufgebaut auf kleinen alltäglichen Ereignissen. Wunden, da und dort verteilt, die alle in eine einzige Wunde münden, einen einzigen Riß. Die allumfassenden Visionen, eingegrenzt durch Enge und Vereinzelung.

›Ich will, ich möchte, ich wünsche, ich sehne, ich flehe. Das Leben ist das Wunder des Unvermögens. Nichts Neues. Nichts Vollkommenes. Nichts, was einen an das Ganze bindet. Raumschiffe, die im weglosen All auf der Suche nach Antrieb herumkreisen. Doch tief drin ein Gefühl von Beschädigung und mangelndem Gleichgewicht.

Schon jetzt spüre ich mich älter werden. Auf der Schwelle zum vierten Jahrzehnt, und ich keuche dahin. Der Zug wird mich überholen, und ich keuche noch immer dahin. Ich werde eine grauhaarige, runzlige Frau mit dicken Armen, einem fetten Doppelkinn und schlaffer Haut, und wenn ich mir die Lippen schminke, wird die Farbe in die Mundfalten laufen.

Verflucht! Immer derselbe Traum! Die Vorstellungen der geächteten Klasse. Seit den Urzeiten des Patriarchats bis heute. Die Frau braucht eine radikale Revolution! Aber wie?‹

Es ist wie ein Blick in ein Bad voller Dampf. Man atmet zwar tief, aber die Luft reicht nicht aus. Die Emotionen des Orients sind ein heißes Bad, aber sie versprechen keine reine Haut und kein Gefühl der Erfrischung. Schmerzhafte Risse, die längs und quer verlaufen. Sie spalten die Frau, stutzen ihr die Flügel. Mutter. Tausendmal hab ich dir gesagt ... Der Finger hob sich warnend. Wie oft hob sich der Finger warnend und errichtete Schranken zwischen ihr und der Liebe, zwischen ihr und anderen Menschen, zwischen ihr und der Gesellschaft und dem Leben und der ganzen Erdkugel, drinnen und draußen.

Die Vergangenheit ist keine Zuflucht mehr, trotz ihrer Einfachheit und ihrer Wärme und ihrer ständigen

Bereitschaft, die Traurigkeit des einzelnen zu erfassen und in einen Mörser zu packen, in dem sich der Weihrauch mit den Gottespreisgesängen und den Gebeten vermischt. Flucht, Niederlage, Rückzug – und wo bleibt da die Revolution? Wenn sie doch nicht all diese kulturellen Ablagerungen mit sich herumtrüge! Ein durch und durch orientalisches Mädchen. Pubertäre Träume von der großen Liebe, die das Antlitz der Erde und der Geschichte verändert. Was nützen all diese angenommenen Ideen, die sie selbst und andere ständig im Munde führen? Papageien, die ihre Identität verloren haben zwischen der Kultur des Westens und dem Nebel des Ostens. Zwischen Verstand und Gefühl liegt eine tiefe Kluft. Die Bedürfnisse, die Wünsche und alle Sehnsüchte, die sich tief in der Seele regen, sind unergründliche Täler mit Tiefen und Schluchten.

Die Musik wogte klagend und schluchzend. Morgen wird einer der Kollegen mit einem Stipendium nach Europa gehen. Dort wird er nach allen Regeln der Kunst die Zeitungs- und Informationswissenschaften erlernen. Er wird nach Hause zurückkehren, um besser zu schreiben, mit längerem Atem zu diskutieren und markige Worte hinauszuposaunen. Noch mehr Lärm! Auch alle anderen lärmen. Erschreckend, diese Woge von Lärm auf allen Ebenen, und die Gemeinschaft der Intellektuellen trifft sich weiterhin, um zu trinken, zu diskutieren, sich zu kasteien. Sie gehen ins Gefängnis hinein, sie kommen aus dem Gefängnis heraus. Sie tauschen Anschuldigungen und Beschimpfungen aus. Sie sorgen für Geschwätz und heizen die öffentliche Meinung auf. Sie sagen Dinge, die man nicht sagt. Sie widersetzen sich der Besatzung und den Machthabern bei jeder Gelegenheit. Sie suchen die Geborgenheit und fliehen sie, und wenn sie zusammenkommen, spalten sie sich immer mehr auf. Sie gehen auseinander, und die Dunkelheit wird immer tiefer. Sie träumen von einer Stunde voller Sicherheit und einer Brust voller Zärtlichkeit.

Sie trat auf die Schwelle und erfaßte mit einem zerstreuten verlorenen Blick die Tanzenden. Wo ist er? Ihre Augen durchsuchten jeden Winkel nach ihm und trafen auf ein seltsames Bild. Er drehte sich mit den anderen im Tanz und hielt eine junge Frau mit weichem Körper und kupferfarbener Haut an sich gedrückt. Sein Gesicht vergrub er an ihrem Hals. Seine Hand glitt auf ihrem geraden Rücken auf und ab.

Die Welt hob sich und stürzte dann hinab. Die Berge zersplitterten und vermischten sich mit Bäumen, Felsen, Telegrafenmasten und Straßenlampen. Ein dicker Vorhang aus tiefschwarzer Nacht sank vor ihr herab. Schweratmend verbarg sie sich in einem Winkel der Halle, griff an ihr zerrissenes Herz und stöhnte. Sie spürte ein Würgen im Hals. Stoppte eine Träne.

›Genug des Blödsinns! Bin ich etwa eifersüchtig? Eifersucht ist nicht angeboren. Doch, ist sie. Nein, sie ist eine jener rückständigen Ablagerungen, einer jener Stempel der Unterdrückung und der Unsicherheit; eine Neigung zu Monopol und Besitzdenken und allem Engstirnigen. Verfaulte Begriffe und Wurzeln, die in die Urzeiten des Patriarchats zurückreichen. Verflucht. Wir haben unsere Unschuld verloren. Selbst für die Eifersucht gibt es Rechnungen und Maßstäbe. Wäre ich doch wie die anderen geblieben. Wie Millionen anderer. Keine Träume. Keine Bildung. Keine Revolution. Einfach ein Weibchen sein, um dessen Hand ein Mann mit gesicherter Existenz anhält. Dann schwanger werden, schwierige Gerichte kochen und sich die Bestätigung durch Mann, Haushalt und Muttersein verschaffen ...‹

Sie stöhnte. Suchte nach Hilfe. Die Mutter. Tausendmal hab ich dir gesagt ... Der Finger hob sich. Sie schluchzte verzweifelt. Die Vergangenheit ist keine

Zuflucht mehr. Doch auch die Gegenwart ist keine Zuflucht. Das eine ist Rückzug, das andere Kampf. Und sie hängt dazwischen.

18

»Was ist los mit dir?«

›Das Leben schmeckt nach nichts mehr. Oder doch, es schmeckt ekelhaft. Alles ist fremd und kompliziert. Der nächste Mensch ist am weitesten entfernt und am kompliziertesten. Allein kann man nicht all diese Falschheit ertragen. Und diese Mischung aus Unvermögen, Hoffnung und Illusion. Was soll ich empfinden? Kummer und ein Gefühl von Durst, brennendem Durst. Verschwinde, ich brauch dich nicht. Du bist ein Mensch ohne Gefühle. Und was nützt dann das, was du an Werten oder Unwerten vertrittst? Der Mensch wird verrückt, wenn er anfängt nachzudenken. Hoffnungslos fremd sind wir. Wir philosophieren über alles bis zum Erbrechen. Wir führen dauernd die Trostlosigkeit des einzelnen und der Gesellschaft im Munde. Und wir leben darinnen wie eine Fliege im Spinnennetz. Wir strecken unsere Hände aus – sie tappen ins Leere. Und trotz der Dunkelheit verlangt man von uns Erleuchtung, klaren Blick und Einsicht. Das ist kulturelle Errungenschaft, nur eben ohne Kultur. Das sind die Krankheiten des Milieus, der Erziehung, der verkorksten Lage.‹

»Was ist los mit dir?«

»Verschwinde!« Sie sprach leise, mit gespannter Stimme. War weit weg, in einem Todesaugenblick. Die Stimmen waren tot, die Musik, der Duft der Blumen, der Erde und der Blätter.

»Was ist los mit dir?«

»Ich habe dir gesagt, du sollst verschwinden.«

»Aber was ist los mit dir? Bist du krank?«

›Krank? Ja, wenn Empfindungen eine Krankheit sind. Wenn Gefühle eine Schwäche sind. Wenn Eifersucht Einsamkeit ist und Einsamkeit Verlorensein. Erklär mir das alles, wenn du kannst. Ich fordere dich heraus. Ich fordere dich heraus, bei aller Ungerechtigkeit und aller Grausamkeit gerecht zu bleiben.‹

»Komm, ich bring dich heim.«

»Jetzt reicht's mit der Verlogenheit. Verschwinde!«

»Du bist krank.«

»Was geht dich das an?«

»Ich laß dich nicht allein.«

»Seit wann?« Sie schrie es laut und haßerfüllt. Dann brach sie zusammen und begann zu schluchzen. Er wollte sie stützen, aber sie sank gegen die Wand zurück.

Sie war allein in einer einsamen Gasse. Nichts als Nacht und Verlassenheit. Wellen, die in offenen Ohren an das Nichts schlagen. Herzzerreißende Schreie in den Tiefen.

»Gib mir deine Hand.«

»Verschwinde! Probier's nicht. Es reicht. Ich hasse dich. Ich hasse dich und meine Schwäche. Ich habe das alles verdient, jawohl, verdient. Ich bin genau auf das hereingefallen, wovor ich mich immer gefürchtet habe. Ich bin zur Sklavin geworden, zum Nichts. Ich verachte mich. Warum war ich so sicher? Warum bin ich hoch in der Luft geschwebt und jetzt so tief gefallen? Ich wußte von Anfang an, daß all das Lug und Trug ist. Ich bin genauso unterdrückt und habe keine Erfahrung wie alle die, deren alberne Briefe ich in der ›Frauenecke‹ erhalte. Die Gründe für ihre Trostlosigkeit sind banal, sie sind verfault wie der Orient und krankhaft wie die Atmosphäre des Harems. Er quält mich. Er weist mich ab. Er geht fremd. Er heiratet noch eine. Er verstößt mich. Ich liebe ihn doch. Was soll ich bloß tun? Bei Gott, retten Sie mich aus dieser Hölle! Frau Soundso, eine Gequälte in diesem weiten Lande Gottes.

Früher fragte ich immer: Warum dieser Widerwille? Ich schrieb ihr, erklärte, sagte: Die Zeit für eine Revolution ist gekommen. Verlaß den Harem! Geh weg von ihm! Vergiß ihn! Achte dich wieder selbst! Beschäftige dich mit etwas Besserem als ihm! Deine Schwäche ist eine Erbschaft der Religion und der Sklavinnen der Kalifen. Selbst in vorislamischer Zeit war die Frau stärker. Sie haben sie lebendig begraben, das ist richtig. Aber sie hatte auch das Recht, den Zelteingang auf die andere Seite zu drehen und so frei zu werden. Du lebst jetzt im zwanzigsten Jahrhundert, und sie begraben dich nicht mehr lebendig; eine gewaltige Leistung. Aber sie haben den Zelteingang verschlossen, und deine Freiheit ist dahin.

Dies und vieles andere habe ich ihnen gesagt. Ich hatte einen gewaltigen Traum – Herrin meiner selbst zu werden, zu arbeiten, Geld zu verdienen, zu produzieren, kreativ sein. Ich hatte etwas begonnen, hatte etwas erreicht. Dann sind wir uns begegnet. Für mich bedeutete das Rückwendung zu den Träumen der Kindheit und der Unschuld. Für dich bedeutete das Leidenschaft und erotische Neigung. Es war ein schwarzer Tag. Hätte ich dich doch nie gesehen! Wäre ich doch schon vorher gestorben!«

»Was soll das alles?«

»Ich hasse mein Erlebnis mit dir. Ich hasse dich!«

»Aber warum!«

»Weil du es geschafft hast, daß ich mich selbst hasse! Weil ich durch dich meine Selbstachtung verloren habe! Weil du aus mir eine dieser gequälten, einfältigen, rückständigen Frauen gemacht hast, die das weite Land Gottes füllen. Ich bin nicht mehr, was ich einmal war. Ich bin nicht mehr frei. Mein Herz stöhnt. Seit ich dich gesehen habe, lebe ich in ständigem Schmerz. Und was habe ich von alledem? Keinen Genuß, keine Selbstbeherrschung mehr, keine Disziplin, um produktiv zu sein. In meinen Kopf geht nichts Neues mehr rein, und ich komme nicht mehr weiter. Ich war intelligent; jetzt bin ich dumm. Ich war offen, unabhängig, ungebunden; jetzt bin ich wie ein Vulkan von Gefühlen, mit dessen Lava weicher und steiniger Boden gleichermaßen zugedeckt sind. Ich kann nicht mehr denken. Kein anderer Gedanke als um diese Beziehung. Wann sehe ich ihn? Wann werde ich von ihm hören? Wann regt sich sein Herz? Wann sagt er, was er noch nie gesagt hat? Wann empfindet er etwas? Was ist los mit ihm? Ist er vielleicht nicht normal veranlagt? Oder interessiere ich ihn nicht? Aber er findet mich doch attraktiv und begehrenswert. Das hast du gesagt, streite es nicht ab. Du hast es mit deiner Zunge gesagt, mit deinen Augen, mit deiner Stimme. Du sagst, ich sei intelligent und du seist gern mit mir zusammen. Sonst hättest du mir nicht alle diese Aufmerksamkeit entgegengebracht. Warum liebst du mich nicht? Ich will es wissen. Sag mir, hast du keine Gefühle? In diesem tristen Leben brauchen wir vor allem Zärtlichkeit. Aber ihr Männer kennt nur eure Leidenschaft, und das Leben bleibt dürr. Ich habe viel über euch gelesen. Ich habe Bücher gelesen und habe nach dir und nach ihnen gesucht. Ich habe dich für was Besseres gehalten. Ich habe dich für menschlicher gehalten.«

»Laß uns hier weggehen«, sagte er besorgt.

»Ich gehe von jetzt an nicht mehr mit dir«, schrie sie trotzig. »Ich lasse mich von dir nicht mehr auf diese Art versklaven.«

»Aber wer behauptet denn, ich wolle dich versklaven. Ich will dich als freie, unabhängige und starke Frau, die sich vor niemandem und vor nichts beugt. Ist denn das etwa falsch? Ich will dich als wirkliche Revolutionärin, als gute Genossin.«

»Gute Genossin! Eine gute Genossin hat also keine Gefühle! Meinst du das? Keine Gefühle? Dann werde ich kalt wie eine wissenschaftliche Abhandlung. Aber die Poesie, das sind Gefühle, das ist Musik, das ist der Pulsschlag des Lebens. Und ich sterbe. Ich spüre, wie meine Adern hart werden und wie sich mein Herz mit tödlicher Bitterkeit füllt. Eine Revolutionärin ohne Gefühle? Da machst du etwas falsch, ganz falsch. Außerdem ist es ein Verrat an der Menschlichkeit und der Schönheit. Alle großen Revolutionäre waren auch große Liebende. Ihre Begegnung mit Kunst hat sie bis an die Schwelle des Weinens gebracht. Aber du bist kalt wie ein Frosch.«

»Wirklich? Bin ich das?«

Sie kam zu sich. Sie war neben ihm auf der leeren, nur von matten Lichtern erleuchteten Straße gegangen. Mitten auf der Straße blieb sie stehen und stampfte mit dem Fuß auf. »Ich habe doch gesagt, ich werde nicht mehr mit dir gehen.«

»Aber du bist mit mir gegangen.«

»Also das ist es, was du willst. Daß ich mich erst rühre, wenn ich nachgedacht habe. Ich muß stundenlang diskutieren, bevor ich einen Schritt tun kann. Ich werde wie all deine anderen Intellektuellen, ein Topf vollgestopft mit Worten und Klugscheißerei. Alles mit Maß, alles mit Bedacht. Ich verliere meine Spontaneität und werde zum Instrument. Und wo bleibt bei all dem das Schöpferische? Wo die Aufrichtigkeit?«

»Du wirst deine Freiheit nicht verwirklichen. Du hast gesagt, du würdest nicht mit mir gehen, und du bist mit mir gegangen. Wo ist die Aufrichtigkeit bei dem, was du gesagt, und bei dem, was du getan hast? Deine Gefühle haben dich an meine Seite geführt, und du bist gegangen, obwohl dein Verstand dir etwas anderes eingeflüstert hat. Wer sagt hier die Unwahrheit? Wer die Wahrheit? Dein Verstand? Das glaube ich nicht. Dein Entschluß war ganz natürlich. Du willst dich mir gegenüber verteidigen. Ich schätze das. Noch mehr hätte ich es geschätzt, wenn du mir das ›Verschwinde!‹ entschlossener gesagt hättest.«

Sie spürte den Stich durch ihren ganzen Körper hindurch. »Also das ist es, was du willst.« Sie war dem Weinen nahe.

»Nein, andersherum, das ist es, was du wollen solltest, wenn deine Lage so ist, wie du es dargestellt hast. Ich habe nicht gewußt, daß die Sache so ernst ist. So ist es ein untragbarer Zustand, dem wir uns entschlossen und geduldig stellen müssen.

»Ich soll weg von dir?«

»Warum nicht?«

»Und wenn es mir wehtut?«

»Es wäre ja, damit du frei wirst.«

»Und wenn ich sterben würde?«

»Es wäre ja, damit du Herrin über dich selbst wirst.«

Sie preßte beide Hände gegen ihre Schläfen und schrie in das Dunkel der Nacht hinaus: »Ich pfeife auf die Revolution und die Freiheit! Ich pfeife auf dich und deine Werte! Ich wollte, ich wäre tot und all das wäre vorbei.«

In der Dunkelheit sah er ihre Gestalt, die sich krampfhaft zusammenzog. Die Bewegungen ihrer Arme und ihres Kopfes wurden verkrampft. Er spürte eine tödliche Leere, dann ein Gefühl von panischer Angst. Wenn ihr jetzt etwas zustieße. Wenn sie völlig zusammenbrach? Er wäre verantwortlich für alles, was ihr geschah. Nein, das ist schmutzig. Hat er denn nur Angst davor, daß etwas Schlimmes geschehen könnte? Und daß er sie verlieren könnte? Was ist mit seinen Gefühlen für sie? Wo ist seine Zuneigung? Wo ist seine Zärtlichkeit? All das verrinnt wie sein Leben, wie das Klagen der Jahre. Rache oder Reaktion? Zehn Jahre oder zwanzig.

Ein Kälteschauer überlief sie. Sie sah seine Bestürzung und wurde davon angesteckt. Ihr Verstand begann, sich aus der Benommenheit zu lösen. Wer ist denn der da? Ein Mann, bloß ein Mann. Nur ein verstümmelter, unterdrückter Mensch, genau wie sie selbst. Kaputt wie alle anderen. Kaputt durch die Welt, abgestumpft durch die Erfahrungen. Abgestempelt? Die Gründe liegen tiefer. Warum kann sie sie nicht finden? Der Orient? Sein Vater? Die Familie? Die Besatzung? Das Arabertum? Die Enttäuschung und die Hilflosigkeit?

»Ich kenne dich überhaupt nicht«, flüsterte sie bestürzt. »Ich habe Dutzende von Büchern gelesen und verstehe dich noch immer nicht. Dutzende, ja Hunderte von Büchern.«

Eine einzige Erfahrung, und all das wäre für sie überflüssig. Wenn man einen Entschluß faßt, wird man zur Geisel. Die Geschichte kennt diese Wahrheit seit ihrem Anfang. Um dein Ziel zu erreichen, mußt du vielleicht dem Teufel deine Seele verkaufen, und der Satz ›Wir geben dem Teufel die Hand‹ wird zum Vorbild. Um der Unterdrückung zu entgehen, tun wir vielleicht Schreckliches und Abstoßendes. Ein Fehler, eine Sünde. Und wo ist da richtig und falsch? Alles steht Kopf, und das Todesspiel ist zum Friedenslied geworden ...

Ihm ging Nuwar durch den Sinn. All diese Widersprüche! Seine Schwester hatte ihn schockiert, als sie mitteilte, daß sie nicht mehr voll hinter ihrer Beziehung mit Saleh stehe. Damals spürte er, daß die Tragödie im Denken und in der Einstellung liegt. Die Tragödie ist, daß das Mädchen die Arme eines Mannes braucht. Ein ganz natürliches Verhalten, das man gar nicht zu leugnen braucht. Das ist die Wirklichkeit in ihrer ganzen Härte und Brutalität. Nuwar gegenüber Saleh. Die Mehrheit gegenüber einer Minderheit, einer Minderheit, auf deren Rücken die Last der Geschichte und die Verantwortung für die Veränderung liegt. Idealistische Übertreibung? Nein, nur die Fähigkeit, das Sichtbare und das Unsichtbare zu verstehen, den Weg und die Art, ans Ziel zu gelangen. Der Vietcong. Die Sowjets. Kuba und die Revolution in der Dritten Welt. Nichts ist unmöglich. Der Wille des Menschen ist stärker und beständiger, und die Kluft zwischen dem Wunsch des einzelnen und den Bedürfnissen der Gruppe wird niedergerissen. Die Gruppe, das kann ein Volk sein, viele Völker, der Internationalismus.

Nuwar schockierte ihn. Rafif schockierte ihn. Die eine und die andere, beide wollen sie einen Mann, der den Bedürfnissen einer im Besitzdenken verhafteten Frau entspricht. Rafif lehnt es ab, nur einen Teil von mir zu bekommen. Sie will mich mit Haut und Haaren. Doch das ist unmöglich! Sie wird es wohl nie verstehen!

»Hier, setz dich. Ich will dir etwas ganz einfach erklären. Vergiß die Bücher, vergiß die Poesie und laß uns gemeinsam ins reine kommen. Vielleicht sind meine Erklärungen nicht gut. Aber wenn du verstehen willst, versteh mich! Meine Schwester Nuwar hat sich einmal in Saleh verliebt.«

»Ich weiß.«

»Jahre sind vergangen, jeder kennt die Geschichte. Sie hat sich trotzig hingestellt und laut erklärt: Ich liebe Saleh. Es war nicht leicht. Ein Mädchen wie Nuwar sagt das nicht ohne weiteres. Nun ja, wie dem auch sei. Abu al-Iss hat zum Glück den Stein ins Rollen gebracht. Der Strom hat sie mitgerissen, und sie ist aufgestanden und hat laut erklärt: Ich liebe ihn. Ich stehe zu ihm. Ich werde mein Leben lang auf ihn warten. Ich werde ihm innerhalb und außerhalb des Gefängnisses beistehen. Wir haben ja und amen gesagt und ihr geglaubt. Sie selbst hat es geglaubt und es aufrichtig gemeint, als sie es sagte. Aber die Zeit schwächt Gefühle und verändert Wünsche. Gefühle garantieren nichts. Bei der Selbstbestimmung brauchen wir etwas Festeres. Nuwar sucht jetzt nach Beständigkeit und Geborgenheit. Sie braucht eine

Art Beständigkeit, die ihren Vorstellungen hier und heute entspricht. Sie braucht ein traditionelles Zuhause, in dem man eher erstickt als frei atmet.«

In ihrem Kopf kreiste ein Gedanke: Auch ich suche Beständigkeit. Ich habe es satt. Ich bin all das müde. Diese Rennerei und diese Hetze ...

»Was sagst du?«

»Nichts. Ich höre zu.«

»Und begreifst du?«

»Ich höre zu.«

Seine Worte mischten sich mit ihren Gedanken. Satzfetzen erreichten sie, deren meiste im Tumult untergingen: Der Kampf. Die aus den Gefühlen geborenen falschen Vorstellungen. Die Zwangsläufigkeit der historischen Prozesse, der unausweichliche Überlebenskampf. Zuerst das Wichtigste, dann das Wichtige. Das Individuum, die Politik der kleinen Schritte, die Geschichte. Die Geschichte ist ein Wal, der Fische und Algen verschlingt und trotzdem stark bleibt und der die Distanzen in Lichtjahren durchmißt. Engagement bedeutet, daß der Mensch seine Verantwortung diesem ganzen Ballast gegenüber voll erfaßt und daß seine Kräfte nicht nachlassen.

Was soll denn das? Was soll das alles? Ich bin müde. Müde. Dieser endlose Strudel von Analyse, Begründung, Klugscheißerei. Ich bin müde. Müde!

»Du brauchst mich nicht. Sag's, dann habe ich meine Ruhe.«

»Ich brauche dich, aber auch andere.«

»Bloß eine, die vorrübergeht, soll ich sein.«

»Wie ich auch.«

»Wir bleiben Ziffern ohne Zahl! Die Geschichte schmilzt die Ziffern zu einer einzigen zusammen. Nein, ich lehne es ab. Bemühe dich nicht, ich werde nichts verstehen. Ich bin ein Mensch mit meinen Besonderheiten.

Ich lehne es ab, im Bauch des Wals eingeschmolzen zu werden. Ich werde aus ihm keinen Gott machen. Ich glaube seit unzähligen Jahren an keine Götter mehr.« Ruhig und tonlos wiederholte er nochmals seine Worte.

»Du brauchst mich nicht«, schrie sie wie wahnsinnig zurück. »Sag's, dann habe ich meine Ruhe. Ich mache nicht mit. Ich mache nicht mit. Ich mache nicht mit, in einem Tempel oder im Bauch des Wals lebendig begraben zu werden.

19

Ihre Gedanken zogen sich über die Erde, gingen über den Rand des Diesseits hinaus und erreichten die Sonne. Das Würgen im Hals dehnte sich aus und verästelte sich. Zum tausendsten Mal ging sie ihre Lage durch. Wie oft, Rafif, hat dich dergleichen Unglück schon getroffen? Ihre Erfahrungen waren eigentlich nicht zahlreich. Auch ihr Erfahrungsschatz mit Männern war nicht reich. Zwei, um genau zu sein, Rafif. Ein Schwindel, der deine ganze Existenz während langer Monate entflammt hielt – länger als der Weg der Adern in deinem Körper, viel länger als der Umfang der Erdkugel, viel länger. In Flammen gerietest du, gebrannt hast du, Rauch stieg von dir auf. Dann bist du erloschen; nichts mehr blieb als die Asche der Erfahrung und Erinnerung und das Stöhnen der Seele.

Dagegen waren ihre inneren, verborgenen, nicht geäußerten Erfahrungen in ihrer Phantasie und ihrem Unterbewußtsein reichlich, ja unermeßlich. Die Verliebtheit in einen Schauspieler, den Nachbarjungen, als sie noch glatt wie die Erde war, nicht fruchtbar und ohne Rundungen. Auch Abdal-Kuddus, Sibai, der berühmte anonyme

Dichter. Unterdrückte Träume, vergossener Schweiß, ein Band, das sich über die Tage hinzieht, das Energien verschlingt, das den Verstand verschlingt und viele Heftseiten.

Dann kam eine harte Erfahrung. Ein verheirateter Professor an der Universität, der sich die Langeweile seiner Tage mit Eisessen im »Bikdasch« vertrieb. Es begann mit einem Blick. Dann eine merkwürdige Frage von einer vorlauten Studentin. Dann die Gedichte eines begabten Mädchens. Er hätte ihr Vater sein können. Dann Eisessen im »Bikdasch«. Dann Eisessen und nichts als Eisessen und Gedichte. Dann noch die Beichten eines Mannes mit beschränkter Frau. Er Universitätsprofessor, sie beschränkt. »Sie versteht mich nicht. Sie versteht von nichts etwas außer von Kleidern, dem Friseur und dem Wahrsagen aus Kaffeesatz. Du verstehst, trotz deiner Jugend, viel mehr.« – »Ja, ich verstehe. Mein Herz versteht. Mein Verstand versteht. Meine Liebe versteht.« Tränen, schlaflose Nächte, Poesie, Musik, Träume, Schluchzen, Kummer ... Mit ihrer Abschlußprüfung war alles zu Ende. Sie ging zurück ins besetzte Westjordanland, er zu seiner Frau und seiner Langeweile.

Die Liebe war tödlich, quälend und aufreibend. Dann kam Adel al-Karmi und die Wunde durch ihn. Sie konnte sich nicht an die oberflächliche Liebe gewöhnen. Einmal rief sie Salwa zu Hilfe. »Du als Soziologin, kannst du mir beibringen, wie ich lieben kann, ohne zu sterben, ohne zu schluchzen? Kannst du mir beibringen, wie ich schwimmen kann, ohne unterzugehen? Kannst du mir das beibringen?« Salwa schüttelte den Kopf und sagte: »Unmöglich! Das Milieu. Deine Kindheit. Außerdem betrachtest du dich selbst mit den Augen deiner Mutter, deines Milieus ...«

Unmöglich ... Sie erinnerte sich an jede einzelne Situation, in der dieses Wort gebraucht wurde, und sie empfand einen Brechreiz. Sie erinnerte sich an den Brechreiz, und Entsetzen überkam sie. Rückkehr zu Sartre, Hesse, Kafka, der Geworfenheit und Unbehaustheit der Existenzialisten? Wo ist die Lösung? Flucht aus der Wirklichkeit durch einen alles überwindenden und überschreitenden Geistessprung. Aufrichtigkeit, zu der nur die fähig sind, die in ihrer Klasse und in ihrem Selbst fest verwurzelt sind. Das Selbst ist der Anfang, das Ende und die Achse. Wieviele Philosophen, wieviele Dichter, wieviele Möchtegern-Philosophen. Und alle orientalischen Philosophien bringen nicht eine einzige praktikable Lösung hervor. Sie haben großartige, hochstehende und sensible Dinge gesagt. Doch schließlich steht der Verurteilte vor dem Gefängniswärter und wartet auf das Diktum und auf das Schwert des Scharfrichters. Dann ein Geistessprung, der die Fesseln überwindet. Es bleibt der Körper im Gefängnis vor einem erbarmungslosen Gefängniswärter. Sie sagten: Glaube, das ist ein Glaube an Geistiges, ein Glaube an Übersinnliches, ein Glaube der Menge, ein Friedhofsglaube. Sartre schloß sich erst der Fahne des Widerstandes an; dann machte er kehrt und schloß sich der Fahne seines Selbst an. Er erteilte Ablaß und vergab den Henkern der Mitte des zwanzigsten Jahrhunderts. Er weihte seine Philosophie dem Untergang und geriet mit seiner Gefolgschaft in den Strudel der vorgefaßten Meinung, die menschliche Natur sei unveränderlich.

»Falsch, sie ist veränderlich. Das erklärt die Wissenschaft, und die ist glaubwürdiger.« Sie verschärfte ihren Schritt, hob den Kopf und erwachte aus ihren Gedanken. Betrachtete die Menschen auf der Straße um sich herum. Sie hasteten. Sie schlenderten. Sie eilten. Sie lärmten. Sie saßen. Sie standen. Sie streckten sich. Sie fluchten. Sie seufzten. Und sie fragte sich, wie alle diese Menschen zum Glauben kommen: Vor Generationen fanden sie ihn, dann verließ er sie, sie verließen ihn, dann fand er sie. Danach kam es zum Bruch, und der wurde alsbald geflickt. So wurde die Glaubensfrage zur Tragödie und Komödie. Wo ist das Bleibende? Wer legt das Ziel fest?

Sie bog in eine Nebenstraße. Die Stimmen wurden leiser. Ein Baum. Eine Schule, keine Schüler auf dem Schulhof. Saubere Häuser mit strahlender Wäsche auf den Dachterrassen. Eine Frau, die auf der Veranda stickend die warme Frühlingssonne genießt. Ob sie schon gekocht hat? Ob sie Kinder hat? Ob sie darüber nachdenkt, was Sartre gesagt hat, was Marx gesagt hat, was Adel al-Karmi gesagt hat? Ob sie auch in ihren Gefühlen und in ihrem Denken Krisen durchmacht? Ob ihr auch im Strudel der Geschichte und der Gegenwart schwindlig wird? Worüber sie wohl Trauer empfindet? Wovor sie wohl Angst hat? Worüber sie sich wohl Sorgen macht? Und wenn sie sich über ihr Kind, ihren Mann, den wöchentlichen Speiseplan Sorgen macht, sind diese einfachen Sorgen vergleichbar mit den täglichen Sorgen eines Menschen, der die Last von Vergangenheit, Gegenwart und Zukunft mit sich herumträgt?

Mitten auf der Straße blieb sie stehen. »Adel al-Karmi«, flüsterte sie. »Ich bin zum Abziehbild von Adel al-Karmi geworden! Hat er das nicht gesagt? Sagt er das nicht täglich? Auch die anderen Intellektuellen kauen dieses Thema bis zum Überdruß durch. Wie sie sich wohl tagtäglich in ihrem Privatleben verhalten? Die Anarchisten rufen nach der sofortigen Befreiung des Individuums aus seiner Wirklichkeit, und zwischen dem, was sie sagen, und dem, was sie tun, besteht kein Widerspruch. Bei Adel al-Karmi liegt der Fall anders. Begreift er denn nicht, daß er das, was er in der Politik anwendet, auf mich nicht anwendet? Ich bin aber ein Teil der Wirklichkeit. Es ist sinnlos, sich dieser Tatsache zu verschließen. Warum wendet er also das, was er über das Ganze sagt, nicht auch auf den Teil an? Ich bin ein Teil dieser Wirklichkeit. Wie kann ich ihm und seiner Beständigkeit glauben, wenn er unfähig ist, meine Wirklichkeit und ihre Gegebenheiten zu verstehen?«

Sie empfand Zorn und ein heftiges Verlangen, sich an ihm für den ihr zugefügten Schmerz zu rächen. Sie wünschte sich, er müßte eine so harte Erfahrung durchmachen wie diejenige, in die er sie gestürzt hatte. Sie wünschte sich, sie könnte ihn in einer Situation sehen, in der er ihrer Barmherzigkeit ausgeliefert wäre oder der einer anderen Frau, die sich an ihm rächen wollte.

Mit solchen Führern wird die Revolution für das Volk keine Lösung bieten. Adel und das Volk. Ich bin die Hälfte des Volkes. Ich bin die Frau. Ich bin das Modell, auf das Adel seine Theorie anwenden könnte. Aber er ist unfähig, meine Wirklichkeit zu begreifen und ihren Erfordernissen nachzukommen. Er ist unfähig, die Wirklichkeit der Frau und die Erfordernisse dieser Wirklichkeit zu sehen. Darum ist er auch unfähig, diese Wirklichkeit in seine Theorie einzubeziehen. Und wer dem Teil nicht gerecht wird, bewältigt auch das Ganze nicht. Er will, daß ich bei der »Frauenecke« weitermache. Ist das alles, was Adel al-Karmi zur Lösung der Frauenfrage vorschlägt? Wir brauchen mehr Leser und mehr Förderer. Und was geschieht dann mit uns? Was geschah mit der algerischen Frau nach der Unabhängigkeit? Sie kehrte hinter die Haremsmauern und hinter den Schleier zurück. Sie hatte mitgekämpft, hatte Waffen getragen, war in französischen Gefängnissen gefoltert worden. Dschamila und Aischa, unzählige Dschamilas und unzählige Aischas. Und was kam dann? Die Männer traten ans Licht und ließen die Frau im Dunkeln zurück. Es war, als sei die Freiheit allein dem Mann vorbehalten. Und wir? Wo ist unsere Freiheit, und welcher Weg führt dorthin? Sie werden uns nicht mehr betrügen. Die Freiheit gehört dem

Mann. Die Unabhängigkeit gehört dem Mann. Die Rechte und Privilegien sind für den Mann. Und was bleibt uns? Die Unterstüzung der Revolution bis zur Erlangung der Freiheit und der Unabhängigkeit. Von aller Ehre bleibt uns die »Frauenecke«. Wir sind die Leserinnen und die Unterstützerinnen. Dann, am Abend... – aber das ist ein anderes Thema.

Ihr Zorn verdichtete sich. Sie stolperte über einen Stein und fiel hin, riß sich den Fuß blutig und schürfte sich die Hand auf. Ihre Bücher und ihre Notizblätter flogen umher. Heulend las sie sie auf. Von der Schulhofmauer rief ein Junge: »He, du, da in der Hecke liegt noch ein Blatt.« Sie erschrak. Drehte sich um und wollte wissen, wer sonst noch bei ihrem Sturz zugeschaut hatte. Sie sah, wie die stickende Frau auf der Veranda sie unbeweglich anstarrte. Verflucht nochmal! Du hockst da und stickst und genießt die Sonne und das Luxusleben einer Frau, die mit sich und der Welt im reinen ist, und ich muß hier rumlaufen und stolpere und denke an deine Unglücksecke und an die Augenwischerei. Ich mache mir Gedanken über deine Wirklichkeit während und nach der Revolution, und du glotzt mich an wie eine Salzsäule. Verflucht nochmal! Am liebsten würde ich die Fäden aus deinem bunten Stück Stoff rausziehen. Dir dein gepflegtes Haar zerzausen, dir deine Wäsche runterreißen und sie durch die dreckigen Gassen schleifen, in denen sich der Morast des ganzen Orients sammelt. Könnte ich doch nur einige von meinen Lasten dir über den Kopf kippen. Ich hab's satt! Ich habe dich satt. Deine Vergangenheit, deine Gegenwart, deine Zukunft. Ich habe Adel al-Karmi satt und alle anderen Adels ebenso. Ich hab's satt!

Ihr Fuß schmerzte, und sie dachte daran, daß noch ein weiter Weg vor ihr lag. Sie seufzte. Gibt es denn wirklich niemand, der mir helfen könnte hinzukommen? Gibt es denn wirklich niemand, der diesen einsamen Weg mit mir teilt? ... Ein Petroleumkarren fuhr an ihr vorbei. Ein Faß auf Rädern, gezogen von einem Esel. Die ganze Antriebskraft kam von diesem Esel. Der Händler aber schlug mit einem Stock von hinten auf den Esel ein, der noch schneller trippelte. Der Esel bewegt das Petroleum. Dafür bekommt er Schläge und reagiert nicht einmal darauf. Und du das du mit deinem Stock, du gehst herum von früh bis spät, bei jedem Wetter. Bald haben wir einen Staat, und du wirst weiterhin mit gekreuzten Beinen über dem Faß und über dem Esel thronen. Zähl dann die Schläge für dich und deinen Esel. Ich und du und das Petroleum, wir sitzen alle in einem Faß und fahren mit einer Eselsstärke Antrieb weiter. Verflucht nochmal!

Der Petroleumverkäufer hielt vor einem Haus an, aus dem ein Junge mit einem Blechkanister kam. Noch immer humpelnd, sah sie ihn von weitem. Der Blechkanister wurde gefüllt, und der Junge ging ins Haus zurück. Der Petroleumverkäufer blieb noch stehen, wandte sich nach allen Seiten und rief: »Petroooooleum!« Als er sie näherkommen sah, rief er noch lauter und starrte sie unverwandt an. Es war ein kräftiger junger Mann mit dikkem Schnurrbart, strotzend von Vitalität und Männlichkeit. »Petroooooleum!« Sie kam näher. Er rief weiter: »Petroooooleum ... Petroooooleum! Zum Feuern, liebe Leute!« Sie verfluchte ihn, verfluchte sein Geschlecht. Hob ihre aufgeschürfte Hand an den Mund und befeuchtete sie mit Speichel und Schmach.

Sogar du, du da! Warum auch nicht? Ihr seid ja alle so. Und Adel al-Karmi, ist der etwa was Besseres? Was ihm bloß an mir gefällt? Er will mich haben. Er verlangt von mir etwas anderes, daß ich nämlich die Last der Geschichte und seine eigene noch dazu trage. Er verlangt von mir Intelligenz, Bildung und Arbeit wie dein Esel. Er verlangt von mir, daß meine Kräfte nicht nachlassen und daß ich nicht stolpere. Er verlangt von mir, gleichzeitig ein Mann zu sein, eine Frau und ein Esel, daß ich sehe, was ich sehe, und weiterhin ein Esel bleibe, daß ich Schläge einstecke, ohne zu wanken. Brennholz soll ich sein – Brennholz für die frierende Revolution und Brennholz für seine eigene Kälte und Brennholz für seinen kalten Kopf. Du Eselreiter, du verlangst zumindest nicht von mir, mehr zu sein als der, der unter dir ist. So einfältig bin ich leider nicht mehr. Ich sticke nicht mehr! Wann werden sie das denn verstehen? Nein, ich sticke nicht mehr! Höchstens sticke ich noch alle möglichen Artikel zusammen.

Sie näherte sich dem Redaktionsgebäude und sah Adel vor einem Auto mit israelischer Nummer stehen. Ihr Herz klopfte, ihre Adern pulsierten zum Zerreißen. »Du, Adel ...«, stöhnte sie. Er unterhielt sich mit einem Mann im Auto, den sie kannte. Es war sein israelischer Freund Chadrun, ein Gesinnungsgenosse und ein Genosse aller Völker. Wenn du wüßtest, Chadrun! Wenn du wüßtest! Was erzählt man dir da? Gleichberechtigung der Völker, Gleichberechtigung der Rassen, Gleichberechtigung der Frau? Man hat sich an dich gewandt, Chadrun, bevor man sich an mich gewandt hat. Man hat an dich geglaubt, bevor man an mich geglaubt hat. Man versucht, an deine breite Öffentlichkeit zu gelangen, bevor man in meine engen Gänge und Gassen gelangt. Man spricht dir vom »Volk«, und ich bin doch die Hälfte davon. Hat man zu dir auch über die dunkle Hälfte gesprochen? ...

Eifersucht auf Chadrun, auf seine Öffentlichkeit, auf sein ganzes Volk, auf die andere Hälfte seines Volkes nagte an ihrem Herzen; auch auf Adel und seine Interessen. Wenn schon Adel meine Tragödie nicht spürt, spürst du sie etwa, Chadrun? Lüge! Und der blöde Adel kann nicht mal eine einfache Gleichung lösen. Wenn nicht einmal ich seine Tragödie spüre, spürst du sie etwa, Chadrun? Du bist aber nicht die andere Hälfte seines

Volkes. Wer steht ihm denn näher als ich?

Zwischen ihr und Adel und dem Auto lagen nur mehr wenige Schritte. Was sollte sie zu ihm sagen? Sollte sie grüßen? Sollte sie ihn ihren Schmerz spüren lassen, damit er ihr eine weitere Unehrlichkeit vortragen könnte? Ein weicher Blick, ein süßes Wort, ein »Du bist großartig, Rafif.« Er würde ihre Tränen mit christlichem Mitgefühl abwischen. Dann würde er sie kritisieren und predigen: »Der Lauf der Geschichte; die Geschichte ist ein Walfisch, der die kleinen Fische verschlingt. Das heißt nicht, daß du ein kleiner Fisch bist, Rafif ...« Ich werde ihm nicht mehr die Freude machen zu sehen, wie ich zusammenbreche. Der Tod ist gnädiger.

Sie richtete sich gerade und schritt, ihr Humpeln verbergend, erhobenen Hauptes. Grüßte, ohne das Gesicht zu verziehen: »Guten Tag.« In ihrer Stimme lag ein weicher Klang. Sie hörte es, und es ärgerte sie. Aber sie eilte weiter.

Adel drehte sich um, zog die Brauen hoch und rief: »Rafif, Rafif! Wo warst du? Warte doch!«

Sie wartete nicht. Ging schneller, mit langen Schritten. Tränen liefen ihr übers Gesicht. Seine Stimme quälte sie. Sein Anblick peinigte sie. Die Sehnsucht nach ihm schmerzte. Sie sprang die Treppen hinauf, lief an ein paar Kollegen vorbei, die sie aufzuhalten versuchten. Da rannte sie los. Schließlich erreichte sie das Büro der »Frauenecke«.

Ein abgewetzter Tisch; ein wackliger Stuhl und Holzwände wie ein Panoptikum: Bilder von Frauen mit Kindern auf dem Arm – Kinder mit zerzausten Haaren und Augen, mit denen sie die Kampfplätze der Tragödie betrachten, der Tragödie des Volkes, dessen eine Hälfte ich bin.

Sie schloß die mit Kunststoff verkleidete Tür, ließ sich auf ihren Stuhl fallen, begrub ihren Kopf in ihren Armen und brach in Tränen aus. Sie dachte daran, wie sie in der kalten Halle gestanden und auf ihn gewartet hatte. Sie dachte an seine Kälte, als er kam. Sie dachte an den belehrenden Ton, in dem er mit ihr gesprochen hatte und immer spricht. Sie dachte an den hingebungsvollen Körper dieser Frau und an Adel. Sie dachte an ihre Tränen, ihren Schmerz, ihren Groll. Und sie dachte an seine Philosophiererei. Ihr Blut rötete die Erde unter seinen Füßen, ihr Stolz stöhnte, ihre Wunden bluteten – und er philosophierte und philosophierte. Sie dachte an den Schmerz und den Schock, den er ihr zugefügt hatte. Sie dachte an die Kälte, die ihr die Poren zerriß, und sie erflehte eine Krankheit, deren Fieberhitze sie die Schmerzen um Adel vergessen ließe.

Sie weinte und weinte und wünschte, sie wäre noch ein paar Tage zuhause geblieben. Ein feines Klopfen war an der Tür zu hören. Sie unterdrückte jeden Laut und antwortete nicht. Es klopfte nochmals, ebenso fein und ruhig, doch nachdrücklicher. Sie hätte gern geschrien, alle Leute um sich herum erschreckt und geredet wie die Frauen auf der Straße.

Aber nein. Nicht einmal fluchen und schimpfen kann ich und meinem Herzen Luft machen. Und nicht einmal der völlige Stumpfsinn dieser stickenden Frauen ist mir vergönnt, die sich über ihren Mann halbtot ärgern, wenn dieser nach einer anderen gafft. Immer muß ich verstehen und Verständnis zeigen. Immer für andere etwas verlangen, nicht für mich. Denn ich bin ja aus gutem Haus, gebildet, intelligent und eine gute Genossin. Pflichten, Pflichten, Verbote, Pflichten. Klopf nur an die Tür, solange du willst. Ich mache nicht auf. Was willst du, Adel al-Karmi? Laß mich in Ruhe, ich will dich nicht. Ich verabscheue dich, und ich verabscheue meine Erfahrung mit dir, und ich verabscheue meine Schwäche vor dir …

Das Klopfen hörte auf. Seine Schritte entfernten sich.

Sie empfand Schadenfreude: Jetzt habe ich dir's heimgezahlt, Adel al-Karmi. Ich habe auch meine Schwäche besiegt und nicht aufgemacht. Ich werde noch öfters siegen, wenn ich die Zeitschrift erst einmal endgültig verlasse, dich aus meinem Leben verbanne und dich zu einer Nummer mache, einfach zu einer Nummer, die vorbeigeht. Ich soll weg von dir? Warum nicht? Und wenn es mir wehtut? Es wäre ja, damit du frei wirst. Und wenn ich sterben würde? Es wäre ja, damit du Herrin über dich selbst wirst ... Also das ist es, was du willst, Adel. Das heißt ja eigentlich, daß ich deinem Willen entspreche. Dein Gewissen wird dich auch nicht quälen, wenn ich sterbe. Denn dann kannst du zu dir selbst und zu allen anderen sagen: Sie ist um ihrer Freiheit willen gestorben ... Und du wirst philosophieren: Freiheit ist ein weiter Begriff. Freiheit liegt in absoluter Aufrichtigkeit. Die traditionellen Beziehungen lassen den Menschen seine Aufrichtigkeit verlieren – Gott erbarme sich derer, die fest verwurzelt sind und die ihre Stütze in hohem Rang oder einer Klasse finden. Freiheit ist ein weiter Begriff. Weiter als die Religionen und alle geografischen und nationalen Schranken, weiter als alle Grenzen. Weiter als Vergangenheit und Gegenwart; denn sie bedeutet die Zukunft. Die Zukunft der Rassen, der Klassen, der Völker. Im Kampf um Freiheit zahlt der Mensch mit sich selbst. Ja, um mit deinem Leben zu zahlen, mußt du die Stufe völliger Illusionslosigkeit erreichen. Und um die Stufe völliger Illusionslosigkeit zu erreichen, muß die Avantgarde ihre Anstrengungen verdoppeln. Durch den Willen, den Glauben und das Engagement der Avantgarde legt der Wal die Entfernung von Lichtjahren zurück. Es lebe das Volk, das ganze Volk! Applaus, stürmischer Applaus. Applaus für die Seele der Märtyrerin, die dank der Anstrengungen der Avantgarde die Stufe völliger Illusionslosigkeit erlangt hat! Noch mehr stürmischer Applaus und tosender Jubel für das Mitglied der Avantgarde, das es durch seinen Willen und seinen Glauben erreicht hat, daß der Wal die Entfernung von Lichtjahren zurücklegt! So ist es also, ich sterbe, und du bleibst, um von der Masse bejubelt und beklatscht zu werden. Du schwimmst mit dem Wal Lichtjahre weiter, und ich liege in einem Grab, in dem die Würmer auf meiner sterblichen Hülle schwimmen. Verflucht!

Sie verfluchte Adel. Sie verfluchte sich selbst. Sie verfluchte den Walfisch. Sie verfluchte den Himmel. Sie weinte vor Wut und drohte ihm: Du wirst den Preis in Dürrejahren bezahlen, Adel. Ich werde dich nicht im Licht auf meiner sterblichen Hülle schwimmen lassen. Ich werde nicht zur Kerze für dein Licht, finster wirst du bleiben. Du bist ein Mensch ohne Gefühle. Ich glaube nicht an deine Revolution. Die großen Revolutionäre waren große Liebende. Du willst mich kalt wie eine wissenschaftliche Abhandlung. Du willst mich als Brennmaterial, um deine Kälte zu vertreiben. Dein Verlangen zu schwimmen hat dich deine Redlichkeit vergessen lassen. Ich werde nicht für eine Runde Schwimmen sterben. Eine Revolution ohne Gefühle? Eine wertlose Revolution, der Erstarrung und Verlangsamung des Pulsschlags drohen. Aber ich werde dich lehren, was eine Revolution ist, eine wirkliche Revolution mit Gefühlen.

Aber wie? Ich verlasse die Zeitschrift. Ich begehre gegen die »Frauenecke« auf. Ich bringe dich in Rage. Aber das heißt, daß ich fliehe, daß ich mich vor dir verstecke, daß ich das Feld dir allein überlasse – und du kannst dann dem Applaus lauschen und dich daran erfreuen … Man wird sagen: »Adel, unser Held, hat gekämpft; er hat das Bewußtsein der Massen geweckt, so daß sie die Perspektive gewonnen haben.« Stürmischer Applaus und Jubel! Und ich? Wo stehe ich, und wo verwirkliche ich meine Revolution? Die Poesie? Wer liest schon Gedichte außer ein paar wenigen? Ich will aber die breiten Massen. Dieselben Massen, an die sich Adel wendet. Ja, noch breitere, viel breitere. Diese Massen aber lesen keine Gedichte – meist können sie überhaupt nicht lesen. Diese Massen kennen nur das Radio und das Fernsehen. Beides können wir vergessen, schließlich wohnen wir in diesem verfluchten Westjordanland! Die Zeitungen? Aber die veröffentlichen keine ernsthaften Artikel. Und selbst wenn sie es tun, so ereilt sie doch ihr Los beim Brotverkäufer, der sie um Brotlaibe wickelt, oder bei den Stickfrauen, die damit ihre Verandafenster auf Hochglanz polieren. Die Zeitschriften? Wieviele davon haben wir denn im Westjordanland? Zwei oder drei, von denen »Das Land« die verbreitetste ist. Das Verkaufs- und Vertriebsproblem – na also, Adel al-Karmi, von dir kann ich was lernen. Die breite Masse: Studenten, Intellektuelle, Schriftsteller, Arbeiter und die »Frauenecke«. Die Frau macht die Hälfte des Volkes aus, und diese Hälfte wird durch mich angesprochen. Rafif, die Poetin, und ihre »Frauenecke«. Sie hatte Erfolg, die Ecke, aber sie ist eine Ecke geblieben. Die Hälfte des Volkes ködern sie mit einer Ecke. So kann es nicht weitergehen. Die Hälfte des Volkes hat Anspruch auf die Hälfte der Zeitschrift. Die »Ecke« muß sich auf die Hälfte der Zeitschrift ausdehnen. Natürlich werden weder der Verwaltungsrat noch das Redaktionsteam ihre Zustimmung geben. Schließlich bestehen diese fast ganz aus Männern, nur drei Frauen sind darin – Rafif, die Poetin, Salwa, die Soziologin, und Suad, die Sekretärin. Die Macht liegt in den Händen der Männer – Männerwelt, Männerzeitschrift, Männerrevolution. Wir sind da als attraktive Köder, um weibliche Unterstützung anzuziehen, wie Rafif, die Dichterin; als Verborgene hinter den Kulissen wie Salwa, die Wissenschaftlerin; als emsige Bienen hinter den stummen Maschinen wie Suad.

»Was?«, werden sie sagen. »Die Hälfte der Zeitschrift für die Frau? Das meinst du wirklich? Wo bleibt denn deine Abscheu gegen die Ecke?« – »Ich gebe zu, einen Fehler gemacht zu haben. Selbsterkenntnis ist der erste Schritt zur Besserung. Wer von euch hat nicht schon seinen Standpunkt geändert? Das ist die Pflicht eines aufrichtigen Intellektuellen. Ich gehe von meiner früheren Position ab und verlange die Hälfte der Zeitschrift für die Hälfte des Volkes. Die Frau macht die Hälfte des Volkes aus, oder etwa nicht?« Keiner von ihnen kann diese Wahrheit leugnen! Aber sie werden sich drehen und winden, werden Ausflüchte erfinden, werden die Kosten vorrechnen ... Und dann die Reaktion ... Die Politik der kleinen Schritte ... Dann werden sie Nein sagen. Die gegenwärtige Lage erlaube das nicht. Die Lage der Frau. Die Lage der Zeitschrift. Die Lage der Revolution.

Dann werden sie sich Adel al-Karmi zuwenden, um sein Projekt zu diskutieren – die zweisprachige Beilage. Und in seiner kühlen, ruhigen Art, mit seinen Statistiken und Zahlenangaben und mit seiner kolossalen Logik wird er sie wohl überzeugen. Er wird die israelische Öffentlichkeit erreichen, und die »Frauenecke« wird weiterhin in einer Zwangsjacke eingesperrt bleiben. Verflucht nochmal! Adel al-Karmi wird weiterhin der unangefochtene Spitzenreiter sein, und ich hocke in diesem Loch und empfange Befehle, Männerbefehle, die er von unangefochtener Machtposition aus gibt. Aber ich passe schon auf. Ob sie Adels Projekt zustimmen und meinem nicht? Was ist denn einfacher: Die israelische Öffentlichkeit zu erreichen oder in die Labyrinthe der arabischen Frau vorzudringen? Ausgezeichnete Frage! Alle werden verstummen. Sie werden miteinander tuscheln und miteinander debattieren. Dann wird die Diskussion immer hitziger, bis sie schließlich, wie üblich, aufeinander eindreschen. Salem, wo wird wohl Salem stehen? Natürlich nicht auf Adels Seite, aber auch nicht auf meiner. Wenn ich Salem gewinnen könnte, würde sich die Waagschale auf meine Seite neigen. Aber Salem ist ein harter Brokken. Salem wird zu jedem Projekt nein sagen, das von der Politik der kleinen Schritte ausgeht. Völlige Befreiung vom Atlantik bis zum Golf. Kein Unterschied zwischen einem Palästinenser und einem Golfstaatenbewohner! Kein Unterschied zwischen Mann und Frau! Die »Frauenecke« auflösen! Das war ja meine frühere Haltung. Nie wird er der Ausweitung der »Frauenecke« auf die Hälfte der Zeitschrift zustimmen. Wenn Salem in die Diskussion eingreift, wird die Redaktion ganz sicher mit Nein entscheiden. Und zum Schluß wird der Verwaltungsrat weder den einen noch den anderen Entschluß fällen, und die Streitereien zwischen Nein und Ja werden für Wochen, Monate, Jahre weitergehen. Mein Plan wird sterben. Ebenso Adels Projekt. Alles wie gehabt. Gott erbarme sich Ibn Chalduns und lasse ihn in Frieden ruhen.

Zurück zu Ibn Chaldun, zur Epoche des Niedergangs und zu den Wüstenarabern? Aber die Verhältnisse sind nicht mehr dieselben. Wir wohnen in Städten, aber unsere Wurzeln reichen noch immer in die Wüste zurück. Bis heute lauert in uns der Beduine und Eroberer. Das Milieu, die Veränderung des Milieus, das neue Selbstverständnis der Menschen und ihre Beziehungen zueinander ... Das Milieu hat sich nur wenig, das Bewußtsein stark verändert. Und was erscheint hinter dem Bewußtsein? Der warnende Finger, das »Ich hab's dir schon tausendmal gesagt«, die Banu Hilal und die Sklavinnen der Kalifen. Der Scheiß-Adel versteht das nicht. Er will, daß ich mit der Veränderung nur in meinem Kopf Schritt halte und daß ich vergesse, was hinter meinem Kopf und dem Milieu steht. Er will mich tot und gekreuzigt und meinen Körper als Opfer. Aber ich bin nicht Christus! Ich lasse mich nicht kreuzigen, und ich lasse dich nicht auf Kosten meiner sterblichen Hülle auf dem Walfisch reiten. Du wirst schon sehen, Adel al-Karmi.

20

Sie saß am unteren Ende des Tisches, tat so, als sei sie mit ihren Notizen und diesem und jenem beschäftigt, und beobachtete dabei verstohlen die Versammelten. Jeder hatte seinen Platz entsprechend der Wichtigkeit seiner Arbeit bei der Zeitschrift eingenommen. Die Rangfolge war nicht geplant oder beabsichtigt, vielmehr wählte jeder seinen Platz spontan, entsprechend seiner Rolle und entsprechend seiner Nähe und Gunst beim Chefredakteur.

Der Chefredakteur sitzt gewöhnlich am oberen Ende des Tisches, neben dem großen Fenster, vor dem ein Vorhang aus altem Samt hängt. An dunklen, bewölkten Tagen wird die elektrische Lampe angezündet, die, über dem Tisch hängend, diesen in der Mitte erleuchtet und auf den Samtvorhang majestätische Schatten wirft. Der Raum gleicht einem schäbigen Theater, von dem die Zuschauer nur die prächtige Vorderseite sehen.

Der Chefredakteur ist ein in unterschiedlichen Denkrichtungen, in Fragen des Journalismus und der Demokratie in der Dritten Welt bewanderter Mann. Schon vor der Besatzung war er viele Jahre im Zeitungswesen tätig. Sein Stern ging auf in einer von der Regierung subventionierten Zeitung, und seine Feder verspritzte viel Tinte zu arabischen Konferenzen, zur Bedeutung der Rolle des Staates bei der Mobilisierung der öffentlichen Meinung in der arabischen Welt und auf der Welt als ganzer für die Sache Palästinas und der Flüchtlinge. Dabei zeigte er sich ausgesprochen wortgewandt und spielte eine bedeutende Rolle im Informationsministerium und wurde zur Autorität auf dem Gebiet der Denkrichtungen des Journalismus und der Demokratie. Nach dem Krieg wirkte er als Notabler unter der Besatzungsmacht. Mit Unterstützung befreundeter Notabeln innerhalb und außerhalb des Westjordanlandes gründete er die Zeitschrift »Das Land«, eine Zeitschrift mit demokratischer Färbung. Dank der Umstände, des Kapitalzuflusses und der fehlenden Konkurrenz verbreitete sich diese Zeitschrift flutartig und wurde zum Sprachrohr der ganzen Bevölkerung, auch der Arbeiter und der Frauen.

Rechts und links vom Chefredakteur sitzen Adel und Salem. Die Position dieser beiden zu bestimmen, ist ausgesprochen schwierig. Vom oberen Ende des Raumes aus gesehen, sitzt Adel zur Linken des Chefredakteurs, Salem zu dessen Rechten. Vom unteren Ende aus gesehen, sitzt Adel indessen rechts, Salem links. Zwischen diesen beiden Polen schwankt der Chefredakteur, hält es aber immer mit der volleren Waagschale. Wenn die Waagschale sich zu Adels Gunsten senkt und das Redaktionsteam seinen Vorschlägen zustimmt, schließt sich der Chefredakteur ihnen an. Wenn die Waagschale sich dagegen zu Salems Gunsten senkt, schließt er sich, wenn auch mit Vorbehalten, dort an. Denn Salems radikale Haltung könnte der Zeitschrift den Kapitalzufluß abschneiden. An Kapital und Notabelnstellung sind Bedingungen geknüpft, und Salems kampffreudige Feder bringt eher Hetze als Analyse und Argumente hervor. Letzteres sind Dinge, die Adel al-Karmi, dank seiner Vergangenheit und seiner Erfahrung, aufs allerbeste beherrscht, und obwohl zwischen Adel und Salem in allgemeinen Fragen und im Hinblick auf die große Linie Übereinstimmung besteht, gibt es einen Kernpunkt, an dem sich ständig ihre Meinungsverschiedenheiten entzünden, nämlich den Faktor

Zeit und die Politik der kleinen Schritte. Wenn Adel sagt: »Erst rücken wir zusammen, um gemeinsam der Zensur begegnen zu können; dann, nach der Befreiung, diskutieren wir die inneren Probleme der Zeitschrift aus« – dann sagt Salem: »Zuerst, schon vor der Befreiung, diskutieren wir die inneren Probleme der Zeitschrift aus, dann treten wir der Zensur gegenüber.«

Wenn die Meinungsverschiedenheit zwischen den beiden Polen heftig wird, hebt der Chefredakteur die Hand zum Veto oder das Redaktionsteam tut dasselbe, und die Sitzungsteilnehmer ziehen sich, einer nach dem anderen, zurück. Adel und Salem bleiben allein im Sitzungszimmer und tauschen Vorwürfe und Beleidigungen aus: »Du bist ein Feigling.« »Du bist albern!« »Du bist ein Bourgeois!« »Du bist ein Hetzer!« Das eigentliche Traktandum bleibt auf der Strecke, ohne daß der Chefredakteur von seinem Vetorecht Gebrauch machen müßte. Und wenn ihn einer der beiden um eine klare Stellungnahme bittet, sagt er nur: »Dies ist eine demokratische Zeitschrift, und zur Bestimmung meines eigenen Standpunktes ist für mich die Zustimmung der Mehrheit ausschlaggebend.« Die beiden sinnen nach und betrachten die Glatze, die, umgeben vom Samt, unter der elektrischen Lampe strahlt, und jeder würde gern den nächsten greifbaren Aschenbecher dem Chefredakteur an den Kopf schmeißen. Doch sie wissen beide, daß der Aschenbecher nicht die gesuchte Lösung bringt, ja, daß er kontraproduktiv sein und, aufgrund der finanziellen Lage der Zeitschrift, jedem auf den eigenen Kopf zurückfallen könnte. Und so schluckt jeder seine Verzweiflung hinunter und läßt seinen Zorn am anderen aus: Adel al-Karmi, du hast eine Chance verpaßt! Salem al-Muchtar, nein, du hast die Chance verpaßt! Du bist schuld! Nein, du! Der Chefredakteur hebt die Hand nicht zum Veto, sondern zum Abschied, und verläßt den Raum ...

Adel referierte: »Ich habe die Angelegenheit mit Chadrun und anderen linken israelischen Intellektuellen besprochen, und sie meinten, mit einem Projekt wie diesem könne man erreichen, was weder der Krieg noch die Vereinten Nationen geschafft haben. Eine Dozentin an der Hebräischen Universität gab zu, sie sei, als sie diese Erzählung in Übersetzung las, sehr traurig gewesen und habe geweint, weil sie zum erstenmal spürte, daß sie auf der dunklen Seite steht.

Diese Dozentin, liebe Kollegen, ist nicht links, wie ihre Äußerung vermuten ließe. Das heißt, daß wir in der Lage sind, Israelis, die ein Gewissen haben, zu gewinnen, daß wir außerdem in der Lage, ja sogar verpflichtet sind, darauf hinzuarbeiten, daß auch auf der anderen Seite das Bewußtsein geschärft und das Gerechtigkeitsgefühl geweckt wird. Ich gebe zu, das ist nicht leicht und verlangt über viele Jahre hinweg einen großen Einsatz; aber der Traum von einem demokratischen palästinensischen Staat kann erst Wirklichkeit werden, wenn beide Völker ein hohes Maß an Bewußtsein erreicht haben, und ihr Zusammenleben kann erst dann gutgehen, wenn sie beide dieselbe Stufe der Reife und viele Gemeinsamkeiten erreicht haben. Das wiederum geht nicht ohne große Anstrengungen und einen langen Atem. Der Faktor Zeit ist wichtig, davor darf man die Augen nicht verschließen. Die Zeit der Ernte kommt erst nach der Zeit des Säens, des Keimens und des Reifens. Im Augenblick steht vor uns die Aufgabe, erst einmal Vorstellungen von Gerechtigkeit und Brüderlichkeit zu säen, wie sie unsere Revolution und unsere Zeitschrift so nachdrücklich hervorheben. Ich komme nochmals auf die Aussage der israelischen Dozentin zurück. Sie hat nämlich eine äußerst wichtige Frage angeschnitten, als sie wissen wollte, warum wir nicht mehr palästinensische Literatur und palästinensische Texte ins Hebräische übersetzen und warum sie im Zusammenhang mit Palästinensern von nichts anderem als von Terrordrohungen und Sprengstoffanschlägen oder von Klagen und Beschwerden hört. Darauf meinten Chadrun und andere Linke, wir sollten zusammenrücken und gegen die Besetzung, den Machtapparat und das mangelnde Bewußtsein auf beiden Seiten auftreten. Wir übersetzen eure Literatur und eure Abhandlungen, schlugen sie vor, und ihr übersetzt die unsrigen. Dann geben wir eine Beilage heraus und teilen die Kosten.

Liebe Kollegen, ich bitte euch, das Projekt, das ich euch, versehen mit den nötigen Untersuchungen, Zahlen und Statistiken, vorgelegt habe, gutzuheißen. Außerdem bitte ich euch, eure Entscheidung gründlich zu überlegen; denn ein Projekt wie dieses braucht die Überzeugung jedes einzelnen von uns, damit wir gemeinsam allen Anwürfen entgegentreten können, die wahrscheinlich gleichermaßen von der arabischen wie von der israelischen Öffentlichkeit kommen werden. Wenn wir nicht einig sind, zusammenhalten und an das glauben, was wir tun, werden wir wohl, gleich zu Beginn, Schiffbruch erleiden. Ein solcher Schiffbruch würde nicht nur für uns, sondern auch für künftige Projekte ähnlicher Art verhängnisvoll sein. Wenn wir keinen Erfolg haben und eine Niederlage einstecken, blockieren wir dadurch anderen nach uns den Weg; denn sie werden befürchten, daß sie dasselbe Los ereilt. Außerdem wird unser Angriff der herrschenden Clique als Modell dienen zur Selbstverteidigung gegen jeden, der den Versuch unternimmt, den Machtapparat anzugreifen. Die Geschichte ist voll von Beispielen dafür. Wir müssen es umsichtig anpacken und müssen an das glauben, was wir tun wollen, bevor wir damit anfangen. Ich bitte jetzt, über mein Projekt abzustimmen.«

Der Chefredakteur nickte. »Das bedeutet«, sagte er,

»daß wir die Mehrheit brauchen. Wer dem Projekt zustimmt, zeige dies durch Handaufheben.«

Man begann, sich umzuschauen und Blicke zu wechseln. Wer würde zuerst die Hand aufheben? Wer wird Adel das Vertrauen verweigern? Die Verantwortung ist enorm, aber das Risiko lohnt sich. Denn es ist Aufgabe der intellektuellen Avantgarde, Entscheidungen zu treffen, die den Weg weisen, auf dem andere weiterschreiten. Und wer ja sagt, muß auch die Folgen seiner Zustimmung auf sich nehmen. Und wer nein sagt, muß auch die Folgen seiner Haltung tragen, einem positiven Projekt gegenüber, dessen Bedeutung niemand leugnen kann. Das ist die historische Verantwortung, die auf den Schultern jedes einzelnen von ihnen lastet.

Nur Adels Hand hob sich; die anderen Hände blieben, in Erwartung einer Eingebung, unter dem Tisch versteckt. Salem hob beide Hände. »Halt«, rief er, »die Sache ist nicht abstimmungsreif. Diskutieren wir doch erst noch darüber. Dann können wir abstimmen.«

Rafif grinste. Adel warf ihr einen flüchtigen Blick zu, ließ seine Hand sinken und dachte: Jetzt geht's los! Er sammelte seinen Verstand, seine Geduld und seinen Gleichmut und sagte höflich: »Bitte sehr.«

Salem begann. Er hielt sich an die Stichworte, die er während Adels Ausführungen notiert hatte. »Ich möchte Adel zur Exaktheit beglückwünschen, mit der er die für den Vertrieb der Beilage relevanten Zahlen und Statistiken zusammengetragen hat, außerdem die Vertriebsstellen, die Namen der von ihm vorgeschlagenen mehr oder weniger talentierten Übersetzer, die Druckereien, die Korrektoren, die Gestaltung der Titelseite und die vielen anderen technischen und kommerziellen Angaben. Ich beglückwünsche Adel und bescheinige ihm Kompetenz im Technischen wie im Wirtschaftlichen. Andererseits ...«

Er schwieg einen Augenblick und sah sich um. Die Hände kamen unter dem Tisch hervor und fanden darauf Ruhe. An Adels Schläfe tanzte ein Muskel. Rafif sah ihn und dachte daran, was sie früher, als sie noch auf Adels Seite stand, beim Anblick dieses Muskels empfunden hatte und wie er damals in ihr immer ein Gefühl geweckt hatte, wie es eine Mutter empfindet, die ihrem Sohn bei einem Dichter- oder Turnerwettkampf zuschaut, die zwar seines Erfolges sicher ist, sich aber doch um ihn Sorgen macht, da ja immer etwas Unerwartetes eintreten könnte. Ihr Herz schlug kräftig, ihr Atem ging schnell. Manchmal verlor sie dann die Nerven und mischte sich in die lautstarke Diskussion auf Adels Seite ein, worauf Salem ihr jeweils einen verbalen Faustschlag versetzte. Er warf ihr Unselbständigkeit vor und fragte: »Hat Adel dir das beigebracht?« Darauf verließ sie den Raum, und der Chefredakteur folgte ihr unter dem Vorwand, sie zu beruhigen, kehrte aber nicht mehr ins Sitzungszimmer zurück.

Sie kämpfte gegen ein Würgen in ihrem Hals und beschloß, diesmal nicht schwach zu werden, nicht nachzugeben. Die Hälfte des Volkes hat Anrecht auf die Hälfte der Zeitschrift. Ab heute keine Unselbständigkeit mehr ...

Nachdem Salem jedem einzelnen einen eindringlich forschenden Blick zugeworfen hatte, fuhr er fort: »Andererseits... Haben wir uns die folgenden Fragen vorgelegt, die ich zur Diskussion stellen oder auch nur in Erinnerung rufen möchte? Wer ist denn die israelische Linke? Und haben die Parolen der Linken Einfluß auf die israelische Öffentlichkeit? Und in welchem Ausmaß beeinflußt die Linke die politische Ordnung in Israel?

Beginnen wir mit der ersten Frage. Wie wir wissen, gibt es die Kommunisten, die Rakach. Die Mehrzahl ihrer Führer und ihrer Kader sind Araber. Und wenn ich die

Mehrzahl sage, so meine ich die überwältigende Mehrzahl. Was die Allianz angeht, die jüngst zwischen den Schwarzen Panthern und den Kommunisten gebildet wurde, so ist sie, meiner Überzeugung nach, nicht stabil, da ohne wirkliche Grundlage. Denn die Schwarzen Panther repräsentieren, soweit mir bekannt, kein wirklich linkes Gedankengut, und was sie zur Bildung der Allianz mit den Kommunisten bewog, war das Gefühl, unterdrückt zu sein wie die sephardischen Juden. Es stellt sich somit folgende Frage: Werden die orientalischen Juden in Israel, wenn sich ihre Lage verändert und sie dieselben Privilegien erhalten wie die aschkenasischen Juden, dieser Allianz weiterhin positiv gegenüberstehen? Die Antwortet laut, meiner Überzeugung nach: Nein!

Dann gibt es verschiedene Gruppierungen der zionistischen Linken. Diese reichen von liberalen bis zu chauvinistischen Tendenzen. Daher ist ihnen nicht zu trauen, denn sie sind heute für dich, morgen gegen dich und so immer weiter, auch in fünfzig Jahren noch und auch, wenn wir ihren Markt mit Beilagen, Untersuchungen und Artikeln überschwemmen.

Dann gibt es die Linksliberalen, die keiner Partei oder Gruppierung angehören. Unter ihnen findet man brillante Einzelpersonen, aber ihre Brillianz findet kein Echo bei der israelischen Öffentlichkeit, weswegen sie sich der arabischen Öffentlichkeit oder der Weltöffentlichkeit zuwenden. Und natürlich sind es so wenige, daß man sie an den Fingern abzählen kann. Sie sind außerdem, mit Beilage oder ohne, davon überzeugt, daß unsere Sache gerecht ist.

Ziehen wir nun ein einfaches Resümee. Es wird deutlich, daß die Kommunisten – deren Mehrzahl, wie dargelegt, Araber sind – gar keine übersetzte Beilage brauchen, weil sie das lesen können, was wir auf arabisch schreiben; daß die zionistische Linke ihre schwankende liberale

Haltung nicht verändern wird, egal, was für eine hübsche und feine Beilage wir auch hervorzaubern; daß die Linken schließlich, die keiner Partei und keiner Gruppierung zugehören, eine so kleine Minderheit ausmachen, daß sich die Herausgabe einer Beilage für sie nicht lohnt. Sie verfügen auch so schon über ein hohes Maß an Bewußtsein und brauchen nicht unsere Beilage, um noch bewußter zu werden.«

Adel hob die Hand und sagte: »Dürfte ich bitte zu einigen der vorgebrachten Punkte Stellung nehmen.«

Salem schüttelte den Kopf. »Nein, nein! Laß mich erst fertigreden; dann kannst du dazu bemerken, was du willst.«

»Aber Salem ...«

»Nein, nein! Du hast über eine halbe Stunde geredet, und niemand hat dich unterbrochen. Jetzt mußt du dieses Recht auch anderen zugestehen. Dies ist doch eine demokratische Zeitschrift, nicht wahr?«

Der Chefredakteur nickte beifällig und sagte ermutigend: »Sprechen Sie weiter, Salem, sprechen Sie weiter.«

Salem fuhr fort: »Die Linke in Israel mag sein wie sie will, sie ist und bleibt das Licht, von dem sich unsere Hoffnung auf die Zukunft nährt. Natürlich hoffen wir darauf, daß die Linke wächst und im Laufe der Zeit deutlichere Konturen annimmt.«

Adel unterbrach: »Ohne Anstrengung und ›Fütterung‹ wird sie nie wachsen.«

Salem hob protestierend die Hand und fuhr trotz der Unterbrechung fort: »De facto ist sie gegenwärtig sehr klein und schwach und hat keinen Einfluß auf die öffentliche Meinung oder die Haltung der Regierung in Israel. Nehmen wir zum Beispiel einige der Statistiken, die in Israel unmittelbar nach dem Besuch Sadats ausgearbeitet wurden. Die Mehrheit der Bevölkerung ist für sofortige Beendigung des Kriegszustands. Großartig! Die Mehrheit der Israelis ist gegen die Räumung der Siedlungen im Westjordanland, im Gasastreifen, auf den Golanhöhen und im Sinai. Das ist noch großartiger! Und wißt ihr, warum? Weil uns das nämlich zu einer schnellen Schlußfolgerung hinsichtlich des Einflusses der Linken auf die öffentliche Meinung und die israelische Öffentlichkeit führt. Die Kommunisten haben die sofortige Räumung der Siedlungen verlangt. Die zionistischen Linken haben, wenn auch mit Vorbehalt, ebenfalls die Räumung verlangt. Beide haben ihre Ansicht, auch schriftlich, in aller Deutlichkeit kundgetan und haben in ihren Zeitungen und anderswo dazu aufgerufen, man solle sich ihnen anschließen. Und was ist dabei herausgekommen? Die Mehrheit der israelischen Öffentlichkeit spricht sich gegen die Räumung der Siedlungen aus. Das heißt, daß sie sich von den Vorstellungen der Linken, egal welcher Provenienz diese sind und wie zurückhaltend sie sich äußern, nicht beeinflussen lassen. Ähnliche Beispiele wie das der Siedlungen gibt es viele, und sie alle deuten darauf hin, daß der Einfluß der israelischen Linken auf die israelische Öffentlichkeit, wenn er auch nicht ganz fehlen mag, nicht wirklich spürbar ist.«

Adel unterbrach wieder: »Das Problem ist nicht ganz so einfach …«

Salem hob die Hand und schüttelte den Kopf. »Ich protestiere. Du unterbrichst mich schon zum zweitenmal.«

Der Chefredakteur klopfte Adel beruhigend auf die Schulter und flüsterte freundlich: »Lassen Sie ihn weiterreden, Adel!«

»Aber die Kollegen geraten in ein Labyrinth«, flüsterte Adel, »und wir gelangen zu keinem Schluß.«

Der Chefredakteur nickte verständnisvoll. »Machen Sie sich nichts draus! Machen Sie sich nichts draus! Nehmen Sie sich Zeit!«

Adel kochte, aber er schluckte seinen Zorn hinunter. Er

blickte auf Rafif und hoffte auf einen ermutigenden Blick, wie sie ihn ihm bei dergleichen Gelegenheiten immer zugeworfen hatte. Aber sie schaute unbeweglich auf Salem, ohne mit der Wimper zu zucken und ohne daß sich auf ihrem Gesicht Äußerungen des Protests abzeichneten, die sonst immer ähnliche Diskussionen begleiteten.

»Kommen wir zur dritten Frage«, fuhr Salem fort. »Es ist die wichtigste. In welchem Ausmaß hat die Linke Einfluß auf die Regierung? Auf diese Frage, meine Herrschaften, braucht man gar nicht mehr zu antworten. Die Antwort ist nämlich längst bekannt, und irgendwelche Erklärungen und Abschweifungen erübrigen sich. Fassen wir also zusammen. Bei der Beantwortung der ersten Frage stellten wir fest, daß die Mehrheit der Kommunisten Araber sind und palästinensische Literatur und palästinensische Abhandlungen nicht in hebräischer Übersetzung brauchen, da sie all das auf arabisch lesen. Außerdem stellten wir fest, daß die zionistischen Linken durch unsere Schriften nicht beeinflußt werden, da sie ihre eigenen ihren nationalen und Klasseninteressen entsprechenden Konzepte und Einschätzungen haben. Auf die nicht in einer Partei oder einer Gruppierung engagierten Linken will ich gar nicht eingehen, da es zu wenige sind, um eine eigene Gruppe zu bilden, und da sie sowieso auf unserer Seite stehen und es daher keine Veranlassung gibt, Anstrengungen zu unternehmen, um sie zu gewinnen.«

Adel hob die Hand und hielt sie oben. Salem, der, ebenso wie der Chefredakteur, tat, als bemerke er es nicht, fuhr fort: »Also können wir die erste Frage, die wir mit Nein beantwortet haben, abhaken. Auch die zweite Frage, die wir ebenfalls mit Nein beantwortet haben, können wir abhaken. Schließlich haken wir auch die letzte Frage, die nach dem Einfluß der Linken auf die

Regierung, ab. Die Antwort darauf ist bekannt, ja, nur zu bekannt. Nach all dem Gesagten muß ich dem Projekt meine Zustimmung verweigern. Ich gehe davon aus, daß die Zeit dafür noch nicht reif ist und daß es ein Verschleiß von Energien ist, die besser in Projekte mit mehr Aussicht auf Erfolg investiert würden. So könnten wir der Sache unseres Volkes auf kürzerem Weg und mit geringerem Aufwand besser dienen. So, jetzt hast du das Wort, Adel.«

Adel schaute auf seinen Blättern die Punkte durch, die er sich notiert hatte. Währenddessen flüsterten die Mitglieder des Redaktionsteams miteinander und ließen ihre Blicke zwischen Adel und Salem hin und her wandern. Auf letzterem blieben sie schließlich haften. Sie betrachteten ihn einen Augenblick, dann flüsterten sie wieder miteinander. Der Korrektor, gleichzeitig auch verantwortlich für die »Literaturecke«, hob die Hand und räusperte sich. Mit lauter Stimme und blumiger Sprache ließ er sich vernehmen: »Herr Adel, gestatten Sie mir, erlauben Sie mir, eine bedeutende, ja existenzielle Frage zu stellen, bevor die Diskussion ihren Fortgang nimmt. Es ist eine Frage, deren Bedeutung Ihrer Aufmerksamkeit wohl entgangen sein möchte.«

Die Anwesenden lächelten leicht belustigt. Der Redakteur der »Sportecke«, der mit seinem Kollegen von der »Literaturecke« verbündet war und ihm ebenso den Rücken stärkte wie jener ihm, sagte: »Hören wir uns seine Frage an, Adel! Vielleicht hilft sie uns weiter.«

Adel betrachtete die beiden geduldig, gab dem Korrektor höflich ein Zeichen und sagte: »Bitte sehr!«

Der Korrektor räusperte sich, schaute durch seine weit herabgerutschte Brille und sagte mit langsamen und wohlgesetzten Worten: »Ich bin der festen Überzeugung, daß Herrn Adels Projekt ein immenses Risiko birgt. Ein Risiko nicht allein im Bereich des Politischen, sondern auch im Bereich des Sprachlichen. Wir wissen wohl, daß die Sprache ein wesentliches Element der Nation ist, unsere arabische Nation, auf die wir ebenso stolz sind wie auf unsere wahre Religion. Um diese Sprache nun rein und unverfälscht zu erhalten, obliegt es uns, sie aus den Stürmen feindlicher Durchdringung herauszuhalten. Es obliegt uns auch, sie von der schädigenden Einflüssen unserer gegenwärtigen Situation zu schützen. Uns, als gebildeten Menschen und als für die Verteidigung unserer Nation und unserer islamischen Kultur Verantwortlichen, uns obliegt es, unsere Sprache im Rahmen des Möglichen, die von den Eroberern herrühren, fernzuhalten. Ich, meine Herrschaften, erzittere jedesmal vor Zorn und Abscheu, wenn ich bei der palästinensischen Öffentlichkeit ein hebräisches Wort vernehme – im Munde eines Palästinensers! Wissen Sie eigentlich, daß Wörter aus ihrer Sprache begonnen haben, unsere Öffentlichkeit zu erobern? Ja, meine Herrschaften, mit unseren Literaten gar ist es soweit gekommen, daß sie sich hebräischer Ausdrücke bedienen. Und wenn man sich beim einen oder anderen nach dem Grund hierfür erkundigt, erfährt man, es geschehe, um den Leser Atmosphäre und Klima spüren zu lassen. Welche Atmosphäre und welches Klima denn? Hat etwa unsere Sprache ihre Fähigkeit eingebüßt, die zur Darstellung der literarischen Atmosphäre und des literarischen Klimas nötigen Wörter und Ausdrücke hervorzubringen? Sind wir so tief gesunken? In der Vergangenheit haben wir einmal Denker, Literaten und Philosophen aus allen Völkern angezogen, und sie haben in unserer Sprache geschrieben. Und jetzt? Sind wir so tief gesunken, daß wir nicht mehr die anderen zu uns, zu unserer Sprache und unserer Kultur herüberholen, sondern daß wir vielmehr zur Kultur und Sprache der anderen hinüberwechseln? Ich möchte wahrlich die Intellektuellen, die Literaten und die Gebildeten ermuntern, unsere Sprache vor den Stürmen der feindlichen Durchdringung, die uns umlagern, zu bewahren. Haben Sie vergessen, meine Herrschaften, daß wir *das beste Volk sind, das der Menschheit erschienen ist* und daß unsere Sprache die Sprache des Heiligen Korans ist?«

Salem zischte, am Ende seiner Geduld: »Machen Sie's kurz, bitte, machen Sie's kurz.«

Der Chefredakteur klopfte ihm freundlich auf die Schulter und flüsterte: »Lassen sie ihn weiterreden, Salem!«

»Er hat darum gebeten, eine Frage stellen zu dürfen«, fauchte Salem, »und hat dann angefangen, einen Vortrag zu halten.«

»Lassen Sie ihn weiterreden! Auch er hat das Recht, seinen Standpunkt zu vertreten.«

Der Korrektor sah sich um. Auf seinem Gesicht waren Zeichen des Unmuts über Salems Bemerkungen zu erkennen. Der Chefredakteur sagte freundlich: »Fahren Sie fort, Herr Badi, fahren Sie dort!«

Adel und Salem schauten sich an, lächelten einander voller Mitgefühl zu. So ist er halt, Salem! So ist er halt, Adel! Wir beide verstehen uns ja im großen und ganzen, Adel, aber dieser Badi ist ja nun wirklich zuviel. Wie oft habe ich dir schon gesagt, Salem, daß die Politik der kleinen Schritte wichtig ist? Bitte sehr, Salem, hör diesem edlen Geschwätz nur zu; das wischst du nicht vom Tisch mit einem Zauberstab. Ja, das mußt du durchstehen; das erspart dir niemand, Adel. Wegen diesem edlen Geschwätz bleiben wir alle zurück; und Generationen trennen uns von der Kultur der übrigen Welt. Wir müssen uns beeilen, wir müssen uns dranhalten. Geduld, Salem, Geduld. Hör nur zu ...

Und Herr Badi war noch immer dabei, seine Frage zu stellen. »Manchmal nehme ich mir jemanden und frage ihn, warum er sich des hebräischen Wortes *Adoni,* mein

Herr, bediene, worauf er mir erwidert, es handle sich um einen Dialog, und um dem Dialog eine wirklichkeitsnahe Atmosphäre zu geben, halte er es für angemessen, ihn mit etwas von dem zu versehen, was in Wirklichkeit darin vorhanden ist. Wenn ich dann sage: Nun gut, mein Sohn, aber statt mitten in einem sauberen arabischen Satz das fremde Wort *Adoni* zu verwenden, sag doch *Sajjid,* versieh das Wort mit einem Stern oder einer Zahl und füge in einer Fußnote unten auf der Seite oder in einer Anmerkung am Ende des Buches eine Erläuterung des Wortes auf Hebräisch bei. Und wenn es sich um eine Erzählung nicht in einem Buch, sondern in einer Zeitschrift handelt, so erkläre oder übersetze die Wörter am Ende der Erzählung. Ich richte mich nicht gegen die Verwendung von Fremdwörtern im allgemeinen – schließlich ist unsere Sprache voll davon, und jeder von uns weiß wohl, wieviele Fremdwörter in unsere Sprache eingedrungen sind.«

Plötzlich schrie Salem: »Ich protestiere gegen diese Weitschweifigkeit.« Adel lächelte, Rafif auch. Der Redakteur der Sportecke verteidigte den Korrektor: »Wogegen protestierst du eigentlich, Salem? Was Herr Badi sagt, ist hundert Prozent richtig. Wer von uns könnte den Wert von Herrn Badis Worten leugnen? Ich glaube, daß Herrn Badis Aussagen äußerst nützlich sind, und ich bin der Überzeugung, wir sollten den Fragen, die er aufwirft, unseren Respekt nicht versagen, da sie uns an Dinge erinnern, die man allzuleicht übersieht.«

»Ist jemand der Meinung, daß es sich überhaupt lohnt, darüber zu diskutieren?«, schrie Salem.

Herr Badi schüttelte verzweifelt den Kopf. Er warf Salem einen tadelnden Blick zu, in dem aber auch väterliche Sympathie lag. Im Ton eines erfahrenen Lehrers sagte er: »Sie sind immer voreilig, Salem. Dabei bringt Geduld Segen, Hast Reue. Ich sage Ihnen das immer wieder, ebenso wie ich es meinen Schülern vor vierzig Jahren gesagt habe. Immer wieder habe ich ihnen gesagt, im Sprichwort heiße es: ›Zählt erst bis zehn, bevor ihr antwortet.‹. Ja, ich möchte sagen, zählt bis hundert oder gar bis tausend.«

Salem fuchtelte mit der Hand in der Luft und schnaubte hörbar. Seine Stirn legte sich in Falten, als er zur Lampe hochsah. Seine kräftigen Gesichtszüge erschienen hart und angespannt. Er beschloß, der Literatur und der »Literaturecke« den Kampf anzusagen: »Herr Badi, Sie haben sich in die laufende Diskussion eingeschaltet, um eine Frage zu stellen, eine einzige Frage, und nun nehmen Sie unsere Zeit in Anspruch, nicht um eine Frage zu stellen, sondern um einen Vortrag zu halten.«

Herr Badis Gesichtsausdruck wurde mürrisch. Er fühlte sich mißverstanden, und zwar aufgrund des mangelnden Respekts dieser Generation. O Gott, wo waren die Tage, als er noch ein junger Mann war! Vierzig Jahre ist's her. Wenn er da in der Klasse etwas sagte, wirkte es wie der Ruf des Muezzin. Die frühere Generation war wohlerzogen; da ehrte man das Alter und ehrte auch die Literatur und die Sprache. Die heutige Generation – *vor der schütze uns Gott!*

Adel schaltete sich ein und versuchte, die Wogen zu glätten: »Was Sie gesagt haben, Herr Badi, ist richtig. Wir schätzen auch Ihre sprachlichen Fähigkeiten und würdigen Ihre Verdienste um die Zeitschrift. Andererseits, Herr Badi, haben sie uns versprochen, eine Frage zu stellen, und wir warten noch immer darauf. Hätten Sie also bitte die Freundlichkeit, uns die Frage vorzulegen, damit wir mit der Diskussion fortfahren können und uns nicht in Einzelheiten verlieren, die uns noch tagelang beschäftigen würden.«

»Jahrelang«, fauchte Salem. »Was, glaubst du, tun die Mitglieder der Sprachakademie in Kairo? Seit dem

Beginn des zwanzigsten Jahrhunderts ringen sie um ein arabisches Wort für ›Sandwich‹. Mal schlagen sie dafür ›Eingeklemmtes‹ vor, mal ›belegtes Brot‹, mal ›Brotscheiben mit was dazwischen‹. Bitte Ihre Frage, sonst werden wir diesen Tisch erst auf der Bahre verlassen.«

Der Chefredakteur streckte begütigend seine Hände aus und sagte unentwegt freundlich: »Nehmen Sie sich Zeit! Nehmen Sie sich Zeit! Dies ist eine demokratische Zeitschrift, und jeder einzelne hat das Recht, seine Meinung zu äußern.«

»Aber Herr Atallah«, protestierte Salem nochmals.

Doch der Chefredakteur unterbrach ihn: »Sie haben Ihre Ansicht vorgebracht, und wir haben Ihnen zugehört. Adel hat seine Ansicht vorgebracht, und wir haben ihm zugehört. Nun hat auch Herr Badi das Recht, seine Ansicht vorzubringen, und wir haben ihm zuzuhören, wie wir Ihnen und Adel zugehört haben.«

»Aber Herr Atallah«, sagte Adel, um Salem den Rücken zu stärken, »Herr Badi hat in die laufende Diskussion eingegriffen und sie unterbrochen.«

Der Chefredakteur schüttelte den Kopf, seine Miene drohte ein Veto an. »Sie haben ihm die Erlaubnis gegeben, Adel. Das können Sie jetzt nicht rückgängig machen.« Seine Gesichtszüge wurden wieder freundlich wie gewohnt. »Bitte, Herr Badi, fahren Sie fort! Bitte sehr.«

Salem kam eine Idee. »Warum stimmen wir nicht ab darüber?« fragte er. »Wer Adel zuhören möchte, hebe die Hand!«

Der Chefredakteur klopfte leicht warnend auf den Tisch. »Wir haben gesagt, Herr Badi solle fortfahren.«

»Sie, Herr Atallah, haben das gesagt«, widersprach Salem dreist. »Wir haben nichts gesagt. Dies ist doch eine demokratische Zeitschrift. Also müssen wir uns nach der Meinung der Mehrheit richten.«

Der Chefredakteur warf ihm einen giftigen Blick zu.

Er machte sich daran, seine Position zu verteidigen. »Sie versuchen, die Redaktion in zwei Lager zu spalten, eines auf Adels, das andere auf Herrn Badis Seite. Das bedeutet die Sprengung der Gruppe und ihrer Einmütigkeit. Doch wir, bei dieser Zeitschrift, sind nicht daran interessiert, Meinungsverschiedenheiten zu schüren und unsere Einheit zu sprengen.«

Adel und Salem redeten gleichzeitig drauflos; ihre Aussagen verschlangen sich ineinander. Auch andere Stimmen ließen sich da und dort vernehmen. Es herrschte eine Stimmung von Aufruhr. Der Chefredakteur klopfte mit dem Aschenbecher auf den Tisch.

Adel starrte zu Rafif hinüber; seine Augen fragten: Warum bist du schweigsam wie das Grab? Was ist los mit dir? Doch sie senkte den Blick und vertiefte sich in ihre Blätter, als sei sie damit beschäftigt.

Der Chefredakteur klopfte nochmals mit dem Aschenbecher auf den Tisch; seine Stimme wurde lauter: »Ruhe, Ruhe, meine Herrschaften! Ich bitte Sie!«

Salem kochte. Er hob die Hand und fuchtelte damit herum wie ein eifriger Schüler. »Ein Wort, Herr Atallah. Ein Wort nur, bitte!«

»Ja.«

»Begrenzen wir doch für jeden die Redezeit auf fünf Minuten, damit sich niemand vergißt und kein Ende findet.«

Einige Mitglieder der Redaktion nickten zustimmend. Der Chefredakteur sah es und meinte: »Warum nicht!«

Da fügte Salem, bevor die Zügel seiner Hand entglitten, noch schnell hinzu: »Herrn Badis fünf Minuten sind längst abgelaufen.«

Alle lachten, auch der Chefredakteur und Rafif. Doch Badi, der spürte, daß er zum Anlaß des Gelächters und des Gespötts geworden war, stand zitternd auf und sagte mit bebender Stimme: »Sie sollten sich schämen, Salem.

Schämen sollten Sie sich. Und Sie alle stehen mit ihm im Bunde und machen sich über mich lustig. Nicht, daß ich nicht erhaben wäre über Ihr Gespött. Ich betrachte es als gegen einen anderen gerichtet, ja, gegen das, woran ich Sie gemahnen will und *dem ihr keine Aufmerksamkeit schenkt.* Sie machen sich nicht über mich lustig, nein, Sie machen sich über Ihre Sprache lustig, über Ihre Nation, über Ihre Religion und Ihre Kultur. Verflucht sei diese Zeit und ihre Menschen! Verflucht sei diese depravierte Zeitschrift, welche die Geister mit degeneriertem westlichen Gedankengut nährt. Verflucht sei diese ›Arbeiterecke‹, die überläuft von sprachlichen Fehlern und ordinären Ausdrücken. Verflucht sei diese ›Literaturecke‹, in der es von *Adonis* und *Geverets* und all diesem fremden Wortschatz nur so wimmelt! Verflucht sei diese ›Frauenecke‹ mit ihren verkrampften Gefühlsduseleien, die das islamische Gesetz angreifen und die Religion herausfordern will! Verflucht sei diese ganze Zeitschrift! Ich erkläre meinen Rücktritt. Ich mache nicht mehr mit.«

Tumult brach aus. Alle redeten durcheinander. Salem brüllte vor Lachen. Adel lächelte verbissen. Rafif lächelte, aber mit Besorgnis, denn diese Attacke gegen die »Frauenecke« würde sich negativ auf ihren Plan auswirken. Sie tauchte in ihre Notizblätter und ihre Gedanken ein und vergaß das Lächeln auf ihrem Gesicht, bis es stumpf geworden war.

Der Chefredakteur klopfte mit dem Aschenbecher auf den Tisch. »Heben wir die Sitzung auf. Vertagen wir unsere Versammlung bis heute nachmittag um drei Uhr. Ich danke Ihnen.«

Salem verließ, noch immer laut lachend, den Raum. Ebenso Rafif, die an ihrer Sorge kaute. Auch Adel ging hinaus, sein Projekt unter den schweißnassen Arm geklemmt.

21

Den Arm um Badis Schulter gelegt, betrat der Chefredakteur das Sitzungszimmer. Er hatte ihn versöhnlich gestimmt, hatte seine Leistungen gepriesen, ihm eine Tasse Kaffee und eine Zigarette spendiert, ihn beruhigt und ihn ersucht, seine Kündigung rückgängig zu machen – was Herr Badi tat. Die beiden kehrten zurück, nachdem der Chefredakteur ihm versprochen hatte, er werde ihm den Rücken stärken gegen die Rüpelhaftigkeit dieser Generation, und er werde diesen jungen Leuten zu verstehen geben, daß sich die Zeitschrift nicht von der ruhmreichen Vergangenheit lossagen, sondern daß sie beharrlich und kontinuierlich daran festhalten wird. »Wir unsere Vergangenheit vergessen, Herr Badi? Gott bewahre! Wenn wir unsere Vergangenheit verlieren, was bleibt uns dann noch? Die Gegenwart und unser Teil daran, ebenso die Zukunft – sie liegen in Gottes Hand und sind uns verschlossen. Sollen wir unsere Vergangenheit, unseren einzigen Schatz verlieren? Nein, bei Gott, das darf nicht sein, nie und immer! Mir zuliebe, Herr Badi! Salem ist ein guter Junge, nur etwas vorlaut, wie ich ja sagte. Wir müssen diese Ungezogenheit ertragen und ihn auf die rechte Bahn bringen. Wenn wir ihn nämlich nach Belieben machen lassen, wird es immer schlimmer mit ihm werden. Wir müssen diesen Widerspenstigen zähmen. Nein, nein. Sie irren sich, Salem schätzt Sie, ebenso Adel; auch alle anderen schätzen Sie. Was denken Sie von Adel? Freundlich, wohlerzogen, diplomatisch, nicht wahr? Kind aus gutem Hause. Seine Abstammung spricht für ihn. Die Abstammung macht einiges aus, Herr Badi, und wer wüßte so gut über Verwandtschaft und Abstammung Bescheid wie Sie? Adel ist ein anständiger junger Mann; Gott erbarme sich seines Vaters. Die Familie al-Karmi ist eine alte, vornehme Familie. Adel ist anständig und wohlerzogen, und er verehrt Sie wie einen Vater. Nein, geschätzter Freund, Sie sind die Stütze der Zeitschrift, ja, ihr Juwel, ihre Krone. Sie sind all den anderen wie ein Vater. Wenn Sie nicht Geduld für die Jungen aufbringen, wer tut es dann? Zugegeben, Rafif war verärgert. Doch was soll's? Wir werden sie besänftigen. Die ›Arbeiterecke‹ ist, ebenso wie die ›Frauenecke‹, wichtig. Wir müssen mit der Zeit gehen, geschätzter Freund. Wir müssen auf alle hören und allen Platz gewähren und die bisherige demokratische Linie der Zeitschrift beibehalten. Andernfalls verkriechen wir uns im Schneckenhaus, und die Zeit überholt uns und läßt uns hinter sich liegen. Ich weiß, ich weiß ... Aber wir müssen mit der Zeit gehen. Das ist eine schwierige Aufgabe, aber es ist unsere historische Pflicht. Und wir müssen die Geschichte bewahren, damit die Geschichte uns nicht vergißt. Ich weiß ja, Sie sind nachsichtig und geduldig. Bitte, nach Ihnen, bitte sehr!«

Auf dem Gesicht des Chefredakteurs lag ein breites Lächeln, als er sagte: »Ich hoffe, Sie haben sich beim Mittagessen alle beruhigt. Ein leerer Magen macht einen ja ungeduldig. Ist's nicht so?«

Alle lächelten artig und warteten auf den Rest. Der Chefredakteur fuhr, nach dem Aschenbecher greifend, fort: »Im Namen aller möchte ich Herrn Badi dafür Dank sagen, daß er meinem Drängen nachgegeben und seine Kündigung rückgängig gemacht hat. Ich habe Herrn Badi zu verstehen gegeben, daß wir, wir alle, seine Leistungen und Verdienste um die Zeitschrift zu schätzen wissen – wie Adel es ja schon formuliert hat. Herr Badi ist – wie ich ihm selbst sagte – die sprachliche Stütze unserer Zeitung und uns allen ein teures, unverzichtbares Juwel.

Er ist uns allen wie ein Vater. Gott bewahre unsere Sprache, unsere Zeitschrift und unsere Einheit.«

Der Redakteur der »Sportecke« klatschte; dann auch die anderen.

Auch der Chefredakteur klatschte erleichtert. Da saßen alle Redakteure vor ihm; nicht ein einziger fehlte. Die Zeitschrift hat keine ihrer Stimmen verloren, und er ist wieder ganz der umsichtige Chef, der auch in kritischer Lage die Meinungsverschiedenheiten zwischen den verschiedenen Seiten auszuräumen versteht. Er ist der umsichtige Chef, der, wenn das Budget der Zeitung nicht stimmt, es mit Kapital aus dem In- und Ausland zu stützen weiß. Der umsichtige Chef, der gegen alle widrigen Umstände und Strömungen an der demokratischen Linie der Zeitschrift festzuhalten vermag.

Von der Spitze des Tisches ließ er seine Stimme erschallen: »Herr Badi hat eine wohlbegründete Frage, für deren Bedeutung und höchste Priorität ich einstehe. Ich glaube nicht, daß wir mit der Diskussion von Adels Projekt fortfahren können, ohne dieser Frage unsere Aufmerksamkeit geschenkt zu haben. Ich muß zugeben, daß mir diese Frage noch nie in den Sinn gekommen ist, da ich, wie Sie wissen, in sprachlichen Fragen nicht ebenso beschlagen bin. Doch Herr Badi konnte, dank seiner Erfahrung und seiner vortrefflichen Kenntnisse auf diesem Gebiet, ein Problem aufwerfen, welches der Aufmerksamkeit aller, allen voran Adels, entgangen ist. Adel hat uns eine detaillierte Studie seines Projekts vorgelegt, aber er hat einen heiklen, ja wesentlichen Punkt vergessen, und ich kann nur Herrn Badis Scharfsinn rühmen und ihn, im Namen aller, bitten, uns seine grundlegende Frage vorzulegen.«

Neugier hatte sich Adels bemächtigt. Was das wohl für eine grundlegende Frage sein mochte, die er in seiner Studie übersehen hatte? Die Schwierigkeit der Übersetzung hatte er angeschnitten. Die Probleme des Drucks hatte er gelöst. Für die finanziellen Belange hatte er eine Lösung gefunden. Alle technischen Gesichtspunkte hatte er in Betracht gezogen. Was war dieser bedeutende, ja grundlegende Punkt, ohne dessen Erörterung die Diskussion nicht weitergehen konnte?

Adel spitzte die Ohren. Auch Salem war äußerst gespannt; ebenso Rafif und alle anderen.

»Bitte, Herr Badi, seien Sie so freundlich. Wir sind ganz Ohr.«

Herr Badi räusperte sich und war so freundlich. »Wie jedermann weiß, sind das Arabische und das Hebräische semitische Sprachen. Die semitischen Sprachen nun haben Ähnlichkeiten sowohl was den Wortschatz, als auch was den Satzbau angeht. So gibt es beispielsweise im Hebräischen und im Arabischen eine Vielzahl ähnlicher Wörter, wie diejenigen für Ohr, Auge, Mann, Friede, ich, du, ihr, undsoweiter. Dasselbe gilt für die Schrift und für die Schreibung; auch diese sind ähnlich in beiden Sprachen. So schreibt man im Arabischen von rechts nach links. Ebenso im Hebräischen; auch dort schreibt man von rechts nach links. Die wichtige Frage nun ist ...«

Die Spannung wuchs.

Herr Badi schaute in die Runde. Er wiegte bedeutungsschwer sein Haupt und blickte einen nach dem anderen prüfend an.

»Die wichtige Frage nun ist ... Wenn wir Adels Projekt zustimmen und eine Beilage herausgeben, mit welcher der beiden Sprachen beginnen wir? Denn beide schreibt man von rechts nach links. Beginnen wir also mit dem Arabischen oder dem Hebräischen?«

Alle saßen wir erstarrt. Herr Badi betrachtete sie noch immer und wiegte bedeutungsschwer sein Haupt. Adel war wie vom Schlag gerührt; er brachte kein Wort hervor. Riß seine Augen auf. Sein Blick wanderte umher und blieb schließlich auf Salem haften. Plötzlich brach Salem in wieherndes, kreischendes Gelächter aus. Er lachte und lachte, wand und bog sich auf seinem Stuhl nach vorne und nach hinten, zur einen und zur anderen Seite. Der Chefredakteur klopfte mit seinem Ring auf den Tisch. Doch Salem lachte weiter. Er schlug nochmals, diesmal mit der Faust, auf den Tisch. Doch Salem lachte weiter. Er nahm den Aschenbecher und schlug damit auf den Tisch. Da verbarg Salem sein Gesicht in seinen Armen und begann zu prusten.

Der Chefredakteur beschloß, Salems Gelächter zu ignorieren, und sagte laut: »Wir dürfen die Bedeutung dieser Frage nicht unterschätzen. Wenn wir nämlich mit Arabisch beginnen, werden uns die Israelis Parteilichkeit und Chauvinismus vorwerfen. Wenn wir hingegen mit Hebräisch beginnen, werden uns die Araber der Kapitulation und der Verräterei bezichtigen. In beiden Fällen werden wir uns mit Problemen konfrontiert und zwischen Hammer und Amboss gefangen sehen, und dies hätte eine negative Wirkung auf die Zeitschrift zur Folge. Anstatt neue hinzuzugewinnen, würden wir unsere gegenwärtigen Leser verlieren. Was geschähe dann mit der Zeitschrift? Was geschähe mit unserem Team und jedem einzelnen? Unsere Zeitschrift würde ihren Markt verlieren. Wir selbst sähen uns als Gruppe allerlei Verdächtigungen ausgesetzt, und jeder von uns würde nach innen wie nach außen seinen Ruf als guter Patriot verlieren. Ich, meine Herrn, bin nicht bereit, ein solches Wagnis einzugehen. Ich fürchte, um es in aller gebotenen Deutlichkeit zu sagen, diesen Makel auf meinem guten Ruf. Während meines ganzen Lebens war ich ein Mann von Grundsätzen und patriotischer Gesinnung; meine Vergangenheit und Gott mögen dafür Zeuge sein. Während meines ganzen Lebens habe ich meine Feder und meine Seele voll und ganz für die Menschen eingesetzt, für die Sache des Volkes und für die

Sache Palästinas – ohne Wenn und Aber. Während meines ganzen Lebens bin ich ein sauberer Mensch geblieben, und bisher konnte niemand auf meiner Weste auch nur den geringsten dunklen Fleck ausmachen. Ich habe gekämpft und gefochten; Gott und die arabische Presse mögen dafür Zeuge sein. Und nun soll ich, wegen eines Projektes mit unklaren Folgen, meinen guten Ruf in den Schmutz werfen? Das möge Gott verhüten! Nein, was immer geschieht, ich werde es nicht zulassen, daß jemand sagt, Atallah sei vom Weg seiner Grundsätze abgewichen und habe sein Arabertum vergessen. Nein, heben Sie nicht die Hand, Salem, heben Sie nicht die Hand. Sie sind nicht mit dem Projekt einverstanden, und ich stimme ihnen zu. Ich glaube, daß für dieses Projekt die Zeit noch nicht reif ist.«

»Aber unsere Ausgangspunkte sind verschieden«, rief Salem.

Der Chefredakteur hob die Hand, hieß ihn schweigen. »Ich muß Sie doch dringend bitten, mich nicht zu unterbrechen. Es ist eine ausgesprochen schlechte Angewohnheit von Ihnen, andere zu unterbrechen. Im Interesse einer gemeinsamen Weiterarbeit sollten Sie diese Angewohnheit schleunigst ablegen.«

In seiner Stimme schwang Drohung mit. Adel bemerkte es und schaute Salem scharf an, damit dieser nicht weiterstreite und der Chefredakteur seine Geduld verlöre. Die Folgen könnten verhängnisvoll sein, Salem könnte gar seine Stellung bei der Zeitschrift einbüßen. Adel bewegte lautlos seine Lippen zu einem »Sei still«. Widerwillig schwieg Salem, drehte den Kopf nach oben und betrachtete mürrisch die Lampe.

»Adels Projekt ist ausgezeichnet«, fuhr der Chefredakteur fort. »Auch die Art, wie er es vorgestellt hat, war ausgezeichnet. Ich möchte ihn ausdrücklich loben und zu seiner Tüchtigkeit beglückwünschen. Ich werde das

Dossier dieses Projekts in meinem Schrank bei meinen wichtigsten Dokumenten und Unterlagen aufbewahren. Vielleicht kommt einmal ein geeigneterer Zeitpunkt, der diesem Projekt gewogener ist und die Verwirklichung erlaubt. Gegenwärtig ist meiner Ansicht nach die Zeit noch nicht reif. Ich danke Herrn Badi dafür, daß er meine Aufmerksamkeit auf diesen bedeutenden, ja grundlegenden Punkt gelenkt hat, der meiner eigenen ebenso wie der Aufmerksamkeit aller anderen entgangen war. Ich, als Verantwortlicher für diese Zeitschrift und als Mann mit reicher Erfahrung auf dem Gebiet des Zeitungs- und des Buchwesens, ich kenne den arabischen Leser und seine Empfindlichkeit im Zusammenhang mit den Fragen, die Salem vielleicht als zweitrangig, Adel als veraltet betrachten dürfte. Uns obliegt die Pflicht zur Erneuerung. Doch ich behaupte, daß sich der arabische Leser nicht verändert hat und daß er nicht bereit ist, Neuerungen zu akzeptieren, zumal in einer Region, die sich, wie die unsrige, Herausforderungen und Repressionen ausgesetzt sieht. Man würde uns der Kapitulation und Nachgiebigkeit bezichtigen. Man würde Dinge behaupten, von denen Sie sich nichts träumen lassen. Man würde Dinge behaupten, die Sie zum Erschaudern brächten, meine Herrn. Ich kenne das arabische Volk und kenne den arabischen Leser, und ein Journalist muß ausgesprochen umsichtig sein, wie Adel richtig bemerkte. Auf diesen Punkt hat Adel hingewiesen, und ich möchte ihm sein Verdienst nicht absprechen. Auch Salem hat auf viele Punkte hingewiesen, die bedeutend, ja grundlegend sind, auch wenn ich mit ihm hinsichtlich der Schwarzen Panther und unserer Unfähigkeit, die zionistische Linke zu beeinflussen, nicht gleicher Meinung bin. Ich bin mit Salem in vielen Punkten nicht gleicher Meinung, ich bin mit ihm jedoch auch in wichtigen Fragen gleicher Meinung, ja, wie ich es sehe, in den wichtigsten. Unsere Ausgangspunkte mögen unterschiedlich sein, wie Salem bemerkt hat, das Ergebnis ist dasselbe – ich bin gegen das Projekt, und er ist gegen das Projekt, ebenso Herr Badi, ebenso ...«

Er schaute die Anwesenden der Reihe nach an. Der Sportredakteur hob die Hand. »Ich auch.«

Der Chefredakteur nickte beifällig und fragte dann den Redakteur der »Arbeiterecke«: »Und Sie, Hafes? Wir können die Bedeutung der ›Arbeiterecke‹ nicht leugnen. Was ist Ihre Meinung?«

»Ich bin für Adels Projekt«, erwiderte Hafes mürrisch. »Es stellt die einzige Hoffnung der Zeitschrift auf Erneuerung dar. Ich halte das Projekt für revolutionär; wir sind verpflichtet, es zu unterstützen.«

Der Chefredakteur nickte beifällig. Es war nichts dagegen einzuwenden, eine Gegenmeinung anzuhören, solange er die Mehrheit der Redaktion auf seiner Seite wußte. Und solange er die Runde auf demokratischem Weg gewinnen konnte, bestand keine Veranlassung, vom Vetorecht Gebrauch zu machen. Er wandte sich an Rafif und bemerkte ihre jetzt so veränderten Gesichtszüge. »Und Sie, Rafif?« fragte er.

»Ich enthalte mich der Stimme«, sagte sie unfreundlich.

Salem gab einen Laut des Erstaunens von sich. Adel starrte ihr ins Gesicht. Ein weiterer Schlag. Tief in ihm stöhnte es: ›Auch du, Rafif, auch du! Wo bist du, Abu al-Iss? Habe ich's dir nicht gesagt? Du wirst Dinge erleben, die du nicht erwartest. Auch du, Rafif. Verfluchte Gefühle!‹ Er beschloß, er müsse sie nach der Sitzung um jeden Preis treffen. Seit jenem verdammten Abend hat er sie nur für Augenblicke gesehen, seit über zwei Wochen. Sie hat sich nicht mehr nach ihm erkundigt, hat ihn übersehen, ihn ignoriert, ist ihm aus dem Weg gegangen. Will sie die Beziehung abbrechen? Nun ja, bitte sehr! Aber sie vermischt das Private mit dem Beruflichen, und das ist ein Fehler. Sie muß diesen Fehler einsehen und daraus lernen.

»Und jetzt«, sagte der Chefredakteur, »nachdem wir den erforderlichen Beschluß gefaßt haben, hat jemand von Ihnen noch etwas?«

Rafif hob schüchtern die Hand. Nun war der Augenblick gekommen; sie mußte heraus damit, und wer weiß ...? Obwohl sie bezweifelte, daß sie erfolgreich sein werde, durfte sie doch die Gelegenheit nicht verpassen. Zumindest sollte Adel erfahren, was in ihrem Kopf vor sich ging. Er sollte erfahren, daß sie sich von ihm gelöst hatte, sollte erfahren, daß sie eigene Pläne, eine eigene Persönlichkeit und eigene Interessen hatte. Selbst wenn es ihr mit ihrem Projekt gehen sollte wie Adel mit dem seinen, nun gut. Zumindest hätte sie ihnen etwas vorgelegt, was nicht von Adel stammt; sie wäre Adel vor allen entgegengetreten, und er hätte erfahren, daß er nicht allein auf weiter Flur steht und daß er nicht der einzige auf der Rennbahn ist.

Rafif schaute ausschließlich den Chefredakteur an, als sie begann: »Ich habe ein ähnliches Projekt wie Adel. Doch es trägt nicht so sehr den Charakter des Wagnisses, das jenes euch so fürchten ließ. Erstens wird es nämlich zur Erhöhung der Leserzahl und zur Steigerung des Verkaufs führen; diese Frage wird ja angeschnitten werden, und wir können ihre Bedeutung auch nicht leugnen, nicht wahr, Herr Atallah? Zweitens steht es in keinem unmittelbaren Zusammenhang mit patriotischen Fragen, die zu heftigen Diskussionen und zu Anschuldigungen Anlaß geben könnten, sei es in der arabischen oder der israelischen Öffentlichkeit. Vielmehr wird es, auf lange Sicht, den Einfluß unserer Zeitschrift bei der Bewußtseinserweiterung einer großen Gruppe von Landsleuten, vielleicht gar der Hälfte, verstärken. Drittens sind in diesem Projekt die beiden Elemente, die unsere Kollegen Adel, Salem und Hafes unermüdlich verlangen, reichlich vertreten, nämlich Neuerung und Initiative.«

»Du hast uns sehr neugierig gemacht, Rafif«, bemerkte Salem. »Sag schon, in Gottes Namen!«

Sie wandte sich nicht um, schaute ihn nicht an. »Während meiner Arbeit an der ›Frauenecke‹«, fuhr sie fort, »habe ich immer das Gefühl gehabt, daß die ›Frauenecke‹ aus folgenden Gründen nicht dem erstrebten Ziel dient:

Die ›Frauenecke‹ geht über die Probleme der Frau großzügig hinweg; sie dringt nicht wirklich in sie ein und setzt sich nicht ernsthaft und gründlich damit auseinander. Auf diese Weise wirkt die ›Frauenecke‹ besänftigend und korrumpierend, nicht revolutionierend und bewußtseinsbildend.

Die ›Frauenecke‹ ist geschäfts- und werbeorientiert, statt wissenschaftlich auf Untersuchungen zu basieren, auf dem Zusammentragen von Fakten, auf der Darlegung der Probleme und dem Versuch, radikale Lösungen zu finden.

Die ›Frauenecke‹ spricht die Frau von oben herab an, und zwar in der Annahme, die Frau sei unfähig, auszuwählen, was sie interessiert. Wir hier haben für sie ausgewählt, was sie unserer Meinung nach interessiert; doch wir haben sie nicht nach ihrer Ansicht gefragt und haben sie an Auswahl und Formulierung nicht teilhaben lassen. Das heißt, wir haben uns der ›Frauenecke‹ bedient, damit die Zeitschrift zur Frau gelangt; nicht die Frau hat sich der ›Frauenecke‹ bedient, um an die Zeitschrift zu gelangen. Und nun gehe ich Punkt für Punkt durch.«

Sie blickte zum erstenmal in die Runde. Adel hörte ihr mit großem Interesse zu, die Hand an die Wange gelegt, in den Augen eine Mischung aus Traurigkeit und Neugier. Seine Stirn war gerunzelt, sein Gesicht bleich. Es war ihr unmöglich herauszufinden, ob sein Gesicht diesen niedergeschlagenen Ausdruck angenommen hatte aufgrund des Schocks, den die Ablehnung seines Projekts für ihn bedeutet, oder weil sie als Frau ihm eine Niederlage beigebracht hatte, weil sie ihn herausforderte und ihm die Gefolgschaft aufkündigte. Salem legte seine verschränkten Arme auf den Tisch; auf seinem Gesicht lag ein Anflug von Lächeln, in seinen Augen die Begeisterung von jemand, der Zeuge eines aufregenden historischen Ereignisses wird. Hafes hörte ernsthaft, doch ohne Begeisterung zu. Herr Badi und der Sportredakteur hörten weder ernsthaft, noch begeistert zu.

Der Chefredakteur nickte ermutigend. »Fahren Sie fort, Rafif«, sagte er.

Rafif schätzte die Stimmung genauestens ab: Adel dürfte, nach der endgültigen Ablehnung seines Projekts, meinem Plan nicht entgegentreten; er ist schließlich ein Mann von Grundsätzen. Er würde vielleicht Verbesserungsvorschläge machen, aber er wird sich nicht widersetzen. Der Chefredakteur dürfte sich auf meine Seite stellen, wenn ihm klar wird, daß der Plan profitabel ist und kein Risiko birgt; daß er vielmehr dem Ruf förderlich sein könnte, den die Zeitschrift im In- und Ausland genießt, dem Ruf nämlich, eine aktive, wertvolle, gewichtige und außerdem die leserstärkste Zeitschrift im Westjordanland, im Gasastreifen und in Galiläa zu sein. Salem dürfte sagen, der Plan sei verfrüht; wenn ich ihn aber überzeugen kann, daß er nicht verfrüht ist und dazu dient, die schlafende Hälfte des Volkes aufzuwecken und so den Befreiungskampf zu erleichtern und zu beschleunigen, wird er zustimmen. Hafes dürfte sich vorbehaltlos auf meine Seite stellen, wenn auch ohne übermäßige Anzeichen der Begeisterung. Den Sportsmenschen werde ich an seine Haltung zu Frauenwettkämpfen erinnern, an denen er als Schiedsrichter teilgenommen hat und die er als Sieg über die körperliche Schwäche der arabischen Frau betrachtet hat. Herr Badi wird Nein sagen und sich davon nicht abbringen lassen. Aber er wird allein gegen die Mehrheit stehen – wenn es mir gelingt, die Mehrheit hinter mich zu bringen. Ich werd's versuchen!

Mit sachlicher Stimme begann sie: »Die ›Frauenecke‹ hatte immer korrumpierende Wirkung. Denn statt der Frau das Gefühl zu vermitteln, daß sie in ihrer, der arabischen, Gesellschaft vernachlässigt wird und daß diese Gesellschaft keinen Finger krümmt, die Lage der Frau zu verbessern, ihr mehr Handlungsfreiheit zu geben, sie als freien Menschen mit denselben Rechten wie der Mann zu behandeln, vermittelt diese ›Frauenecke‹ ihr das Gefühl, sie werde wichtig genommen, ihr Name tauche im intellektuellen und im journalistischen Bereich auf und das arabische Bewußtsein vergesse sie nicht, ja, es widme ihr gar eine ›Frauenecke‹, in der das Wort ›Frau‹ mehr als hundertmal, der Begriff ›Freiheit der Frau‹ mehr als zwanzigmal pro Seite vorkommt. Es ist, als sagten wir der Frau auf diesem Wege: ›Du, die Hälfte der Gesellschaft, lebst in großer Unterdrückung, doch wir glauben an deine Freiheit, und wir arbeiten dafür, daß du sie erhältst. Also sei guter Dinge, Frau!‹ Zweitens: Die ›Frauenecke‹ ist geschäfts- und werbeorientiert. Dies ist ein dorniger Punkt, und wir müssen ihn genau unter die Lupe nehmen. Ich leugne nicht die Bedeutung von Verkauf und Vertrieb, und ich will nicht abstreiten, daß das Kapital der Zeitschrift begrenzt ist und daß die ›Frauenecke‹ an der Erhöhung des Verkaufs und an der Vermarktung der Zeitschrift mitarbeiten soll. Das ist normal und ist gut so. Ich möchte aber die Frage aufwerfen, warum wir der Käuferin nicht etwas Nützlicheres geben als dieses dümmliche Geschwätz? Die Frau zahlt, und wir haben ihr Geld bitter nötig. Warum also bieten wir ihr für ihr Geld nicht etwas wirklich Nützliches, das ihr intellektuelles Niveau und ihr nationales und revolutionäres Bewußtsein hebt? Diese Zeitschrift ist progressiv. Dem dürfte wohl niemand widersprechen. Sie ist bei den Besatzungsorganen ebenso verhaßt wie in reaktionären arabischen Kreisen. Warum also bieten wir der Frau nicht wirklich fortschrittliche Themen an, die ihr beim Verständnis ihrer eigenen Realität und bei der Formulierung ihrer Zukunftsperspektiven als aktivem Glied ihrer Gesellschaft helfen? Ein großer Teil der ›Frauenecke‹ dient der Wiedergabe von Auszügen, Artikeln und Kapiteln aus diesem oder jenem Buch und aus dieser und jener internationalen Zeitschrift. Da geht es beispielsweise um das Rezept eines Rosinen- und Ingwerkuchens; um ein Gericht, das über den Magen das Herz des Mannes geneigt macht; um die Frage, wie Säuglinge gestillt werden können, ohne daß die Brust rissig wird; darum, was eine Frau modern und attraktiv macht. Hier ist von einem Kleid die Rede, dort von einer Frisur, dort wieder von einer Creme gegen Sommersprossen und Gesichtsfältchen.

Ich leugne keineswegs die Bedeutung der Kolumne ›Du fragst, wir antworten‹. Sie hat so viele Fragen aufgeworfen und so viel Anklang gefunden wie keine andere. Aber wie viele Probleme können darin denn aufgegriffen werden? Die ganze ›Frauenecke‹ verfügt nur über insgesamt zwei Seiten. Was bleibt da für diese Kolumne? Eine halbe Seite, weniger als fünfzehn Zentimeter im Quadrat.«

»Mehr, mehr«, sagte der Chefredakteur; sein Gesicht spiegelte Widerspruch und Erstaunen.

»Ich habe Ränder und Illustrationen abgezogen, Herr Atallah.«

Der Chefredakteur winkte ab. »Aber warten Sie. Wer war denn verantwortlich für die Auswahl dessen, was in der ›Frauenecke‹ erschien? Waren das nicht Sie, Rafif!

Hat sich einer von uns je in Ihre Angelegenheiten eingemischt und Sie geheißen, ein Rezept abzudrucken statt einer Abhandlung? Sie hatten die Möglichkeit, in der ›Frauenecke‹ alles zu bringen, was Ihnen zusagte und was Sie für sinnvoll und ernsthaft hielten. Sie hätten keine Rezepte von Ingwerkuchen mit Rosinen aufnehmen müssen oder Ratschläge, wie man stillt oder sich ein attraktives zeitgemäßes Aussehen verschafft. Ich frage mich aber, Rafif, und Sie entschuldigen die Unterbrechung und die Einmischung ...«

Salem räusperte sich und grinste, doch der Chefredakteur schenkte ihm keine Aufmerksamkeit und fuhr fort: »Ich frage mich wirklich, was falsch daran ist, Frauen auf neue Wege zur Verminderung körperlicher Schmerzen hinzuweisen? Ich bin, wie Sie alle wissen, verheiratet ...« (er lächelte verlegen; sein Gesichtsausdruck war väterlich und kindlich zugleich) »... und natürlich habe ich Kinder. Ich kenne die Schwierigkeiten, die eine Frau nach der Geburt durchmacht. Ich erinnere mich, daß meine Gattin schreckliche Schmerzen erdulden mußte, als Folge von rissiger Brust. Zu unserer Zeit wußten die Frauen nichts von Salben und Ölen und Massagen zur vorbeugenden Behandlung. Was spricht dagegen, Frauen auf diese Mittel hinzuweisen, die zur Schmerzlinderung beitragen? Außerdem, was ist falsch daran, Frauen auf Möglichkeiten hinzuweisen, mittels derer sie ihre Ehemänner halten können?«

Er wandte sich an die anderen Anwesenden. »Ich bitte Sie, meine Herrn, sagen Sie ihre Meinung – frank und frei und ohne falsche Scham: Wer von uns fühlt sich nicht von einer gutaussehenden Frau angezogen?«

Salem brach in schallendes Gelächter aus; Adel grinste; der Sportredateur nickte beifällig; Herr Badi schaltete sich begeistert ein.

»Ich stimme Ihnen voll und ganz bei, jawohl, Herr

Atallah. *Gott ist schön und liebt das Schöne.* Und wir sind doch Menschen mit Herzen in der Brust. Die arabische Dichtung ist dafür Zeuge. Von Imrulkais über Ibn abi Rabia und Nisar Kabbani bis zu den Dichtern im besetzten Palästina. Ich will nicht eitler Putzsucht oder moralischer Ausschweifung das Wort reden. Diese verabscheue ich, weiß Gott, wie unsere Religion und unsere Traditionen sie verabscheuen. Aber ich wünsche mir doch, daß der Anblick meiner Gemahlin meinen Appetit anregt und mir nicht den Appetit nimmt. Und wenn durch Sie, Rafif, das gelingt, dann, behaupte ich, darf man der ›Frauenecke‹ die beiden Seiten durchaus gönnen, und ich rufe Ihnen ein Bravo zu.«

Salem brach in schallendes Gelächter aus und nickte. Auch die anderen lachten; jeder amüsierte sich von seiner Ecke aus über die ›Frauenecke‹.

»Jedenfalls«, fuhr der Chefredakteur fort, »haben wir Ihnen die ›Frauenecke‹ übertragen und Ihnen gesagt, bitteschön, machen Sie daraus, was Sie wollen. Die ›Frauenecke‹ kommt gut an, und ich anerkenne durchaus Ihre Leistungen. Um so weniger verstehe ich den völlig ungerechtfertigten Angriff, den Sie gegen Ihre hübsche ›Frauenecke‹ richten. Jedenfalls versichere ich Ihnen, gemäß den demokratischen Gepflogenheiten, denen wir folgen, Sie haben völlig freie Hand, Veränderungen, die Sie für richtig erachten, vorzunehmen. Die ›Frauenecke‹ ist nach wie vor Ihr Reich, in dem Sie schalten und walten können.«

Rafif war puterrot angelaufen; doch sie nahm sich zusammen und brachte mit Mühe hervor: »Was ist das für ein Reich, das nicht größer ist als fünfzehn Zentimeter im Quadrat? Außerdem, wer hat behauptet, ich wolle die ›Frauenecke‹ als Reich? Ich will sie als echte demokratische Republik, in der jeder einzelne seine Meinung frei zum Ausdruck bringen kann.«

»Ich pflichte Ihnen bei, ja, ich ermutige Sie dazu«, rief der Chefredakteur begeistert. »Sie kennen meine Neigungen, und Sie kennen meine Arbeitshaltung. Was wollen Sie also? Die Beteiligung von Frauen von außerhalb der Zeitschrift bei der Herausgabe der ›Frauenecke‹? Dagegen habe ich nichts einzuwenden. Im Gegenteil, ich unterstütze das voll und ganz, weil es die Aufmerksamkeit der Frauen noch mehr auf die ›Frauenecke‹ lenkt. Aber ich darf Sie gleich daran erinnern, daß das Budget der Zeitschrift keine weiteren Ausgaben für die Redaktion erlaubt. Wenn Sie freiwillige Zuwendungen erhalten könnten, so wäre das großartig; dann, behaupte ich, wie schon Herr Badi, darf man der ›Frauenecke‹ die beiden Seiten durchaus gönnen, und ich rufe Ihnen ein Bravo zu.« Er schaute sich um und lächelte zufrieden.

Rafif kämpfte gegen das Würgen in ihrem Hals. Verflucht nochmal, schäumte sie innerlich, sind das eure lichtvollen Gedanken? Ist es das, was ihr von der »Frauenecke« verlangt? Die Anregung eures verlorengegangenen Appetits auf eure ewig stickenden, vernachlässigten Frauen? Ihr verlangt von der »Frauenecke«, daß sie dazu beiträgt, die Aufmerksamkeit der Frauen auf die Wichtigkeit des Stickens zu richten, damit sie darauf noch mehr Eifer verwenden. Das verlangt ihr doch und nichts anderes? Und dieses Reich, das nicht größer ist als fünfzehn Zentimeter im Quadrat und mit dem ihr trotzdem prahlt – dieses Reich, ist es denn wirklich unser Reich? Oder ist es der Köder, mit dem ihr uns lockt, damit wir weiterhin die Herrschaft der Männer in ihrem Reich unterstützen? Ist das alles, was für euch Frau und Mutter bedeutet, rissige Brüste und Brustwarzen? Und ist es das, was ihr unter Liebe versteht? Was durch Magen und Gedärm des Mannes geht, bevor es sein Herz erreicht. Ist das das Ergebnis von alldem, was ich geredet habe, was ich vorbereitet habe, was ich mühsam auswendig gelernt und mir notiert habe? Und ich habe geglaubt, ihr würdet es begreifen und verstehen. Aber ihr versteht nur eines – daß die Frau eine Eselin ist, deren Sattel man bestickt, damit das Reiten schöner ist. Aber warte, du Eselreiter, bald wird der Staat entstehen, und du wirst weiter auf dem Ölfaß und dem Esel thronen!

Sie preßte ihre Handflächen und ihre Füße gegeneinander. Die Wunde schmerzte, und sie stöhnte: Ist denn kein einziger da, der mir weiterhilft? Ist denn kein einziger da, der die Einsamkeit des Weges mit mir trägt?

Sie vernahm Adels Stimme, der ihr unerwartet beisprang. »Erstens protestiere ich gegen die einseitige Art und Weise, auf die Rafif unterbrochen wird …«

Salem nahm den Faden auf und fuhr fort: »Andere zu unterbrechen ist eine ausgesprochen unerquickliche Angewohnheit. Denn sie beeinträchtigt nicht nur unsere Arbeit, sondern widerspricht auch den demokratischen Gepflogenheiten, die wir Tag und Nacht im Munde führen.«

Ein Hauch von Unmut überflog das Gesicht des Chefredakteurs. Er vertrieb ihn mit einem freundlichen Lächeln, begleitet von einer großzügigen Entschuldigung: »Ich entschuldige mich und nehme zurück, was ich gesagt habe, und ich bitte Rafif, ihren Plan weiter vorzutragen und zu erläutern. Sie hat selbstverständlich weiterhin das Wort.«

Langsam verlor sie die Selbstbeherrschung. »Das Wort! Welches Wort?« Ihre Stimme bebte. »Haben Eure Kommentare mir denn überhaupt noch eine Hoffnung gelassen, daß ich auch nur einen einzigen von Euch überzeugen könnte?«

Sie vernahm ein leichtes Klopfen auf dem Tisch. Hafes sagte, und sein mürrischer Gesichtsausdruck war verflogen: »Mich hat alles, was Sie gesagt haben, überzeugt. Ich bitte Sie, trotz aller Hindernisse fortzufahren. Wichtig ist, die Geduld nicht zu verlieren. Für uns ist diese Situation nichts Neues. Die ›Arbeiterecke‹ wird auch nicht besser behandelt.«

In den Augen des Chefredakteurs zuckte es; seine Gedanken schweiften ab: Auch das noch! Jetzt sind sie schon zu zweit ... Er blickte nach rechts und nach links. Ja, sogar zu viert, aber das macht nichts; sie kennen schließlich die Möglichkeiten und Grenzen der Zeitschrift und ihres Kapitals ...

Salem sah, daß Rafif drauf und dran war, in Tränen auszubrechen. Er schloß sich lobend Hafes' Worten an: »Auch mich hat es überzeugt; ich bin begierig darauf, auch den Rest zu hören.«

Unwillkürlich schaute sie auf Adel, der ihr ermunternd zunickte und flüsterte: »Weiter.«

Als sich ihre Blicke zum erstenmal nach zwei Wochen wieder trafen, erbebte sie in ihrem Innern durch und durch. Seine Augen zogen sie in die Straßen von Jerusalem, zur Gerberei, zum Himmel voller Sterne, Poesie, Sehnsucht und Traurigkeit. Sie spürte eine unbekannte Hand sie am Haar ziehen, sie tief im Herzen ziehen. Sie begann zu zittern.

Ermunternd und entschuldigend sagte der Chefredakteur: »Es tut mir leid, daß ich Sie unterbrochen habe, und ich entschuldige mich dafür. Fahren Sie fort, Rafif, fahren Sie fort.«

Sie fuhr fort mit ihrer Darstellung, mit ihren Erläuterungen. Doch ihre Stimme war müde, ihre Nerven gespannt. Sie hörte sich ihren geschriebenen Text vortragen, aber die Worte waren von keinem Feuer im Kopf, von keiner Begeisterung im Herzen begleitet. Adels zu erwartende Haltung hatte bei ihr unerwartete Ermattung und Schlaffheit hervorgerufen. Wenn nur in seinen Augen nicht jener freundliche Blick läge! Wenn nur in seiner Stimme nicht jene warme Sympathie klänge!

Wenn ihn doch die Redaktion nicht so fertiggemacht und er sich als siegreicher Reiter gehalten hätte. Wenn all das nicht wäre, dann würde sie sich so in Wallung fühlen, daß sie ihn, die Redaktion und auch den Herrn Chefredakteur herausfordern würde. Wenn er gesiegt hätte, so hätte sie das mit dem erforderlichen Groll und der nötigen Kraft erfüllt. Dann hätte sie mit ihm wetteifern können. Aber er hat verloren, und was ist das schon für ein Sieg, gegen einen Besiegten?

Hafes klopfte ihr auf die Hand, um sie aufzurichten und sie daran zu erinnern, daß sie nicht allein in der Arena stand. Doch Hafes' Hand vermochte ihr nicht die Kraft zu geben, um der Redaktion und ihrer eigenen Schwäche entgegenzutreten. Was nützen die »Ecken«, wenn von oben vom Tisch das Veto winkt. Und dennoch, das Wenigste, was sie tun kann, ist, die Selbstbeherrschung nicht zu verlieren; denn sonst würde sie zum Gespött von ihnen allen werden. Was würden sie sagen, wenn sie in Tränen ausbräche? Frau, Frauentränen, Frauengefühle? Welche Waffe habt ihr mir gelassen, meine Herrn, das ist doch eure Logik? Lassen sich die Schmerzen der Frau nur auf Risse in der Brust und auf Schwangerschaft zurückführen? Sind das die Schmerzen der Frau? *Gott ist schön und liebt das Schöne.* Und jener hingebungsvolle Körper in Adels Händen. Warum sucht er sich jenen hingebungsvollen Körper aus und nicht einen anderen? Und als er sich ihn wählte, war ich da so weit weg von ihm? Aber er weiß, daß ich seinem Wunsch nicht in gleicher Weise entsprechen kann wie diese Frau mit dem hingebungsvollen Körper; daß ich von ihm Engagement verlange, und zwar vor der absoluten Aufrichtigkeit, die er besingt. Du falscher Fälscher. Du willst, daß ich gekreuzigt werde und daß ich meinen Körper zum Opfer bringe. Aber ich bin nicht Christus, und ich lasse mich nicht kreuzigen. Du wirst es schon sehen, Adel al-Karmi.

Sie nahm alle ihre Fähigkeit zu Trotz und Aufsässigkeit zusammen und erklärte: »Das Resümee von allem, was ich gesagt habe: Die Hälfte des Volkes hat Anrecht auf die Hälfte der Zeitschrift.«

Herr Badi, der völlig überrascht war, psalmodierte mehrfach: »Wehe, Gott ist groß!«

»Immer langsam«, rief Salem. »Eins nach dem andern, meine Liebe.«

Adel, der den dritten Schlag erhielt, dachte bitter: Kommt die Erfahrung, kommt auch die Reife hinterher. Der Weg ist lang, Abu al-Iss, der Weg ist lang.

22

Weinend und jammernd ergriff sie die Hand ihrer Kollegin. Unter Tränen brachte sie flüsternd hervor: »Du als Soziologin, erklär mir, wie ich mich wie Christus verhalten kann; erklär mir, wie ich die Schläge aushalten kann, ohne besiegt zu werden; erklär mir, wie ich ohne Tränen eine Niederlage einstecken kann.«

Sie weinten beide. »An der Uni hat man mir nur die Theorie beigebracht«, sagte Salwa, »meine Tränen bezeugen das.« Sie wischte ihre Tränen ab und stand auf. »Du mußt mich entschuldigen, Rafif. Die Pflichten warten. Die Kinder, ihr Vater, das Essen für morgen. Du bist ja noch frei, Rafif. Aber bald wirst du heiraten und zu deinen eigenen Lasten noch die von anderen hinzu übernehmen.«

»Du willst mich allein lassen?«

»Und die Kinder? Und ihr Vater?

Sie blieb allein zurück. Schaute in die flackernde Kerze und in die herabsinkende Dämmerung hinter der farbigen Glasscheibe. Orientalische Sitze, Samtkissen, ein bemalter Schrank. Sie schaute sich um und musterte die Gäste, die sich den orientalischen Speisen hingaben; sie tranken Ramallah-Arak und aßen Vorspeisen. Touristen, Araber, Israelis, israelische Araber. Und sie allein in der Ecke, umgeben von orientalischen Bildern und Zigarettenqualm. Wen hat sie denn in dieser Welt? Ihre Mutter versteht sie nicht. Adel versteht sie nicht. Salwa versteht sie nicht. Adel – die Wunde in ihrem Herzen blutet noch immer. Und da sagt Salwa: »Du bist ja noch frei.« Was für eine Freiheit ist das denn, meine Liebe? Freiheit in einem Reich von nicht mehr als dreißig Zentimeter im Quadrat, das den Männern – wie diese Vorspeisen dort – dazu dient, ihren verlorengegangenen Appetit anzuregen.

Die Zukunft schien in völlige Finsternis gehüllt. An die Brust der Mutter konnte sie nicht mehr zurück; aber auch bei der »Frauenecke« konnte sie nicht weitermachen: Ich werde die »Frauenecke« verlassen. Ich werde die Zeitschrift verlassen. Ich werde Adel verlassen ... Adels Augen und Adels Stimme fielen ihr ein, und sie weinte bitterlich. Wenn in seinen Augen nur nicht dieser freundliche Blick läge. Wenn in seiner Stimme nur nicht jene warme Sympathie klänge. Wenn er nur nicht so ein Verlierer wäre wie sie. Dann bliebe ihm in ihrem Herzen nichts anderes als Kummer. Aber er war ein Verlierer, und die Wunden der Verlierer sind eins, bewirken dieselbe Bitterkeit. Jene Blässe, jene Geduld, jener Schmerz. Warum hat sie nicht seine Geduld? Warum verbirgt sie nicht wie er ihre Tränen? Warum kann er sich von einer Sitzung, an der er eine Niederlage einstecken mußte, zurückziehen und noch sagen: »Wir diskutieren das auf unserer nächsten Sitzung weiter«, während sie, wenn sie sich von einer Sitzung zurückzieht, an der sie eine Niederlage einstecken mußte, Tränen in den Augen hat? Warum lernt sie nicht von ihm, wie man bis zum Ende Haltung bewahrt? Warum lernt sie nicht von ihm, wie man Gefühle haben kann, ohne emotional zu werden? Aber hat Adel denn wirklich Gefühle? Wenn er welche hätte, würde er doch lieben können. Denn wer nicht die Fähigkeit zu lieben besitzt, der hat auch nie und nimmer Gefühle.

Wie gerne hätte sie seine Stimme gehört, hätte ihm ein paar Fragen gestellt, auf die er keine Antwort weiß, hätte ihn unters Mikroskop gelegt, um seine wahren Gefühle kennenzulernen. Sie würde ihn fragen, was er nach seiner Niederlage empfunden habe. Sie würde bohren und bohren, bis sie die Wahrheit erfuhr. Ob er innerlich Tränen vergossen habe? Ob er Schmerz empfunden habe? Und wenn er wirklich Schmerz empfunden hatte, wie er dann diese Kälte und Ruhe bewahren und auch noch sagen konnte: »Wir diskutieren das auf unserer nächsten Sitzung weiter.«

Was für eine Diskussion? Er kennt doch genau die Haltung der Redaktion und das Verhalten von jedem einzelnen Mitglied. Er weiß, daß er sie auch mit der Logik der ganzen Welt nicht von ihrer Haltung abbringen kann. Salem wird immer aufs neue sagen: »Mit den Israelis zu diskutieren ist zwecklos.« Herr Badi wird immer aufs neue mit seinem Rücktritt drohen; dabei wäre er der Allerletzte, der ginge. Der Chefredakteur wird immer aufs neue mit dem Aschenbecher auf den Tisch klopfen – keiner könne einen Flecken auf seiner Weste finden. Adel weiß all das, aber er besteht noch immer darauf, das bald weiterzudiskutieren. Wenn er mehr Gefühle hätte, so hätte sein Schmerz längst seine Geduld zum Überlaufen gebracht. Aber er will den Christus spielen. Und er will, daß sie dabei mitmacht. Und jetzt will sie auch mitmachen. Eine Revolution ohne Gefühle? Der schlimmste Fehler und ein Abfall von der Menschlichkeit und der Schönheit.

Doch was ist zu tun? Wo ist der Ausweg?

Wie gern hätte sie seine Stimme gehört, und sei es nur durchs Telefon. Sie drehte sich um und schaute durch eine verzierte durchbrochene Trennwand zur Kasse. Sie stand auf, sank wieder zurück. Ihr Blick war dem seinen begegnet. Sie sah, wie er sich von der Frau mit dem hingebungsvollen Körper verabschiedete. Er stand auf dem Gang, inmitten der Tische und der Gäste. Ihr Herz versank und schluchzte. Zitternd vor Erniedrigung und Gram, zündete sie sich eine Zigarette an. Wenn ich nicht so emotional wäre, würde ich nicht so tief lieben, und die Wunde würde mich nicht so tief schmerzen. Verflucht seien die Gefühle und alle, die welche haben!

Sie spürte ihn näherkommen. Schaute nicht auf, zeigte keinerlei Bewegung und wandte sich auch nicht um. Aber sie spürte ihn näherkommen. Er blieb direkt vor ihr stehen; sie sah seine Hosenbeine und seine herabhängenden Hände.

»Darf ich mich setzen?«

Was willst du, du Gottloser, du Falscher, du Dickhäuter! Lauf doch hinter ihr her, du Führer der Revolution, du Beistand der Unterdrückten und der Frau, du Helfer der »Ecken« – ich warte in meiner Ecke noch immer auf dich. Wenn ich nicht so blöd, so gedankenlos, so naiv wäre, dann wüßte ich, wie ich deiner Niederlage dickhäutig gegenübertreten und sagen könnte: Wir werden die Diskussion fortsetzen; das ist nicht weiter schlimm...

»Darf ich mich setzen?«

Er wartete nicht länger auf ihre Zustimmung, sondern setzte sich neben sie auf die lange Sitzbank. Nur wenige Zentimeter trennten sie voneinander. Sie dachte daran, wie sie früher am selben Platz zusammengesessen hatten. Sie hielt ihre Tränen und ihren Schmerz zurück und schluckte den Zigarettenrauch.

Was willst du? Genügt dir eine nicht? Vielweiberei ist dir ja nach deinem religiösen Gesetz noch immer erlaubt.

Wie oft hatte sie Männer schon mit ihrer Potenz prahlen hören, hatte allerlei Frivolitäten und anzügliche intellektuelle Spielereien vernommen: Der Mensch ist vieleckig, vielbedürftig, vielgesichtig. Rückkehr zu Hesse und den tausend Gesichtern in einem Gesicht. Und wieviele Gesichter hat denn die Frau, ihr mit eurer Pracht und Herrlichkeit? Ein einziges Gesicht, einen einzigen Wunsch und eine einzige Ecke? Nein, sie hat genau auf dasselbe Anrecht wie der Mann. Nutzlose Wortgefechte mit diesem und jenem, und dann steht sie wieder draußen, angekläfft von den Hunden der arabischen Öffentlichkeit. Erklär mir doch, wie ich mit tausend Gesichtern leben soll und mir dabei im Orient auch nur ein Gesicht bleibt, das nicht von Nägeln zerfetzt ist. Erklär mir das doch, Herr Lehrer, ich bin noch immer unmündig! Erklär mir doch, wie ich mit einem entstellten Gesicht den anderen ins Gesicht schauen kann! Erklär mir doch, wie sie mir ins Gesicht sehen können, wenn es mit Kratzwunden bedeckt ist! Und wie können sie verstehen, daß dieses Gesicht tausend Gesichter in einem ist. Die Sache des Volkes steht über allen Gesichtern, denn es ist das wahre Gesicht. Doch selbst wenn du es mir erklären könntest und ich es verstünde, werden die anderen es auch verstehen? Und wenn sie es nicht verstehen, wie kann ich dann die größte Wunde heilen?

»Rafif.«

»Ja, was willst du? Laß mich allein, ich bitte dich. Ich habe nicht die geringste Kraft mehr zu diskutieren. Ich diskutiere nicht mehr mit, weder hier noch nirgendwo anders. Auf Ende des Monats werde ich kündigen und werde mich aus diesem Verein und von diesen Niederlagen zurückziehen. Ich kann die Falschheit nicht mehr ertragen, ich kann es einfach nicht mehr ertragen!«

»Aber Rückzug ist Flucht, und die Flucht ist die größte aller Niederlagen.«

»Hör auf, alles zu zerphilosophieren! Mir langt's. Mir wird schlecht davon. Es interessiert mich alles nicht mehr. Ich hab's satt.«

»Sei doch friedlich. Wir werden uns nicht verständigen können, wenn du so reizbar bist.«

»Wer behauptet denn, ich wolle mich verständigen?«

»Schau mich an!«

Ich soll ihn anschauen? Warum sollte ich ihn anschauen, wo ich doch weiß, daß hinter seinem Gesicht noch tausend andere Gesichter sind. Du bist wie alle anderen. Ihr seid alle gleich. Da gibt es keinen Unterschied zwischen dir und den Männern der Frauen von der »Frauenecke«. Ich soll dich anschauen? In welches Gesicht hat denn jenes naive, dumme Modepüppchen geschaut? Und mit welchem Gesicht bist du ihr denn entgegengetreten, Herr Intellektueller? Welche Ratschläge und Belehrungen hast du ihr denn erteilt? Ich soll dich anschauen? Damit du mit deinen Erläuterungen, deinen Belehrungen und deinen Predigten anfangen kannst? Ich will nichts verstehen und nichts begreifen und nicht zuhören. Ich kenne dich durch und durch, ebenso wie die Ehemänner der Frauen von der »Frauenecke«. Ich will nicht hinschauen.

»Dein Plan war hervorragend, aber deine Forderung extrem.«

Hervorragend? Noch eine Augenwischerei. Ein süßes Wort. Ein freundlicher Blick. Ein Ton mit sympathiegeölter Stimme – dann Poesie, Musik, Schluchzen und Eifersucht. Ist das das Freiheitsversprechen der Revolution? Befrei mich zuerst von meinen Gefühlen, dann verlang, was du willst und nimm statt des einen Gesichts tausend oder gar eine Million Gesichter. Aber ich habe noch immer nur ein Gesicht. Das ist mein Gesicht, ob es dir paßt oder nicht! Vielgesichterei ist eine Kunst, die mir meine Mutter nicht beigebracht hat. Deine Mutter ist wie meine Mutter, nur die Statur ist verschieden. *Der Mann ist zwei Frauen wert.* Philosophiere, wie du willst, und predige, wie du willst. Nenn es Achtung, nenn es Engagement, nenn es Stolz, nenn es, wie du willst! Aber ich glaube, bei allem Unglauben, noch immer, daß der Mensch Geborgenheit und ein einziges Gesicht braucht.

»Der Sieg braucht einen langen Atem, und einen langen Atem schafft nur das Engagement, und Engagement heißt, daß man seine Verantwortung begreift angesichts aller Widersprüchlichkeiten und daß die Kräfte nicht nachlassen.«

»Widersprüchlichkeiten? Engagement? Sei doch still!« Das Maß ihrer Geduld war voll und lief brodelnd über. »Von welchem Engagement sprichst du eigentlich? Und warum redest du immer nur von Engagement, wenn du von mir verlangst, den Walfisch der Geschichte auf meinen Schultern zu tragen? Warum redest du nur davon, wenn es um Politik oder um die Zeitschrift geht? Warum redest du nicht davon, wenn du dich von deiner billigen dummen Ziege verabschiedest?«

»Sie ist weder eine Ziege noch dumm noch billig.«

»Liebst du sie?«

»Nein.«

»Warum verteidigst du sie dann?«

»Weil ich sie kenne.«

»Wer ist sie?«

»Eine Frau, die ich kenne.«

»Wer ist sie? Du willst wohl nicht verraten, wer sie ist? Du schämst dich wohl, es zuzugeben? Warum denn? Etwa, weil sie eine Frau mit tausend Gesichtern ist und du ein Mann mit tausend Gesichtern?«

»Ich habe dich für klüger gehalten, Rafif.«

»Geh! Laß mich allein! Ich will dein Gesicht nicht mehr sehen. Ich brauche deine Belehrungen und Widersprüchlichkeiten nicht mehr. Mir reichen meine eigenen

Sorgen und meine eigenen Niederlagen. Geh und vergiß deine Niederlage bei ihr. Ich brauche dich nicht mehr, denn du erinnerst mich an meine Schwäche und meine Hilflosigkeit. Du erinnerst mich daran, daß ich der Welt wehrlos gegenüberstehe. Und die Wehrlosen siegen höchstens durch ein Wunder.«

»Wann wirst du erwachsen werden, Rafif?«

»Ich habe keinerlei Gefühle mehr für dich, weder gute noch schlechte. Ich habe überhaupt keine Gefühle mehr.«

»Warum dann dieser emotionale Ausbruch?«

»Geh, geh!«

Er zog sich langsam zurück, mit den Schritten eines Geschlagenen. Die Zeitschrift, Rafif, Salem, Herr Badi, Chadrun und das Projekt, um bei beiden Völkern das Bewußtsein zu fördern... Was für eine Quälerei, was für ein Abnutzungskrieg. Hiobsgeduld!

Er ging die Straße entlang, ohne auf den Weg zu achten. Das letzte Sammeltaxi nach Nablus, zu Abu al-Iss, zum Haus der al-Karmi. Bei seiner Ankunft saßen sie um den Tisch beim Essen. Ihr Lachen erfüllte jeden Winkel des Hauses. Du lachst noch immer, Abu al-Iss. Du hast dein Leben riskiert, als du ins Gefängnis gingst und als du herauskamst, und trotzdem lachst du noch immer. Sag mir doch, wie man mit einem Lächeln auf den Lippen und einem Leuchten in den Augen sterben kann. Sag es mir doch, Vertreter der jüngeren Generation.

Basil ging ins Zimmer und fand seinen Bruder, völlig bekleidet, auf dem Bett liegen. »Was ist los mit dir?«

Er winkte müde, antwortete nicht. Er sah sehr blaß aus und hatte dunkle Ringe unter den Augen. Ihre Blicke trafen sich. Er lächelte. Versuchte etwas zu sagen, um das Eis zu brechen: »Nun, wie findest du die Welt?«

»Nicht übel.«

»Gefällt sie dir?«

»Warum sollte sie mir nicht gefallen?«

»Bist du schon unter die Leute gegangen?«

»Ja, bin ich.«

»Und wie war's?«

»Ich bin noch dran, es herauszufinden. Vieles habe ich schon herausgefunden, das meiste wie erwartet. Was sagst du dazu? Ich habe herausgefunden, daß die Leute nicht mehr träumen, so wie früher. Vielleicht ist das ja ein Fluch. Die Fähigkeit zu träumen erfüllt sie mit Hoffnung, und so gehen sie nicht fort. Das ist das Allerwichtigste dabei. Stell dir vor, wie es hier im Land aussieht, wenn keine Menschen mehr da sind. Stell dir das einmal vor. Beruhigend dabei ist nur, daß wir ein ausgesprochen fruchtbares Volk sind. Hast du die Abhandlung gelesen, die jemand gemacht hat? Er spricht von einer arabischen Invasion von innen. Wie findest du diese Bezeichnung? Dem steht die Zahl derer gegenüber, die nach Osten abwandern, was man den Brain-Drain nennt. Der ist gefährlich. Aber ich habe eine Geschichte gehört, die mich stutzig gemacht hat. Als die Stadtverwaltung ihre völlige Ohnmacht zugab, haben die Leute nicht gerufen: ›Wir kommen zu Hilfe, Stadtverwaltung, wir kommen zu Hilfe!‹ Zweifelsohne kennst du die Geschichte. Aber noch etwas anderes ist mir aufgefallen, Adel, nämlich, daß dieses Haus ausgesprochen ungemütlich ist. Es wird dich wohl kaum überraschen, wenn ich behaupte, daß du deshalb dieses Haus meidest, nicht wahr? Ebenfalls ist mir aufgefallen, daß auch Nuwar nicht mehr träumt wie früher. Saleh, das ist schön und gut, aber im Gefängnis habe ich vieles gelernt. Nuwar braucht Saleh hier und jetzt. Sie muß ihn sehen können, muß ihn anfassen können, muß spüren können, wie seine Wärme das Haus und die Straßen füllt. Und das führt uns zu einer anderen Folgerung und einer anderen Lösung. Aber hörst du mir überhaupt zu?«

»Ja, ich höre dir zu.«

»Aber du bist nicht bei mir.«

Er war wirklich nicht bei ihm. Er dachte an Rafif und an Nuwar und an die Vergleiche, die er zwischen ihnen immer anstellt: Verflucht! Eine ist so schlimm wie die andere. Diese will einen Mann, und jene will einen Mann; beide wollen einen Mann, der ihren weiblichen Besitzhunger befriedigt. Aber genügen einem denn nicht die Niederlagen des Volkes? Der Direktor, Herr Badi, Salem, Rafif und dann noch Nuwar.

Basil klatschte lebhaft in die Hände; ihm war etwas eingefallen. »Mit Sadija ist das anders. Die hat sich gewaltig geändert, Mensch. Glaubst du nicht? Die hat einen Teufelskern zum Sohn, Raschad; kennst du ihn?«

»Ja, ich kenne ihn.«

»Sadija hat sich wirklich geändert. Eine völlige Umkehr. Aber Schahada liegt auf der Lauer. Schahada ist kein wirklich schlechter Kerl. Aber für Saijas Problem ist er keine Lösung. Was meinst du dazu?«

Er antwortete nicht. Basil wandte sich ihm zu und fragte befremdet: »Aber was ist los mit dir? Du bist in keiner guten Verfassung. Wie du aussiehst! Was ist denn los? Ist es das Projekt? Die Zeitschrift? Das Haus? Rafif?«

Die beiden setzten sich zusammen aufs Bett und unterhielten sich bis zum Tagesanbruch.

23

Die Wasserknappheit war gravierend geworden. Brunnen und Zisternen gaben nichts mehr her, und man begann, die Regentropfen zu zählen. Die anderen gruben ihnen das Wasser ab und fingen es ein. Kein Brunnen, der nicht von ihnen kontrolliert war. Selbst der Brunnen, der Sadijas Kindheit, das Kalifat der Türken und die Siege Sengis miterlebt hatte, versiegte, und die Araber schauten einfach zu.

Sie trug ihr Bündel und ihre Schüssel und strebte dem städtischen Bad zu. Als sie am Brunnen vorbeikam, erinnerte sie sich an den ausgeschütteten Blechkanister, an ihre sichtbar werdende kräftige Brust und an Sohdis Schnurrbart. Alles hat sich geändert. Sohdi gibt es nicht mehr, Wasser gibt es nicht mehr, die kräftige Brust gibt es nicht mehr. Samija gibt es, die da vor ihr ging, den kleinen Asis an der Hand. Sie ist kein kleines Mädchen mehr. Männerblicke bringen sie schon in Verlegenheit, und sie geht mit eingefallenen Schultern, aus Angst, ihre Knöspchen könnten sichtbar werden. Alles hat sich geändert. Die aufrechten Schultern sind eingefallen, die straffe Brust hat sich gesenkt, das frische Herz ist gewelkt.

Seit vielen Jahren hatte sie die Schwelle des städtischen Bades nicht mehr überschritten. Und ohne die Wasserknappheit in der Stadt wäre sie nicht hingegangen. Sie fürchtete sich, einen Ort aufzusuchen, an dem sie auf geschwätzige Frauen traf – Umm Saber, Umm Tahsin und andere Frauen aus dem Viertel. Doch selbst wenn sie keine Bekanntem antraf, führte schon eine kurze Unachtsamkeit und die beiläufige Erwähnung ihres Familiennamens dazu, daß einige der Anwesenden Geheimnisse aus der Vergangenheit feilboten oder die Wurzeln am Familienbaum und die Knochen der Toten aus vergangenen Zeiten freilegten. Sadija wußte das. Ihre Familie wohnte seit Generationen in der Stadt. Sie hatte selbst auch schon betont, daß sie Sadija sei, die Tochter des Tamarijaverkäufers, und wie hoch sie auch immer hinaufstiege, ihre Herkunft bliebe immer mit dem Sitzschemel, dem Knoblauch und der Tamarija verbunden.

Seit der Besetzung und seit Sohdis Tod klang diese Herkunftsplatte etwas anders. Es gab Lieder, die begannen mit den Wasserkanistern und endeten mit der neuen langgezogenen Melodie: »Mein Gott, mein Gott, Sadijas Nähmaschine. Mein Gott, mein Gott.«

Die Männer warfen ihr die wohlbekannten aufdringlichen Blicke zu. Und obwohl ihre Arbeit ihr dabei geholfen hatte, diesen Blicken gegenüber die Befangenheit zu verlieren, fühlte sie sich jetzt, auf dem Weg ins Bad, gehemmt, weil sie sich vorstellte, welche Phantasien durch die Männerköpfe gingen. Sie stolperte, konnte sich aber gerade noch fangen.

Sie stieß mit dem Bademeister zusammen, der mitten auf der Straße stand, einen langen Stab in der Hand, mit dem er den Lappen fortnahm, der vorne an der Gasse hing und mit dem das Ende der Badezeit für Männer angezeigt wurde. Der Bademeister rief: »Aufgepaßt, aufgepaßt.« Das Wort hallte wider in der Gasse; viele Münder auf beiden Seiten nahmen es auf und wiederholten es in verschiedenen Tonlagen. Sie rannte auf die alten Treppen zu und auf die Gänge, in denen es muffig und modrig roch. Entschwand den Blicken und atmete erleichtert auf.

Seufzend dachte sie an das Bad und an die Zeiten, die es erlebt hatte. Vor der Besetzung hatte es bessere Tage gesehen. Wo sind sie geblieben? Personen aus allen Schichten und Familien hatten es aufgesucht. Vornehme Damen hatten es zu einem Schauplatz gemacht, der an Tausendundeine Nacht erinnerte. Wohlgerüche, Henna und brokatdurchwirkte Badetücher, die den Duft von Moschus, Parfüm und Weihrauch verbreiteten. Bräute hatten sich hier für die Hochzeitsnacht hergerichtet. Junge Mütter hatten die Geburt von Söhnen gefeiert. Frauen hatten hier vierzig Tage nach der Geburt die Waschung vollzogen und sich für die Nacht der neuen Schwangerschaft bereitgemacht. Sie selbst erinnerte sich noch immer an jenes Erlebnis, das nun schon mehr als zwanzig Jahre zurücklag. Sie feierte die Vollendung der vierzig Tage nach der Geburt Hamadas, ihres ältesten Sohnes. Ihre Mutter, Umm Saber und andere Verwandte und Nachbarinnen zogen sie fort und verwandelten das Bad in eine Brautfeier. Sie massierten sie und rieben ihr die Haut mit Ingwer ein, bis sie rot wie eine Rübe war. Sie färbten ihr das Haar mit Henna und lackierten ihr die Nägel. Dann drängten sie sie auf den steinernen Badeofen, auf dem sie ein Ei zerschlagen hatten. Sie versuchte, ohne Erfolg, sich einem Teil dieses Treibens zu entziehen. Schließlich fügte sie sich dem Drängen der Erfahrenen und Eingeweihten und setzte sich auf das Ei. Die Frauen überschütteten sie von allen Seiten mit guten Ratschlägen: Ingwer strafft die durch die Schwangerschaft schlaff gewordenen Muskeln. Das Ei nährt die Gebärmutter und macht sie fruchtbarer als eine Legehenne. Bockshornklee läßt die Milch üppig fließen und die Brüste größer werden als das Euter einer holländischen Milchkuh. Wasser dient der Reinheit und der Schönheit – das beste Rezept, um die Begierde eines entkräfteten Ehemannes neu zu beleben.

Alles gab es in Hülle und Fülle. Wasser, Eier, Milch, Kinder und Sohdis Jugendkraft. Jetzt dagegen gibt es die Armeen der Kakerlaken, die die Wände des Bades besetzt halten, und die Feuchtigkeit und die Modrigkeit und die Krankheitserreger wie Sand am Meer. Diese Ruhebetten, auf denen sich die parfümierten Damen nach der Massageschlacht entspannten, sind keine Augenweide mehr; es sind faulige Säcke mit niedergesessenen Ecken, aus deren Innerem Stroh, Gras und Wanzen quellen. Die Halle, welche einst von Jasmin- und Basilienkrauttöpfen gerahmt war, ist zum Tummelplatz von Ratten und Schnecken geworden. Die Glasluken, die auf die Decke Strahlen des Tageslichts fallen ließen und mit denen es die Paradieslampen nicht aufnehmen konnten, sind jetzt mit Moos und Spinnweben bedeckt. Die Heere von Ungeziefer gemahnen unablässig an die traurige Gegenwart.

Sadija zog sich aus und wickelte sich ein Tuch um die Hüften. Samija folgte ihr auf Zehenspitzen, mit verschränkten Armen und eingefallenen Schultern. Doch als der Badedampf sie einhüllte und sie die Brüste der Frauen sah, die bis auf den Bauch herabhingen und von chronischer Schwangerschaft rissig waren, faßte sie Mut, legte ihr Unterhemdchen ab und stieg eilends ins Wasser.

Sadija erwachte aus ihrer Reise in die Vergangenheit durch das Geräusch einer Ohrfeige, der Asis' Geschrei folgte. Erschreckt und verärgert starrte sie ihre Tochter an. Warum diese schallende Ohrfeige, die die allgemeine Aufmerksamkeit auf sie lenkte?

»Asis hat Kakerlaken in den Zuber geworfen, Mami.«

Asis schrie. Seine Tränen vermischten sich mit den Wassertropfen, die ihm aus dem Haar liefen. Sein Geschrei hallte laut und vermischte sich mit dem der anderen Kinder, die Bürsten und Seifenschaum über sich ergehen lassen mußten.

Sadija nahm Asis am Ohr und drehte es. »Du spielst mit Kakerlaken, du Schlingel?«

Asis wand sich unter ihren Händen im Versuch freizukommen. Sie hielt ihn fest, während er sich noch immer verteidigte: »Die anderen Kinder spielen auch.«

Er zeigte auf eine Schar Kinder, die sich in einer fernen Ecke zusammengefunden hatte und die Kakerlaken mit Schwämmen bewarfen, damit sie auf die Erde fielen. Dann nahmen sie sie auf und verschafften ihnen das Erlebnis eines Bades in den mit Wasser und Seife gefüllten Rinnen. Samija kreischte. Noch mehr Augen richteten sich auf sie. Eine Frau blickte grimmig und erzürnt über Samijas Bewegungen, die Verweichlichung, Überheblichkeit und Dünkel verrieten. Sie murmelte etwas Abfälliges vor sich hin und betrachtete Sadijas neues Badetuch. Sie musterte auch den dicken Schwamm, der auf einen Geschmack deutete, der nicht dem hier im Bad herrschenden entsprach. Dann diese Plastiktasche mit allerhand Eßbarem drin, auch Früchten, und die Thermosflasche mit Kaffee. Sie verzog den Mund und fragte mit einer Mischung aus Neid und Spott: »Seid ihr von hier oder seid ihr Juden?«

Die Frage traf Sadija wie ein Blitzstrahl. Ihre Erinnerung an die Auseinandersetzungen, an die sie seit ihrer Kindheit und seit den Gängen zum Brunnen gewöhnt war, halfen ihr, und sie fragte im Tonfall aus dem allerinnersten Alt-Nablus: »Jeh, Gott bewahre, Juden? Wie denn das, Tante? Sehn wir denn so aus?«

Doch trotz Sadijas völlig überzeugendem Tonfall ließ die Frau sich nicht von ihrem Versuch ablenken, den Schleier von diesem merkwürdigen Geruch zu ziehen. Ein neues Badetuch, ein dicker Schwamm, eine Tasche voller guter Dinge und eine Thermosflasche mit Kaffee – all das war ein Luxus, welchen sich die Leute, die noch immer das städtische Bad aufsuchten, nicht leisten konnten.

Sadija blickte die Frau noch immer fest an. Ihr Herz klopfte. Sie fürchtete, ein Streit könne ausbrechen, und sie würde nachhause gehen, nur mit einem neuen Skandal gewaschen, nicht mit Wasser und Seife. Ihr Gefühl von Fremdsein verstärkte sich. Sie fühlte ihre Wurzeln abgeschnitten. Sie war eine von ihnen und ihnen doch so fern. Ihre Blicke wiesen sie zurück, wollten sie nicht als eine der ihren anerkennen. Und die Frage, die sie wie ein Blitzstrahl getroffen hatte, dröhnte ihr noch immer im Kopf und in der Kehle. »Seid ihr von hier oder seid ihr Juden?« Wie gern hätte sie sich das neue Tuch von den Hüften gezogen, wäre nackt geblieben wie die meisten

Frauen hier und hätte gerufen: »Ich bin von hier, aus dieser Stadt, aus dem Innersten dieser Stadt. Ich bin die Tochter von Abu Schamar, dem Tamarijaverkäufer. Das können die Blechkanister zum Wassertragen bezeugen und alle Menschen.« Aber wollte sie das wirklich? Zurückfallen in die Armut und die Erniedrigung, zu den Kakerlakenheeren und den Krankheiten der Unterstadt? Und die Träume von der Glasveranda und den diamantenbesetzten Tellern – wo sind die geblieben? Wollte sie nicht das kleine Tischchen an der Schwelle des Hauses zerschlagen und das finstere Viertel durch den sonnenbeschienenen Berg ersetzen? Aber warum kann sie das nur erreichen, wenn sie wird wie die anderen, wenn sie sich denselben Dingen unterwirft wie sie? Frühere Zeiten gehen ihr durch den Kopf. Jenes Mädchen aus den besseren Kreisen, das ihr nachrief: »He, Sadija, Bettlerin! Du hast mein Kleid an.« Und wie sie zuhause sitzt und auf die Almosen der geizigen besseren Leute wartet und die Kleider ihrer vaterlosen Kinder flickt und bei den Reichen als Putzfrau von Haus zu Haus geht, wie schon ihre Mutter... Damit ist Schluß, und wenn die ganze Welt sie zurückweist. Im Schweiße ihres Angesichts verdient sie anständig ihr Brot. Sadija ist nicht Chadra, und sich bloßzustellen ist nicht ihr Ziel. Sie wird sich nicht bloßstellen – weder so noch so.

Aber als sie Samija sah, die nach der Tasche langte, um sich etwas zu essen zu holen, schalt sie sie. Denn trotz all dieser Selbstrechtfertigungen fühlte sie sich noch immer als eine von ihnen. Wie konnte sie allein essen und die anderen nur zuschauen lassen? Die Augen der Kinder und die der Frauen!

Die Frau plapperte noch immer, während sie wild den Kopf ihres Kindes scheuerte: »Ha, Kakerlaken, als ob die was Besonderes wären, mein Gott.«

Um der Sache ein Ende zu machen, hieß Sadija ihre

Tochter Wasser aus dem Becken schöpfen, um die Spuren zu beseitigen. Doch als Samija sich dranmachte, hallte das ganze Bad wider von schrillem Schreien: »He, du da, du da, Mädchen, Mädchen!«

Samija drehte sich nicht um, da der Ruf sich mit anderen Rufen, mit dem Geklapper der Schüsseln und mit dem Kindergeschrei vermischte. Da stolzierte, mit ihrem Tuch umwickelt, fett die Bademeisterin einher, packte die Schüssel, riß sie Samija aus der Hand und donnerte: »Das tut man doch nicht, das Wasser so vergeuden.«

In Samijas Augen zeichnete sich der Schreck ab, Ratlosigkeit band ihr die Zunge. Sie wies auf die Kakerlake mitten im Zuber, die beide Flügel auf dem Wasser ausgebreitet hatte. Die Bademeisterin nahm sie mit der Hand auf und schleuderte sie weg. Sie füllte die Schüssel mit Wasser, goß es sich über den Scheitel und kommentierte: »Ha, siehst du? Du fürchtest dich vor Kakerlaken? Nein, meine Kleine, das Wasser ist heutzutage so kostbar, daß du's im Schmuckkästchen aufbewahren mußt.«

Als Sadija sie an Krankheit, Gesundheit und Hygiene erinnerte, lächelte die Frau mitleidig: »Das war einmal, meine Liebe. Morgen und danach – was wir da erst erleben.«

Sadijas Herz krampfte sich zusammen; sie war dem Weinen nahe. Ist wirklich das die Zukunft? Werden die Leute vor Schmutz und Durst sterben? Und sie, trotz ihrer Arbeit, trotz ihres Schweißes, trotz ihrer Träume vom neuen Haus und von diamantenbesetzten Tellern, gehört sie nicht dazu? Was jene erleben, das werden auch sie und ihre Kinder erleben, auch wenn sie über sich ein Zelt aus Eisen errichtet. Am allerdeutlichsten wird das durch ihren Besuch im Bad. Obwohl sie die Frauen meidet, ist sie mitten unter ihnen. Bald findet sie hier vielleicht schon keinen Platz mehr für sich – wenn alle nackt im städtischen Bad erscheinen.

Du unser Helfer, hilf uns und nimm das Übel von uns. Wie lange ist es her, daß sie zum letztenmal diesen Spruch gesprochen hatte, ihn zu Gott emporgesandt hatte als angstvollen Schrei? Sie war noch ein Kind gewesen, der Durst war schlimm geworden. Der Himmel hatte geknausert, und die Stadt litt an Wassermangel. Sie schloß sich einer Gruppe an, die sie für einen Hochzeitszug hielt. Doch die Gruppe schritt traurig wie ein Leichenzug, die Hände erhoben, die Blicke gesenkt. Die Kinder wurden immer zahlreicher, bis sie die Straße versperrten. Dann zog die Gruppe auf Feldwegen den Berg hinauf, wo das Heiligtum stand. Dort, auf dem Platz um das Grab eines Heiligen, bildeten sie einen großen Kreis. Ein ehrfurchtgebietender Mann trat vor und erhob seine Stimme zu einem Gesang, der wie ein Gebetsruf klang. Nach ihm riefen die anderen wieder und wieder: *»Du unser Helfer, hilf uns und nimm das Übel von uns.«* Sadija standen die Haare zu Berge; vor Furcht begann sie zu zittern. Die Kinder weinten, ihre kleinen Hände zum Himmel ausgestreckt. Sie fühlte Entsetzen und weinte. Sah die alten Männer, die sich ergriffen und ergeben die Tränen abwischten, und schluchzte noch mehr. Sie lief davon. Die Stimmen der Leute folgten ihr; die Trommeln dröhnten. Danach war sie am Brunnen vorbeigegangen, wo sie immer die Blechkanister füllte, und fand, daß das Wasser noch immer hervorsprudelte. Und heute, da die Quellen langsam versiegen und der Himmel mit Regen geizt und die Erde und die Menschen austrocknen, werden keine Gebete gesprochen, und die Menschen schlagen keine Trommeln …

Die Bademeisterin stand noch immer vor ihr und umfaßte die Frauen mit ihren Aufseherblicken. Die Angst vor dem Morgen floß in Sadija über. Mit einer Geste deutete sie der Frau eine Einladung zu einer Tasse Kaffee an. Vielleicht machte die Gesellschaft dieser Frau ihre Einsamkeit erträglicher und ließ sie ihre Ängste vergessen. Die Bademeisterin setzte sich in ihrer ganzen Fülle mit untergeschlagenen Beinen auf den Boden und begann schlürfend den Kaffee zu trinken. Und während sie sich umschaute und prüfend die Thermosflasche und den Schwamm und den Behälter mit den Eßwaren betrachtete, fragte sie Sadija: »Bist du von hier?«

Zum zweitenmal fühlte sich Sadija wie eine Angeklagte hinter Gittern; sie machte sich an ihre Verteidigung und legte ihre Identität offen: »Ich bin von hier, aus dem Herzen der Stadt, Tante. Ich bin die Tochter von Abu Schamar, dem Tamarijaverkäufer.«

Die Frau klopfte sich auf die Brust, ihre metallenen Armreifen klapperten. »Du bist Sadija, die immer die Kanister am Brunnen gefüllt hat.«

Sadija fühlte sich nicht verlegen, wie sie erwartet hatte. Die Tochter des Tamarijaverkäufers und die Kanister-Füllerin am Brunnen zu sein, war tausendmal besser als sich diesem Verdacht ausgesetzt zu sehen: Seid ihr von hier oder seid ihr Juden? Lachend blies die Frau den Rauch einer feuchten Zigarette aus. »Mein Gott, Sadija! Bist du groß und schmuck geworden.« Sie musterte sie staunend ein zweites und ein drittes Mal.

Dann lachte sie nochmals und wiederholte: »Mein Gott, Sadija! Bist du groß geworden.«

Sadija griff an ihr Haar und murmelte: »Ein paar graue sind schon darunter; ich färb sie mit Henna.«

Durch den Rauch der Zigaretten und den Dampf des Wassers hindurch lachte die Frau nochmals schallend. »Nach all dem bist du immer noch wie ein Kind?« fragte sie Chadra. Chadras Worte. Was »all das«, was »wie ein Kind?« Was meint diese Frau? Daß sie eine blöde Kuh ist, wie Chadra gesagt hat? Und »all das?« War es das, von dem Umm Tahsin immer sprach, ohne rot zu werden?

Sie legte ein zweites Mal ihre Identität offen. »Ich hatte

einen Mann, wie ihn die Welt noch nie gesehen hat.« Das Gesicht der Frau nahm einen ernsten Zug an. »Gott erbarme sich deiner, Sohdi, du bester aller Männer!«

Sadija begann aufzutauen. »Gott segne dich und deine Lieben, Umm Abdallah.«

»Die Lieben? Wo sind sie denn, mein Schmerz! Alles aus. Die Welt hat sie von uns getrennt. Uns Frauen bleibt doch nichts als Gott. Weiß Gott, was weiß ich; die Frauen, die auf dem Ei sitzen, warum tun sie's? Die eine, der ihr Mann hockt im Gefängnis. Die andere, der hat Saudiarabien ihn genommen. Noch eine andere, der hat Kuweit ihn genommen, und noch welche, denen hat kein andrer Ort, sondern Gott ihn genommen.«

Sadija nickte kummervoll. »Recht hast du«, flüsterte sie.

»Wir haben uns daran gewöhnt. Aber die Schwangerschaft lastet schwerer auf dem Herz als die Sorge. Da kommt der Mann von einer für zwei oder drei Tage aus Saudiarabien zurück, pumpt ihr den Bauch voll und sagt dann: Gehabt euch wohl, auf Wiedersehn. Und sie sitzt da und zieht die Küken auf, bis sie Federn an den Flügeln haben und wegfliegen.«

Eine Frau in der Nähe, die ihrer Unterhaltung gelauscht hatte, rief: »Eine harte Zeit, aber das geht vorbei, Umm Abdallah, eine harte Zeit, aber das geht vorbei. So ist's, und nicht anders, meine Liebe. Kommt her Frauen, los, kommt her.« Sie nahm ihre Schüssel und begann darauf zu trommeln. Die Frauen bildeten einen Kreis um sie und begannen, in die Hände zu klatschen.

Die Bademeisterin drehte sich zu Sadija und rief ihr, durch all den Lärm hindurch, ins Ohr: »Du gehörst auch zu uns, Sadija! Klatsch auch in die Hände!« Sadija reagierte nicht. Unbeweglich starrte sie die in die Hände klatschenden Frauen an. Ziehen wir die Küken auf, bis sie Federn an den Flügeln haben und wegfliegen? Zieht

Sadija die Küken auf, bis sie wegfliegen? Hamada, nach ihm Dschamal, nach ihm Raschad und Samija und Asis. Und da sagen sie dir, klatsch in die Hände, Sadija! Und da sagen sie dir, klatsch in die Hände?... Sie klatschte nicht mit. Das Schüsselgetöse wurde heftiger. Die Kinder kauerten in den Armen ihrer Mütter oder zu ihren Füßen. Mit nie gesehenem Eifer ließen sie ihre Händchen arbeiten. Ein kleines Mädchen stand splitternackt mitten im Kreis und bewegte ihren mageren Körper. Die Frauen klatschten rhythmisch und lachten ihr ermutigend zu. Eine Frau sang mit kräftiger Stimme; die anderen psalmodierten ihr nach:

Wir müssen doch, Wir müssen
Oh liebe Freund', Wir müssen
Tanzen und singen, Wir müssen
Heiter sein, Wir müssen

Der Lärm wurde immer größer. Die Stimmen hallten dröhnend in der großen Badehalle. Sadija überlief es heiß und kalt; Tränen traten ihr in die Augen. Die Worte »liebe Freund'« hallten ihr im Ohr und klangen in ihrem Herzen nach. Unter den Schlägen der Erinnerung wurde ihr schwindlig. Eine andere Badeszene fiel ihr ein, als sie nicht allein war. Sie zitterte, und die Tränen liefen ihr über die Brust. Ach Sohdi. Die Geborgenheit ist verlorengegangen. Kein Herz, kein Körper, keine Küken, keine Geborgenheit ...

Die Frau mit der kräftigen Stimme sang noch immer; die anderen psalmodierten; eine Kinderschar tanzte.

Seine Mutter, seine Mutter, Gott bewahr ihm
seine Mutter
Umhüllt mit der Kefijeh kommt Fathi heim zu
seiner Mutter

Sie gingen vorbei, als ich mit Henna mich
schmückte
Sie tauschten mein Henna gegen sein Blut und
Kummer
Seitdem klage ich jede Nacht:
›Oh, Leben unter Fremden, oh Menschen …‹
Ich zähle die Tage; mein Traum: ihn einst zu
umarmen.

»Klatsch mit uns in die Hände, Sadija«, rief die Bademeisterin ermunternd.

Mit wem und für wen sollte sie denn in die Hände klatschen? Wen hat sie denn? Wer fragt nach ihr? All diese Einsamkeit und die Sehnsucht nach Sohdi, das bringt kein Händeklatschen weg, und auch sonst nichts. Sie klatschte nicht mit.

Die Bademeisterin starrte sie ärgerlich an, als sie die Tränen in ihren Augen sah. »Klatsch mit uns in die Hände, du verrückte Frau«, schalt sie. »Du gehörst auch dazu.«

Zu ihnen? Sie wollte, es wäre so. Sie sind beherzt, sie selbst ist feige. Das hatten Chadra und der vermummte Mann abschätzig gesagt.

Die kräftige Stimme dröhnte wie ein Erdbeben:

Sie tauschten mein Henna gegen sein Blut und
Kummer
Da blieb ich allein, mein Kind, im eigenen Land
Eine siebenköpfige Schlange wickelte sich um
meinen Mund.

Sadija schluchzte. Doch ihr Schluchzen ging im wilden Tumult unter. Durch Dampf, Nebel und Lärm erschienen ihr Bilder und Gestalten. Die Männer stießen die Tür auf. Sie brachten ihr die Unglücksbotschaft und einige seiner Sachen. Sie erlaubten ihr nicht, ihn noch einmal zu sehen. Sie sah ihn nicht, und sie nahm nicht von ihm Abschied. Sie hatte ihn vor seinem Weggehen nicht um Verzeihung gebeten. Sie stießen die Tür auf und kamen herein. Asis spielte noch immer mit den Topfdeckeln. Sie selbst hatte den Schöpflöffel mit Linsen in der Hand, die er nie gemocht hatte. Der Schöpflöffel fiel ihr aus der Hand; sie stürzte bewußtlos zu Boden.

Die Stimmen dröhnten noch immer in der weiten Badehalle:

Auge, sei	geduldig,
Trotz derer, die sprengen	das Haus.
Auge, sei	geduldig,
Trotz derer, die tränken	mit Bitterkeit.
Wer mit uns ist,	Gott ist mit ihm.
Wer gegen uns ist,	Gott ist gegen ihn.
Ihr Leute, sagt	wie wir:
Der bittre Brocken,	wir schlucken ihn.
Tyrannenhände,	wir hacken sie ab.
Das freie Land,	wir kriegen es.
Die Waisen des Viertels	sind heute Männer,
Die Witwen	haben Schlimmes erlebt.
Nach Drangsal	haben sie Berge zermalmt.
Der Schah, der Verräter,	hat sich aufgespielt,
Doch der hohe Palast	hat sich wankend geneigt.
Nach ihm kommt	die Besatzung dran.
Auge, sei	geduldig.

24

Dampf, Nebel und Gesang stiegen von Körpern auf, deren Poren sich nach langer Verstopfung geöffnet hatten. Leiber wiegten, Brüste wackelten, Kehlen dröhnten, während sie noch immer die Erinnerung an eine Badeszene durchlebte, als sie nicht allein war. Anfangs starrten unfreundliche Augen sie an. Dann floß zwischen ihnen elektrischer Strom, der sie wieder auflud. Ganz allmählich überflutete sie die heiße Atmosphäre, und Wärme kehrte in ihr Herz zurück. Sie schaute nach Samija. Diese saß mit roten Backen da, klatschte in die Hände und bewegte mitsingend die Lippen, eifrig und selbstvergessen. Der kleine Asis hockte auf der Erde, hielt die Schüssel umgekehrt an sich gedrückt und begleitete mit seinem Trommeln das Singen. Die Bademeisterin warf ihr noch immer ermutigende Blicke zu und gab ihr mit dem Kopf freundliche Zeichen der Sympathie.

Plötzlich erblickte sie sie. Durch den Dampf hindurch sah sie sie mit ihrem Kleiderbündel in der Hand durch die rissige Türe hereinkommen. Sie war nackt; ihre Schüssel hielt sie umgekehrt über ihrer Scham. Ihr Herz klopfte. Heißer Dampf stieg aus ihrer Kehle auf und gelangte in ihre Augen. Sie hob die Hand, legte sie sich auf den Mund und murmelte: »Chadra!« Ihre Gedanken stoben in alle Richtungen. Skandal. Augen, die starrten. Münder, die sich bis zu den Ohren zogen und groß wurden wie Riesenlautsprecher. Flüstern, Tratschen, Lärmen: Sadija und Chadra. Chadra und Sadija. Außer Haus über Nacht. Sadija in Tel Aviv. Natürlich, natürlich. Das erklärt so manches …

Sie versuchte, sich zu verstecken, drückte sich an den Zuber und wünschte, er würde sie verschlucken. Chadra hatte sie noch nicht erblickt. Sie wurde sofort aufgenommen, stellte sich mitten in den Kreis und begann, mit und ohne ihre Schüssel in der Hand zu tanzen. Die Frauen lachten und klatschten in die Hände, Chadra spielte den Clown. Manchmal stieß sie einen Triller aus, der ins Bad knallte wie ein Schuß.

Sadija wandte das Gesicht ab und blickte nur verstohlen hin. Die Frauen waren noch immer versunken ins Händeklatschen und den Gesang. Manchmal ging von der ganzen Gruppe eine dröhnende Lachsalve aus, die das Bad in seinen Grundfesten erschütterte. Chadra brachte einen neuen Schwung mit, einen Schwung, in dem sich Heiterkeit mit Witzen, zotigen Andeutungen und zweideutigen Bemerkungen vermischte. Sie rührte an unterdrückte, geheime Regungen, in denen das Geschlechtliche zum Gegenstand des Gespötts und der Boshaftigkeit wird. Die Besatzung. Die Besatzung kann mich mal. Sadat, der hockt faul rum und gafft durch eine Brille, die hat ein Glas aus schwarzem Leder. Chomeini im Iran, das ist ein Mann, ihr Araber, wie ihr keinen halben habt.

Schließlich traf sich ihr Blick mit demjenigen von Sadija. Sie hörte plötzlich zu tanzen auf, trat zu ihr hin und rief hocherfreut: »Sadija, du, meine Allerliebste, Sadija! Beim Propheten. Ich habe dich nicht vergessen, auch wenn du wie ein Kind bist, wie ein Kind naiv – ein Rettich in Besatzerhintern tief ...«

Sadija verbarg ihr Gesicht in den Händen. Sie wünschte, der Zuber würde sie verschlingen. Sie erwartete die größte Katastrophe, wenn die Frauen erführen, wer und was Chadra ist. Doch sie sangen weiter, und Chadra tanzte und spaßte weiter und verbreitete weiterhin Witze und machte Bemerkungen jeder Art.

Samija, die lachte und guter Dinge war, fragte: »Wer ist das, Mami?«

Sadija tat, als habe sie nichts gehört, und antwortete nicht. Auch nicht, als die Bademeisterin sie in die Seite boxte und fragte: »Wer ist das, Sadija?« Chadra blieb vor ihr stehen und rief: »Klatsch mit, Sadija.« Mit ihrer kräftigen, rauhen Stimme sang sie: »Sadija, oh Sadija, oh Sadija! Zwei Jahre schon rufe ich dich ... oh, erhöre doch mich ...«

Die Frauen wiederholten es, winkten ihr zu und forderten sie auf, mitzufeiern. Doch Sadija tat nach wie vor, als höre sie nichts und behielt ihren gleichmütigen Gesichtsausdruck bei. Angst und Schrecken beherrschten sie. Sie wünschte, sie könnte die Augen schließen, und wenn sie sie wieder öffnete, befände sie sich an einem anderen Ort, weit weg von Chadra, weit weg von den Frauen, weit weg vom ganzen Viertel. Das würgende Gefühl von Fremdheit überkam sie wieder. Eine Angst beherrschte sie, wie sie sie nur zweimal zuvor erlebt hatte. Einmal am Tag, als Sohdi starb, und einmal am Tag, als die Besatzungstruppen in die Stadt kamen und sie im Haus des Feldwebels war.

Plötzlich brach ein Kreischen und Gottseibeiuns-Rufen los. Chadra war auf dem glitschigen Boden ausgerutscht und, groß und schwer wie sie war, schreiend auf den Boden gefallen. Einige Sekunden lang blieb sie ausgestreckt und reglos liegen. Die Frauen stürzten zu ihr hin und umgaben sie wie ein einziger Block von dicht aneinander gedrängten Körpern. Dann rannte eine dahin, eine andere dorthin. Ein starker Parfümgeruch breitete sich aus, und mehrere Schüsseln kaltes Wasser wurden der Bewußtlosen übers Gesicht geschüttet, bis sie wieder zu sich kam. Sie massierten ihr Gesicht, Hände und Beine und umsorgten sie, als sei sie das Töchterchen von einer von ihnen. Nur Sadija blieb während all dessen verstört an ihrem Platz sitzen und betrachtete das Treiben mit weit aufgerissenem Mund.

Samija faßte ihre Mutter am Arm und drückte ihn: »Mein Gott, mein Gott«, rief sie angstvoll. Als sie Chadra ihr Bewußtsein wiedererlangen sah, ließ sie den Arm ihrer Mutter los und trat, Sadija einsam und allein zurücklassend, zu den anderen Frauen.

Chadra setzte sich mit gekreuzten Beinen mitten im Kreis hin und begann, die Frauen an sich zu ziehen. Sie küßte die eine auf die Wange, die andere auf die Stirn. Dazu verteilte sie gerührt Segenswünsche. »Gott beschütze euch. Gott bewahre euch. Gott behüte eure Lieben.« Sadija warf sie einen langen mitleidigen Blick zu, schüttelte den Kopf und sagte nichts.

Blitzartig rollte vor Sadija der Film mit der Szene ab. Chadra hält sie bei der Hand und versucht, sie aus dem Gefängnis zu befreien. »Du hast die Gelegenheit verpatzt, du blöde Kuh.« Auch während der kritischsten Augenblicke hatte Chadra sie nicht vergessen. Sie hatte sie festgehalten, fortgezogen und geschrien: »Los! Los! Ja, fliehen! Oder etwa tanzen?« Sie hatten Schläge, Prügel, Schlaf und Gefängnis miteinander geteilt. Sie hatten sich gegenseitig ihr Herz ausgeschüttet. Sie waren zusammen im Lager herumgeirrt. Sie hatten gemeinsam von den Vorräten Abu Hasans gegessen. Sie hatten zusammen die vermummten Männer getroffen. Chadra hatte sie nie vergessen. Doch sie, sie verleugnete sie. In der Stunde der Not hatte Chadra ihr zur Seite gestanden, aber sie stand ihr nicht zur Seite. Scham und Schuldgefühle häuften sich in ihr auf und verdichteten sich. Sie wagte nicht mehr, Chadra in die Augen zu schauen.

Chadra saß mit gekreuzten Beinen auf der Erde und lutschte an einer Limone, die ihr eine der Frauen gegeben hatte. Sie erzählte ihnen von ihren Abenteuern und ihrer unerschütterlichen Tapferkeit. »Bei Gott, ich hab vor niemand Angst. Ich hab ihm mordsmäßig zwischen die Beine gekickt. Da ist er der Länge nach hingeplumpst wie ein Sack. Es war noch eine bei mir, aus Nablus – Gott schütze euch vor so was! Eine blöde Kuh, und naiv. Die hat nichts anderes können als rumheulen und jammern und pausenlos flennen.«

»Wer war das?« fragte eine.

Chadra blickte zu Sadija herüber; Sadija blickte zu Chadra hinüber. In Sadijas Herz dröhnte es wie von Trommelschlägen. Sie wandte die Augen und stellte ihre Sache Gott und Chadra anheim.

Chadra wandte sich wieder den Frauen zu. »Ich kenn sie nicht, nicht mal ihren Namen«, sagte sie. »Sie hat nur ständig geheult, und wie der Soldat sie an den Haaren gezogen hat, hat sie ›Um Gottes Willen‹ gewinselt.«

Die Frauen lärmten durcheinander. Umm Fathi rief: »Der böse Blick soll sie treffen, diese Gestalt, von oben bis unten. Das ist nun wirklich und wahrlich eine blöde Kuh.«

»Bei Gott, Chadra, wenn ich bei dir gewesen wäre«, prahlte eine andere, »den hätt ich aber zur Hölle abserviert und ihm die Eier ausgepustet.« Die Frauen lachten und lärmten wild durcheinander, gaben allerlei Kommentare ab, lobten Chadras Mut und spotteten über die Feigheit ihrer Begleiterin im Gefängnis. Jede begann, sich ihrer eigenen Fähigkeit zu rühmen und mitzuteilen, was sie getan hätte, wenn ihr das zusammen mit Chadra zugestoßen wäre.

»Mami«, flüsterte Samija ihrer Mutter ins Ohr, »was hättest du getan, wenn du mit Chadra zusammen gewesen wärst?«

»Halt den Mund«, fuhr Sadija ihre Tochter an, »und laß uns zuhören.«

Chadra präsentierte weiter ihren Scharfsinn und ihren Mut; die Frauen lauschten ihr eifrig und erregt, und wenn sie aufhörte, um an ihrer Limone zu lutschen, drängten sie: »Und dann?«

»Und dann? Ja und dann, sie haben mich möglichst schnell aus dem Gefängnis raus haben wollen, um vor mir sicher zu sein. Ich bin ja Chadra, und Chadra fürchtet sich vor niemandem, nicht mal vor Gott.«

Einige der Frauen stießen ein Gottseibeiuns aus. Dennoch verlangten sie nach der Fortsetzung des Berichts. »Bei Gott, Chadra«, meinte eine, »du bist eine Mordsfrau. Und da sagt man von uns Frauen, fünf sind nur einen Schilling wert. Bei Gott, eine von uns ist zehn Männer wert.«

»Schäm dich, Umm Dschamal«, schalt Umm Fathi, »unsre Männer haben auch was geleistet.«

»Gegen uns was geleistet«, rief eine andere erbost. »Meine Liebe, wenn wir doch nur vor ihrer Bosheit geschützt wären! Mich hat mein Mann, das Miststück, geschieden und mich vom Kochtopf weg aus meinem Haus geworfen. Bei Gott, ich schwör's. Er hat mir seine Brut zum Füttern überlassen, die kleinen Täubchen, und hat wieder geheiratet. Der böse Blick soll sie und ihre Machenschaften treffen. Und du da, Said, komm her, ich werde dich abschrubben und dir den Kopf waschen, bevor das Wasser abgestellt wird.« Aber Said bewarf weiterhin die Kakerlaken mit dem Schwamm und ersäufte sie in den offenen Wasserrinnen.

»Ich hab sie immer gefragt«, fuhr Chadra fort, »ist Klauen Sünde? Sie sagt ja, ist es. Da hab ich ihr gesagt: Du bist eine richtig blöde Kuh! Das leuchtet ja sogar einem Schwachsinnigen ein. Die ganze Welt ist verloren gegangen, die Leute sind verloren gegangen. Sie haben alles geklaut, und du sagst immer noch, Klauen ist Sünde? Und sie sagt, ja, ist es, ja, ist es.«

Umm Fathi brach in brüllendes Gelächter aus und meinte: »Die ist wirklich naiv.« Lachend sang sie, und die Frauen wiederholten es: »Naiv wie ein Kind, naiv ... Ein Rettich in Besatzerhintern tief ...« Sie lachten und witzelten herum.

Dann gingen sie wieder zu ernsten Gesprächen über,

und Chadra sagte, mit Blick auf Sadija: »Ihr, ihr Leute von Nablus, seid verwöhnt und verweichlicht. Wirklich nicht gerade ein Inbegriff von Tapferkeit. Man nennt euch doch ›Feuerberg‹? Wie kommt ihr bloß zu diesem Namen? Wir sind der Feuerberg, nicht ihr. Bei uns wirft ein Kind ein Kamel zu Boden und trinkt sein Blut und all das, mir nichts, dir nichts. Ha, Feuerberg, ha! Schreit und ruft denn der Feuerberg: Um Gottes Willen? Ha, Feuerberg, ha!«

Die Frauen schauten sich um und warfen einander unsichere Blicke zu. Chadra redete weiter und starrte dabei auf Sadija. »Feuerberg? Ich pfeif auf das Feuer vom Feuerberg.«

Die Frauen wußten nicht recht, was sie von Chadra und ihrer plötzlichen Attacke halten sollten. Die Atmosphäre war geladen; es herrschte Schweigen.

Umm Fathi trat dem Angriff entgegen: »Sag das nicht, Chadra, sag das nicht. Nablus war schon immer der Feuerberg. Seit den Tagen der Engländer waren unsere Männer – es bricht mir das Herz – verjagt. Zwischen Felsen und Dornengestrüpp und Kakteen; Gott allein weiß, wie sie da leben mußten. Man hat unsre Häuser gesprengt, unsre Männer ins Gefängnis gesperrt, sie aufgehängt und uns die Hölle heiß gemacht. Wenn bei euch ein Junge ein Kamel zu Boden wirft, dann wirft er bei uns das Schalom-Gebäude um. Mit einer Steinschleuder schießt er bis Tel Aviv.«

»Letzthin«, meinte eine andere boshaft, »kam im Radio in den Nachrichten wieder etwas von einer Aktion.« Die Frauen lachten, und sie fuhr mit verschwörerischer Stimme fort: »Paßt auf, sie könnten uns hören.«

Umm Fathi hielt es für ratsam, die geladene Atmosphäre zu entspannen. Mit einem Lied brachte sie die Frauen wieder zusammen:

Wo bist du, Laila, komm nur, sieh,
was mit mir geschehen ist.
Tralalala, tralalala, tralalala.
Für dich haben die Leute Trommeln geschlagen,
um mich herum.
Wo bist du, Laila, komm nur, sieh,
was mit mir geschehen ist.
Deine Leute haben Berge errichtet
zwischen dir und mir.
Doch was hindert denn die Seelen,
auch Gebirge zu durchmessen?
Auch wenn die Menschen dich mir nehmen,
du kehrst zu mir zurück.
Wo bist du, Laila, komm nur, sieh,
was mit mir geschehen ist.

Die Gemüter beruhigten sich, die Frauen wurden wieder friedlich. Nicht so Chadra; sie wurde nicht friedlich, sondern warf weiter gehässige Blicke auf Sadija und wartete auf eine Gelegenheit, sie in ihrem Stolz zu treffen. Plötzlich sagte sie: »Hochmut kommt vor dem Fall. Weh über euch, ihr Leute von Nablus. Ist das Anstand? Ist das Menschlichkeit? Ihr sagt von uns, wir seien der Abschaum und düstre Gesichter. Aber, weiß Gott, das seid ihr, ihr Fettwänste, ihr Lumpen, ihr Gesindel, ihr Halsabschneider.«

Sie leerte sich ihre umgekehrte Schüssel über den Bauch und sang:

Einer aus Nablus, der läßt einen Furz,
Der ist nicht lang und auch nicht kurz.

Manche Gesichter wurden gelb, andere blutrot. Eine rief, um den Angriff mit gleicher Münze heimzuzahlen.:

Der aus Jaffa, der Tropf,
Der ist nicht klar im Kopf.«

Sie trat vor Chadra hin und hielt ihr die Hand vors Gesicht. Sie hätte sie geschlagen, wäre Umm Fathi nicht dazwischengetreten: »Schluß jetzt, Frauen. Was soll das dumme Geschwätz? Nach allem, was uns passiert ist, redet ihr noch von dem aus Nablus und dem aus Jaffa und dem aus Gasa. Pfui, Chadra, du hast wenig Anstand. Wir waren offenherzig dir gegenüber und haben dich freundlich in unserem Kreis aufgenommen. Aber du hast keinen Takt und keinen Anstand.«

»So, ich hab keinen Takt und keinen Anstand. Ganz Nablus hat keinen Takt und keinen Anstand. Wir haben euch gedient und euch bei uns aufgenommen. Wir haben mit euch Brot und Salz geteilt und sind mit euch in einer Zelle gehockt. Wir haben euch unser Leid geklagt, und ihr habt uns euer Leid geklagt. Und wie wir auseinandergegangen sind, habt ihr uns vergessen. Wehe über die Stadt, die weder Gefährten noch Freunden treu ist. Zum Teufel mit euch, eurer Stadt und eurer Gesellschaft. Nablus, du Betrügerin, du Lügnerin, du Gottlose.«

Ein wildes Getümmel erhob sich. Die Frauen machten sich zum Kampf bereit.

»Schluß jetzt, Frauen«, rief Umm Fathi. »Schluß mit der Geschichte. Wir wollen keinen Skandal. Schäm dich, Chadra, du Wahnsinnige. Wer hat dich bloß zu uns geschickt? Redet man denn so?«

Chadra lutschte an ihrer Limone und sagte boshaft: »Vor den Leuten sagt man's, und nicht im Herz behält man's.«

»Umgekehrt, du Wahnsinnige«, rief Umm Fathi. »Im Sprichwort heißt's: Im Herz behält man's, nicht vor den Leuten sagt man's. Schluß jetzt mit der Geschichte. Wir wollen keinen Skandal.«

Chadra winkte mit der Limone zu Sadija hinüber. »Das saure Wort ist wie die Limone in der Limonade. Und die Religionslästerung zur rechten Zeit ist wie Gotteslob. Ich hab gesagt, was ich hab sagen wollen, ihr entschuldigt. Also, ich geh jetzt, lebt wohl.«

Umm Fathi hielt sie fest und brachte sie zurück auf ihren Platz. »He, wo willst du hin? Nach den Raketen, die du auf uns abgeschossen hast, willst du dich zurückziehen? Nein, weiß Gott, du gehst nicht eher als wir uns ausgesprochen haben. Hört her, Frauen, ich behaupte, Chadra hat irgendwas noch nicht gesagt.«

»Zwischen Chadra und Sadija ist etwas«, rief eine andere. »Ja, Frauen, zwischen Sadija und Chadra ist was. Als Chadra ins Bad gekommen ist, hat sie gleich Sadija begrüßt. Aber Sadija hat nicht zurückgegrüßt. Chadra hat getanzt und Sadija zugesungen. Aber Sadija hat nicht in die Hände geklatscht und nicht auf Chadra reagiert. Als Chadra ausgerutscht ist, sind wir alle aufgestanden. Aber Sadija ist sitzengeblieben wie ein Berg und hat nicht mit der Wimper gezuckt. Dafür gibt es einen Grund. Da ist ein Geheimnis, und wir müssen es herausbekommen.«

Samija zwängte sich zwischen den Zuber, und ihre Mutter ergriff sie am Arm und drückte ihn. Sie spürte ein Gewitter heraufziehen, das auf Entladung drängte, verstand aber nicht, was sich abspielte, und hatte Angst. »Wer ist Chadra, Mami?« fragte sie flüsternd.

Umm Fathi ließ ihren Blick zwischen den beiden hin und her wandern. Auf ihrem Gesicht zeichneten sich Zweifel und mißtrauische Aufmerksamkeit ab. »Wer bist du, Chadra?« rief sie. »Und wer hat dich geschickt? Wir müssen erfahren, wo du herkommst und was du im Sinn hast. Hört her, Frauen! Chadra wird das Bad nicht verlassen, bevor wir erfahren haben, wo sie herkommt, und sie alle Fragen beantwortet hat.«

»Ist das ein Gericht?« fragte Chadra spöttisch, ergriff ihre Schüssel und versuchte, sich von ihrem Platz zu erheben.

Zwei der Frauen stürzten sich auf sie, klammerten sich

an ihr fest und preßten sie auf ihren Platz zurück. Umm Fathi setzte die Befragung fort. »Los, sag uns, was du uns noch nicht gesagt hast. Sag uns, zu wem du gehörst.«

Chadra wurde wütend und rief: »Gott im Himmel, ihr Leute. Ich bin eine wie ihr. Ich gehöre zu euch. Wenn Ihr's nicht glaubt, dann fragt doch nach über mich.«

»Bei wem können wir nachfragen?« fragte Umm Fathi weiter.

Chadra blickte hilfesuchend zu Sadija. Sadija blickte zu Boden und versank in ihrem Reich. Du willst, daß ich sage, daß ich dich kenne? Du willst, daß ich sage, daß ich so eine kenne, der nur noch eine Berufserlaubnis dafür fehlt? Was soll ich denn sagen? Soll ich etwa sagen, daß ich die naive blöde Kuh bin, die nichts als »Um Gottes Willen« jammern kann? Selbst wenn sie nicht mehr spotten, werden doch ihre Beschimpfungen nicht aufhören. Sadija und Chadra ... Chadra und Sadija ... Ist Sadija eine wie Chadra? ... Der Tod ist besser, Sadija. Auch ohne diese Geschichte mit Chadra hat man mir im Viertel keine Ruhe gelassen. Was, wenn sie erfahren, daß ich mit ihr die ganze Nacht zusammen war? Würden sie es überhaupt glauben? Ein öffentlicher Skandal, der dich und deine Tochter erledigen würde, du Unglücksweib. Du sitzst wirklich tief in der Klemme. Was hab ich mit dir zu schaffen, Chadra? Was hat dich überhaupt in meine Nähe gebracht?

Umm Fathi schrie und drängte Chadra: »Bei wem können wir nachfragen? Sag's uns. Hat dich jemand zu uns geschickt? Dein Gerede und deine Beschimpfungen kommen nicht von Freunden. Sag uns, wo du herkommst, oder ...«

Die Drohung reizte Chadra; sie schüttelte die Faust. »Ihr wollt mir Angst einjagen? Aber Chadra hat keine Angst, weder vor Jud noch vor Wasserflut noch vor Feuersglut. Chadra hat vor nichts Angst, auch nicht vor

Gott. Ich schieb mir ganz Israel mit Pauken und Trompeten in den Arsch, und zwar mir nichts dir nichts. Wenn die Juden mir keine Angst einjagen, werd ich vor euch Angst haben?«

»Wir haben auch eine Angst vor den Juden. Aber wer aus der Stadt stammt, ist auf der Hut vor den Bewohnern der Stadt. Bist du aus der Stadt oder nicht?«

Chadra äußerte sich nicht. Sie schaute weiter herausfordernd und boshaft in die wütenden Gesichter. Sadija blickte heimlich zu ihr hinüber und sah in ihrem Gesicht denselben verbissenen und wilden Ausdruck, den es auch hatte, als die Soldaten Chadra in die Ecke gedrängt hatten, bevor sie sie verprügelten. Als Chadra spürte, daß die freundschaftliche Atmosphäre wich und sie einsam und nackt vor den verhörenden Gesichtern zurückließ, verschränkte sie die Arme vor ihren mächtigen Brüsten, um ihre Nacktheit zu verdecken.

»Los, erzähl!« donnerte Umm Fathi mit befehlender Stimme.

»Ich werde gar nichts erzählen«, entgegnete Chadra trotzig. »Mal sehen, was ihr dagegen unternehmen könnt.«

Die Frauen blickten sich um und warfen einander ratlose Blicke zu. Chadra brach in schallendes Gelächter aus und schlug frohlockend die Hände aufeinander.

Das Mißtrauen in Umm Fathis Augen wurden brennender. »Schäm dich, Chadra«, schalt sie, »und sag's lieber freiwillig. Bei Gott, sonst verhau ich dich, bis die ganze Stadt zusammenläuft und zuschaut.«

Chadra ließ ihre Fingerknöchel knacken. »Die Stadt hat schon mehr als genug zugeschaut«, donnerte sie, »jetzt bin ich am Zuschauen, bis ich genug hab. Ha, die Stadt, ha!« Sie hielt Umm Fathi ihren Mittelfinger vors Gesicht. »Das kann mich die Stadt mal, siehst du? Das kann mich die Stadt mal.«

»Der böse Blick soll sie treffen«, rief eine der Frauen, »dieses schamlose Weib.«

»Wo sind die Augen der Stadt, die da zuschauen?« rief eine andere. Hitzige Rufe gingen hin und her – Spitzel, Spitzel!

Chadra schüttelte ihren haßschweren Kopf und schaute zu Sadija hinüber. »Ich ein Spitzel? Ich eine Spitzel, ihr Leute? Ich, die ich mich für dich erniedrigt hab, die ich dich in dunkler Nacht von Lager zu Lager, von Straße zu Straße getragen hab, die ich dich an der Hand gezogen hab, während sie uns verprügelten. Du hast deine Hand nicht ausgestreckt, um mir oder dir selbst zu helfen. Du hast nur weiter ›Um Gottes Willen‹ gerufen. Ich soll ein Spitzel sein?«

Plötzlich stiegen Sadija die Tränen in die Augen. Das Feuer kroch ihr ins Herz, und sie begann zu weinen. Während ihr die Tränen herabliefen, sagte Chadra mit Bitterkeit und Tadel in der Stimme: »Wehe der Stadt, die leugnet; die die Gemeinschaft leugnet, die den Bus vergißt und das Gefängnis, das Lager und die Männer. Wehe der Stadt, die so viel Angst hat um sich, daß sie sich nicht für eine ungerecht Behandelte einsetzt. Wehe, wehe, wehe.« Sie begann, sich auf Brust und Kopf zu schlagen.

»Die ist verrückt, ihr Frauen«, flüsterte Umm Fathi. »Laßt sie in Ruhe und laßt sie laufen.«

Sadija verbarg den Kopf hinter dem Zuber und begann zu schluchzen. Samija warf sich an ihre Mutter und rief verängstigt: »Mami, was ist los, Mami?« Asis weinte und klammerte sich angstvoll an seine Mutter.

Said hörte auf, die Kakerlaken mit dem Schwamm zu bewerfen und stellte sich zu den anderen Kindern. Alle Kinder starrten in die angstvollen, sprachlosen Gesichter ihrer Mütter.

Chadra hörte auf, sich an Brust und Kopf zu schlagen. Sie schaute den Frauen wild und haßerfüllt ins Gesicht.

»Nablus, du hast keinen Takt und keinen Anstand«, rief sie. »Nablus, du Betrügerin, du Lügnerin, du Gottlose. Ha, die Stadt, ha! Wegen einem bißchen Reis und wegen einem bißchen Zucker haben sie mich rausgeschmissen. Wie einen Hund haben sie mich rausgeschmissen. Ich bin von Straße zu Straße geirrt, von Lager zu Lager. Ich hab was zu essen gesucht und hab nichts gefunden. Ich hab Medizin gesucht und hab keine gefunden. Ha, die Stadt, ich pfeife auf die Stadt und ihre Bewohner.«

Die Hand von einer der Frauen traf sie am Kopf. Umm Fathi versuchte, die Katastrophe zu verhindern. Doch Chadra fuhr fort, Beschimpfungen und Schmähungen auszustoßen, bis es im ganzen Bad keine Hand mehr gab, die sich nicht an ihr vergriffen hätte.

Von ihrem Platz aus rief Sadija, die Hände ausgestreckt: »Nein, nein, nein, nein.«

Sie hatte den Entschluß gefaßt, das Geheimnis aufzudecken, um Chadra zu retten. Doch nun war es zu spät. Ihre Schreie gingen im Nebelalptraum unter. Zurück kehrte das Echo, das Klappern der Schüsseln, das Zusammenschlagen der rachedürstenden heißen Körper. Sie eilte zu dem Menschenknäuel, um Chadra zu befreien, doch Hände ergriffen sie und warfen sie in die offenen Rinnen.

Nochmals rannte sie zu dem Knäuel, doch Samija klammerte sich an ihrem Bein fest und rief angstvoll: »Warum, Mami, warum?«

Schließlich gelangte sie zu Chadra und warf sich über sie, um die Schläge von ihr abzuhalten. »Steh auf, Chadra, steh auf!«

Doch Chadra hatte ihre Kraft verloren. Blut rann an ihr herab, und sie blieb ausgestreckt auf dem Boden liegen und wehrte sich nicht gegen die Schläge. Sadija jammerte, daß sie zu schwach war, alleine allen entgegenzutreten. Doch sie hielt Chadra fest im Arm und rief ihr zu:

»Los, Chadra, los, fliehen wir!«

Kurz bevor Chadra das Bewußtsein verlor, flüsterte sie: »Wohin denn?«

25

Die Luken schwebten über ihr wie Planeten. Gras und Moos flatterten wie Schmetterlingsflügel. Die Welt kehrte sich um und gab ihr wieder das Gefühl, das Gleichgewicht sei gestört. Diese Karawane von Insekten da zog sich truppweise zurück. Einige Trupps bedeckten die Decke, einige Trupps bedeckten die Wände. Sie gingen, sie kamen, sie starrten sie an – wie Dschinnenaugen. Sadija zog ihr Badetuch fester; sie fühlte sich nackt. Stimmen überlagerten sich, verschlangen sich wie große Eichenwurzeln. Dort Rufen. Hier Murmeln. Ein Echo. Ein einschläferndes Summen wie von Mücken. Chadra. Wo ist Chadra? Fleischmassen kämpfen miteinander. Chadra liegt regungslos ausgestreckt auf der Erde. Chadra hat sich nicht gewehrt. Eine Hand zieht sie am Haar; da rief sie: »Chadra ...«

Viele Augen starrten sie an. Zwei große Augen standen direkt über ihr, größer als jede Luke. Die Frauen ließen ihr Gottseibeiuns hören. Sadija schrie wieder: »Chadra«. Dann zog sie sich, flüchtend, in die Luken zurück. Das Gottseibeiuns breitete sich aus, aufgerissene Augen umlagerten sie. Eine kleine Hand hielt sie fest und rief: »Was ist los mit dir, Mami?« Die Stimmen von Samija, Asis, Hamada, Sohdi.

Minuten vergingen, Stunden, Monate, Jahre. Kein Zeitgefühl mehr. Ausgestreckt liegt sie auf der Erde, ein geschlachtetes Huhn, Unglück blutend. Hände strecken sich aus und streichen ihr übers Gesicht. Tränen fließen auf beiden Seiten herab. Sollen sie doch die Augen schließen und sich entfernen, geschehe, was da wolle. Stimmen, die sich vermischen, verschlingen, verknüpfen. Viele Fäden, die aus den Spulen ihrer Nähmaschine laufen. Die Nadel bleibt stehen. Riesige Lautsprecher. Im Fädengewirr bleibt die Nadel stecken.

Dort eine blaue Luke. Soll sie doch die Augen schließen und sich in sie zurückziehen. Die Luke ist eng. An ihren bemoosten Rändern bleibt sie hängen und zieht sich zurück. Sturz von der Decke auf den Fliesenboden. Sie zieht ihr Badetuch fester, verhüllt ihre Blöße und klammert sich daran. Die Dschinnenaugen starrten sie noch immer an. Eine Frau sagte mit einem Gottseibeiuns: »Sie ist eingeschlafen. Der Schlaf siegt immer.«

Sie entschwand. Wird zwischen dem Boden, der Decke und dem Badeofen hin und her geworfen. Wasser ergießt sich wie ein Wasserfall. Augen und Brunnen. *Oh unser Helfer, hilf uns!* Trockenheit in der Kehle. Wasserfälle werfen sie hin und her. Sie verschluckt das Wasser; es füllt ihre Lungen. Gefühl von Ersticken und Durst. Wasser und Durst. *Oh unser Helfer, hilf uns!* Trommeln dröhnen.

»Komm, Schlingel«, rief eine der Frauen, »ich will dir den Kopf schrubben, bevor das Wasser abgestellt wird.«

Eine Schüssel fiel auf die Erde, ein Gottseibeiuns folgte. Zigarettenqualm und das Gluckern einer Wasserpfeife stiegen auf. Die Stimmen zogen Kreise, mal näher zusammen, mal ferner voneinander; mal verschlangen sie sich ineinander, mal lösten sie sich voneinander. Eine traurige Stimme sang, die Töne klangen auf und ab: »Wo bist du, Laila, komm nur, sieh ...» Andere Stimmen summten: »Was mit mir geschehen ist ...«

»Wer ist Chadra?« flüsterte eine neugierig. »Wie der Leibhaftige. Die Erde hat sich gespalten, sie ist heraufgekommen und wieder verschwunden, ohne daß wir sie kennen.«

Nichts mehr war klar. Sie konnte die Augen nicht weiter als einen Millimeter aufmachen. Ihre Augäpfel schwebten noch immer in blutwogenden Rosenvorhängen. Manchmal kam eine Luke zu ihr herab, und die Welt wurde weiß wie frisch gekrempelte Wolle.

»Weh über uns und über unsere Niederlage!« sagte eine. »Chadra hat gesagt ... Umm Fathi hat gesagt.«

»Paß auf, Umm Fathi hört zu«, flüsterte eine andere.

»Soll sie zuhören, soll sie zuhören! Was Chadra gesagt hat, ist richtig, ja richtig, ihr Leute.«

»Was Umm Fathi sagt, ist auch richtig.«

»Wem sollen wir glauben?«

»Was weiß ich, meine Liebe? Im Herz behält man's, nicht vor den Leuten sagt man's.«

»Vor den Leuten sagt man's, nicht im Herz behält man's. Religionslästerung zur rechten Zeit ist auch Gotteslob.«

»Ja, weiß Gott, das ist richtig.«

»Pst, Umm Fathi hört zu.«

»Na und, soll sie zuhören!«

»Ihre Zunge ist dreigespalten; die kriegst du nicht unter!«

»Du hast recht, weiß Gott.«

Die Luken schwammen und schwebten noch immer. Der Himmel kehrte sich auf die Erde. Trupp um Trupp, schrecklich langsam zogen sie sich zurück. Wie geschlagene Heere. Vor langen, langen Jahren, Sohdi war in Kuweit ... Sie und die Kinder hatten im Haus eines Verwandten von Sohdi Unterschlupf gefunden, dem Feldwebel. Damals lebte er noch. Jahre sind seither vergangen. Sohdi ist tot, auch sein Verwandter und viele andere auch. In der Nacht brannte der Horizont im Westen, und es donnerte von fern. Der Verwandte war erst Feldwebel in der britischen Armee gewesen. Dann hatte er ein Gewehr gestohlen und sich den Aufständischen angeschlossen. Er hat immer wieder alle möglichen Geschichten erzählt, sich seinen weißen Schnurrbart gestrichen und merkwürdige Namen von Bomben und Flugzeugen genannt. Er wußte alles. Er sagte, in der Gegend von Dschennin werde heiß gekämpft. »Dort, Sadija«, sagte er und zeigte mit seinem spitzen, mageren Finger dorthin. Aber am Morgen wies er nach unten, ins Tal, und sagte: »Dort unten, Sadija.« Sie schaute hin und sah sie langsam auf dem Rückzug. Trupp um Trupp. Er wischte sich den Schnurrbart und sagte: »Wir haben verloren.« Sie schaute ihm in die Augen; er blickte sie unverwandt an, sah sie an mit weitaufgerissenen Augen. Zwei weitaufgerissene Augen. Viele Augen. Und die Truppen zogen ab. Sie blickte durch sein Fernrohr. Olivenbaumäste bedeckten die khakifarbenen Lastwagen. Der Anblick der Lastwagen ließ sie erbeben. Sie wackelten wie diese schlaffen Brüste im Bad. Die Frauen tanzten im Bad. Die Frauen stießen Jubeltriller aus im Bad. Chadras Jubeltriller ging los wie ein Schuß. Er spaltete den Dampf und drang hinaus durch die Luken; die Schüssel fiel. Nichts mehr war klar. »Los, ihr Frauen«, rief Umm Fathi befehlend. »Umm Fathi ist verärgert«, flüsterte eine der Frauen. »Chadra hat ihr die Laune verdorben und ist gegangen.«

»Wir haben verloren.« Er wies mit seinem mageren Finger hinunter ins Tal und strich sich mit unbewegter Miene den Schnurrbart. Eine der Frauen plapperte und erzählte eine lange Geschichte ohne Anfang und ohne Ende über eine Hochzeit, die tausend Dinar gekostet habe.

»Tausend Dinar?«

»Tausend Dinar! Die Kellnerinnen waren aus einem riesengroßen Hotel in Jerusalem. Richtig vornehme Kellnerinnen. Ihre Haare haben wie Brokat geglänzt. Sie haben gesungen und getanzt. Das Kleid der Braut hat nochmal soviel gekostet. Und all die anderen Sachen!

Unzählige Kleider, unzählige Frauen, unzählige Kellnerinnen. Eine Gruppe hat Laute und Geige gespielt und Trommeln geschlagen und gesungen. Lieder von Sabah und Farid und Faisa Ahmad und Umm Kulthum. Gesungen? Was weiß ich, was sie alles gesungen haben? Sie haben gesungen bis zum Morgengrauen. Das Fest hat tausend Dinar gekostet.«

»He, Schlingel, komm her, ich will dir den Kopf schrubben, bevor das Wasser abgestellt wird.« Doch er bewarf weiterhin mit dem Schwamm die Kakerlaken, die sich truppweise zurückzogen.

Er streckte seinen mageren Finger aus und sagte: »Wir haben verloren.« Hamada weinte und fragte: »Wieso haben wir verloren?« Er strich sich den Schnurrbart, wischte sich die Augen und sagte: »Sie sind schnell mit uns fertiggeworden.«

Mit ihrer klagenden Stimme summte die Frau: »Wo bist du, Laila, komm nur, sieh ...« Einige andere sangen den Refrain. Umm Fathi trommelte auf ihre Schüssel und legte los mit ihrem Lieblingslied: »Unsre Tage werden süß, alles kommt zu uns zurück.«

»Sadija und Chadra – da gibt's ein Geheimnis«, flüsterte eine der Frauen. »Sie hat sich über sie geworfen. Haben wir Chadra geschlagen? Sie hat es verdient. Sie hat einen frechen Blick und eine Lästerzunge. Aber wir haben nicht erfahren, wer sie ist. Woher sie stammt, und was sie ist, und was sie tut, und mit wem sie verkehrt. Leute, diese Chadra ...«

Plötzlich öffnete Sadija die Augen. Die ganze Welt bebte, stürzte herab. Auch ihre Lider stürzten herab, und sie seufzte und flüsterte: »Chadra.«

»Was ist los, Mami?«

»Laß sie, Kleine, der Schlaf hat gesiegt.«

Samija schluchzte unterdrückt: »Ihr habt meine Mami geschlagen. Gott wird euch dafür strafen.«

»Wir haben Chadra geschlagen, und deine Mutter hat sich über sie geworfen. Wer ist diese Chadra, Samija?«

»Ich hab sie noch nie in meinem Leben gesehen; ich kenn sie nicht. Mami. Mami!«

»Laß sie, Kleine. Es ist das Beste, sonst wird sie nochmal bewußtlos.«

Samija beruhigte sich. Aber sie wischte sich weiterhin die Tränen, gebrochen, und hielt sich noch immer am Arm ihrer Mutter fest.

Eine Schüssel fiel; sie zuckte zusammen. Die Topfdekkel fielen. Der Linsenschöpflöffel fiel ihr aus der Hand. Die Männer standen in der Tür und starrten sie mit unbeweglichen Blicken an. Sie schrie auf, als sie die Nachricht erhielt. Weh, schwarze Nacht über dich, Sadija. Dann stürzte sie zu Boden, erhielt einen Schlag, der ihr das Bewußtsein nahm. Viele Schläge, die sich wie Sprühregen ergossen. Eine schallende Ohrfeige auf die fette Wange. Eine Witwe. Wenn es nur Sohdi noch gäbe. Wenn nur Sohdi noch da wäre. »Die Magische Schere«. Er fürchtete sich vor nichts. Er hat dem Schlomo mit dem Schraubenzieher den Schädel eingeschlagen und sich nicht gefürchtet. Sie haben ihn eingesperrt, und er hat sich nicht gefürchtet. Er hat Hunger gehabt und sich nicht gefürchtet. Auch Chadra hat sich vor nichts gefürchtet.

»Mami, steh auf, Mami!«

»Laß sie schlafen, Kleines. Der Schlaf ist die beste Medizin.«

»Geh zu deinem Bruder, Samija. Los, Mädchen, du bist schon groß. Schrubb ihm den Kopf, bevor das Wasser abgestellt wird.«

»Zwischen Sadija und Chadra gibt es ein Geheimnis. Weiß Gott, tot oder lebendig, ich muß erfahren, wer Chadra ist.«

Ein kleines Kind ging zu seiner Mutter, einer Dörflerin, die auf dem Ei auf den Platten des Badeofens saß. »Mami«, fragte es, »ist unser Dorf nicht schöner als Nablus?«

»Was weiß ich«, murmelte die Mutter und rieb sich den Oberschenkel und das Gesäß. »Alle Menschen sind gut und schön.«

Doch der Kleine war beharrlich: »Nein, nein, unser Dorf ist schöner.«

Die Dörflerin betrachtete die Wände, auf die Feuchtigkeit und Schimmel große, landkartengleiche Flecken gezeichnet hatten. Ihr Blick stieg langsam die Mauern hinauf, den Kakerlakenwegen nach; dann ließ sie ihn wieder sinken zu den offenen Rinnen, in denen weißer Schaum und Knäuel von schmutzigen Haaren schwammen. Nachdenklich murmelte sie: »Unser Dorf ist schöner.«

Eine der Frauen verzog den Mund und flüsterte einer anderen ins Ohr. »Nicht zu fassen. Selbst die armen Schlucker haben eine Zunge bekommen, und die redet auch noch.«

Die Dörflerin wandte sich ihnen zu und starrte sie ärgerlich und unsicher an.

Ihr verunsichert uns recht, ihr Leute von Nablus. Euch ist keiner gewachsen, und ihr seid keinem gewachsen. Feuerberg? Was für ein Blödsinn? Bei Gott, bei Gott, ohne die Männer aus den Dörfern und ohne die Taten der Bauern gäbe es in Nablus nur noch Kakerlaken. Nablus? Was wir von euch schon erlebt haben, ihr Leute von Nablus. Gott segne deine Zunge, Chadra! ... Sie erinnerte sich daran wie sie mit einem Korb Eier auf dem Platz saß. Irgend so ein Affe mit rotem Tarbusch und einem künstlichen Gebiß kam vorbei; seine Hand zitterte, als er das Geld zählte. In häßlichem Nabluser Tonfall fragte er sie: »Was kosten deine Eier, Onkel?« Sie betrachtete seine verbissene Geizhalsmiene: Blindheit soll deine Augen treffen und die von Nablus, das dich hervorgebracht hat. »Nablus, du Gaunerin, du Halsabschneiderin, du Gottlose.« Am Abend saßen sie immer unter dem Walnußbaum und erzählten viele aufregende Geschichten von Nablus und seinen Bewohnern. Der und der Händler ist ein Gauner. Der und der Doktor ist ein Halsabschneider. Die Bewohner von Nablus und ihr Hochmut, ihre böse Zunge und ihre aufgeblasene Verlogenheit. Und dieser Affe mit dem roten Tarbusch stand vor ihr, zählte sein Geld ab und fragte in grober Sprache: »Was kosten deine Eier, Onkel?« Aber sie schnappen sich die Bauernsöhne und verheiraten sie mit ihren Töchtern, wenn aus ihnen ein Arzt oder ein Anwalt oder ein Ingenieur geworden ist. Sie laden ihn ein, sind freundlich zu ihm und nehmen ihn für ihre Töchter. Dann vergißt der Junge seine Mutter und sein Dorf und bleibt in Nablus hängen, wohnt in einem schmucken Haus, kauft sich ein Auto, eröffnet eine Praxis und zieht den Bauern, wenn sie ihn brauchen, die Haut ab. »Nablus, du Gaunerin, du Halsabschneiderin, du Gottlose.«

Die Frau erzählte ihre Geschichte weiter: »Ein Fest für tausend Dinar. Brautkleid, Brautschmuck, Brautpreis. Unzählige Kellnerinnen ...«

»Und Chadra?«

»Pst, Umm Fathi hört zu.«

Sie stieß sie an und machte ihr ein Zeichen: »Die Bäuerin da sitzt auf einem Ei, dabei ist ihr Mann in Saudiarabien.«

Beide brachen in schallendes Gelächter aus; die Dörflerin explodierte: »Weiß Gott, ihr Leute von Nablus, euch kommt keiner bei.«

Umm Fathi rief scheltend: »Was soll das mit den Leuten von Nablus? Gott schütze sie alle. Ihre Männer sind Feuer, ihre Frauen Funken. Und ihr Bauern seid gute Menschen. Wenn der Bauer nicht wäre, könnte der Städter nicht leben. Weiß Gott, wenn ihr nicht gewesen wärt und alle eure Eßwaren, dann wären wir verhungert. Voriges Jahr, als der Streik in der Stadt Tage und Wochen dauerte, wer stand uns da zur Seite und hat uns Brot, Oliven und Käse geschickt?«

Das Gesicht der Dörflerin entspannte sich, und sie ergänzte begeistert: »Und Tauben und Hühner und Hunderte von Eiern.«

»Gott segne deine Zunge! Was wären wir ohne euch?«

»Alles nur durch Gottes Hand! Sehr freundlich von euch, ihr Leute von Nablus. Ihr seid allemal besser.«

»Hab ich dir's nicht gesagt«, flüsterte eine der Frauen, »Umm Fathi hat eine scharfe Zunge; der kommt keiner bei.«

»Hat ihr Mann etwa umsonst dreißig Jahre gekriegt? Wenn die Frauen, die nur fünf Schilling wert sind, schon so sind, wie sind dann erst die Männer?«

Eine andere winkte ab. »Meine Liebe, wenn sie uns doch nur mit ihrer Bosheit verschonen würden. Mich hat mein Mann, das Miststück, vom Kochtopf weg geschieden. Da bin ich gehockt mit seiner Brut zum Füttern, die kleinen Täubchen. Gott, gib uns Geduld, alles zu ertragen.«

Umm Fathi blickte sich um. »Chomeini hat den Frauen das Wahlrecht gegeben«, erklärte sie den Frauen. »Bald wird man es uns geben.«

Die Gesichter blieben unbeweglich und zeigten keine Spur von Verständnis oder Reaktion. Aber die Geschiedene wiederholte: »Wenn sie uns doch mit ihrer Bosheit verschonten.«

»Wen haben wir denn aber sonst, liebe Frau? Sie sind uns ein Segen. Aber sputet euch, ihr Frauen, bevor das Wasser abgestellt wird.«

Und während sie einem Kind, das vor ihr stand, den Kopf schrubbte, sang sie wieder: »Unsre Tage werden süß, alles kommt zu uns zurück. Auf die Nacht folgt der Tag. Gott wird's zum besten wenden …«

Samija drückte den Arm ihrer Mutter. »Steh auf, Mami«, flüsterte sie.

Sadija öffnete die Augen. Die Luken schwebten über ihr wie diamantbesetzte Teller. Diamantbesetzte Teller, Knafi, eine Glasveranda, auf der sie in der Sonne sitzt, die Stadt zu ihren Füßen hingebreitet. Kein Viertel mehr, keine Umm Tahsin und kein kleines Tischchen. Auf Nimmerwiedersehen. Zum Teufel! Sie wird weit weg sein von Kummer und Sorgen: Sie wird nicht mehr in dieser Unglückslage sein. Weder Umm Fathi noch sonst jemand wird sie mehr ausfragen: »Wer ist Chadra?« Sie ist, wer sie ist. Arme Chadra. Sie haben dich geschlagen, Chadra, sie haben dich geschlagen. Weiß Gott, von den Juden geschlagen zu werden, ist besser. Da spürt man wenigstens, das hast du gesagt, daß man geachtet ist.

Sie wird sich dort oben ein Haus bauen. Neben dem Haus des Feldwebels. Sie wird den westlichen Eingang der Stadt sehen können. Und wenn Schwierigkeiten von Westen her nahen, wird sie es zuerst wissen. Der Berg ist die allerbeste Wohnlage. Die Demonstrationen sind in der Altstadt. Die Ausgangssperre ist in der Altstadt. Die Feuchtigkeit, die Armut, die schmutzigen Straßen sind in der Altstadt. Die Leute auf den Höhen bekommen von den Sorgen nur kleine Spritzer mit. Aber die Sprengung der Häuser verschont weder die alte noch die neue Stadt. Aber was geht mich die Sprengung von Häusern an? Meine Kinder sind klein und wissen von nichts. Aber Raschad legt nie die Schleuder aus der Hand, und ich fürchte, er könnte etwas anstellen, und sie sprengen dann das Haus. Abu al-Iss hat was angestellt, als er noch nicht flügge war. Welch finstre Nacht, Sadija. Reicht denn das Witwesein noch nicht? Muß auch noch das Haus gesprengt werden? Ach Sohdi!

»Bitte sehr, ihr Frauen«, rief Umm Fathi, breitete ein großes Stück Wachstuch auf dem Boden aus und stellte einen Topf voll Reis mit Linsen in die Mitte. Sie drehte den Deckel um, füllte ihn und begann zu essen und die Kinder um sich herum zu füttern. Die anderen Frauen traten an das Wachstuch heran, öffneten ihre Beutel und holten heraus, was sie mitgebracht hatten.

Eine betrachtete die Frau, die neben ihr stand, wie sie den Beutel aufknüpfte und fragte sie: »Was hast du dabei?«

»Was Gott mir gegeben hat«, antwortete die andere und holte eine Plastiktüte voll Oliven, Essigfrüchten und Tomatenkernen hervor. »Gefülltes Lamm.«

Die Frauen lachten und begannen, Bissen und Witze auszutauschen. Umm Fathi rief die Dörflerin heran. Sie hatte bemerkt, daß diese sich verschämt in eine Ecke zurückgezogen hatte und die Frauen verstohlen beobachtete. Die Dörflerin kam verlegen heran und setzte sich zu den Frauen, ihren Sohn auf dem Schoß.

»Huhn?« fragte Umm Fathi scherzend.

Die Dörflerin lachte und ließ dabei ihre blanken Zähne sehen.

»Wenn Abu Fathi rauskommt, dann mach ich dir mal Huhn.«

Die Frau zog einen Teller hervor und stellte ihn zu den anderen.

»Malven!« jubelte eine der Frauen. »Seit Jahren hab ich keine mehr gegessen.«

»Unser Dorf ist voll davon«, sagte die Dörflerin stolz. »Kommt doch und holt euch, soviel ihr wollt. In diesem Jahr hat es nur zwei oder dreimal geregnet. Der Brunnen ist kaum halbvoll. Aber der Frühling ist herrlich. Und die Malven haben Blätter, groß wie Brote.«

Samija drückte kräftig den Arm ihrer Mutter. »Mami, Mami, steh auf, laß uns essen. Steh auf, Mami.«

Auch Umm Fathi rief sie mit klarer Stimme: »Steh auf, Sadija, steh auf, meine Liebe. Sei so gut!«

Sadija streckte sich und begann, sich zu regen. Die Bademeisterin stützte sie und half ihr beim Aufstehen. Sie setzte sich auf und betrachtete mit unstetem Blick die Frauen. Ihr Kopf war schwer, ihr Magen unruhig. Bilder kamen und gingen. Ein Bild erschien immer wieder vor ihren Augen, das Bild eines verbissenen, traurigen Gesichts. Chadra. Und heiße Körper, die sich zu einem einzigen Knäuel verbinden. Chadra liegt ausgestreckt auf der Erde; sie wehrt sich nicht. Los, Chadra, fliehen wir ... Wohin denn?

Eine Frau mit einem Bauch, der wie ein Berg vor ihr aufgetürmt war, erzählte: »Mein Mann wird seit fünf Jahren gesucht. Sie haben das Unterste zuoberst gekehrt, haben ihn überall gesucht, ihn aber nirgends gefunden. Ich hab inzwischen schon drei Kinder zur Welt gebracht, den Feinden zum Trotz. Als sie das letzte Mal eine Razzia in unserem Haus gemacht haben, da haben sie alles auf den Kopf gestellt. Sie haben die Schränke aufgemacht und die Fenster und die Türen. Sogar die Schubladen haben sie aufgezogen. In seiner Wut hat der Offizier auf meinen Bauch gezeigt und geschrien: ›Woher ist denn das?‹ Da bin ich sprachlos gewesen und hab nicht gewußt, was ich sagen soll. Aber er hat weitergeschrien: ›Woher ist denn das, Gnädigste?‹«

»Von Gott«, schrie eine mit schriller Stimme.

Die Frauen brüllten vor Lachen.

Eine klatschte in die Hände und sang: »Oh Auge, sei geduldig ...«

Umm Fathi unterbrach sie mit ihrem Lied, sie trommelte dazu auf ihrer Schüssel: »Unsre Tage werden süß; alles kommt zu uns zurück ...«

Das Badehaus erbebte. Die Kinder tanzten, nasse Brotstücke in der Hand. Sadijas Geist erhob sich und schwebte. Die Luken dehnten sich, wurden zu weitoffenen Türen, durch die der Himmel hereinkam.

»Mami, Mami«, flüsterte Samija entsetzt und drückte sich eng an ihre Mutter. »Umm Saber und Umm Tahsin ...«

Die Luken schwebten wieder. Moos und Algen bewegten sich wie Schmetterlingsflügel. Sie zog ihr Badetuch enger, um ihre Nacktheit zu bedecken. Aber die Dschinnenaugen blieben weiter geöffnet und die Luken versperrt. Ihre Kehle wurde trocken, verwandelte sich in einen Badeofen.

»Gebt mir was zu trinken«, flüsterte sie. »Gebt mir was zu trinken.«

Eine der Frauen kreischte und schrie: »Der böse Blick soll sie siebzigmal treffen. Sie haben es abgestellt.«

Sie schlug sich an die Brust. Wassertropfen flogen umher und verloren sich im Nebeldunst.

26

Die Zeitschrift wankte, und sie hielten eine Sitzung ab und erörterten die Lage. Wirtschaftlich ging es schlecht. Die Verkaufsziffern waren zurückgegangen. Das, so hieß es, deute auf ein oder zwei Dinge. Erstens, daß die Leute des Lesens überdrüssig und nicht mehr leicht zu begeistern sind. Zweitens, daß die Redaktion unfähig ist, Leser zu gewinnen und zu erreichen. Der Chefredakteur führte das Problem auf die Gleichgültigkeit einiger Redaktionsmitglieder zurück und verlangte eine Verlängerung der Arbeitszeit oder die Bildung einer Kommission, die nach Osten gehen und mit einer Widerstandshilfe zurückkommen sollte. Drei Hände hoben sich, man verlangte, er solle schweigen, doch er widersetzte sich. Er beharrte auf seiner Haltung, worauf die drei mit dem Rücktritt drohten. Da gab der Chefredakteur nach, weiterhin in Herrn Badis Augen blickend, in denen er sich eine Erleuchtung erhoffte.

Die Erleuchtung ließ nicht lange auf sich warten. Herr Badi erklärte, der Grund für den Rückgang der Verkaufsziffern sei der schlechte Sprachstil. Denn die junge Generation beherrsche ebensowenig die Regeln der Grammatik, wie sie das Arabertum achte. Sie habe nämlich den Glauben daran und an die wahre Religion verloren. »Wo ist denn ein Scheich Schartuni? Wo ein Samachschari? Wo ein Saladin?« Salem verbarg sein Gesicht im Arm und prustete. Herr Badi wurde unwillig und bemerkte etwas; die Sitzung wurde vertagt.

Sie wiederholten die ganze Prozedur, denn die Zeitschrift bebte noch immer – und sie bebten mit ihr. Sie diskutierten die Angelegenheit ausführlich. Es ging so lange hin und her, bis sie die Leser vergessen hatten und nur noch an sich selbst dachten. Gegen seine Gewohnheit schrie Adel und drohte mit dem Rücktritt; da verstummten sie. So war er ihnen mit der Drohung zuvorgekommen, die sie für alle Notfälle bereithielten. Die Enttäuschung war groß.

Doch die Lage änderte sich nicht. Sie schrien und ruhten aus; dann ruhten sie aus und schrien. Sie beschimpften und beleidigten sich gegenseitig und schlugen sich an die empfindlichen Stellen, bis sie sie betäubt hatten. Dann saßen sie schweigend da, die Arme verschränkt, nicht ausgestreckt.

Schließlich faßte Herr Badi das Thema in einer einzigen Forderung zusammen: Was kann, was soll man tun? Schließen wir die Brücke und hindern so die Menschen daran, das Land zu verlassen! Und wer soll das tun? Israel oder Jordanien? Und dieser reißende Strom von Passierscheinen und Pässen und die Millionen Pfund und

Dinare? Und jene Büros und das Ritual von Hinein und Hinaus und das jordanische Amt für die besetzten Gebiete und seine Angestellten? Schließen wir die Brücke und hindern so die Menschen daran, das Land zu verlassen? Wer soll das tun? Wir oder sie? Und danach? Die Leute hocken in ihren Häusern, kaufen Brot, vermehren sich, verbreiten Nachrichten, und dann nimmt ihre Leidenschaft für die Presse zu.

Bevor Salem losprusten konnte, kam Adel plötzlich ein Gedanke. Er schaute auf Rafifs leeren Stuhl und flüsterte ratlos und beunruhigt: »Ist sie die Ursache?« Dann stellte er eine Frage, die die Redaktion in einen neuen Strudel von Fragen ohne Antworten stürzte: »Die Verkaufsziffern sind zurückgegangen, seit Rafif die Zeitschrift verlassen hat. Ist es nicht so?« Einige bejahten, andere verneinten. Sie diskutierten zweieinviertel Stunden lang, bis Gott schließlich dem Chefredakteur die entscheidende Frage eingab: »Worauf zielen Sie ab, Adel? Darauf, daß die Männer das Land verlassen, die Frauen dagegen bleiben. Aufgrund der Gesellschaftsstruktur genießen die Männer auch weiterhin mehr Unabhängigkeit und Bewegungsfreiheit. Die meisten Erdölstaaten verbieten die Anstellung von Frauen, es sei denn, sie wäre in Begleitung eines Vormundes. Der Vormund kann im Pubertäts- oder im Greisenalter sein, er kann auch schwachsinnig sein, er bleibt ein Vormund. Die meisten berufstätigen Frauen sind ohne Vormund. Und so bleiben die Frauen hier und verlassen nicht das Land.«

Salem setzte der Analyse eine andere entgegen. Die Studenten, sagte er, die außerhalb des Westjordanlandes studierten, blieben draußen und kämen nur für die Sommerferien zurück. Die Frauen dagegen kehrten nach Abschluß ihrer Universitätsausbildung zurück, um nach hergebrachter Art im Kreis der Familie zu leben. Das sei der einzige wahre Grund.

Auch der Redakteur der »Sportecke« ließ sich vernehmen. Die Zahl der Sportlerinnen, so erläuterte er, übersteige die Zahl der Sportler. Doch Salem, der immer auf eine Gelegenheit wartete, die Beschränktheit des Sportredakteurs deutlich zu machen, wies darauf hin, daß die Auswanderung eine Entscheidung unter den Männern mit abgeschlossener Ausbildung sei und nicht während des Studiums erfolge. Der Sportredakteur erklärte, er kenne die Probleme des Landes besser, als irgendeiner aus der Redaktion sich vorstellen könne; ein Mann ziehe nämlich, wenn er das Land verläßt, seine Familie mit sich. Dann kam er zum Schluß, die Auswanderung erfolge während des Studiums, nicht erst nach dessen Abschluß. Denn wenn ein Mann seine Familie mit sich ziehe, gingen sein Sohn und seine Tochter gleichermaßen.

Das heiße aber, warf Salem ein, daß die Zahl der Sportlerinnen nicht größer sei als die der Sportler. »Doch«, erwiderte der Sportredakteur, »sie ist größer.« »Nein«, entgegnete Salem, »sie ist nicht größer.« Und so bewegte sich die Redaktion zwischen dem Sie-ist-größer und dem Sie-ist-nicht-größer hin und her, bis sich Adel al-Karmi an den Kopf griff und rief: »Ich wollte, ich wäre da unten Arbeiter geblieben.«

An der dritten Sitzung erklärte der Chefredakteur, er werde am folgenden Tag nach Osten gehen. Inzwischen seien Wochen vergangen, und die Redaktion habe nicht eine einzige praktikable Lösung vorgebracht. »Wir brauchen Geld, das ist der Kern des Themas. Die Leute mögen auswandern oder nicht. Die Zahl der Sportlerinnen mag größer sein als die der Sportler oder nicht. Die Frauen mögen die Zeitschrift kaufen oder nicht. Wichtig ist, wir brauchen Geld.« »Und die Leser?« fragte Adel. »Welche Leser?« »Ja, für wen schreiben wir eigentlich?« schrie Salem. »Wichtig ist«, bemerkte Herr Badi, »daß wir schreiben. Die arabische Nation wird ihre Geschichte nicht vernachlässigen, und wir sind Teil dieser Geschichte.« Da verlor Salem die Nerven und zischte: »Ich pfeif auf diese Geschichte und diese arabische Nation.« Herr Badi hörte es und erklärte seinen sofortigen Rücktritt. Doch dem Chefredakteur zuliebe zog er ihn im Verlauf einiger Minuten zurück. Adel brummte hilfesuchend: »Wo bist du nur, Abu al-Iss, wo bist du?«

Ein Gedanke blitzte ihm auf, den er sofort in die Tat umsetzte. »Sie brauchen Geld«, sagte er zum Chefredakteur. »Ich werde es Ihnen beschaffen.« »Woher?« »Ich werde die Orangenplantage der Familie al-Karmi verkaufen und als Teilhaber bei der Zeitschrift einsteigen.« Die Gesichtszüge des Chefredakteurs veränderten sich. Er machte sich klar, daß das Problem ernster wurde, als er es je erwartet hatte. Denn wenn Adel Teilhaber würde, bedeutete das, daß er die Vollmachten des Chefredakteurs erhielte. Und da Adel begabter, gebildeter, jünger und populärer war, würden kaum ein paar Monate vergehen, bis Adel Chefredakteur wäre und Herr Atallah sein Stellvertreter oder gar Redakteur an einer der vielen »Ecken«. Vielleicht fände er sich auch eines Tages auf dem Abstellgleis und könnte sich überhaupt nicht mehr rühren.

Väterlich riet er ab vom Verkauf der Orangenplantage. Diese sei ja die Hinterlassenschaft des seligen Vaters, sei auch *das Gut der Waisen,* und ihr Verkauf wäre ein erster Schritt zur Umwandlung in eine israelische Siedlung. »Siedlung?« »Aber ja doch! Sie sind ein junger Mann und haben noch immer alle möglichen Wünsche im Kopf, wie junge Leute sie so haben. Doch diese hindern Sie daran, die finsteren Seiten des Lebens zu sehen. Sie sind jung und sehen nur das Helle.« »Im Orient haben wir alle die gleichen Sorgen«, bemerkte Salem trocken.

»Morgen bringe ich Abu al-Iss mit. Wenn er dem Projekt zustimmt, läuft alles klar.«

»Abu al-Iss?« fragte der Chefredakteur mit einer Stimme, aus der aller Geist gewichen war, und starrte ihn an.

»Abu al-Iss ist mein jüngerer Bruder. Erinnern Sie sich nicht an ihn?«

»Wie wollen Sie ihn denn aus dem Gefängnis hierher bringen?«

Adel lächelte; Salem steuerte die Antwort bei: »Er ist vor zwei Wochen rausgekommen und ist immer noch auf Arbeitssuche.«

Oh je. Wir hatten es mit vieren zu tun. Dank Rafifs Austritt sind sie drei geworden. Kaum konnten wir uns darüber freuen und auf einen weiteren Rücktritt hoffen, da sehen wir uns einem Würgegriff ausgesetzt. Abu al-Iss! Das ist ein starker, konzentrierter, kräftiger, erbarmungsloser und kompromißloser Würgegriff. Abu al-Iss! Alles, nur das nicht. Abu al-Iss!

Herr Badi verteidigte das Niveau des Journalismus, das entschieden sinken würde, wenn die Zeitschrift ihre Tore Amateuren und Anfängern öffnen sollte. »Hören Sie zu, Adel, mein Sohn. Ihr Bruder ist uns lieb und teuer, und unsere Liebe gilt allen ehemaligen Häftlingen – ohne Ausnahme. Sie sind die Lichter unter uns, die Krone auf unserem Haupt und die strahlenden Sterne an unserem Himmel. Doch Adel, mein Sohn, Großartiges verlangt Ehrerbietung, und es birgt Geheimnisse und fordert Fertigkeit. Abu al-Iss ist noch jung, und er besitzt keinerlei Kenntnisse journalistischer Arbeit. Nehmen Sie mich zum Beispiel, mit all meinen Erfahrungen und Kenntnissen, die Ihnen teils bekannt, teils nicht bekannt sind, trotz meiner vierzig Jahre im Bereich des Unterrichts, dazu noch meiner Dienstjahre an dieser bescheidenen Zeitschrift – trotz all dessen habe ich nicht aufgehört, an meinen journalistischen Fähigkeiten zu zweifeln.«

»Zum ersten Mal teile ich Ihre Ansicht«, bemerkte

Salem. Herr Badi schluckte die Beleidigung hinunter und überging die Bemerkung. Denn die Vorboten eines wirklichen Ungewitters lagen in der Luft, im Vergleich zu dem sich Salems schwer erträglicher Mangel an Höflichkeit gering ausnahm, ebenso Rafifs Kapriolen und ihre alberne »Ecke«, ebenso Adels ausgesprochen komplizierten und gefährlichen Projekte. Abu al-Iss! Es ist aus mit uns. Er hat seinen Vater fertiggemacht, und er wird nicht zögern, auch uns fertigzumachen. Er hat das Haus der al-Karmi hochgehen lassen, und er wird nicht zögern, auch die Zeitschrift hochgehen zu lassen. Er hat keine Bedenken wegen der Staatsgewalt gehabt, wie sollte er da Bedenken wegen der Zeitschrift haben?

»Adel, mein Sohn, Abu al-Iss hat noch nicht einmal seinen Sekundarabschluß.«

»Doch, er hat ihn im Gefängnis gemacht.«

»Aber er ist doch noch jung.«

»Er ist im Gefängnis älter geworden.«

»Aber er kennt die Probleme des Landes nicht.«

»Seit er aus dem Gefängnis gekommen ist, beschäftigt er sich damit.«

Herr Atallah und Herr Badi tauschten Blicke, die erhöhten Blutdruck verrieten. Jeder fürchtete, der andere könne den Infarkt zuerst erleiden und ihn allein in der Arena zurücklassen. In reinem väterlichen Ton fragte der Chefredakteur: »Warum eigentlich arbeitet Abu al-Iss nicht auf der Orangenplantage und kümmert sich um sie?«

»Weil wir sie an die Bauern verpachtet haben. Und wir wollen ihnen nicht die Grundlage ihrer Existenz wegnehmen, nur damit Abu al-Iss Arbeit findet.«

»Oh, die edlen al-Karmi«, bemerkte Salem ironisch. »Da stecken sie bis an die Ohren im Feudalismus und verkünden groß den Sozialismus. Doch der hat mit euch nichts zu schaffen.«

Adel zog die Stirn in Falten, während sich die Miene des Chefredakteurs und diejenige des Herrn Badi entspannten. Herr Atallah ergriff die Gelegenheit, das Feuer zu schüren: »Sie, Salem, sind doch nur neidisch und proklamieren den Sozialismus, weil Sie nichts besitzen. Wenn Sie eine Plantage wie die der al-Karmis geerbt hätten, hätten Sie sich das nicht entgehen lassen, und wenn Sie ihre Seele dafür verkauft hätten.«

»Die bourgeoisen Ansichten über den Sozialismus sind nichts Neues für uns. Da schauen Sie sich Adel an – Großgrundbesitzer, aber auch Sozialist.«

»Sie widersprechen sich selbst.«

»Nein, Adel widerspricht sich selbst. Sozialist und Großgrundbesitzer, wie reimt sich denn das zusammen?«

»Und was«, fragte Adel, »soll ich denn mit der Plantage tun, da ich sie nun einmal bekommen habe? Etwa wegwerfen?«

»Nein, verteil sie an die Bauern oder mach eine Landwirtschaftskooperative daraus.«

»Was die Kooperative angeht, so habe ich es versucht, und es ging schief. Sowohl mit den Bauern, als auch mit mir. Ich habe mich von einem Bauern in einen Richter verwandelt, der zwischen den Bauern schlichtet. Durch die Zänkereien sind die Erträge zurückgegangen, was für alle ein Schaden war. Da habe ich die Plantage aufgeteilt und sie, nachdem ich zur Zeitschrift gegangen war, an die Bauern verpachtet. Was willst du noch mehr? Daß ich sie ihnen übereigne? Ich bin nicht der alleinige Eigentümer. Da ist meine Mutter, meine Schwester, Abu al-Iss und meine kleinen Geschwister. Sie alle haben mich immer getadelt für das, was ich getan habe, bis ich mich von der Sorge um die Plantage befreit habe, indem ich sie an die Bauern verpachtete. Um es kurz zu machen, ich glaube, du weißt, was ich sagen will: Individuelle Lösungen bringen keine Rettung, solange das ganze Klima infiziert und vergiftet ist. Hier kommen wir zu dem Punkt, an dem wir uns grundlegend unterscheiden. Schnelle Teillösungen gedeihen nicht ohne eine solide Grundlage und ein gedeihliches Klima. Zum Mißerfolg verurteilte Aktivitäten haben wir satt. Es muß uns jetzt endlich daran gelegen sein, am geeigneten Ort und zur geeigneten Zeit die geeignete Lösung zu finden. Und ich schafffe zuerst die Grundlage.«

Die beiden verstrickten sich in eine lange ideologische Diskussion.

Der Druck wich von der Brust des Chefredakteurs. Er rauchte in aller Ruhe seine Zigarette und dachte dabei an die Brücke nach Jordanien, die schon früh geschlossen wurde. Er suchte nach einer passenden Entschuldigung, mit der er sich aus der Sitzung stehlen könnte, um sich schnell noch einen Passierschein für den folgenden Tag zu besorgen. Doch als er aufstand, hielt ihn Adel, der seine Absichten durchschaut hatte, zurück und sagte zu Salem: »Setzen wir doch die Diskussion außerhalb der Sitzung fort, und kehren wir jetzt zum Budget der Zeitschrift zurück. Morgen werde ich Abu al-Iss mitbringen, und wenn er seine Zustimmung zum Verkauf der Plantage gibt, werden wir der Zeitschrift als Teilhaber beitreten – und die Krise wird gemeistert.«

»Das ist der erste Schritt zur Umwandlung der Plantage in eine Siedlung«, rief der Chefredakteur leidenschaftlich. »Gott erbarme sich Ihres Vaters, Adel! Wenn er gewußt hätte, was aus der Plantage wird, er hätte sie noch vor seinem Tod verbrannt. Ihr Vater hat bis zu seinem Tod das Erbe zusammengehalten, und Sie wollen es verschleudern? *Alle Macht und alle Kraft liegt bei Gott!* Gehen so die Söhne mit dem Schweiß der Väter um?«

In Adels Brust brach eine alte Wunde auf. Festgeklammert ans Leben wie der Virus an die lebende Zelle. Selbst nach seinem Tod verfolgt er mich noch. Und alle Lebenssäfte in meinem Körper stehen im Dienst seiner Krankheiten. Und ich zerre noch immer am Erbe und schleppe es und mich dahin ... »Sie werden das Geld bekommen«, sagte er entschlossen, »und die Krise der Zeitschrift wird gemeistert.«

Bitter schüttelte der Chefredakteur den Kopf. Die Krise der Zeitschrift wird gemeistert? Wird sie noch eine Zeitschrift sein? Was für eine mißliche Lage das ist! Sind denn Adel, Salem und Hafes noch nicht genug, braucht es da auch noch Adels Bruder?

Der ist noch viel schlimmer als er. Nein, bei Gott, und wenn ich die Zeitschrift mit allen darin verbrennen müßte. Der Zeitschrift wird es genau gleich ergehen wie dem Haus und wie der Plantage. Sie haben die Gelegenheit benutzt, als der alte Mann gestorben ist, und haben alles auf den Kopf gestellt. Aber ich, ich bin noch nicht tot. Ich bin noch nicht tot, und ich denke nicht daran zu sterben ...

Er tauschte mit Herrn Badi Blicke voller Verständnis und Sympathie. Er fühlte sich bestärkt und rief: »Mein Gott! Da soll sich die Orangenplantage der Familie al-Karmi vor meinen Augen in eine Siedlung verwandeln, und ich soll untätig bleiben! Ich schwöre hoch und heilig, ich werde das nicht erlauben, und wenn ich die Zeitschrift verbrennen sollte.«

Adel beruhigte und besänftigte ihn und wiederholte mehrmals: »Beruhigen Sie sich, beruhigen Sie sich, Herr Atallah. Ich bitte Sie. Gestatten Sie mir, mein Vater, daß ich etwas dazu sage.«

»Was gestatten, was sagen? Sie wollen die Orangenplantage in eine Siedlung umwandeln, und ich soll dazu schweigen? Ich werde nicht schweigen, und wenn ich mich an die Gerichte wenden müßte. Ich werde nicht schweigen, und wenn ich mich an die Arabische Liga wenden müßte. Ich werde nicht schweigen, und wenn ich mich an die Vereinten Nationen wenden müßte. Was ist das für eine Generation! Was sind das für gefährliche Projekte! Nur durch ein Wunder wurden wir vor der mißlichen Lage verschont, in die uns das Projekt mit der Beilage gebracht hätte. Ohne Herrn Badi mit seinem Weitblick und seinem sicheren Urteil hätte keine Seife der gesamten arabischen Welt mehr die Schande von uns abgewaschen. Was sind das für Ideen? Diese fremdländischen Ideologien sind der Grund für alle die Krisen, die wir durchmachen. In Moskau trommelt man, und hier tanzt ihr danach. Was ist das? Ihr macht alles kaputt! Welch ein Fluch!«

»Hören Sie mir zu. Gestatten Sie mir, daß ich etwas dazu sage.«

»Was gestatten, was gestatten! Ihr wollt die Zeitschrift zugrunde richten. Wollen Sie, daß ich Ihnen das gestatte, Adel al-Karmi?«

»Beruhigen Sie sich. Bitte, beruhigen Sie sich.«

»Ihr wollt die Zeitschrift kaputtmachen. Ihr wollt mich loswerden und die Zeitschrift in eure Hand bringen. Aber die Sterne am Himmel sind leichter zu greifen. Verstehen Sie? Die Sterne am Himmel sind leichter zu greifen.«

»Laßt uns abstimmen, ob wir Ruhe haben wollen«, schrie Salem dazwischen.

Die drei, Adel, Salem und Hafes, hoben die Hand. Wohlmeinend und mit Sportsgeist hob auch der Sportredakteur die Hand. Herr Atallah war gezwungen, sich des Schweigens zu befleißigen, und Adel ergriff das Wort: »Ich werde die Plantage an die Bauern verkaufen; sie haben am meisten Anspruch darauf. Und ich werde die Krise der Zeitschrift lösen; ich habe am meisten Anspruch darauf.«

Der Chefredakteur schüttelte den Kopf. Die Worte dröhnten ihm im Ohr: Ich habe am meisten Anspruch darauf, ich habe am meisten Anspruch darauf, ich habe am meisten Anspruch darauf. Er lockerte seine Krawatte und keuchte schweigend. Werde ich aufs Abstellgleis kommen? Ich auf dem Abstellgleis? Warum denn? Wurden die Widerstandsgelder etwa abgestellt, damit ich meine Hand nach den Geldern der Plantage ausstrecke und einen Pfahl in die Zeitschrift treibe, der nie mehr herausgeht? Einen Pfahl? Nein, Hammer und Sichel, und Rot in allen Schattierungen! Über meine Leiche, Adel al-Karmi! Du willst mir Gift mit Honig servieren. Ich bin nicht dein Vater. Ich bin noch nicht tot. Ich bin hier, Chef der Zeitschrift und dein Chef – der ganzen Geschichte und aller Welt zum Trotz. Iran? Wer sagt denn, daß die Ereignisse in Iran mißlich sind. Die mißliche Lage ist hier, hier, ihr Leute. Iran – Gott sei dem Iran und Chomeini gnädig. Doch die wirkliche Katastrophe ist hier, hier in dieser gottlosen Generation, die vor nichts zurückschreckt. Am meisten Anspruch darauf? Du am meisten Anspruch darauf, Adel al-Karmi? Wer hat sie denn gegründet? Wer hat sie aufgebaut und hochgebracht? Wer hat sein Herzblut dafür gegeben? Ich soll säen und ihr ernten? Niemals, kommt nicht in Frage, absolut ausgeschlossen.

»Adel hat recht«, meinte Salem. »Die Bauern haben am meisten Anspruch auf das Land. Sie sollen es kaufen, und wir können so die Zeitschrift retten, ohne jemanden anzubetteln. Ich glaube, das ist die beste Lösung. Und was das Prinzipielle angeht, so glaube ich, daß die Zeit gekommen ist, lokale Lösungen zu finden und sich nicht mehr dauernd auf Lösungen zu stützen, die über die Brücke importiert sind. Das wäre der erste Schritt zur Selbstbestimmung.«

»Was für eine Selbstbestimmung?« rief der Chefredakteur. »Sollen wir etwa ohne die arabische Welt auskommen? Das ist ein Separatismus und ein Isolatismus, den ich nicht dulden kann. Unsere Parole ist: umfassende Einheit!«

Adel und Salem sahen sich an. Innerlich sagten beide: Oh du Schleimscheißer ...

Der Chefredakteur hob die Sitzung auf und setzte eine weitere auf den frühen Morgen des folgenden Tages an.

Am Vormittag erschien Adel nicht pünktlich, und der Chefredakteur seufzte tief. Wenn ihn Gott doch auf den rechten Weg gebracht oder ihn gar zu sich genommen hätte. Doch ein wohlgezielter Schlag traf ihn, als die Tür aufging und Adel in Begleitung seines Bruders eintrat. Das Zimmer erbebte in seinen Grundfesten, ja, der Chefredakteur entledigte sich seiner Krawatte. Er lächelte den jungen Mann mit dem dünnen Schnurrbart an, hieß ihn willkommen und beglückwünschte ihn zu seiner Entlassung aus dem Gefängnis. Eingehend erkundigte er sich nach den Verhältnissen dort, nach der Ernährung, nach dem Schlafen, nach den hygienischen Zuständen.

Schließlich wurde es Salem zuviel, und er rief ungeduldig: »Schluß jetzt! Fangen wir doch an zu arbeiten. Jawohl, was bringst du uns, Genosse?«

Der Chefredakteur vernahm das Wort »Genosse«; ihm wurde schwindlig. Herr Badi strich sich das Haar, das er in seiner Geistesabwesenheit zu kämmen vergessen hatte, da er so von dem drohenden Gewitter in Anspruch genommen war, das er doch so nicht erwartet hatte. Oder vielmehr, um genau zu sein, Herr Badi hatte, in Tat und Wahrheit, doch etwas dergleichen erwartet. Aber er hatte nicht erwartet, daß es sich zu seinen oder seines Sohnes Lebzeiten ereignen würde. Doch nun war es geschehen, und es waren die Energien zu schärfen, bevor die ganze Sache zum unwiderstehlichen Geschick – ohne Möglichkeit zu Widerstand oder Aufschub – würde.

Damit seinen Händen die Zügel nicht entglitten, und ihn auch die neue Flut nicht schwach treffe und hinwegspüle, beschloß der Chefredakteur, so lange zu lavieren, bis er die Verhältnisse durchschaute und wußte, zu wessen Gunsten sich die Waagschale neigen würde. Mit einem feinen Lächeln auf dem Gesicht sagte er: »Fassen wir kurz das Thema zusammen« –, und er faßte zusammen. Nachdem er umsichtig und präzise zusammengefaßt hatte, blickte er sich um, um die Reaktion des neuen jungen Mannes zu sehen. Er sah ihn ein Blatt und einen Kugelschreiber halten und sah, wie seine Hand sich schnell wie der Wind bewegte. Da überlief es ihn eiskalt. Er suchte seine Zuflucht bei Gott: *Es gibt keine Macht und keine Kraft außer bei Gott.* Gott steh mir bei. Das hat uns gerade noch gefehlt. Was macht dieser Junge nur? Weiß der Himmel, er ist kein Junge mehr. Er ist groß geworden im Gefängnis. Ein Schnurrbart ist ihm gewachsen, und er selbst hat einen harten Blick bekommen. Oh weh! Bei allen Teufeln, was schreibt er bloß? Will er etwa beweisen, daß er auch ins Metier gehört?

Er betrachtete schweigend die Hand und die Miene des jungen Mannes und wartete. Dann stellte ihm Basil einige präzise Fragen: Wann sind die Vertriebsziffern zurückgegangen? Wie hoch sind die Druckkosten? Was kosten Illustrationen, Grafiken und die Montage? Auf wieviel belaufen sich die Löhne für die bei der Zeitschrift Beschäftigten? Verwendet ihr Intertype oder Offset? Habt ihr die Verwendung von IBM und Offset probiert? Welche Art Papier braucht ihr? Undsoweiter.

Herr Atallah warf Herrn Badi einen ratlosen Blick zu. Es fiel ihm ein, daß Adel ähnlich vorging, als er ihnen sein Beilagen-Projekt vorlegte. Er verglich die Gesichter der beiden Brüder. Adels Gesicht strömte Ruhe aus. Der Junge jedoch hatte ein wachsames, ruheloses Gesicht. Adel stellte Fragen, als ob er Rat suche. Dieser jedoch stellte Fragen, als seien es Antworten. Andererseits, woher hatte der junge Mann alle diese Kenntnisse, über die eigentlich nur verfügt, wer in dieser Sparte tätig ist? Das Gefängnis? Nein, nein, das hat nichts mit dem Gefängnis zu tun, sondern mit jemandem von außerhalb des Gefängnisses. Das Thema ist neu für den jungen Mann. Das heißt, er hat sich nicht im Gefängnis darauf vorbereiten können, sondern außerhalb. Mit wem hat er sich darauf vorbereitet, und wen hat er um Rat gefragt? Er hat seinen Bruder um Rat gefragt und die Sache mit ihm abgesprochen. Sie haben sich gegen ihn und die Zeitschrift verschworen. Das wird sich in den nächsten Minuten klären.

Nachdem der Redaktionsstab lange gewartet hatte, sagte Basil: »Ich möchte die Situation studieren; geben Sie mir eine Woche Zeit.«

Die Ratlosigkeit des Chefredakteurs wuchs. Hatte er doch erwartet, der junge Mann verfüge über einen fertigen Angriffsplan. Das nun bedeutete zweierlei: Erstens, daß der junge Mann sich nicht blindlings hinter das Projekt stellt; und das ist gut. Zweitens, daß er sich nicht mit seinem Bruder abgesprochen hat; denn wenn dem so wäre, bräuchte er nicht so lange Zeit zum Überlegen, und er hätte sicher nur um einen oder zwei Tage gebeten, um sich nochmals mit seinem Bruder abzusprechen. Eine ganze Woche – was das nun wieder bedeuten soll? Und das machte die Situation noch komplizierter als zuvor. Hinzu kommt noch, daß der junge Mann als Ebenbürtiger mit der Zeitschrift verhandelt und nicht als einer, der etwas will. Doch durch seine Fragen und sein Auftreten hat er den anderen zu verstehen gegeben, daß er hierher gekommen ist, weil er dazu aufgefordert wurde und weil die Zeitschrift ihn braucht, nicht weil er sich für die Zeitschrift umbringen will. Dieses Verhalten wiederum weist auf zweierlei: Erstens, daß ihm Adel nicht alles mitgeteilt hat, was es wahrscheinlicht macht, daß es keine Absprache zwischen den beiden Brüdern gibt. Das zweite ist bitterer: Der junge Mann spielt seine Rolle mit Vollendung, er ist also mit allen Wassern gewaschen.

Prüfend sah er in das Gesicht des jungen Mannes: Ist dieses Gesicht hartgesotten? Ein breites Gesicht deutet auf Gutmütigkeit und Entschlossenheit. Eine hohe Stirn deutet auf Intelligenz. Eine gebogene Nase deutet auf nichts Spezielles. Ein schwarzer Schnurrbart deutet – worauf? Die Physiognomie verläßt mich, und ich gelange zu keinem klaren Gedanken. Habe ich mich verändert? Oder ist alles nur so kompliziert geworden, daß man die Rätsel nicht mehr leicht lösen kann? Warum nur diese ganze Angst? Hast du Angst vor einem Jungen, Atallah, der dein Sohn oder dein Enkel sein könnte? Wie alt mag er sein? Anfang zwanzig, nicht älter. Dieser Schnurrbart, mit dem er sich reifer erscheinen lassen will, ist dafür der deutlichste Hinweis. Aber du bist noch jung, mein Sohn, auch wenn du dir statt deines Schnurrbartes einen ganzen Bart wachsen läßt. Ich soll Angst vor dir haben? Das siebte Jahrzehnt soll vor dem dritten Angst haben? Und deine Lebensweisheit und Lebenserfahrung? Die Stählung durch den Zahn der Zeit? Die Erfahrungen und die Kenntnisse, die Lebensprüfungen, die du durchgemacht hast und aus denen du hervorgegangen bist wie ein Haar aus dem Teig? Du hast Angst vor einem Jungen, dessen Qualifikationen einzig und allein in einem Schnurrbart und einem breiten Kinn bestehen? Aber das Gefängnis und die außerhalb? Dieser Junge ist ja nicht allein. Und wer sagt dir, daß nicht die, die ihm die Pläne entwerfen, sogar erfahrener und härter sind als du? Das ist das größte Problem. Der Junge jagt dir keine Angst ein, aber diejenigen, die hinter ihm stehen. Dieser Schnurrbart tut dir nichts Böses, aber denen ihre Schnurrbärte. Mit wem verhandelst du denn eigentlich, Atallah?

Als Basil dem Chefredakteur zulächelte und kindlich heiter loslachte, überkam diesen eine doppelte Sorge –

für sich selbst und für diesen netten jungen Mann, gegenüber welchem er nichts als Zuneigung empfinden konnte. Das ist der Fluch: bedroht zu sein durch jemanden, den man liebt. Diese Zeit ist komplizierter und undurchschaubarer als jede zuvor. Wo stehst du? Wo stehen sie? Stehst du auf ihrer Seite oder sie auf deiner? Oder steht ihr gar auf entgegengesetzten Seiten? Was tun? Wo liegt dein Interesse? Wenn du mit dem Strom schwimmst, verlierst du. Wenn du gegen ihn schwimmst, reißt er dich fort. Sei nicht trocken, sonst bricht man dich; sei nicht weich, sonst zerquetscht man dich! Die arabische Spruchweisheit ist unsere Zuflucht und Rettung. Wie wahr: Sei nicht trocken, sonst bricht man dich; sei nicht weich, sonst zerquetscht man dich. Das Sicherste ist die Mitte: Faß den Stab in der Mitte. Wiege die Dinge, und prüfe die Waage. Mit der Flut, bis sie sich kehrt. Und wenn sie sich kehrt, so stehst du mit den Stehenden, und das Leben geht weiter. Das hast du schön gesagt: Die Stählung durch den Zahn der Zeit. Mit der Flut, bis sie sich kehrt.

27

Er beschloß, die Situation von allen Seiten zu studieren, bevor er irgendeine Entscheidung traf. Druck und Drukker. Verteiler, Verkäufer, Markt. Rafif und die »Frauenecke«. Die Orangenplantage und die Bauern ... Er begann mit der »Frauenecke«. Von Adel hatte er eine Bemerkung gehört, die seine Neugier weckte, daß nämlich die Verkaufsziffern gesunken seien, seit Rafif die Zeitschrift verlassen hatte. Stimmte es, was Adel gesagt hatte, oder war es nur eine Schlußfolgerung, die seinem geheimen Wunsch entstammte, Rafif zur Rückkehr zu bewegen? Er mußte sie aufsuchen, um zu erfahren, was in ihrem Kopf und was um sie herum vor sich ging.

Er teilte ihr mit, die Zeitschrift stehe vor dem Ruin. Sie zuckte mit den Schultern und meinte, da könne sie auch nichts ändern. »Wir werden die Plantage verkaufen.«

»Da kann ich auch nichts ändern.« »Glaubst du nicht an die Rolle der Zeitschrift?«

»Glaubt die Zeitschrift an meine Rolle?« Ihre Gleichgültigkeit brachte ihn in Wallung; er zog über sie her: »Ich bezweifle deine Loyalität dem Journalismus gegenüber.« »Was ist denn das, der Journalismus?« fragte sie, ohne an einer Antwort interessiert zu sein. Er wurde heftig und fuhr sie an: »Ist das die Antwort einer Revolutionärin?« »Welche Revolution meinst du?« fragte sie dickköpfig. »Ja bist du denn mit einem Leben am Rand zufrieden?« Sie starrte ihm ins Gesicht, als sie zurückfragte: »Und du, bist du denn mit meinem Leben am Rand zufrieden? Bist du zufrieden damit, daß ich als Köder diene, um einfältige Leser anzulocken? Bist du damit zufrieden, daß die Zeitschrift die gesamte arabische Welt abdeckt und ich weiterhin in meiner Ecke hocke? Zum Teufel mit der Zeitschrift, zum Teufel mit der ›Ecke‹, zum Teufel mit der arabischen Welt!«

»Meinst du das ernst, was du da sagst?«

»Todernst.«

»Ich hatte dich nicht für so selbstsüchtig und ichbezogen gehalten. Ich hatte geglaubt, du seist eine echte Journalistin. Verstehst du?«

»Und was soll das heißen, eine echte Journalistin? Soll das heißen, daß ich gebe, ohne etwas zu verlangen? Wann werdet ihr endlich eure romantische Brille ablegen?«

»Hast du denn die Zensur völlig vergessen?« fragte er scharf. Sie starrte ihn an ... Hör doch auf mit diesem immer gleichen Lied. Habt ihr denn diese ständig wiederholte, leidige Melodie noch nicht satt? Der Chefredakteur ist schon vor dir darauf herumgeritten. Schämt ihr euch denn nicht, es dem Chefredakteur nachzumachen. Jedesmal wenn wir auf ein Hindernis stoßt, gestikuliert ihr mit dem Zensurgesetz. Welche Zensur und welchen Zensor meint ihr denn? Als alle den Kopf eingezogen haben, kam der Zensor hoch.

»Die Zensur«, sagte er nochmals.

»Laß mich erst einmal den Kopf heben, dann halt ich ihn auch hin.«

»Ich verstehe das nicht.«

Sie schaute ihm in die unschuldigen Augen. Du bist noch zu jung zum Verstehen. Morgen wirst du erwachsen sein. Aber du wirst nie erwachsen, solange du nicht verstehst. Solange du mich nicht begreifst, wirst du nicht erwachsen. Und solange du mich nicht verstehst, wirst du mich nicht begreifen. Und solange du mich nicht begreifst, wirst du nicht erwachsen.

»Ich verstehe das nicht«, wiederholte er ratlos.

Sie haben ihn zu mir geschickt, dachte sie zornig, damit sie Leser zurückgewinnen und damit sich der Verkauf erhöht. Warum ist der Chefredakteur nicht persönlich gekommen? Warum ist Adel nicht gekommen? Sie wußten, daß ihre Logik mich nicht mehr beeindruckt, und nun winken sie mit ihm als neuem Köder. Aber die Geschichte mit dem Köder kenne ich bestens. Ich kenne sie in- und auswendig. Sie jagen den Köder mit einem neuen Köder.

»Die Zeitschrift, Rafif«, rief er bittend.

Ohne mit der Wimper zu zucken, fragte sie ihn: »Und was ist mit den Lesern?«

»Die Zeitschrift ist für die Leser, aber sie erreicht die Leser nicht mehr.«

»Ist daran die Zeitschrift schuld oder die Leser?«

»Du gehst mit der Wirklichkeit noch immer wie eine Frau von gestern um.«

»Eben weil ich keine Frau von gestern bin, verlange ich die halbe Zeitschrift.«

»Ohne Fleiß keinen Preis. Geben kommt vor dem Nehmen.«

»Der Preis, den sie in der Türkei nach der Unabhängigkeit erhalten haben? Der Preis, den sie in Iran nach der Revolution erhalten haben? Oder in Algerien? Fleiß ohne Preis. Geben ohne Nehmen. Was für ein revolutionäres Gesetz ist das? Paß nur auf, daß dich der Chefredakteur nicht so reden hört und die Löhne für die Angestellten senkt. Dann würdest du dich nämlich nicht nur mit dem Problem der ›Frauenecke‹ konfrontiert sehen.«

»In den Zeiten der Not wird die Mobilmachung ausgerufen, werden alle Energien genutzt und die Opfer auf alle verteilt.«

Sie lächelte. Das Brennholz für die frierende Revolution. »Kennst du Nusahat?« frage sie ironisch.

»Nusahat?«

»Die kleine Nusahat. Die türkische Jeanne d'Arc während des Unabhängigkeitskrieges.«

»Nein, ich kenne sie nicht.«

»Im türkischen Parlament gab es ihretwegen eine große Auseinandersetzung. Einige wollten ihr den Unabhängigkeitsorden verleihen, andere sie in den Rang eines Generals erheben. Doch die Mehrheit bestand darauf, ihr eine Belohnung zu geben, die ihr ausbezahlt würde, wenn sie einmal heiraten wollte, also für die Aussteuer. Das ist die Geschichte in Kürze.«

»Ich rede von der Zeitschrift«, sagte Basil mürrisch. »Die Zeitschrift steckt in einer Krise.«

»Sicher. Und während der Krise sind wir zuerst Journalistinnen und erst an zweiter Stelle Frauen. Und nach der Krise sind wir zuerst Frauen und erst an zweiter Stelle Journalistinnen.«

Die Diskussion war kompliziert geworden; allein

konnte er keine Antwort mehr finden. Schließlich war er noch ein Neuling im Gewebe dieser Zeitschrift. Er glaubte nicht an individuelle Lösungen. Außerdem war er zu intelligent, sich allein eine Antwort zuzutrauen. Warum also sollte er sich mit ihr im Teufelskreis drehen? Selbst wenn ihn ihre Worte überzeugt hätten, könnte er denn für sie oder für die anderen etwas beschließen? Beide Seiten müssen das Problem gemeinsam angehen. Es war unbedingt nötig, sie zusammenzubringen.

»Ich werde dich mit ihnen zusammenbringen, Rafif«, sagte er.

»Ich kenne ihre Haltung im voraus. Sie verachten mich und machen sich lustig über mich.«

»Aber die Zeitschrift steckt in einer Krise; das hat die Lage verändert. Sie brauchen dich. Probier's. Gib ihnen und dir selbst eine Chance. Laß dich von der Notwendigkeit eines Zusammentreffens und einer Auseinandersetzung überzeugen, ich bitte dich.«

Sie ließ sich überzeugen. Es fand eine Sitzung statt.

Basil setzte sich in eine Ecke und beobachtete als Zuschauer die Stimmung. Niemandem aus dem Redaktionsstab hatte er eine klare Auskunft gegeben. Es sollte eine Überraschung bleiben, damit nicht hinter den Kulissen Vorbereitungen getroffen würden und dann alle Theater spielten. Er zeichnete sich ein neutrales Lächeln aufs Gesicht und wartete ab.

»Wie läuft's?« fragte ihn der Chefredakteur mit einem strahlenden Lächeln.

»Nach Wunsch«, erklärte Basil kopfnickend.

Salem zwinkerte erst mit dem rechten, dann mit dem linken Auge und fragte: »Auf welchen Posten? Chefredakteur oder Verlagsleiter?«

Der Chefredakteur richtete sich auf und unterbrach das Geplänkel. »Beginnen wir mit dem ernsten Teil.«

Salem richtete das Wort an den Sportredakteur: »Lassen sie ihn ernst werden, Herr Kollege. Sagen Sie ihm, daß die Zahl der Sportlerinnen die Zahl der Sportler übertrifft.« Der Sportredakteur wurde wütend; er betrachtete die Bemerkung als Herabwürdigung seiner Kenntnisse und trat dem Angriff entgegen: »Um Ihre Argumente mit Stumpf und Stiel auszurotten, habe ich dem Erziehungsbüro einen Besuch abgestattet und außerdem alle Inspektoren aufgesucht. Alle haben mir erklärt, daß die Zahl der Mädchen größer ist als die Zahl der Jungen.«

Herr Badi rieß seine Augen auf. »Mein Gott! Ist das wirklich wahr, lieber Kollege? Wollen Sie damit sagen, daß wir ein Volk von Frauen und Kindern geworden sind?«

Rafif schnaubte und schaute sich hilfesuchend um. Ihre Augen begegneten Adels Blick. Sie wurde elektrisiert, ihre Sehnsucht kehrte zurück. Hilfesuchend flüsterte sie Basil zu: »Komm her, setz dich zu mir, hier neben mich, Abu al-Iss.«

Adels Herz regte sich, aber er dachte, die Zeit sei noch nicht reif. Sie müsse auf ihren eigenen Füßen stehen und lernen, sich zu wehren, sich zu verteidigen, anzugreifen und Ziele zu erreichen. Schließlich und endlich, Abu al-Iss, du gehörst noch lange nicht zur Zeitschrift. Dort ist der Chefredakteur, das da ist der Redaktionsstab. Und du bist nichts anderes als ein Teilhaberprojekt. Du bist kein wirklicher Teilhaber, der Redaktionslöhne nimmt und die Löhne der Angestellten und Arbeiter drückt und Welten und »Ecken« zuteilt.

Der Sportredakteur sagte: »Wirklich, das großartigste Sportfest in diesem Jahr war dasjenige des hohen Mädcheninstituts. Einige Mädchen haben Laufrekorde gebrochen.«

Herr Badi nickte zufrieden mit dem Kopf. »Nicht übel, nicht übel. Das macht es leichter, sie zu verteidigen.«

Alle lachten, Rafif wurde rot. Adel bemerkte es und erinnerte: »Wir sollten die mutigen Taten von Frauen nicht vergessen, die das Ergebnis der Lage hier im Land sind. Wir sollten uns auch daran erinnern, daß die Frau in sozialistischen Staaten große Fortschritte gemacht hat.«

»Dort ist die Frau zum Panzerwagen, ja zum Panzer geworden«, bemerkte Herr Badi, indem er den Mund verzog. »Sie hat nichts Weibliches, keinen Charme, keine Grazie. Ich habe sie mit eigenen Augen gesehen, wie sie mit häßlichen Muskeln Fässer schleppte; mein Gott, war das häßlich.«

Auf dem Gesicht des Sportredakteurs zeichnete sich Neugier ab: »Sie haben sie mit eigenen Augen gesehen? Wo denn? Sie haben mir noch nie davon erzählt. Das ist das erste Mal, daß ich höre, daß Sie die sozialistischen Länder besucht haben. Wann war denn das?«

Herr Badi befeuchtete seine Lippen mit der Zunge und rückte seine Brille zurecht. »Anläßlich einer Augenoperation. Ich litt an einer Sehstörung.«

»An einer Erkenntnisstörung«, bemerkte Salem, worauf Herr Badi hastig erwiderte: »Nein, eine Sehstörung; das kommt von sehen. Sie sind sprachlich ausgesprochen schwach, Salem. Die ganze Zeitschrift leidet an einer schändlichen Sprachverkümmerung. Jedenfalls, ich litt an einer Sehstörung, die zu beheben sowohl die Medizin hier oben als auch diejenige dort unten unfähig war. Mehrere Operationen wurden durchgeführt, in Kuweit, in Beirut, in Ägypten, in London. Ich ließ keinen Arzt aus. Nun ist mein Sohn Taufik, wie Sie wissen, Arzt. Er war damals noch dort und hat mir ohne Unterlaß Briefe geschickt und mir geschrieben: Komm hierher, Vater. Die Medizin hier ist hervorragend, fortschrittlich und kostenlos. Im Augenblick, da du das Land betrittst, übernimmt der Staat die Verantwortung für dich.«

»Genau das ist der Fluch«, brummte Salem. »Jawohl.«

»Jawohl. Nachdem ich die Sache müd und leid geworden war und Unsummen ausgegeben hatte, sagte ich mir: Versuch es doch. Und ich habe es versucht, und, Gott sei Dank, war die Operation erfolgreich.«

»Merkwürdig«, meinte Herr Atallah erstaunt. »Da ging die Operation schief in London und soll in Moskau erfolgreich gewesen sein? Wirklich merkwürdig. Und das, obwohl die Fachleute behaupten, die Medizin in Europa und in Amerika sei um vieles besser als diejenige in den sozialistischen Ländern. Meine Nichte Hakima hat ein Stipendium bekommen, um dort Medizin zu studieren. Als ihre Mutter mich um Rat fragte, habe ich mich an einen Attaché des amerikanischen Konsulats gewandt, der mir versicherte, die Medizin in der Sowjetunion stecke, im Vergleich zu derjenigen in Amerika, noch in den Kinderschuhen.«

»Bekannte Geschichte; Amerika kauft die Intelligenz der ganzen Welt mit seinen Dollars. Nur die arabische Welt, natürlich, nimmt nur die Dollars und behält ihre Intelligenz.«

Basil ließ, mit offenem Mund, seinen Blick von einem Redaktionsmitglied zum andern wandern.

Schließlich mischte er sich ein: »Ich glaubte, wir wollten auf dieser Sitzung die Rückkehr Rafifs zur Zeitschrift diskutieren.«

»Ja richtig«, erinnerte sich der Chefredakteur. »In der Tat.« Er klopfte einige Male auf den Tisch, um Ruhe herzustellen.

Doch der Sportredakteur hob die Hand. »Bitte, bitte, lassen Sie ihn doch den Bericht über die sowjetischen Frauen und die Fässer fortsetzen. Eine Minute noch, bitte.« Der Chefredakteur nickte großzügig. Mit einer Handbewegung gewährte er Herrn Badi eine Minute.

»Nach der, Gott sei Dank, erfolgreich verlaufenen Operation machte mein Sohn Taufik, Gott lohne es ihm, mit mir eine Rundreise. Mein Sohn Taufik gehört schon sein ganzes Leben zu den Ersten.«

»Ganz der Herr Vater«, bemerkte der Chefredakteur schmeichelnd.

»Herzlichen Dank, Herr Atallah. Sie sind sehr freundlich. Auch Sie haben ja Juwele von Kindern. Ja, Löwen haben eben Löwenkinder. Sie haben sie ja auch sorgfältig erzogen, Herr Atallah. Gott sei's gedankt. Und wie das Sprichwort sagt: Der Apfel fällt nicht weit vom Stamm.«

Langsam verlor Salem die Geduld. »Also bitte, laßt uns an die Arbeit gehen.«

Doch der Sportredakteur drängte weiter: »Wie haben Sie denn die sowjetischen Frauen gesehen? Die sowjetische Frau ist ja ganz hervorragend im Sport. Jedesmal bei den Olympischen Spielen gehen die meisten Goldmedaillen an die Russinnen. Also daher kommt das – sie werden von klein auf daran gewöhnt, Fässer zu tragen.«

»Ich habe nicht gesagt von klein auf«, berichtigte Herr Badi. »Ich habe gesagt, daß ich einige Frauen gesehen habe, die damit beschäftigt waren, Fässer zu heben. Eine stand auf der Erde, die andere auf einem Faß. Die auf der Erde hob die Fässer hoch, als wären es Luftballons, und reichte sie ihrer Kollegin. Diese nahm sie, als seien sie federleicht, und stellte sie auf einen Lastwagen, der viel größer war als dieses Zimmer. Es stimmt ja, ihre Industrie ist hochentwickelt. Aber sie haben teuer dafür bezahlt. Die Männer arbeiten, und die Frauen arbeiten. Sogar die alten Frauen arbeiten. Aber die Frau dort ist wirklich arm dran, ein mitleiderregender Anblick. Nicht ein bißchen Rouge, kein schönes Kleid, keine graziöse Figur. Bedauernswert. Ich sah sie, wie sie mit Touristinnen um deren Kleider feilschten. Aber was meint ihr denn? Frau bleibt Frau, auch wenn man ihr einen eisernen Panzer umlegt. Ihr Gemüt spricht an auf Ohrringe und Armreife, auf Klirrendes und Baumelndes. Sie haben mir leid getan, und fast hätte ich Tränen vergossen um ihretwillen.«

Zum erstenmal ließ sich Rafif vernehmen. Ohne um Erlaubnis zu fragen und ohne Einleitung, hakte sie ein: »Warum vergießen Sie denn keine Tränen über unsere Frauen?

Gehen Sie doch einmal in die religiösen Gerichtshöfe und vergießen Sie dort Tränen, so gut Sie's können. Sie vergießen Tränen über eine Frau, deren Sinn nach Baumelndem steht, aber nicht über eine, die nicht einmal weiß, als was sie geführt wird, als Mensch oder als Tier. Und was passiert, wenn der sowjetischen Frau der Sinn nach Baumelndem steht, sie dieses aber nicht findet? Ihr genügen ja die Goldmedaillen, die sie bei den Olympischen Spielen gewinnt. Und was, wenn sich die sowjetische Industrie weigert, allerlei Baumelndes zu produzieren? Hat sie nicht ...«

Salem unterbrach sie lachelnd: »Baumelndes. Oho! Wer redet da von Baumelndem. Wo immer du hingehst, siehst du Frauen mit jeder Art von Baumelndem.«

Abu al-Iss starrte auf das Schauspiel; sein Schnurrbart zitterte: Verflucht! Wer hat eure Armeen bewaffnet? Wer hat euch vor der UNO unterstützt? Wer vereitelte die imperialistischen Gelüste in eurer Region? Sogar du, Salem? Sogar du?

Herr Atallah klopfte freundlich auf den Tisch. »Liebe Kollegen, liebe Kollegen, kehren wir doch zum Thema zurück.«

»Haben wir denn schon etwas begonnen, zu dem wir zurückkehren könnten?« brummte Adel resigniert. Er warf einen traurigen Blick auf seinen Bruder.

Dem zog sich das Herz zusammen. Jetzt kenne ich das Geheimnis deines schlechten Aussehens. Warum stehst du nicht auf und leerst den Becher deines Zorns über ihren Häuptern aus und bringst sie zur Vernunft? Wo ist deine Intelligenz? Wo ist deine Erfahrung? Wo ist deine Persönlichkeit? Vor wem fürchtest du dich? Wofür fürchtest du dich? Der Vater – den haben wir begraben. Das Haus – das haben wir hochgehen lassen. Die Orangenplantage – die haben wir verloren. Wofür fürchtest du dich also? Gibt es noch etwas, wovor oder wofür du dich fürchten könntest?

Er betrachtete das vor Gesundheit und Kraft strotzende Gesicht des Chefredakteurs: Du erinnerst mich an unseren seligen Vater, du unser Vater! Nur verrät dein Gesicht nicht die Nierensymptome. Die Blutdrucksymptome sind ja vielleicht ein Zeitsymptom, du unser Vater. Und du Adel, bist du auch ein Zeitsymptom? Aber dieser Hafes da, wann werde ich seine Stimme hören? Ich habe seine Gegenwart schon völlig vergessen. Ein Anwesend-Abwesender, Hafes. Du bist dem Gesetz der Anwesend-Abwesenden unterstellt. Welches Gesetz, welche Unterstellung? Ich bin nicht Adel.

Erbarmungslos brach er in die Arena ein: »Ich bitte Sie, die Zeit vergeht. Mehr als eine halbe Stunde ist vergangen, und die Sitzung ist noch nicht einmal eröffnet. Meine Herrschaften, ich habe Sie heute hier zusammengeholt, damit Sie Ihre Angelegenheiten effizient diskutieren.«

Der Chefredakteur wurde unwillig; er griff nach einer Zigarette: Dieser Junge ist sehr von sich eingenommen. Für wen hält er sich eigentlich? Ich bin der Chef hier; ich eröffne die Sitzung und schließe sie. Dieser Junge muß den Mund halten, bevor das Ganze außer Kontrolle gerät und alles durcheinander geht.

Er nahm den Faden auf, lächelte. »Sie haben ja recht, Basil. Wir wollen die Angelegenheiten effizient diskutieren. Also, was haben Sie beschlossen? Werden Sie die Plantage verkaufen und uns das Geld zur Verfügung stellen?«

Basil lächelte: »Das Geld ist verfügbar, machen Sie Gebrauch davon! Sprich du jetzt, Rafif.«

Sie schaute sich um. »Ich?« flüsterte sie.

»Ja, du, bitte sehr.« Er schaute sie ermutigend an. Doch sie suchte in ihrem Innern nach Sicherheit und Ruhe – nach all den Bemerkungen, die dem Bericht über die sowjetische Frau und die beinahe vergossenen Tränen von Herrn Badi folgten. Doch ihr Vertrauen in sich selbst und andere war verschwunden.

Was soll ich denn sagen? Wer wird mir überhaupt zuhören? Der Chefredakteur, der Lohn- und »Ecken«-Verteiler? Herr Badi, seine rechte Hand? Salem, der sich jedem praktikablen Projekt in den Weg stellt und von dem die Zeitschrift noch nichts anderes erhalten hat als Geschwätz? Adel und der Wal, der Distanzen und Existenzen zurücklegt und im Niemandsland hängt? Hafes? Wo ist Hafes? Sein Schweigen hat mich seine Existenz vergessen lassen. Wer bleibt mir also? Dieser junge Bursche?

Der Chefredakteur fragte gespannt und unsicher: »Haben Sie, was die Orangenplantage angeht, einen Entschluß gefaßt?«

Basil antwortete ihm nicht, sondern warf seinem Bruder provozierende Blicke zu, um ihn zum Reden zu bringen.

Der Chefredakteur folgte dem Blick und wandte sich an Adel: »Nun, Adel, was ist mit der Plantage?«

»Ich warte noch immer auf ein Zeichen von ihm«, entgegnete Adel ruhig. »Er hat mir seinen Entschluß noch nicht mitgeteilt.«

»Was soll das heißen?« fragte der Chefredakteur mißmutig. »Ist das ein Rätsel? Wenn dem so ist, werde ich mich wohl zum Passierscheinbüro begeben, bevor die Brücke geschlossen wird.«

»Nein, nein!« Basil hob abwehrend die Hand. »Nix

Passierschein, nix Brücke! Sie bleiben hier sitzen und halten sich ruhig.«

Der Chefredakteur versank in Stillschweigen ... Das hatte gerade noch gefehlt. Ich soll sitzenbleiben und mich ruhig halten? Was ist das für eine Sprache? Was erlaubt sich dieser Junge eigentlich? Von welcher Position aus spricht er, und wer glaubt er, daß er sei! Du stehst außerhalb der Zeitschrift, jedenfalls vorläufig noch. Also respektiere die Grenzen und vergiß nicht, mit wem du sprichst. Mit einem einzigen Leitartikel erschüttere ich die ganze Zeitschrift von A bis Z. Eine einzige Sitzung in diesem Zimmer läßt die Grundpfeiler der Redaktion erbeben und entscheidet die Politik der Zeitschrift. Und du, Junge, wer bist denn du? Ein Schnurrbart und ein Unterkiefer? Angenehm, aber der Zahn der Zeit ...

Hafes meldete sich nach langem Stillschweigen: »Ich habe am meisten Anspruch auf einen Passierschein.«

Basil sprang von seinem Stuhl auf, trat an den Tisch, beugte sich zu Hafes herunter und fragte trocken: »Du?«

Hafes schaute mit glanzlosen Augen zu ihm auf. »Ja, ich. Ich und meine ›Arbeiterecke‹.«

»Und warum, Hafes, warum?« rief Basil.

Hafes nahm eine lange und breite Liste mit Statistiken und warf sie mitten auf den Tisch. »Das wird dir die Sache erklären. Lies es und versteh's!«

Basil suchte in den Augen seines Bruders nach einer Erklärung. Doch der hielt den Kopf gesenkt. Habe ich es dir nicht gesagt, Abu al-Iss?

»Sagt uns doch, ihr al-Karmis«, sagte Salem sarkastisch, »daß ihr euch nicht von eurer Plantage trennen wollt; dann ist die Sache klar.«

»Suchst du neue Lösungen«, brummte Adel, »oder neue Anschuldigungen?«

»Könntest du etwas lauter reden, Adel, und nicht nuscheln«, bat Basil.

Doch Adel seufzte nur und senkte den Kopf: »Es lohnt sich nicht.«

Basil schlug mit der Hand auf den Tisch. »Keiner von euch wird aufs Passierscheinbüro gehen.« Er blickte in die unbeweglichen Mienen. Auf dem Gesicht des Chefredakteurs nahm er einen Anflug säuerlichen Lächelns wahr, woraufhin er seine Selbstbeherrschung zurückgewann: Nicht so tragisch, Herr Chefredakteur. Ich war vorlaut. Ich gebe es zu. Aber diese Stimmung! Und diese Gesichter. Ach, wenn nur Saleh hier wäre. Da bin ich nun aus dem Gefängnis herausgekommen und habe nichts als Saleh im Sinn. Aber der Strudel wirkt anziehend. Ist es das, was mit Adel, Salem und Hafes geschehen ist? Und mit diesem verschreckten armen Mädchen da, die nicht einmal redet, wenn man ihr die Gelegenheit dazu gibt. Wärest du bloß hier, Saleh!

Basil zog einen Stuhl heran und setzte sich. Der Chefredakteur dachte: Abu al-Iss überschreitet seine Befugnisse und Grenzen. Mit welchem Recht drängt er sich in die Redaktion hinein, zu der er noch nicht gehört? Wir wissen von dir noch absolut nichts, mit welchem Recht hast du dich also dort hingesetzt? Du gehörst nicht zum Redaktionsteam, und du bist nicht Teilhaber am Kapital, und Angestellter bist du auch nicht. Nimmst du dir etwa, weil dein Bruder an der Zeitschrift angestellt ist, das Recht, einen Stuhl zu kapern? Du benutzt einen Stuhl der Zeitschrift, die ich mit eigenen Händen aufgebaut habe. Ihr habt euch verschworen, du und dein Bruder. Doch du hast die Rechnung ohne den Wirt gemacht, und zwar völlig. Dein Bruder da ist in meiner Hand. Ich lasse ihn tanzen wie eine Marionette, und am Monatsende zahle ich ihm einen Lohn, wie er ihn nicht einmal während seiner Arbeit bei der israelischen Industrie erträumt hat: Danke Gott dafür, daß ich ihn errettet habe. Diese Hand hier hat ihn errettet, doch statt daß du sie küßt, verschwörst du dich gegen sie. Was in Iran geschehen ist, ist vergleichsweise ein bescheidenes Problem …

»Auch du, Hafes«, sagte Basil tadelnd.

»Ich streite mich nicht mir dir«, entgegnete Hafes. »Daß das Proletariat keine Heimat hat, ist ja allgemein bekannt. Entscheidend ist der wirtschaftliche Faktor. Sperr doch die Augen nicht so auf! Schlag lieber das Buch auf und lies die Theorie nach. Aber du brauchst nicht einmal die Theorie nachzulesen, wo doch die ganze Wirklichkeit vor dir steht: Der Arbeiter braucht die Arbeit, weil er den Lohn braucht. Und er braucht den Lohn, weil sein Mund was zu essen braucht, sein Körper eine Wohnung, Wasser, Strom, Verkehrsmittel, undsoweiter undsofort. Hier ist der Markt blockiert, weshalb der Arbeiter zum offenen Markt geht. Wenn der zweite auch blokkiert ist, geht er zum dritten und vierten und so weiter.«

»Das ist skandalös«, rief Basil wütend. »Du ermutigst und rechtfertigst die Auswanderung.«

Adel streckte begütigend die Hand aus: »Schwimm nicht an der Oberfläche herum.« Er schaute weg und murmelte: »Du hast hier noch nicht genügend Erfahrung. Du bist noch jung. Du hast noch keine Frau, weder Kind noch Kegel. Neun Mäuler und dieser Apparat. Eine Erfahrung, die man nicht so leicht vergißt.«

Basil entschuldigte sich: »Es tut mir leid«, sagte er, »aber was wollt ihr? Selbst für die Arbeit dort unten haben wir eine großartige Rechtfertigung zutage gefördert. Da haben wir gesagt: Was soll's! Hauptsache, wir sind fest mit der Erde verwachsen.«

»Ihre Wirtschaft und ihre Pläne haben sich verändert«, sagte Salem. »Die Operation läuft bestens. Die Arbeiter kommen zurück, finden aber im Westjordanland keinen Ersatz. Gott segne die Entwicklungs- und Investitionspläne jenseits der Brücke.«

»Aber du bist Journalist«, wandte sich Basil an Hafes.

»Dein Beruf wird hier noch immer verlangt.« Rafif wollte wissen: »Aber für wen soll er denn schreiben, wenn die Arbeiter seine ›Ecke‹ nicht lesen?«

Hafes lächelte unbewegt. »Bald wird mich der Chefredakteur entlassen und so dem Gesetz von Angebot und Nachfrage folgen.«

»Ich Sie entlassen?« Der Chefredakteur schlug sich mit der Hand an die Brust, seine Stimme bebte. »Ich überhaupt jemanden entlassen? Habe ich Sie entlassen, oder sind Sie aus freien Stücken gegangen?«

»Warum sollten Sie mich auch entlassen und sich so in Schwierigkeiten mit dem Arbeitsgesetz bringen?« meinte Rafif spöttisch. »Sie haben mir die Flügel gestutzt, und ich habe mich in Frieden zurückgezogen. *Gott allein kannte das Geheimnis.*«

»So ist das also?« entgegnete der Chefredakteur vorwurfsvoll. »Ihr zerredet und verdreht alles und schmückt das Ende vom Lied mit Vorwürfen gegen mich. Ist das der Zweck dieser Sitzung? Seid ihr dafür zusammengekommen? Habt ihr das ausgeheckt?«

Adel schaltete sich beschwichtigend ein: »Beruhigen Sie sich, Herr Atallah, ich bitte Sie! Glauben Sie wirklich, wir hätten nichts anderes zu tun, als Vorwürfe zu schmieden und sie Ihnen anzuhängen? Warum hören Sie nicht auf, Herr Atallah, alles durch eine schwarze Brille hindurch zu betrachten! Wir haben so schon genug Sorgen, Herr Atallah, bitte fügen Sie nicht noch weitere hinzu. Unsere erste und letzte Sorge ist weiterhin die Zeitschrift. Das wissen Sie doch wohl!»

Die Zeitschrift oder die Leitung der Zeitschrift, fragte sich der Chefredakteur besorgt. Aber die Sterne sind leichter zu erreichen! Versöhnlich sagte er: »Diese Zeitschrift gehört doch uns allen; ich habe daran keinen größeren Anteil als irgendeiner von Ihnen. Außerdem, glauben Sie wirklich, als Chefredakteur sei man auf Rosen gebettet? Oder da sei etwas zu verdienen? Wo gibt es denn einen Gewinn auf diesem engen und trockengelegten Markt. Ich schwöre Ihnen, daß diese Zeitschrift ihren finanziellen Verpflichtungen nicht nachkommen kann, ja, daß sie kaum die Löhne ihrer Angestellten deckt. Wo gibt es denn einen Gewinn an dieser Zeitschrift? Wenn ich hinter dem Gewinn her wäre, so würde ich wie viele andere Leute in meiner Position, und auch weitaus geringere, in die Ölstaaten laufen. Zweifeln Sie etwa daran, ich könnte die Herausgabe von Zeitungen oder Zeitschriften wie ›al-Dauha‹ oder ›al-Anba‹ oder ›al-Hawadith‹ und anderen übernehmen? Glauben Sie etwa, die jetzigen Herausgeber dort seien besser als ich? Aber ich trage eine heilige Botschaft, von der ich nicht abweichen werde, auch wenn die Engel von ihren Thronen wichen.«

Herr Badi stieß ihn in die Seite: »Gott verzeihe Ihnen das. Ich bitte Sie, verlieren Sie nicht wegen der Krise Ihren Glauben. Gott der Allmächtige verzeihe es Ihnen.«

Der Chefredakteur holte tief Luft ... Mußte das jetzt auch noch sein! Verflucht sollen alle sein, die unten und die oben. Laß du mich doch in Ruhe. Mach du mir nicht auch noch Schwierigkeiten. Du hast mir gerade noch gefehlt. Wirklich, du bist der einzige, der mir noch bleibt. Wenn ich dich verliere, wer steht dann noch zu mir?

Er seufzte und lächelte entschuldigend: »Gott verzeihe es mir. Es tut mir leid. *Es gibt keine Macht und keine Kraft außer bei Gott.* Sie haben recht, Herr Badi. Auch wenn die Schicksalsschläge und die Prüfungen herniederprasseln, darf man nicht in seinem Glauben wanken. *Gepriesen sei Gott, der im Guten wie im Schlechten gepriesen wird.«*

»Ewiger Gott!« schrief Salem auf, daß alle verstummten.

Einige Augenblicke herrschte Schweigen, dann brachen alle in Gelächter aus. Herr Badi sah scharf in die Runde, doch sein Blick wirkte auf niemanden außer auf den Chefredakteur, der wieder Haltung annahm, lächelte und versöhnlich sagte: »Richtig, wir müssen Schulter an Schulter stehen, müssen unsere Meinungsverschiedenheiten vergessen und an die Zeitschrift denken. Meine Kinder, die Zeitschrift gehört euch. Mein Anteil daran ist auch nicht um Haaresbreite größer als derjenige von einem jeden unter euch. Wenn ich – ich sagte es schon – hinter dem Gewinn her wäre, säße ich nicht an dieser Stelle und auf diesem Posten. Glauben Sie, ich sei glücklich mit diesem Posten? Glauben Sie etwa, die Leitung der Zeitschrift sei eine einfache Aufgabe? Kein Geld, kein Markt, kein Publikum, keine Leser, keine Spenden von Lesern, kein vernünftiges Budget. Was haben wir in dieser Welt? Nichts als das Land und ›Das Land‹, den Widerstand im Land und den Lohn für den Widerstand.«

»Die Gelder des Widerstands«, flüsterte Salem.

Der Chefredakteur hörte es; doch er überging es und stellte sich taub. Was willst du ihm sagen, Atallah? Lügner? Schäm dich? Und der Passierschein, wer hat den ins Gespräch gebracht? Hast du nicht mit deiner hochwürdigen Zunge »Passierschein« gesagt? Warum hast du das gesagt? Mußtest du das wirklich sagen, Atallah, und so diesen Sturm heraufbeschwören? Ein kleiner Sturm, der uns Abu al-Iss bescherte, den Sohn derjenigen, welche . . ., und Rafif, die Tochter derjenigen, welche . . ., und Adel, der Gift mit Honig serviert. Sogar Hafes hat hier rumgequatscht und angefangen, über Passierscheine zu philosophieren und mit einer Liste voller vierstelligen Zahlen zu fuchteln. Die arabische Welt hat vergessen, daß sie uns eine Bank eröffnet hat, in der Geld gedruckt wird, auf dem in Goldlettern das Wort »Widerstand« eingraviert ist!

Nach einer kurzen Zusammenfassung des Problems sagte Basil: »So habe ich Rafif von der Notwendigkeit überzeugt, sich mit euch zu treffen, um eine Lösung zu finden, welche die Mehrheit zufriedenstellt.«

»Sagen wir doch«, scherzte Salem, »*der* Mehrheit, denn sie besteht ja aus Männern.« Doch der Sportredakteur beharrte auf seinem Standpunkt. »Ich habe dir doch gesagt, daß ich das Erziehungsbüro aufgesucht und alle Inspektoren gefragt habe; und von allen erhielt ich dieselbe Auskunft, nämlich, daß die Anzahl der Sportlerinnen größer ist als die der Sportler und daß die Anzahl der Mädchen größer ist als die der Jungen.«

Salem zuckte mit den Augenbrauen. »Geht's um den Sport oder um den Flirt?« fragte er.

Der Sportredakteur riß verständslos die Augen auf. »Flirt?«

Salem machte ein Zeichen zu Rafif hinüber und zeichnete mit der Hand einige Wellen und Kurven in die Luft. Rafif wurde rot und flüsterte: »Mein Gott!«

Der Sportredakteur, am Ende seiner Geduld, klopfte auf den Tisch. Er brüllte, und Herr Badi wiederholte es: »Ich lasse das nicht zu ... Schäm dich ... Du bist schamlos ... Du hast Deinen Anstand ... Du hast keinen Benimm ... Jawohl ...«

Der Chefredakteur klopfte mit dem Aschenbecher auf den Tisch und beendete die Diskussion. Basil war noch immer fassungslos.

28

Seine Augen zogen sie an. Sie spürte Ameisen durch ihre Adern krabbeln. Die Erinnerungen kehrten zurück, das Herzklopfen, die Nachtigallenflügel. Welch ein Zauber lag in dem Mann und seiner fliederfarbenen Welt, die Sehnsucht und Traurigkeit ausströmte. Alles bekam einen Geschmack. Die Sonne, die Blumen, der Frühling, das Geräusch des Windes, die Regentropfen. In jenen Tagen, als sie neben ihm ging, Hand in Hand, fühlte sie sich wie ein Schmetterling, nur ohne die Fähigkeit zu fliegen. Dennoch flog sie. Sie schwebte und kreiste und war wieder ein Kind, das in Güte und Vertrauen schwamm. Das Leben war weit. Die Gesichter waren gütig, selbst wenn sie grimmig aussahen. Der Himmel war vielversprechend, auch wenn er bewölkt war. Die Wege waren weit, auch wenn sie eng waren. Und am Ende aller Wege stand ein Licht, das unendliche Freiheit verhieß, Wärme, Zufriedenheit und absolute Liebe. Und jetzt? Keine Güte, kein Glauben, keine Ruhe. Ständige Bewegung, ruhelose Herausforderung, ein bloßer Glaube, den keine Wirklichkeit auch nur andeutungsweise stützt. Ein Glaube an Freiheit und Glück der Menschen. Doch der glückliche Mensch, das ist ein Traum, fern jeder Verwirklichung. Völker, Klassen, das andere Geschlecht. Die Klassenstruktur der Völker und die Klassenstruktur der Klassen und die Klassenstruktur der Geschlechter. Das Geschlecht ist eine Klasse. Eine Wirklichkeit, an der es nichts zu deuteln gibt, und ich bin diese Klasse.

Sie schaute sich nach Basil um; er lächelte ihr und seinem Bruder ermunternd zu.

Du lächelst ihm zu, und du lächelst mir zu; in welchem Fall lächelst du ehrlicher? Vorsichtig prüfte sie sein vertrautes Gesicht. Zwei gütige Augen, Adels Züge. Sie erinnerte sich an ihren früheren Glauben an ihn und seine Fähigkeiten. Zauber, Zuneigung und endloser Schmerz. Der Augenblick der Enthüllung und das verlorene Gleichgewicht. Doch statt daß Adel zur Linderung ihrer Schmerzen beigetragen hätte, hat er sie verschärft und kompliziert. Sie hätte von Anfang an wissen müssen, daß Adel als Mann unfähig ist, die Wirklichkeit von Rafif als

Frau zu verstehen. Sie wird zu keinem mehr Vertrauen haben, weder zu Adel noch zu Salem noch zu Hafes noch auch zu Basil. Sie alle sind Männer.

Ihr Groll verflog und verflüchtigte sich. Ich werde ihre Argumentationen und Sophistereien widerlegen, dachte sie trotzig, und werde sie auf die Erde zurückholen und ihnen Beispiele aus der Wirklichkeit präsentieren. Die »Frauenecke« hat mir Dutzende von Beispielen und Beweisen geliefert. Der Frau werde ich sagen: Sei auf der Hut, er gibt dir nicht soviel, wie er sich nimmt. Die individuelle Aufgeschlossenheit, die er von dir verlangt, bringt dir absolut nichts. Selbst Adel sagt das. Er sagt: Individuelle Lösungen führen zu nichts, wenn das ganze Klima verpestet und vergiftet ist. Er sagt auch: Schnelle Teillösungen wachsen nicht ohne eine feste Grundlage und ein gedeihliches Klima. Ha, das hast du allen außer mir gesagt. Von dieser Voraussetzung aus hast du alle Probleme erörtert, nur meines nicht. Warum?

Ohne jemanden anzuschauen, sagte sie: »Zunächst die Hälfte der Zeitschrift.« Basil hob einhaltgebietend die Hand. Er befürchtete, die Versammlung könne sich gleich am Anfang auflösen. Ist es nicht das, was Herr Atallah will, und auch Herr Badi? Also muß er tun, was in seiner Macht steht, um die Einheit der Redaktion zu erhalten. »Rafif ...« flüsterte er freundlich.

Sie winkte ab, mit einer aus tiefster Verzweiflung herrührenden Gleichgültigkeit. »Nichts Rafif. Zunächst die Hälfte der Zeitschrift. Ich werde nicht mehr als Angestellte bei der Zeitschrift mitarbeiten, sondern als Teilhaberin. Ich werde nicht mehr für das Wachstum einer Zeitschrift arbeiten, deren Früchte der Mann erntet. Deutlicher gesagt: Ich kann nicht nur ohne diese Zeitschrift, sondern sogar ohne den Journalismus insgesamt auskommen, und ich werde sicher nicht mehr unter denselben Bedingungen wie bisher arbeiten.«

»Oho, man grapscht nach dem Erbe des Seligen«, bemerkte Salem spöttisch, »also los, wer gewinnt?«

Der Chefredakteur verlor die Beherrschung und rief: »Was soll das heißen, Erbe des Seligen? Welcher Selige? Meinen Sie mich? Meinen Sie, die Zeitschrift sei zum Erbe geworden? Meinen Sie, sie sei herren- und besitzerlos? Zügeln Sie ihre Zunge und Ihr Denken. Ich bin der Gründer, der Besitzer, der Chefredakteur und der Verleger dieser Zeitschrift, und ich bin noch nicht tot, im Gegenteil, ich bin gesund und wohlauf. Ist das klar?«

Abu al-Iss hielt den Atem an und dachte schon besorgt, die Sitzung werde sich ganz sicher auflösen. Er wünschte, er könnte Salem ins Gesicht sagen: Halt den Mund! Kannst du dich nicht ein einziges Mal zusammennehmen? Kannst du denn nie umsichtig vorgehen und diplomatisch sein?

Er zählte bis zehn und atmete dann weiter. Danach versuchte er, die Fäden, die Rafifs Hand entglitten waren, mit der Ursache der Krise zu verknüpfen.

»Ich glaube an Rafifs Intelligenz und an ihre Fähigkeit, die Situation zu erfassen, obwohl sie kompliziert ist. Doch manchmal, wenn wir von dem, was wir glauben, zutiefst überzeugt sind, neigen wir im Überschwang unserer Begeisterung dazu, anzunehmen, daß alle anderen unsere Überzeugung und unseren Glauben teilen. Tatsächlich muß ein Kämpfer sich durch ein Minenfeld hindurchtasten. Er muß sich auch seiner Bundesgenossen versichern, muß die Unentschiedenen zu gewinnen trachten und muß den Stachel der Feinde brechen, bevor er zu einem Schlag oder zu einem Angriff ausholt. Nehmen wir an, Rafif, die Zeitschrift sei ein Machtinstrument. Betrachte sie als Parlament, als Gewerkschaft, als Volksversammlung oder irgend etwas dergleichen. Wie nun kannst du an die Macht gelangen? Was und wo ist deine Grundlage?«

Der Direktor spitzte die Ohren … Was ist das für eine Sprache? Redet so ein gerade über zwanzigjähriger Junge? Wer hat ihm das beigebracht? Stammt das aus dem Gefängnis oder von außerhalb des Gefängnisses?

Basil lächelte Rafif in die ratlosen Augen. »Wir lernen nicht allein durch unsere Erfahrungen, sondern auch von denen, die vor uns lebten, und denen, die uns folgen. Die Theorie ist in Bewegung, nicht starr; und wenn sie in den gewissen Hirnen erstarrt ist, so liegt das an den erstarrten Hirnen, nicht an der Theorie.«

Adel nickte beifällig. Er spürte, wie ihm ganz fein die Tränen in die Augen traten. Fürchtete sich, jemanden anzuschauen und sich seine Rührung und seine Schwäche anmerken zu lassen. Ach Basil, wie groß doch deine Erfahrung ist! Gesammelt aus der Tortur, aus der Pein, aus der Erniedrigung und dem Stock des Gefängniswärters. Aber das Meer ist groß, und dein Kahn ist so klein …

»Ich will wirklich nicht deinen Eifer hemmen«, fuhr Basil fort, »aber ich glaube, daß du es falsch angepackt hast. Jeder, der dich sagen hört: Die Hälfte der Zeitschrift! wird sagen: Maßlose Wünsche verlangen Wunder, und wenn die Wunder dann ausbleiben, heben sie resigniert die Hände und sagen: Der Prophet gilt nichts in seinem Heimatland. Und du ziehst dich auf dich selbst zurück, schließt dich ab und bleibst am Rand.«

Sie schaute ihn enttäuscht an; seine neutrale Position hatte sie verunsichert. Ist es das, was wir vereinbart hatten, Abu al-Iss? Welchen Bund hatte ich mit dir geschlossen? Bist du wirklich ein Bundesgenosse? Bestürzt flüsterte sie: »Du richtest von sicherer Warte aus.«

»Ich richte überhaupt nicht«, entgegnete er geduldig. »aber ich drücke mein Befremden aus. Sei sachlich und realistisch.«

Sie spürte, wie das Selbstmitleid in ihr wuchs. Würgte

an Bitterkeit und Enttäuschung. Auch du, Abu al-Iss? Schlag mich nur auf den Kopf! Zieh mich nur an den Ohren. Reiß mich nur an den Haaren. Wie könntest du das alles verstehen? Du wirst es nie verstehen, denn du warst nie ich. Du warst nie eine Frau. Du richtest? Wie ein Zuschauer, dessen Verstand sich dem Denken der Arbeiterklasse öffnet, die er zu seiner eigenen gemacht hat. Von sicherer Warte aus ertönt es: Wo bleibt die Revolution? Ein Arbeiter ist hin- und hergerissen in den Irrgängen des täglichen Lebens und der Verantwortung für den Broterwerb und die Ernährung seiner Kinder – mit gebeugtem Rücken, gespannten Nerven; verschreckt, leidend und zu keiner Bewegung fähig, hockt er mit ganz wenig ganz unten. Der Zuschauer dagegen steht oben über der Klasse im Licht, rührt die Trommel und fragt befremdet: Wo bleibt die Revolution? Wo bleibt das Programm?

Adel sah voller Mitleid ihre gequälte Miene und dachte: Warum kann die Frau nicht über ihren Schatten springen? Warum besteht sie darauf, die Welt durch ihre besondere Erfahrung hindurch und aus der Frauenecke heraus zu sehen? Hat denn Rafif nichts gelesen? Hat sie nichts gelernt? Hat sie nie die Weltkarte angeschaut und gesehen, wie sich die Polypenarme über die unterdrückten Kontinente ausbreiten, und begriffen, was das heißt? Wo liegt der Unterschied zwischen Rafif und Nuwar? Saleh und Nuwar. Welche Katastrophe.

Wie üblich unverschämt, bemerkte Salem: »Dein ganzes Tun und Lassen ist nur durch deinen Frauenkomplex bestimmt, Rafif.«

Das war der Tropfen, der das Faß zum Überlaufen brachte. Wütend und haßerfüllt schrie sie: »Jawohl, genau so ist es! Aber dein Denken ist eintönig und bringt immer nur dasselbe hervor. Was erwartest du denn? Daß ich meine Geschichte und meine Erfahrung vergesse?

Und dieser Komplex, den du mir vorwirfst, ist er nicht dasselbe, was der Arbeiter seinem Vorgesetzten gegenüber empfindet, der ihm sein täglich Brot zuteilt? Ist er nicht dasselbe, was der Schwarze den Weißen gegenüber empfindet? Ist er nicht dasselbe, was die Dritte Welt gegenüber der Ersten empfindet? Nenn es Komplex! Nenn es Klassenhaß! Nenn es Kampf um Interessen! Nenn es, wie du willst, inhaltlich bleibt es dasselbe – eine unannehmbare Wirklichkeit, unter der wir leiden und gegen die wir revoltieren. Seit wann ist eine Revolution ein Verbrechen? In der Vergangenheit war das so, zur Zeit der Sandsch, der Assassinen, der Briganten und der Spanier in Andalusien. Jetzt aber, bei euch ... Welch ein Widerspruch besteht hier, welch eine Schizophrenie!«

Basil mischte sich ein und versuchte, nochmals die Fäden einzusammeln, die ihr entglitten waren: »Beruhige dich, Rafif, beruhige dich. Du wirst keine Runde gewinnen, solange du dich von deinem Zorn hinreißen läßt.«

Sie haute mit der Faust auf den Tisch. »Das ist nun wirklich schizophren: Den Zorn der Arbeiter und der Bauern und der unterdrückten Völker begrüßt ihr. Aber wenn die Frau zornig wird, brüllt ihr ihr ins Gesicht: Du bist voller Komplexe, du bist frustriert, schwach und kurzsichtig. Die Zeit ist noch nicht reif für dich. Für wen ist sie denn reif? Für den Arbeiter, den Bauern, die unterdrückten Völker? Und ich? Bin ich denn nicht das Proletariat des Mannes? Haben Marx und Engels das nicht auch gesagt? Warum habt ihr alle ihre Aussagen für heilig erklärt und nur diese Kleinigkeit übergangen? Etwa, weil es nicht *der* Kleinigkeit heißt, Salem?«

Der Chefredakteur klopfte mit seinem Siegelring auf den Tisch und schaltete sich ein: »Ich bitte Sie, liebe Kollegen, ich bitte Sie. Sind wir denn zusammengekommen, um Vorwürfe, Beschuldigungen, Tadel und Haßgefühle auszutauschen und dann mit leeren Händen auseinanderzugehen?«

»Aber nein«, bemerkte Salem boshaft, »wir gehen mit einem Passierschein auseinander.«

Alle Augen richteten sich auf ihn; sie hätten ihn umbringen mögen. Man kann doch nicht alle Fronten gleichzeitig eröffnen. Dann sagte Adel, der sah, daß Rafif jeden seiner Höhenflüge blockierte, tadelnd mit trockener Stimme: »Mach dir nichts draus, Rafif, mach dir nichts draus.«

Zum ersten Mal wandte sie sich ihm zu. Sie blickte in sein bedrücktes Gesicht und empfand heftige Abscheu, und plötzlich donnerte sie ihm ins Gesicht: »Ich soll mir nichts draus machen? Ich soll mir nichts aus meinem Interesse machen? Ich soll mir nichts aus meinem Recht machen? Ich soll mir nichts aus meiner Geschichte und meiner Erfahrung machen?«

Sie versank in Stillschweigen. Sie kaute und verdaute an ihrem Zorn ... Ist mein ganzes Tun und Lassen durch meinen Frauenkomplex bestimmt? Was willst du denn? Nach all meiner Unterdrückung und Ausbeutung soll ich keine Komplexe haben? Soll ich mir nichts draus machen? Die Blöden, das sind die, die keine Komplexe haben, weil sie nichts empfinden. Die Dummen, das sind die, die keine Komplexe haben, weil sie nichts denken. Die Propheten, das sind die, die gekreuzigt werden und sich nichts draus machen. Ich gehöre weder zu den einen noch zu den anderen. Ich empfinde etwas, und ich denke, und ich kenne die Alternative, und ich kenne meine Geschichte und trage schwer daran. Seit dem Anfang eurer Epoche lebe ich für andere, nicht für mich selbst. Ich habe gekocht, und ihr habt gegessen. Ich habe gesät, und ihr habt geerntet. Ich habe euren Samen in meinem Bauch getragen und ihn mit meinen Augen, meinen Zähnen und meinen Muskeln genährt. Und wenn eure

Hände das Neugeborene ergreifen, trägt es euren Namen, nicht meinen. Ja, der Vater trägt gar den Namen seines männlichen Erstgeborenen, nicht meinen. Und ich selbst lege meinen Namen ab und nehme dafür euren an. In euren Küchen und euren Tempeln verliere ich meine Identität und meine Persönlichkeit. Ihr habt mich als Ware betrachtet – entsprechend einem religiösen Recht oder auch ohne. Ihr habt Gesetze eingeführt, habt sie vom Himmel herabgeholt, und sie haben gewirkt wie Blitzstrahl und Friedhofsmauer; dann habt ihr behauptet, es seien Regenbogen. Wenn mein Feuer erlosch, habt ihr mich für meine Unwissenheit gescholten. Wenn ich lebhaft wurde, habt ihr mich für meinen Zorn gescholten. Wenn Eifersucht an meinem Herzen nagte, habt ihr mich für mein Unvermögen und meine Begrenztheit gescholten. Und wenn ich eure Schizophrenie aufdeckte, habt ihr mir ins Gesicht geschrien: Die Zeit ist noch nicht reif; mach dir nichts draus!

Heftig schrie sie dem, den sie einst noch heftiger liebte, ins Gesicht: »Ich mache mir ganz sicher etwas draus! Werft mir vor, was ihr wollt, aber ich mache mir ganz sicher etwas draus!«

Sie wandte sich den Gesichtern zu, die sie starr und anklagend betrachteten. Fühlte sich wie eine in die Ecke gedrängte Katze, vor der ein Kind mit einem Stecken in der Hand steht. Sie streckte ihre Krallen heraus und begann zu kratzen.

»Ihr seid Unbeteiligte, nicht mehr. Ich dagegen bin beteiligt. Ihr seid Zuschauer, egal, wie ihr euch selbst nennt, Zuschauer. Soll doch die Zeitschrift zur Hölle fahren. Soll doch die Orangenplantage zur Hölle fahren. Ich werde nicht mehr Soldat in einem Kampf sein, dessen Früchte nur der Mann erntet.«

Basil lächelte ratlos. Ein Jahrhundertzorn. Was für ein Mädchen! Wie kann man sich mit ihr verständigen? Im

Versuch, ihre Aufmerksamkeit abzulenken, sagte er ruhig: »Wir sind nicht alle Zuschauer, Rafif, wir sind Bundesgenossen.«

Sie lachte laut und bitter auf. »Bundesgenossen? Ha, wie mit den Schwarzen in Amerika. Wie mit Zimbabwe gegen Ian Smith. Was nützt ein solcher Bund? Was fange ich mit einem solchen Bund an? Soll ich ihn in Wasser auflösen und trinken? Oder soll ich ihn mir als Amulett um den Hals hängen, um das Auge des Neiders zu bannen? Oder soll ich ihn mir auf den Hintern schreiben wie die Lastwagenfahrer ›Gott schütze dich auf deiner Fahrt‹ auf ihre Autos?«

Salem lachte schallend, Adel schmunzelte ... Du bist doch noch immer ein Kind, Rafif. Du bist doch noch immer ein Kind. Er erinnerte sich, wie sie zusammen vor der roten Ampel standen. Einige Monate war das her, wie Jahre schien es. Du wirst sinnlos sterben. Ich werde den Leuten ein Beispiel gegeben haben. Was schadet es dir, den richtigen Augenblick abzuwarten und erst dann über die Straße zu gehen? Das sagen sie alle. Wenn ihnen sonst nichts mehr einfällt, nehmen sie das rote Licht als Vorwand. Aber das Spielchen ist zu durchsichtig. Das Spielchen vom immer obenauf Schwimmen. Du suchst Streit. Und du stinkst nach bourgeoisen Idealen.

Herr Badi schüttelte sich; er fühlte sich beleidigt. Bei meinem Leben, die Schamlosigkeit dieses Mädchen ist ein Schandmal auf der Stirn der gesamten arabischen Welt. »Mein Hintern«, das sagt sie einfach so dahin, und die anderen lachen auch noch darüber. Was ist das für eine Jugend? Was für eine verdorbene, schamlose und gottlose Generation ist das? Er schalt sie scharf: »Schämen sollten Sie sich! Ich dulde das nicht.«

Doch Basil entgegnete bestimmt: »Wir alle haben doch dasselbe Ziel.«

Verwirrt blickte Herr Badi den Chefredakteur an. Wie

kommt dieser junge Mann dazu, sich hier zu äußern? Wer hat ihn mit der Leitung beauftragt? Wer hat ihn gewählt, eingesetzt, empfohlen? Mit welchem Recht zwingt er der Zeitschrift seine Anwesenheit auf? Etwa weil die Kasse leer ist und man Kapital benötigt? Zum Teufel mit der Zeitschrift und dem Kapital. Sind wir soweit gekommen nach diesem langen Leben? *Wir lassen uns an Gott genügen. Welch trefflicher Sachwalter.*

Basil versuchte, ihr Vertrauen zu gewinnen. »Haben wir nicht alle dasselbe Ziel?«

Sie schaute ihn zweifelnd an. Du bist ähnlich wie Adel, mich wirst du nicht täuschen. Du bist ein arabischer Mann, mit all seiner Macht und seiner Eitelkeit und seiner Verwöhnheit – ganz darauf erpicht, keinerlei Zugeständnisse zu machen. Adel, der Schizophrene, du bist ihm ähnlich. Salem, der Agitator, du bist auch ihm ähnlich. Die Herren Badi und Atallah mit den Rissen in der Brust. Mach dir nichts aus deiner Geschichte und deiner Erfahrung. Das Streichholz, das sich nur einmal entzündet. Der Glasteller, der nicht zu reparieren ist. *Züchtigt sie und meidet sie im Ehebett.* Das also ist die entwürdigende Alternative – »an seiner Schulter oder auf seinen Gedichtseiten den Tod zu finden.« Scher dich weg, du Museum der Geilheit, gebaut auf Salomos Tempel, dem Hohelied und weißen Sklaven. Ich werde nicht sterben an deiner Schulter und nicht auf deinen Gedichtseiten. Ich werde mir aus meiner Erfahrung etwas machen. Frauenkomplex?

Sie zeigte Salem wieder die Krallen. »Keiner hat dir je ›Neger‹ ins Gesicht geschrien, damit du die Bitterkeit des schwarzen Zornes kennenlernen kannst. Und keiner hat dir je ›Frau‹ ins Gesichts geschrien, damit du einen Haß kennenlernen kannst, neben dem der Klassenhaß lächerlich ist.«

Salem zog sich unmerklich zurück. »Gut, wir haben

verstanden. Schon gut, wir haben verstanden. Gott, der Allmächtige, wir haben verstanden.«

Der Chefredakteur fand dies eine passende Gelegenheit, über Salem herzuziehen. »An alledem sind Sie schuld, Salem. Sie sind es, der damit angefangen hat. Seit Beginn der vorigen Sitzung sperren Sie sich gegen alles, und jedesmal, wenn wir versucht haben, einen Weg zu finden, haben Sie uns auf halber Strecke im Stich gelassen. Sie sind schuld daran.«

»Ich habe nichts dergleichen beabsichtigt«, verteidigte sich Salem. »Rafif weiß genau, daß ich vor ihr größte Hochachtung habe.«

Herr Badi unterstützte seinen Bundesgenossen gegen Salem. »Sie waren es, der ihr den Frauenkomplex vorgeworfen hat.«

Mein Gott, mein Gott, dachte Basil schnell. Nun reiht sich also Herr Badi auf Rafifs Seite ein. Und du, Herr Atallah ... ein bißchen im Trüben fischen? Nein, es ist unsre Schuld, nicht eure. Wir sind zu tadeln, nicht ihr. Wo ist der Fortschritt, wo der Rückschritt? Alles gerät durcheinander. Geduld ist etwas Schönes, mein Land, Geduld ist etwas Schönes.

»Trinken wir doch einen Kaffee«, sagte er schnell, »und hören wir für eine halbe Stunde auf zu diskutieren. Dann werden unsere Nerven wieder kühl und ruhig, und wir können unsere Sitzung neu beginnen. Was meint ihr dazu?«

Salem, der darin eine günstige Gelegenheit sah, seinen Hals aus der immer enger werdenden Schlinge zu ziehen, stimmte zu: »Einverstanden, völlig einverstanden. Was meinst du dazu, Rafif?«

Er lächelte ihr, Sympathie heischend, zu. Doch sie blieb mit gerunzelter Stirn sitzen; in ihrem Kopf dröhnte es ... Du willst dich über mich lustig machen. Du willst dich über meinen Zorn lustig machen. Aber ich lasse mich von dir weder mit Worten noch mit Lächeln bestechen. Und von dir, Abu al-Iss, lasse ich mich auch nicht mit einer Tasse Kaffe bestechen …

Sie tranken Kaffee und formierten sich neu. Abu al-Iss hielt seinen Mund dicht an Rafifs Ohr und flüsterte ihr vieles zu. Sie öffnete den Mund, um auch etwas zu sagen, doch er sagte Dinge, die sie den Mund mehr und mehr schließen ließen, bis er schließlich zu war. Er lächelte; auch sie lächelte. Er legte ihr die Hand auf die Schulter, und sie zuckte nicht zurück. Ich stehe auf deiner Seite, sagte er. Ich stehe auf deiner Seite, sagte sie.

Sie begann, stichwortartig ihre Gedanken zu notieren. Als der Chefredakteur sagte: »Fangen wir an«, fing sie von vorne an. Die Sozialstruktur. Die herrschende Kultur und die Notwendigkeit, diese zu verändern. Die gesellschaftlichen Vorstellungen und Werte. Die Religion, die Geschlechter, die Ausbeutung, die Erniedrigung. Du bist eine Frau – immer dieser warnende Finger, der sich nach jedem Wort und jedem Schritt hebt. Ein Finger von der Größe eines Minaretts, der die Straßen füllt, die Gassen versperrt und das Licht abhält, so daß die Pflanzen verdorren. Die Pflanzen und das gedeihliche Klima. Was von beiden ist primär? Das gesunde Klima oder der gesunde Körper? Ein kranker Mensch, der in der Dunkelheit und der Feuchtigkeit hockt und der vor Zorn und vor Sehnsucht nach der Sonne explodiert. Er hat drei Möglichkeiten. In der Finsternis zu bleiben und sich ihr auszuliefern – und sich so den langsamen Tod zum Gefährten zu machen. Auf die Straße hinauszutreten und dort zu bleiben – und so heimatlos zu werden. Sich der Gerichte, der Moscheen und der Schulen zu bemächtigen – und so an die Sonne zu treten. Das erste verlangt die Entspanntheit von Schlafenden und die Ruhe von Tieren. Das zweite verlangt den Komfort des Absurden und die Anarchie der Ungebundenheit. Das dritte verlangt Disziplin, Mobilisierung der Kräfte und Kampf. Es geht hier nicht um Prioritäten, vielmehr um die Verbindung der drei zu einer homogenen Struktur. Drei Zeiten zu einer Zeit. Drei Personen zu einer Person. Drei Situationen zu einer Situation. Und zwischen der einen und der anderen Situation gibt es Verzweigungen – Untersituationen und darunter nochmals Untersituationen. Und zwischen der einen und der anderen Situation entwickeln sich Kämpfe und Krisen. Der Tod verabscheut den Kampf, aber er ist fasziniert vom Absurden. Das Absurde und der Kampf sind fasziniert vom Tod und machen ihn unausweichlich. Aber das Ergebnis ist unterschiedlich. Denn der Tod des Absurden ist ein Tod für sich selbst, der Tod des Kampfes dagegen ist ein Tod für andere. Ein Tod um des Todes willen der eine, ein Tod um des Lebens willen der andere.

»Ihr sprecht vom Kampf des Proletariats«, fuhr sie fort, »und sagt: Arbeiter aller Länder, vereinigt euch. Ihr sprecht vom Kampf der ausgeplünderten Völker und sagt: Völker aller Länder, vereinigt euch. Ihr sprecht vom Kampf der Frau – aber dann macht Ihr nicht weiter. Wo ist das Programm? Ihr wendet Euch an den Arbeiter und den Tagelöhner und sagt zu ihm, er solle sich durch Zusammenschluß selbst schützen, um nicht ein einzelner, leicht zu brechender Stecken zu sein. Aber wenn Ihr euch an die einzelne Frau wendet, sagt Ihr ihr: Du bist der Stab Moses, der die Wasser des Meeres voneinander teilte. Das ist reine Schizophrenie, reine Rhetorik, reine Infamie.«

In Adels Kopf drehten sich Wörter und Zeilen, und ihm fiel ein: Du stinkst nach bourgeoisen Idealen ... Er hörte sie sagen:

»Wer vom einzelnen Arbeiter verlangt, daß er sich organisiert und sich durch Zusammenschluß schützt, damit er nicht auf der Straße landet, und von der einzelnen Frau verlangt, daß sie sich auflehnt, sich aber nicht darum schert, ob sie auf der Straße landet, der ist schizophren, unehrlich, und böswillig. Oder er ist unfähig, die Wirklichkeit in ihrer Bewegung zu verstehen. Er ist ein Demagoge, ein Zitatenhuber und nicht in der Lage, zwischen und unter den Zeilen zu lesen.«

Ein Karussell von Wörtern ... Du bist unfair, Rafif, unfair. Er spürte, wie ihm ein heftiges Stechen Herz und Kopf durchdrang. Das Sitzungszimmer wurde ihm eng und beklemmend. Das habe ich nicht gemeint. Du hast mich falsch verstanden, weil du streitsüchtig bist. Du bist streitsüchtig, nicht ich. Du suchst nach einem traditionellen Zuhause, in dem man erstickt, statt atmet. Du und Nuwar.

Wieder wankte die Erde. Aber ihre Worte sprudelten unaufhörlich. »Zerbrochene Menschen können andere nicht retten und ihnen auch keine Befreiung anbieten. Die Befreiung wird nicht auf einem Silberteller präsentiert. Sie ist ein gemeinsames Bestreben aller auf der Grundlage von Vertrauen. Und wenn die Gesellschaft ihr Vertrauen einer Frau entzieht, dann hört die organisierte Wirkung auf. Organisation aber bedeutet Kontinuität. Wir brauchen nicht schon am Anfang lodernde und sich selbst verzehrende Flammen.«

Erschöpft legte er seinen Kopf auf die Hände ... Du bist unfair, Rafif, unfair. Ich möchte raus von hier, weg. Sie ist mitten auf der Straße stehengeblieben und hat mit dem Fuß auf den Boden gestampft. Ich gehe von jetzt an nicht mehr mit dir. Ich lasse mich von dir nicht mehr versklaven. Aber wer behauptet denn, ich wolle dich versklaven. Ich will dich als freie, unabhängige und starke Frau, die keine Schwäche kennt und sich vor niemand und vor nichts beugt. Ich will dich als wirkliche Revolutionärin, als gute Genossin. Eine gute Genossin hat also keine Gefühle? Ich werde kalt wie eine wissenschaftliche Abhandlung. Du bist kalt wie ein Frosch. Alles ist durcheinander geraten, und das Todesspiel ist zum Friedenslied geworden.

»Das Geschlecht ist eine Klasse«, hörte er sie wiederholen.

Falsch, falsch. Nein, Rafif. Das ist falsch. Er wollte das gern sagen, wollte diskutieren und richtigstellen. Aber sein Kopf war schwer, war zu einem schmerzzerfressenen Klumpen geworden. Hafes' Einwand kam ihm zu Hilfe.

»Die Frau ist keine Klasse. Sie und der Mann stehen gemeinsam denselben Schranken gegenüber. Die berufstätige Frau ist in derselben Lage wie der berufstätige Mann.«

Kalt wie eine wissenschaftliche Abhandlung sagte sie: »Nein, sie wird in anderer Weise ausgebeutet, in mehrfacher Hinsicht. Ihre Ausbeutung ist eine nationale, eine klassenspezifische und eine geschlechtsspezifische.«

Hafes bestand auf seiner Position. »Aber die proletarische Ideologie hebt Differenzierung und Ausbeutung auf.«

»Das ist erst das Endergebnis und gilt nur, wenn sich die proletarische Ideologie voll entfaltet hat. Aber bis dahin ist der Weg noch weit.«

Salem mischte sich, ungeduldig und undiszipliniert, ein: »Verstehe ich die Diskussion richtig, du willst dich gegen das Risiko aussprechen? Gnädiges Fräulein, wenn nicht hier und da einige Personen mit Pioniergeist aufstehen, wie sollen dann die gesellschaftlichen Veränderungen eintreten, und wie sollen wir die Revolution erreichen? Wie erneuern wir sie, und wie injizieren wir ihr neues Blut?«

Sie senkte den Kopf und dachte nach. Eine dunkle Unruhe überkam sie. Eine schwierige Frage. Eine Falle mit allen Anzeichen der Niederlage. Ein alter Ausdruck fiel ihr ein, mit dem sie Salwa zu Hilfe gerufen hatte: Du als Soziologin, erklär mir das! Erklär mir, wie ich ohne Tränen eine Niederlage einstecken kann. Ich habe beschlossen, durchzuhalten. Ich werde nicht klein beigeben. Sie atmete weiter und beruhigte ihren Herzschlag. Dabei blickte sie ihm direkt in die Augen. Sie sah darin die Züge von Männlichkeit, die sie nun nicht mehr in große Unruhe versetzten. Wer bist du denn? Was hast du denn bisher geleistet, außer ein paar Fragen aufzuwerfen? Was hast du für die Zeitschrift erreicht? Erklär mir nichts, Salwa; ich werde es mir selbst erklären.

Alle warteten auf ihre Antwort, die sie schon lange hinausgezögert hatte. Adel spitzte aufmerksam die Ohren.

»Man kommt nicht darum herum«, sagte sie, »den politischen Kampf mit seinen verschiedenen Stufen mit dem Kampf der Geschlechter zu vergleichen. Man darf zwar sicher behaupten, daß beide denselben Ausgangspunkt und dasselbe Ziel haben. Das ist richtig. Aber die Hintergründe sind in beiden Fällen unterschiedlich. Denn als du das Banner des politischen Kampfes schwangst, hast du den Vorstellungen der arabischen Gesellchaft nicht Vorstellungen entgegengestellt, die der Sitte, den Traditionen, der Religion und den materiellen Interessen dieser Gesellschaft widersprochen hätten. Zum Bild des arabischen Volkes vom politischen Kämpfer gehört nämlich die Vorstellung vom Märtyrer, vom heiligen Kampf und von der Verteidigung des Eigentumsrechtes. Der Geschlechterkampf dagegen bedeutet einen Angriff auf alles, was heilig ist. Geschlechtliches ist im arabischen Bewußtsein verbunden mit Unzucht, Ehebruch und ›Gefallen-Sein‹, wenn es außerhalb des Rahmens stattfindet. Wenn es dagegen innerhalb des Rahmens stattfindet, *so nehmt euch zu Weibern, die euch gut dünken,* und *die Männer sind den Weibern überlegen,* und *der Mann soll den Anteil von zwei Frauen haben,* und *der Frauen Verstand und Religion sind mangelhaft.* Das heißt, daß die Revolution der Frau nicht die Revolution eines Volkes gegen die Ausbeutung durch ein anderes ist; auch nicht die Revolution der unterdrückten Mehrheit gegen eine tyrannische Minderheit; auch nicht eine Revolution gegen eine Staatsordnung. Nein, sie ist vielmehr eine Revolution gegen eine Ordnung der Gesellschaft, der Wirtschaft, der Religion, der Moral, undsoweiter undsofort, deren Wurzeln bis an den Beginn des Patriarchats zurückreichen. Du fragst mich, Salem, ob ich gegen das Risiko bin. Ich bin nicht gegen das Risiko, aber ich kritisiere die Anarchie. Anarchie mag eine Rebellion auslösen, sie führt aber nicht das Bewußtsein zur Revolution. Wir können auf Opfer verzichten, die nichts bringen. Wir brauchen keine Feuer, die lodern, ohne etwas zu erhellen.

Nicht wahr?« Nur ein kurzes Lächeln auf Basils Gesicht antwortete ihr.

Salem spürte, daß Rafifs Worte seine Fundamente erschütterten; er rüstete zum Gegenangriff. »Du bist reaktionär, nicht mehr und nicht weniger.«

Und du, dachte sie kalt, bist ein widerwärtiger, alberner Demagoge. Aber du bist wenigstens aufrichtig, ein Vorzug, der Adel abgeht.

Ist sie wirklich reaktionär, fragte sich Adel ratlos.

Herr Badi flüsterte Herrn Atallah ins Ohr: »Sind wir dafür zusammengekommen? Reichen uns nicht die Philosophien Adels und Salems? Reichen uns nicht die Probleme mit Hafes?«

Betrübt nickte der Chefredakteur und flüsterte: »Harren Sie aus«. Er dachte daran, daß Ausharren einen hohen Preis, aber auch einen gewaltigen Lohn hat. Aber die Brücke wird früh geschlossen.

Salem begann wieder eine Tirade: »Du nimmst die Vorstellungen der reaktionären Gesellschaft zum Vorwand, um deine eigenen reaktionären Ideen zu fördern. Willst du damit deine Leser in der Hälfte der Zeitschrift beglücken? Wenn das der Fall ist, bin ich der erste, der dagegen ist.«

Der Chefredakteur lächelte und jubilierte tief in seinem Innersten: Ausharren hat einen gewaltigen Lohn.

Salem fuhr verächtlich fort: »Das ist doch widersinnig. Heute verlangt sie von uns, konservativ zu werden, morgen ruft sie gar nach dem Schleier.«

Adel, dessen Gerechtigkeitssinn sich angesprochen fühlte, fragte: »Ist das wirklich alles, was du ihren Ausführungen entnommen hast? Glaubst du das tatsächlich?«

»Nein, aber Rafif glaubt es.«

Rafif lebte auf und dachte: Nicht übel, Adel, du hast zu begreifen begonnen. Aber was denkt eigentlich Abu al-Iss; er sagt überhaupt nichts. Warum übernimmt er die Rolle eines Zuschauers, der mir nichts als den Segen erteilt?

Langsam sagte sie: »Nein, die Gesellschaft denkt so. Und ich als Individuum, welchen Wert hat das, was ich denke, wenn mir die anderen nicht das Recht zugestehen, auch entsprechend zu handeln? So ist es auch mit dem Staat. Du denkst, daß der Staat dein Recht ist. Aber welchen Wert hat das, was du denkst, wenn dir dieser Staat versagt bleibt?«

»Deshalb kämpfe und sterbe ich für mein Recht«, warf Basil schnell ein.

Sie lächelte verstohlen. Endlich regst du dich. Erklär mir nichts, Salwa; ich werde es mir selbst erklären.

Sie wandte sich an ihn. »Wenn du stirbst, hebt dich die Gesellschaft über sich und sagt: Er ist als Märtyrer gestorben. Auf mich dagegen spucken sie und sagen: Sie ist als Hure gestorben. Ist es das, was ihr wollt? Opfer, die nichts bringen?«

»Was soll das heißen?« fragte Basil, der begonnen hatte, sich zu wundern. »Daß du aufhörst zu kämpfen?«

»Im Gegenteil«, erwiderte sie entschieden, »ich will mit der Hälfte der Zeitschrift kämpfen. Das ist mein Recht.«

Er schüttelte ablehnend den Kopf: »Nein, du kämpfst um die Hälfte der Zeitschrift.«

Sie starrte ihn an; fühlte sich verraten. »Aber du hast doch gesagt ...«

»Ich habe gesagt, daß ich auf deiner Seite stehe, nichts anderes. Und ich stehe weiterhin auf deiner Seite; versteh das nicht falsch.«

Traurig senkte sie den Kopf. Wankelmütig wie die anderen. Bundesgenosse? Was für ein Bund ist das? Was soll ich damit angefangen? Mit Wasser anrühren und dann trinken? Oder mir hinten auf meinen Lastwagen schreiben: »Gott schütze dich auf deiner Fahrt«? Oder eine Waffe tragen – damit das Prinzip des bewaffneten Kampfes in die Tat umsetzen – und sie dem Mann, dem Vater, dem Bruder und dem Sohn vor die Nase halten? Ist denn das vernünftig, Revolutionär? Welchen Kampf meinst du? Gott erbarme sich der Nusahat und des türkischen Parlaments. Vom Unabhängigkeitsorden und dem Generalstitel zur Mitgift. Revolutionen sind leichter. Denn der Revolutionär kann zumindest sein Herz erleichtern, kann eine Waffe in die Hand nehmen und damit für sein Recht kämpfen. Wir dagegen, was können wir tun? Sollen wir ihnen den BH ins Gesicht werfen, wie es die Frau in Amerika getan hat? Erklär mir, mein Land, wie ich ohne Tränen eine Niederlage einstecken kann.

»Ich behaupte noch immer«, sagte Hafes düster, »daß all das eine Zeitvergeudung ist. Was ist das für eine Theorie? Die Frau eine Klasse? Das Geschlecht eine Klasse? Nach welcher Tradition? In welcher Wissenschaft?«

»Alle Kategorisierungen, Wissenschaften und Theorien, die die Männer geschaffen haben, gehen mich nichts an«, sagte Rafif hartnäckig. »Aber bevor ich endgültig schweige, möchte ich dich an all die Privilegien und Errungenschaften des Mannes erinnern, die auf den Schultern der Frau verwirklicht wurden. Du erinnerst dich sicher, was die Sklaverei für einen Einfluß auf die griechische Gesellschaft hatte. Die Freien konnten denken und philosophieren und ihre geistige Energie kreativ nutzen, da die Sklavenklasse ihnen die Verantwortung für manuelle Arbeit abgenommen hat. Die Frau hatte, mit geringfügigen formalen, nicht inhaltlichen Unterschieden, dieselbe Rolle. Der Mann ist schöpferisch tätig, die Frau wird schwanger, gebiert, kocht und hält das Haus in Ordnung. Es gibt keinen Unterschied zwischen der Sklavenklasse und der Frauenklasse. Du behauptest, die Frau sei keine Klasse? Doch, sie ist eine.«

Salem lachte schallend und bemerkte: »Nun fehlt nur noch, daß du von uns verlangst, wir sollten schwanger werden und Kinder zur Welt bringen.«

»Aber was sie gesagt hat, stimmt«, äußerte Adel nachdenklich. »Ich glaube, Rafif macht schnelle Fortschritte, und ich gebe zu, daß sie sich mit der Wirklichkeit auseinandersetzt, während wir noch immer in der Theorie herumschweben.«

Ihr Blick traf auf den seinen. Gequälte Augen. Ein gequältes Gesicht. Wo ist der Gott, den ich in dir verehrt habe? Jetzt gibst du es zu? Es ist zu spät, Adel.

Mit bebender Stimme flüsterte er: »Großartig, Rafif, mach weiter.«

Kein Härchen regte sich an ihrem Körper. Zum erstenmal spürte sie, daß ihr Selbstbewußtsein und ihr Vertrauen in ihre eigenen Fähigkeiten stärker waren als alle seine Reaktionen. Und wenn er nun ›Großartig‹ sagt und ja doch nur meint ›du bist großartig‹? Und wenn er gar nichts gesagt hätte? Die Zeit ist vorbei, da sie an seinem Segen Segen fand. Jetzt weiß sie, daß sie wirklich großartig ist – mit oder ohne seine Bescheinigung. Jetzt weiß sie auch, daß sie im Recht ist, daß sie Anspruch auf die Hälfte der Zeitschrift hat und die Zeitschrift Anspruch auf sie. »Diese Zeitschrift verdient es, in jedes Haus, in jede Hand zu gelangen. Der Verkauf wird sich erhöhen. Ich werde an der Steigerung des Verkaufs mitarbeiten. Und mit meiner Hilfe wird die Zeitschrift Verbreitung finden.«

Sie spürte, daß sie mehr als großartig war, daß sie wunderbar war, wunderbarer als er, wunderbarer als sie alle. Jeder einzelne von ihnen verfolgt sein hehres Ziel und verteidigt nur dieses. Sogar Herr Atallah verteidigt seine Zeitschrift gegen die Klauen der Zensur. Salem verteidigt den absoluten Idealismus, trotz seines eigenen Unvermögens und seiner eigenen Unfähigkeit, etwas auf die Beine zu stellen. Adel verteidigt alle hohen Ideale gleich selig wie seit dem Tage seiner Geburt. Abu al-Iss verteidigt, bringt Opfer und agitiert. Und sie, sie verteidigt alles, was jene verteidigen, darüber hinaus aber noch etwas, das alle anderen höchstens theoretisch interessiert. Zum erstenmal in ihrem Leben flüsterte sie sicher und stolz: »Ich bin eine Frau.« Und zum erstenmal wußte sie, daß ihre Identität sie befähigt, in die geheimen Sphären und Kenntnisse einer noch unbekannten Revolution vorzudringen. Revolution? Ja, sogar eine Revolutionsflut.

Ob Abu al-Iss sich klar darüber ist, was er gesagt hat? Hat er gemeint, was er sagt? »Das Kapital ist vorhanden.« Hat er das nicht gesagt? Der Verkauf ist gesunken. Der Verkauf ist gestiegen. Die Stimmen der Verkäufer dröhnten ihr in den Ohren – an Taxiständen, an Bushaltestellen, auf der Brücke, in den Lagern, in den Schulen, auf den Straßen, in den Krämerläden, in den Gassen. Lesen Sie, meine Herrn, lesen Sie! Hier »al-Fadschr«! Hier »al-Schaab«! Hier »al-Quds«! Hier »al-Balad«. Viele Hände werden sich nach der Zeitschrift ausstrecken, die meisten davon zart, aber von der Arbeit gezeichnet. Und derselbe

Verkäufer wird unwillkürlich auch sagen: Lesen Sie, meine Damen, lesen Sie! Das Gesetz von Angebot und Nachfrage. So ist es doch, Herr Atallah?

Nach einiger Zeit des Schweigens sagte Herr Atallah: »Und jetzt, was sollen wir tun?«

Herr Badi seufzte tief. »Merkwürdiges habe ich hören müssen. Ich hätte nie geglaubt, daß dieses grazile Wesen all diesen Wirrwarr hervorbringen und sich an der allgemeinen Verwirrung beteiligen würde.«

»Ein Problem der klaren Sicht«, bemerkte Salem niederträchtig. »War die Operation erfolgreich?«

Keiner sagte etwas darauf. Der Direktor dachte über eine praktikable Lösung des Kapitalproblems nach. Adel dachte darüber nach, daß Rafif erwachsen geworden sei. Basil dachte über Kapitalbeschaffung ohne Ausbeutung nach. Der Sportredakteur wartete auf eine günstige Gelegenheit, um seine frühere Behauptung zu wiederholen, daß die Zahl der Sportlerinnen größer war als die der Sportler, ohne daß Salem es wagen würde, sich über ihn lustig zu machen.

Der Chefredakteur wiederholte mit Nachdruck: »Und jetzt, was sollen wir tun? Wo liegt die Lösung?«

Rafif beharrte auf ihrem Standpunkt: »Überlaßt mir die Hälfte der Zeitschrift. Das ist die Lösung.«

Hafes schwenkte seine Statistiken. »Wenn es so ist, habe ich den meisten Anspruch auf die Hälfte der Zeitschrift.«

Adel schaute sich um und rief sein Projekt in Erinnerung: »Und was wird aus der Beilage?«

Salem lachte schallend. »Man grapscht nach dem Erbe des Seligen. Also los, wer gewinnt?«

Der Chefredakteur fühlte sich provoziert und begann zu drohen. ›Die Sterne am Himmel sind leichter zu greifen.‹ Herr Badi stand ihm zur Seite und winkte mit seinem Rücktritt und mit Symptomen eines Herzinfarkts, die alle Heiligen, Propheten und selbst den Grammatiker Chalil ibn Ahmad erweicht hätten.

Basil ließ seinen Blick von einem zum andern, von hier nach dort wandern. Szenen und Bilder mischten sich darin, alles ging durcheinander. Rafif stieß ihn an und fragte unsicher: »Und du, was denkst du?«

Er zuckte mit den Schultern und verzog ratlos den Mund. Adel sah es; er lächelte bitter und flüsterte: »Hab ich's dir nicht gesagt?«

Basil verstand die Andeutung seines Bruders; sein klarer Verstand und seine Selbstbeherrschung kehrten zurück, und er dachte: Der Weg ist lang, Adel, der Weg ist lang.

Durch alle Stimmen, Proteste, Drohungen, Beteuerungen und Andeutungen hindurch bemerkte sie seine Ratlosigkeit und rief besorgt: »Wirst du mich im Stich lassen, Abu al-Iss?«

»Ich werde niemanden im Stich lassen«, sagte er ehrlich.

Salem ließ es sich nicht entgehen und bemerkte niederträchtig: »Genau das ist dein Problem.«

Der Chefredakteur klopfte mit dem Aschenbecher auf den Tisch und hob die Stimme: »Bitte Ruhe, liebe Kollegen, bitte Ruhe, ich bitte Sie.«

Widerwillig beruhigten sie sich, und jeder lauerte auf eine Gelegenheit, um Stimme oder Hand zu erheben. Doch der Chefredakteur trieb sie mit einer einzigen Frage ins Gehege des Schweigens zurück: »Das Monatsende steht vor der Tür, und die Kasse ist leer. Woher bekommt ihr euren Lohn?«

Regungslos saßen sie da; keiner sagte ein Wort.

29

Er stieg in die Mercedes-Limousine und setzte sich auf den Platz neben dem Fahrer. Das Auto raste dahin. Auch die Erinnerung. Vorbei an den Kasernen. Dann an den Schrotthaufen. Danach ins Tal. Grasgeruch, Sonne, Windstöße. Die Tage jagen dahin wie ein Auto auf abschüssiger Straße. Seit langen Jahren, mein Gott, wie viele Jahre! Usama ist vorbeigegangen. Vorbei am Badan-Tal, auch am Wasserfall, an den Säcken mit Walnüssen und den Cola-Flaschen. Nach langer Abwesenheit in der Fremde hat er entdeckt, daß das Westjordanland wie eine Flasche ist. Es war einmal ein Fischer, der fischte eine Flasche, öffnete sie, und heraus kam eine Ameise. Eine Ameise? Kannst du nicht weiter sehen? Doch, eine Ameise, die mit einem Elefanten schwanger ist, mein Herr.

Ach Saleh! Ach ihr Gefährten! Immer diese Erinnerungen. Die Geschichten verlieren ihren Glanz. Im Gefängnis waren die Geschichten witziger. Ich habe immer auf den Augenblick der Entlassung gewartet; frei wollte ich sein. Von den Winkeln des Gefängnisses aus war das Westjordanland ein heiterer Winkel. Von den Winkeln der Zeitschrift aus ist es spitzer als ein Speer geworden. Unter den Papieren, die auf Adels Schreibtisch bei der Zeitschrift liegen, ist auch ein Bild von Chidr und dem Drachen. Was soll das, Adel? Chidr hoch zu Roß, eine Lanze in der Hand, die er dem Drachen ins Herz bohrt. Du träumst noch immer, Adel. Du solltest auf dem Pferd sitzen mit der Lanze in der Hand. Was trägst du jetzt? Eine Feder. Nicht übel, aber es reicht nicht. Der Drache stirbt nicht durch einen Nadelstich oder einen Federstrich. Doch lassen wir das. Wo bist du, und wo ist Saleh? Saleh ... Manchmal frage ich mich, wieso ich rausgekommen bin? Wieso ich immer auf die Entlassung gewartet habe? Glaubst du nicht, Saleh, daß das ein ganz natürliches Gefühl ist? Hast du nicht gefragt: Entehrt Trauer den Revolutionär? Aber geh noch einen Schritt weiter: Entehrt das Fremdsein den Revolutionär? Entehrt der Ekel den Revolutionär? Entehrt das Menschsein den Revolutionär? Und muß er nicht traurig werden?

Er schaute durchs Fenster auf die Hügel und Hänge und betrachtete den staubverhangenen Horizont. Weidenbäume, hoch und mit silbernen Blättern: Sie sehen aus wie himmelwärts gewandte Kanzeln, die auf das Glockenzeichen und den Gebetsruf warten. Er betrachtete auch das weiße Gestein im Talgrund, über das sich im Winter das Wasser ergießt; jetzt war es völlig trocken. Dennoch blühten die Oleandersträucher, die das Flußbett säumten. Die Luft war voller Verheißung.

Masud ließ ein kraftloses Bellen hören, als er die Gestalt eines Menschen sich der Orangenplantage nähern sah. Für einige Augenblicke fiel er in seinen Halbschlaf zurück, dann öffnete er wieder die Augen und betrachtete prüfend den Mann, als versuche er, sich an ihn zu erinnern. Doch das Alter hatte Spuren hinterlassen, und er erinnerte sich nicht. Basil kniete auf die Erde und kraulte ihm traurig den Nacken.

»Masud«, flüsterte er, »sogar du bist alt geworden, Masud.«

Die Tage vergehen . Sogar die Hunde werden alt und tattrig. Ach Saleh. Ich habe Angst, daß wir auch alt und tattrig werden, oder daß wir nie älter werden. Machst du mir Vorwürfe wegen der Angst? Entehrt Angst den Revolutionär? Wir sind nicht Herkules, aber wir wissen, wie wir zu unserer kindlichen Unschuld zurückkehren und sie vor dem Altwerden schützen können. Erinnerst du dich daran, Masud, wie ich Angst vor dir hatte, als ich noch ein kleiner Junge war? Erinnerst du dich daran, wie ich immer Schahada gerufen habe? Wo ist Schahada? Wo ist Abu Schahada?

Ein Mann durchquerte den Laubengang und näherte sich. »Wer ist da?«

»Ich bin Basil Abu al-Iss.«

»Ah, du! Herzlich willkommen! Gott sei tausendfach gedankt, daß du gesund und wohlbehalten bist. Ich erwarte dich schon seit Monaten. Wo warst du die ganze Zeit?«

Basil stand auf und trat zu dem Mann, der ihm die Hand entgegenstreckte. Während er sie schüttelte, schaute er ihn an. Er war über sechzig, groß, breitschultrig, trug Khakikleidung und hatte eine Hand, so grob wie eine Säge. Sein aschgraues Lockenhaar war zerzaust, sein dichter Schnurrbart gestutzt. Sein Gesicht war faltig, doch wenn er lächelte, verschwanden die Falten, und er strahlte Wärme und Herzlichkeit aus.

»Nun, wie war's im Gefängnis?« fragte er freundschaftlich.

Die Wärme des Mannes ging auf ihn über, drang in ihn ein. Tatendrang und Schlagfertigkeit kehrten zurück. »Großartig. Wer reingeht, ist verloren; wer rauskommt, neu geboren.«

»Sag lieber: Wer reingeht, wird geboren; wer rauskommt, ist verloren.«

Er stutzte. Dachte über die Worte nach. Was soll das? Auch du? In der Stadt – das kann man ja noch verstehen. Aber auf dem Land ...? Ach Saleh, wir müssen genau auf den Ton achten.

»Wie heißt du?«

»Abu al-Fawaris. Für dich, für den Neugeborenen und auch für den Verlorenen.«

In seine Augen trat Erstaunen; der Mann lachte schallend.

»Ich bin ein früherer Jahrgang. Ich bin rausgekommen,

als du reingegangen bist. Das Gefängnis ist ja wie die Masern – kein Weg führt dran vorbei. Hast du je von einem Menschen gehört, der aufgewachsen ist, ohne die Masern zu bekommen? Das Gefängnis ist genau wie die Masern.« Er lachte wieder schallend, seine Augen strahlten.

Auch Basil mußte lachen, und es fiel ihm ein, daß er seit vielen Tagen nicht gelacht hatte. Merkwürdig! Im Gefängnis haben wir immer gelacht, selbst über die Vögel im Flug. Aber wo gibt's schon Vögel im Gefängnis? Er lächelte, als er sich daran erinnerte, wie der eine Bauer zu ihm gesagt hatte: »Bist ein Kerl, ein schlauer Teufel. Du lachst, nicht wahr? Gibt's denn überhaupt was zu lachen? Basil, du bist doch wohlerzogen und lachst selbst über die Vögel im Fluge. Was ist los mit dir? Worüber lachst du?« »Ich lache über die Vögel im Fluge.« »Du Teufel, wo gibt's denn einen Vogel? Wo?« Saleh bemerkte von hinter seinem Buch: »Ich bin der Vogel, und ich werde fliegen.« Ach Saleh, vergib mir!« Der Strudel wirkt anziehend, er wirkt anziehend. Ich habe dich lange vernachlässigt. Aber gib mir noch ein paar Tage.

Abu al-Fawaris meinte sehnsuchtsvoll: »Aber das Gefängnis ist eine Schule, die größte Schule. Keiner von uns kennt sich wirklich, außer wenn er durch sie hindurchgegangen ist. Das Gefängnis läßt dich viele Dinge herausfinden, über dich selbst, über die Menschen, über das Land, über das Leben insgesamt, über Oben und über Unten. Haben sie dir mit dem übrigen Pensum auch die Lektion vom Oben und vom Unten erteilt, oder etwa nicht?«

Er lachte nochmals laut und zog Basil an der Hand zur Laube, wo er sich auf den Brunnenrand setzte. »Trinkst du einen Kaffee?« fragte er heiter und rieb sich voller Tatkraft die Hände.

»Aber gern.«

In Windeseile war der Mann in dem Häuschen verschwunden, das in längst vergangenen Tagen dem Vater als Büro gedient hatte. Dort war auch die Hundehütte. Hinter beiden stand Abu Schahadas Baracke. Trotz all der Zeit, die seither vergangen ist, hast du das noch nicht vergessen, Basil. Diese Laube, wieviele prachtvolle Tage sie erlebt hat. Ach, Pracht! Selbst dieses Wort ist zweischneidig. Pracht in der Vergangenheit, Pracht in der Zukunft – welch ein Unterschied!

Er versank in seinen Betrachtungen. Sein Kopf füllte sich mit Erinnerungen, mit Bildern. In dieser Laube hatten sie immer gesessen. Zwischen dem Weinlaub hingen bunte Birnen; der Weinstock verwandelte sich in einen Weihnachtsbaum. Orangenblüten. Sommerhimmel. Ein leichter Wind. Weiße Gläser. Geruch von Anis und gebratenem Fisch. Masud näherte sich mit der Nase einem großen, mit rohem Fleisch gefüllten Behälter. »Schahada!« schrie Vater. Doch von Schahada keine Spur. Schahadas Vater vertrieb den Hund vom Fleisch und servierte den Herren und Damen weitere Teller voller Knabbereien. Herren mit dunklen Anzügen und eleganten Krawatten. Damen mit cremefarbener Haut in Frühlingskleidern. Von Mutter keine Spur. Vater lachte. Der Hund kam wieder näher. »Schahada!« rief Vater. Ich war noch klein und verabscheute Milch. Wunderte mich, warum die Erwachsenen Milch mochten. Die Damen kniffen mich in die Backe und sagten: »Trink Milch! Trink Milch!« Ich lief fort zwischen die Bäume – und stieß auf Schahada. Er hielt sich hinter einer Hecke versteckt. Legte den Finger auf die Lippen. Ich setzte mich neben ihn auf die Erde und schaute zwischen den Ästen hindurch zur Laube. Ich sah Vater lachen und wußte nicht recht … Hier lacht er, aber zuhause lacht er nie. Mit den Herren zusammen lacht er, aber Schahada schreit er an. Den Damen lächelt er zu, aber Mutter blickt er immer unfreundlich an. Sogar mir gegenüber hat er sich vor den Leuten anders verhalten. Er hat mich gehätschelt, hat mich gelobt und mit mir gesprochen, als wäre ich nicht ich. Ich schaute zwischen den Ästen hindurch, Schahada blickte über mich hinweg. Der Hund näherte sich wieder dem Behälter und stieß ihn um. Das Fleisch rollte auf die Erde.

»Schahada!« schrie Vater zornig. »Schahada!«

»Bitte sehr.«

Die plötzliche Rückkehr aus der Vergangenheit ließ ihn zusammenzucken; Abu al-Fawaris lachte laut auf: »Ein Gefängnisabsolvent, der erschrickt?« Basil lachte matt und begann, seinen Kaffee zu schlürfen, in seiner Erinnerung noch immer eine Folge von Bildern. Denkst du nicht auch, was ich denke, Saleh? Sie essen, sie trinken, sie lachen, sie putzen sich heraus. Und wenn der Hund näherkommt, schreit Vater: »Schahada!« Was hältst du davon? ...

»Wo ist Schahada?«

»Schahada? Der? Oho! Ja weißt du denn nicht, wo der ist? Wo Sadija ist, da ist auch Schahada. Weißt du das nicht? Schahada ist verknallt. Aber Sadija will weder von Schahada noch von sonstwem was wissen. Sadija hat sich endlich das Land gekauft. Das Land ist ihr ein und alles. Jeden Tag schon in aller Herrgottsfrühe hockt sie auf dem Land. Das ist, kurz zusammengefaßt, Schahadas Geschichte. Schahada ist verknallt in Sadija, und Sadija ist verknallt in das Land.«

»Warum hat denn Sadija das Land gekauft?«

»Sie will ein Haus drauf bauen und dort wohnen. Du weißt doch, wie die Leute sind. Da spart sich's einer vom Munde ab, um sich ein Stück Land zu kaufen und ein Haus drauf zu bauen. So ist es üblich. Und Sadija tut dasselbe wie alle anderen.«

»Geht Sadija aus dem Viertel weg?«

»Natürlich. Sobald sie das Haus gebaut hat, geht sie aus dem Viertel weg.«

»Das ist ja nicht zu fassen. Sadija kann doch nicht aus dem Viertel weggehen. Sadija wohnt in dem Viertel, seit es sie gibt; seit es das Viertel gibt. Sie ist dort geboren. Sie ist dort aufgewachsen. Sie hat dort geheiratet. Sie ist dort Witwe geworden.«

Die Mitteilung hatte Basil mehr getroffen, als der Mann erwartet hatte, ja, mehr als er selbst erwartet hatte. Was denn, wenn Sadija aus dem Viertel wegginge? Tausende gehen weg. Sadija ist nur eine von Tausenden. Er dachte an die Zeit, als Sohdi noch lebte und immer bei ihnen vorbeiging, wenn sie im Laden von al-Hadsch Abdallah saßen. Er hatte immer mit ihnen gescherzt und gelacht und hatte den Jungen Witze erzählt, die sie bis an die Ohren rot werden ließen. Auch Sadija kam vorbei, die Kinderschar hinter ihr her. Ihre Lippen waren anemonenrot geschminkt, sie trug Schuhe mit hohen Absätzen und hatte immer ein geblümtes Kleid an. Als er aus dem Gefängnis kam, war Sadija die erste, die sich nach ihm erkundigte. Sadija gehört voll und ganz zum Viertel. Sadija kann unmöglich aus dem Viertel weggehen. Unmöglich.

Aber warum geht Sadija aus dem Viertel weg? Er erinnerte sich an die Gerüchte, die er da und dort gehört hatte. Sadija und Schahada. Sadija und ihre Nähmaschine. Sadija und Tel Aviv. Sadija schläft in Tel Aviv und kümmert sich nicht einmal um ihre Kinder. Sadija im öffentlichen Bad. Sadija und Chadra. Was soll das? Gibt es denn nichts anderes zu reden im Viertel? Und jetzt, Basil, und jetzt? Da erfährst du, daß Sadija aus dem Viertel weggehen will, und rufst: »Nicht zu fassen.« Wer von uns hat sich nach Sadija erkundigt? Nicht einmal Adel hat mehr nach ihr gefragt. Wenn Rafif das erfährt, wird sie daraus eine Riesentragödie machen und wird die ganze Zeitschrift verlangen, nicht mehr nur die Hälfte. Ach, diese Rafif! Diese Zeitschrift! Diese Orangenplantage! Was für eine Welt! Also bitte sehr, nimm dir's doch. Und wenn wir's beide noch erleben, darfst du mich daran erinnern. Wenn … »Ich kämpfe mit der Hälfte der Zeitschrift.« »Nein, du kämpfst um die Hälfte der Zeitschrift.« »Mach dir nichts draus, Rafif.« Sie haute mit der Faust auf den Tisch. »Ich mache mir etwas draus. Ich mache mir etwas aus meinem Recht, meiner Erfahrung, meiner Geschichte.« Was von beiden ist zuerst da? Das gesunde Klima oder der gesunde Mensch? Du hast lange Erklärungen abgegeben, Rafif, aber auf diese Frage hast du keine Antwort gefunden. Die Orangenplantage oder die Zeitschrift? Wir gewinnen die Zeitschrift, wenn wir die Orangenplantage verlieren. Aber was gewinnt eine Zeitschrift, die ihre Nahrung den Bauern und anderen Menschen aus dem Munde zieht? Und wenn wir die Menschen verlieren, für wen sollen wir dann schreiben? Und wenn die Zensur zuschlägt, bei wem sollen wir dann Hilfe suchen? Das Fleisch rollte auf die Erde. »Schahada!« schrie Vater zornig. Ach, Saleh …

»Ich bin hierher gekommen, Abu al-Fawaris, um zu erfahren, wie es um die Plantage steht.«

»Plantage? Sag lieber Plantagen. Dein Bruder hat sie aufgeteilt und den Bauern überlassen. Ich hab den Hauptteil gepachtet, die Ecke am Eingang, einschließlich Büro, Stall und Brunnen. Al-Hadsch Salama hat die Ostecke gepachtet, gegen den Bach zu. Al-Hadscha Mabruka und ihre Söhne haben die Nordecke gepachtet, bis zur Plantage von Abu al-Hafes. Ruhi hat für seinen Vater die Südecke gepachtet, direkt am Bach. Das Stück bei der Quelle haben sie schon enteignet. Sie haben die Bauern weggejagt, das Gebiet umstellt und das ganze Stück von allen Seiten außer von Westen her eingezäunt. Das heißt, daß sie sich nach Westen zu ausbreiten und als nächstes die von al-Hadsch Salama gepachtete Ecke enteignen dürften. Ich meine, wenn sie nicht gleich die ganze Orangenplantage oder gar die ganze Region enteignen.«

»Aber was ist denn das?« rief Basil. »Das widerspricht ja allen Gesetzen!«

»Ja, was glaubst du denn? In einer Nacht- und Nebelaktion haben sie die Ländereien östlich vom Dorf enteignet und sie blitzschnell eingezäunt. Und heute, wenn du willst, kann ich dir die Siedlung zeigen. Sie haben Fertighäuser gebracht, sie auf die Erde gestellt und mit Bulldozern das Land geebnet. Dann haben sie von der Dorfquelle Rohre gelegt, haben angepflanzt und ihre Felder bewässert. Heute stehen bei ihnen die Setzlinge zwei Spannen hoch, während sie bei uns auf der Erde liegen.«

»Aber was ist denn das?« rief Basil nochmals. »Das widerspricht ja allen Gesetzen.«

Abu al-Fawaris stellte seine Tasse auf den Brunnenrand, setzte sich auf die Erde und seufzte tief. »Nenn es, wie du willst – Gesetzlosigkeit, Ordnung, Jüngstes Gericht. So ist es halt.«

»Aber Abu al-Fawaris ...«

»Aber Abu al-Iss, du weißt es doch, und ich weiß es. So ist es halt, basta, und Friede sei mit euch.«

»Friede? Welcher Friede?« rief Basil. »Gott möge uns und ihnen keinen Frieden geben! Aber du und die Bauern, was habt ihr getan?«

Abu al-Fawaris zuckte mit den Schultern. »Wir haben Stöcke, Äste und Steine genommen und sind gegen die Siedler vorgegangen. Wir haben sie mit Steinen und Stöcken traktiert. Sie sind weggelaufen, aber sie sind mit Waffen und Soldaten zurückgekommen. Sie haben zwei Männer getötet und fünf verletzt. Da sind wir weggelaufen und haben uns in unseren Häusern verkrochen.

Die Frauen haben sich die Haare gerauft, die Männer haben gewartet – auf die Verhaftung. Und heute stehen bei ihnen die Setzlinge zwei Spannen hoch, und ihre Häuser sind wie Ameisenhaufen. Das, ist kurz gesagt, die Geschichte.«

Basil atmete schwer. Da bin ich gekommen, um auf der Orangenplantage Hilfe für die Zeitschrift zu suchen. Und nun – keine Plantage, kein Wasser, keine Setzlinge, keine Bauern, nicht einmal Steine. Und das Kapital der Zeitschrift? Die Ecken der Zeitschrift. Die Ecken des Landes sind unseren Händen entglitten, wie sollen wir da die Ecken der Zeitschrift unter Kontrolle behalten? Wenn schon die festen Ecken wanken, wie es da erst den anderen geht! Sei zufrieden, Rafif! Die Hälfte der Zeitschrift? Nimm sie dir doch. Und wenn wir's beide noch erleben, darfst du mich daran erinnern. Wenn ... Aber Herr Atallah. Tja, morgen wird sich Herr Atallah zum Passierscheinbüro begeben und wird sich einen Passierschein besorgen, mit dem er die Brücke überqueren darf. Ist das die Lösung? Eine vorläufige Lösung, die dir keine echte Sicherheit gibt. Und die Zeitschrift? Ein schmarotzendes Papierschiffchen auf einer Pfütze. War Herr Atallah denn je etwas anderes?

Er ging neben Abu al-Fawaris her; sein Herz schmerzte. Sein Blick schweifte weit übers Land. Die Weidenbäume mit ihren silbernen Blättern standen noch immer regungslos da. Der Himmel darüber war weißlich und wolkenlos. Staub und Glast; kaum Feuchtigkeit in der Luft. Der Duft der Orangenblüten zerfraß ihm das Herz und verstärkte seinen Kummer.

Wann hat dich je ein ähnliches Gefühl überwältigt? Als du zum erstenmal ins Gefängnis kamst. Als du der Familie ihre Fassade heruntergerissen hast und allein gegen alle standst. Als sie Saleh in ein weit entferntes Gefängnis verlegten und du mehrere Monate allein warst.

Als du dich in das Mädchen vom Golan verliebtest, sie aber einen anderen liebte. Wie oft schon hast du dieses Gefühl gehabt, Abu al-Iss? Einsamkeit, Verlassenheit, Angst, Fremdsein, Zuneigung, und das Herz zerfließt in Liebe und läuft durch die Pfade der Liebe – wie ein Ochse die Mühle dreht – und kommt nie an.

Der Mann sprang munter über den Graben und rief von der anderen Seite: »Beweg dich! Was ist los mit dir, Mann? Die Welt ist noch jung! Das Leben ist noch süß.«

Basil blickte mit stumpfen Augen zu ihm hinüber und betrachtete sein breites Lächeln. Er hatte seltsame Augen. Wenn er lächelte, verwandelten sich die Falten um die Augen in tanzende Schatten, und sein Gesicht bekam einen jungenhaften Zug. Wenn er ruhig war, finster blickte oder nachdachte, erlosch die weiße Farbe seiner Augen und wurde trüb. Genau in diesem Moment zuckten seine Augenwinkel, und er zeigte mit der Hand an seinen Kopf. »Siehst du diesen Kopf. Er ist grau geworden wegen all dem, was er gesehen hat. Und was wir nicht alles gesehen haben! Kriege, Gemetzel, Verschwörungen, Vertreibung. Wir haben Waffen getragen. Wir haben Prinzipien getragen. Wir haben unsre Herzen auf unsren Händen getragen und gesagt: Erde, wanke. Sie hat gewankt und sich durch die Kraft des Wankens gespalten, und wir sind in einen Spalt nach dem anderen gefallen. Gib mir deine Hand.«

»Nein, nein. Ich springe allein.« Er sprang über den Graben und schritt schweigend durch die niedrigen Setzlinge. Hier gab es noch Wasser zur Bewässerung. Hier gab es noch funktionierende Wassersprenger. Doch wie weit reichte das Wasser noch? Zuwenig zum Leben, zuviel zum Sterben. Aber solange noch ein Funken glüht, kann ein Feuer wieder brennen. Nicht übel, das Lieblingssprichwort jenes Bauern. Und dieser Mann da, ein früherer Jahrgang. Die Masern, und Hände wie eine Säge.

Wer reinkommt, ist wie neugeboren, wer rauskommt, ist verloren. Warum hat er das gesagt? Aber trotz der neuen Siedlung und trotz des Wassermangels und trotz seiner grauen Haare scheint er nicht traurig zu sein.

»Abu al-Fawaris?«

»Ja, was gibt's?«

»Bist du traurig?«

Der Mann antwortete nicht. Beugte sich über die Setzlinge und fühlte ihren Puls. Das Grün drang smaragden in ihre Adern. Er nahm eine Handvoll Erde auf und drückte seine Nase hinein.

»Das habe ich zu Beginn der Besetzung getan«, flüsterte er. »Damals war ich einer von denen, die über den Fluß eingedrungen sind. Wir waren Hunderte. Damals warf ich mich auf die Erde und roch daran; und ich gelobte, nie wieder wegzugehen, und wenn sie mich zu zehnmal lebenslänglich verurteilen würden. Und jetzt, was immer ich sehe, es wird nie schlimmer als das sein, was ich gesehen habe. Was willst du? Um mich herum gibt es noch immer das Grün, die Bäume, den Himmel, den Geruch von Erde und Blumen. All das gibt es noch um mich herum.«

»Und wenn sie dich wegjagen und dir das wegnehmen?« fragte Basil bedrückt.

»Tja, eine schwierige Frage, über die ich aber schon mehrfach nachgedacht habe. Und trotz meiner grauen Haare habe ich noch keine andere Antwort gefunden als die bekannte – Halali.«

»Das verstehe ich nicht.«

»Eben, Halali. Haben sie dir das im Gefängnis nicht beigebracht?«

»Ja, doch, aber du hast doch gesagt: Wer reingeht, ist wie neugeboren, wer rauskommt, ist verloren.«

Er antwortete nicht. Aber er ging immer weiter; Basil folgte ihm. Dann sagte der Mann, ohne seinen Begleiter anzusehen: »Als sie mir, nach meiner Entlassung, die Stelle nicht mehr geben wollten, traf mich das zunächst nicht weiter; ich hatte es erwartet. Ein Gefängnisabsolvent, der wieder Lehrer wird? Unmöglich. Ich wußte, ich würde nicht mehr als Lehrer arbeiten können; deshalb traf mich das nicht weiter. Aber als ich dann am Morgen am Fenster stand – es war am ersten Tag des neuen Schuljahrs – und die Kinder mit ihren kurzgeschnittenen Haaren und ihren neuen Büchern an mir vorbeigehen sah, da spürte ich ein Feuer, das an mir fraß. Das ist meine Aufgabe, meine Kinder, meine Schule, die ich Raum für Raum kenne. Die Kinder, die ich unterrichtet hatte, sind Ärzte geworden, Ingenieure, Lehrer, Professoren. Und diese Aufgabe will man mir wegnehmen? Ehrlich gesagt, mir ist ganz elend zumute gewesen. Dieses Gefühl hatte ich erst zweimal zuvor gehabt. Einmal, als mich die Regierung Kassem aus dem Irak geworfen hat; und einmal, als mich die libanesische Regierung aus dem letzten arabischen Land geworfen hat, in das ich mich geflüchtet hatte. Diese zwei, oder genauer drei Mal hatte ich das Gefühl, daß es gleichgültig ist, ob es mich gibt oder ob es mich nicht gibt, und ich wollte, ich wäre überhaupt nicht geboren und wäre nicht Araber geworden und hätte nicht erleben müssen, was mir in der arabischen Welt geschah. Doch das ist eine lange Geschichte. Ich bin nicht nur einmal, sondern viele Male vertrieben worden. Es gibt keine Handbreit arabischen Boden mehr, von dem ich nicht schon weggejagt worden wäre. Jordanien hat mich weggejagt. Syrien hat mich weggejagt. Der Irak, Ägypten und Algerien. Das Ende vom Lied hat sich dann im Libanon abgespielt. Mehr als einmal bin ich in Abwesenheit verurteilt worden. Mehr als einmal bin ich ins Gefängnis gewandert. In al-Dschafr, al-Sarka und allen möglichen anderen Gefängnissen war ich zu Gast. Aber nichts, Abu al-Iss, hat mehr an mir gezehrt als das

Wüstenprojekt. Fünfundsiebzig Tage in der Wüste, unter brennender Sonne; der Sand war mit Höllenfeuer angerührt. Trotzdem haben wir Loblieder auf die Industrien gesungen, die die arabische Welt in ein Paradies verwandeln wollten, und auf die Felder, die sich vom Atlantik bis zum Golf erstrecken sollten – keine Handbreit mehr ohne Wasser, keine Handbreit mehr ohne Grün. Manchmal sind Sandstürme über uns weggefegt, in denen wir fast erstickt sind. Wir haben unsere Taschentücher naßgemacht und durch sie hindurch geatmet. Und wenn der Sturm sich gelegt hatte, sind wir wie Stürme übers Land gefegt. Vor Tagesanbruch haben wir unsere Hacken und unsere Körbe genommen und sind noch im Dunkeln losgezogen, unsre Lieder vor uns her. Plötzlich dann, nach fünfundsiebzig Tagen, haben sie mich gepackt – keine Frage, keine Erklärung, nichts über meine Arbeit, nichts über mein wohin, nichts – und ab zum Flugplatz! Dort hab ich auf der Tafel ›Bagdad‹ gesehen. Da sind mir die Nerven durchgegangen, und ich hab angefangen zu schreien: Verflucht nochmal! Allen stehen die arabischen Länder offen – Söldnern, Eindringlingen, Agenten, Tagedieben, Verrätern. Aber mir, der ich anständig und ehrenwert bin, mir ist sie verschlossen. Was hab ich denn getan? Was hab ich denn verbrochen? Ist es etwa, weil ich an den Geist des Volkes glaube? Oder weil ich glaube, daß man die Wüste urbar machen kann? Oder weil ich glaube, daß man die jungen Leute lenken kann? Ein Offizier hat mich gehört, mir den Paß abgenommen, und mit Rot hineingeschrieben: »Keine Einreise in den Irak.« Als mich das Flugzeug forttrug, habe ich mir gewünscht, die Erde würde sich auftun und das Höllenfeuer mich verschlingen. Ich hatte das Gefühl, ein Stück von meinem Herzen falle auf den Flugplatz und werde von den Fluggästen zertreten. Es war dasselbe Gefühl, das ich hatte, als mich das Flugzeug von Beirut nach Zürich brachte. Ein weiteres Stück von meinem Herzen ist auf den Flugplatz gefallen, und ich habe geschrien, geschimpft und gebettelt. Doch keiner hat mich erhört. Man hat mich auf einen Platz gesetzt, und das Flugzeug ist losgeflogen, und ich habe hinuntergeschaut und geweint. Als dann die Kinder an jenem Morgen, am ersten Schultag vor mir vorbeigingen, ist ein drittes Stück von meinem Herzen gefallen, und ich habe geweint. Sogar die Kinder haben sie mir weggenommen. Jetzt hab ich nur noch diese Erde. Sollen sie mir die auch noch wegnehmen – aber frag nicht, was dann. Du weißt es, und ich weiß es. Du fragst mich, ob ich traurig bin. Meine Haare sind grau geworden, mein Junge.«

Er blieb stehen. Auch Basil blieb stehen und schaute ihm in die Augen. Rote Ränder, in den Pupillen ein trauriger, warmer Blick. Er ließ seine Augen wandern, nach oben zu den Wipfeln der Weidenbäume, dann nach unten ins ausgetrocknete Bachbett.

Lächelnd fragte der Mann: »Haben sie dir die Lektion vom Oben und Unten nicht beigebracht?«

»Doch, haben sie.« Bitter dachte Basil daran, daß man bei der Zeitschrift auf den Verkauf der Orangenplantage wartete.

»Sollen sie mir die auch noch wegnehmen«, fuhr Abu al-Fawaris fort. »Aber frag nicht, was dann.«

Sollen sie die wegnehmen? Wer denn? Sie oder wir? Nein, bei Gott, nicht einmal über unsere Leichen. Halali; das hast du gesagt, Abu al-Fawaris, und bist mir dabei zuvorgekommen. Ja, das ist es. Und du willst verkaufen, Abu al-Iss? Wem willst du verkaufen? Den Bauern, deren Setzlinge welk auf der Erde liegen? Oder Leuten wie dem Herrn Atallah, die die Vorzüge von Passierscheinen kennen? Du willst die Orangenplantage verkaufen, um die Zeitschrift zu retten? Und wenn das Land verkauft wird, bleibt dann die Zeitschrift? Erst das Land, dann die Zeitschrift. Das Todesurteil kommt sowieso, aber ich werde niemals das Instrument zu seiner Durchführung sein, egal, was geschieht. Soll Rafif doch schreien. Soll Adel doch deprimiert sein. Soll Salem doch spotten. Rafif schreit ja seit Jahrhunderten. Adel ist ja seit Jahren deprimiert. Und Salem spottet sogar über sich selbst. Herr Atallah, soll der doch auf den Passierscheinwogen reiten. Ein Passierschein in der Hand ist besser als in die hohle Hand gespuckt. Soll Herr Atallah eben morgen früh zur Brücke gehen. Die Ameise rennt noch immer. Sie bricht sich die Hand; sie bricht sich ein Bein, aber ganz sicher wird sie nicht zerschmettert – lieber diese Leere als dieser Abgrund.

»Du fragst mich, ob ich traurig bin? Vielleicht glaubst du's nicht, aber ich will dir was sagen. Was wäre, wenn ich wegen diesem oder jenem Trauer fühlte? Was wäre, wenn sie mich aus Bagdad oder aus Beirut wegjagten? Ein paar Tage würden vergehen, in denen ich einen koloquintenbitteren Geschmack im Munde hätte. Bitterkeit, Traurigkeit, Schmerz – nenn es, wie du willst. Dann gehe ich in mein Haus zurück und verkrieche mich dort und verlasse es nicht mehr. Ich verbringe die Tage mit meiner Abrechnung und prüfe die Welt. Ich gehe meine alten Papiere und Flugblätter durch und erinnere mich. Das stammt aus den Tagen Nuri al-Saids, das aus den Tagen Faruks, das aus den Tagen Sanusis, das aus den Tagen Saif al-Islam al-Hasans, das aus dieser und das aus jener Zeit. Ich blättere die Seiten vorwärts und rückwärts durch. Ich sehe die Welt als Karte, aufgehängt an der Wand eines Klassenzimmers in einem vergessenen Dorf. Ich repetiere die Lektion und sage: Hört zu, Kinder. Das zwanzigste Jahrhundert ist ein glückliches Jahrhundert. Hier ist Europa, hier Asien, hier Afrika, Lateinamerika, der Ferne und der Nahe Osten. Wir sind hier im Mittleren Osten. Hat sich etwas verändert? Eifrig gehen die kleinen

Finger in die Höhe. Die Stunde ist zuende. Ich wache auf am Morgen und sehe die Welt in neuem Gewand. Ich nehme den Kampf wieder auf, und ich singe dazu. Wenn ich Flöten und Schalmeien höre und die Menschen gemeinsam tanzen sehe, vergesse ich die Welt, vergesse das Gestern und vergesse das Heute. Ich gehe hinunter auf den Platz und tanze mit. Ich trample und trample auf die Erde, bis sie wankt.«

Diese Worte erinnern mich an Saleh. Der Zeitpunkt rückt näher, Saleh.

»Sie haben mich aus Bagdad, aus Beirut, aus Amman weggejagt, von da und von dort. Ich habe geweint, ich leugne es nicht. Aber hier werde ich nie mehr weinen. Du weißt es, und ich weiß es. Hier ist mein Zuhause.«

»Hast du ein Haus? Ich habe deine Frau noch nicht gesehen.«

»Sie ist tot. Ich habe eine Tochter, die seit einigen Jahren verheiratet ist. Ich bin Großvater, falls du das nicht weißt. Tja, nun hast du mich an meine Frau erinnert. Seit ihrem Tod bin ich ein Vertriebener; sogar schon vor ihrem Tod war ich ein Vertriebener. Drei Jahre vor der Besatzung bin ich seßhaft geworden und an meine Schule zurückgekehrt. Doch es hat nicht lange gedauert. 1967 habe ich eine Knarre aus britischen Armeebeständen genommen und bin mit den anderen ins Lager in die Berge gezogen. Eine uralte Knarre mit uralter Munition. Von Flugzeugen aus hat man Napalm auf uns geworfen. Viele sind umgekommen, manche haben es überlebt. Ich bin mit anderen geflohen, danach heimlich zurückgekehrt. Hab ich dir nicht gesagt, meine Haare sind grau geworden, mein Junge? Aber ihr werdet's schon schaffen.«

Saleh, wo ist Saleh? Werden unsere Haare auch grau werden, und wir sagen eines Tages zu unseren Kindern: Ihr werdet's schon schaffen?

Lange schritten sie schweigend weiter über die Erde, bis Abu al-Fawaris nach vorne deutete. »Dort.«

Die grüne Erde und die Wassersprenger, die Wasser – wie Diamant und Perlen – verteilten. Auberginen, Tomaten, Kartoffeln, strotzend vor Grün. Neue Traktoren. Auf Lastwagen herangeschaffte Häuser. Betonhäuser wie die Baracken der britischen Armee. Kleine Käppchen und wohlgenährte Ringellöckchen. Die Pumpe arbeitete, und das Wasser floß in grobe und in feine Rohre jeder Größe. Ein Rohr führte direkt von der neuen Quelle zu einem großen Becken, in das sich das Wasser brausend ergoß.

Basil legte sich die Hand aufs Herz und flüsterte: »Gehen wir weg.«

»Aber du hast noch nichts gesehen.«

»Ich werde wiederkommen, aber nicht allein.«

30

Sie saß ganz oben auf dem Berg und ließ den Blick schweifen. Berge, Hügel, Täler, Olivenbäume bis an den Horizont und an die Grenzen des Sommers. Ein leichter Wind wehte, und ihr Herz hob sich und schwebte. Dasselbe Herz, das für Sohdi geschlagen und gebebt hatte. Vielleicht umgab sie ja Sohdis Geist. Nicht weit entfernt ist er gestorben. Einige Kilometer von hier; dort ist er seinem Herrn begegnet und zu ihm aufgestiegen. Nun steigt auch sie auf und sieht die Welt zu ihren Füßen hingebreitet.

Zum erstenmal spürt sie, daß der Tod eine Würde besitzt, die keine Tränen trüben. Der Tod hat keine schwarzen Flügel mehr und keine Feuerstiche, die sich in ihrem Herzen ausbreiten und ihren Körper verbrennen. Ruhig und friedlich steigt ein Geist hinauf, als wäre er der Duft der regennassen Erde, den der Wind nach oben trägt und der sich als Tau und weiße Wolken über die Berge legt.

Sie ging zwischen den Steinen und den Felsen umher, die auf der roten Erde lagen. Dies Land ist dein Land, Sadija. Auch Sohdis Land, rot von seinem Blut. Wenn er doch hier wäre! Aber er ist ja hier, nah und fern, nur einen Steinwurf entfernt, in Rufweite. Sie spürte, wie er sie umarmte. Eine Wärme umfing sie, die der Wind um sie ausströmte und die Sehnsucht in ihr wachrief. Sie dachte an das alte Viertel und an das erste Haus. Sie dachte auch an die jüngste Szene mit den Kindern.

Kaum daß sie, direkt vom Makler zurückkommend, an der Tür stand, sprudelte sie die Neuigkeit heraus: »Kinder, wir haben das Land gekauft! Mit Olivenbäumen drauf, mit Sonne und Luft! Wir können Gemüse anpflanzen und Hühner halten. Wir werden diesem Quartier, das uns nie Freude gemacht hat, den Rücken kehren; auch den bösen Zungen der Leute.« Die Kinder jubelten und klatschten in die Hände; Samija tanzte herum. Nur Raschad kauerte auf der Fensterbank, den Blick auf die Gasse gerichtet. Auch als sie ihn zum Abendessen rief, saß er noch in derselben Stellung und reagierte nicht. Sie fragte die anderen, was mit ihm los sei, und Samija sagte: »Er heult.«

»Er heult? Statt zu lachen und dich zu freuen, weinst du, Raschad, mein Junge. Reicht es dir denn noch nicht, was wir von dem Viertel alles einstecken mußten? Reicht es dir denn noch nicht, was wir von Umm Tahsin und Umm Saber und ihren bösen Zungen alles hören mußten? Reichen dir denn die Düsterkeit und die Feuchtigkeit nicht und die Blicke, die jeden Schritt kontrollieren?« Doch der Junge weinte weiter und reagierte nicht.

»Sei doch vernünftig, Junge. Komm doch! Denk doch an mich, deine unglückliche, abgearbeitete Mutter.«

Plötzlich rief der Junge: »Das ist unser Viertel, Mutter, unser Viertel.« »Welches Viertel, du Unglückskind? Wen haben wir denn darin?« »Und wen haben wir woanders?« schrie er. Sie wurde wütend. Erinnerte sich an alles, was sie durchgemacht und gehört hatte und was die Leute redeten: Sadija treibt sich herum und schämt sich nicht. Nicht einmal vor ihren Kindern schämt sie sich. Welch eine Schande ... Und das Gerede und das Gegaffe; und die Fenster, die sich öffnen, und die Türen, die sich schließen, wenn Sadija vorbeigeht. Und da sagt dieser Junge: »Das ist unser Viertel, Mutter. Geh du mit deinen anderen Kindern. Ich komme nicht mit, und wenn ich bei unseren Nachbarn betteln gehen müßte.«

Sadijas Sohn bei den Nachbarn betteln gehen? Da ist ja das Witwesein noch angenehm! Reichen denn meine Sorgen noch nicht? Reicht denn mein Unglück noch nicht? Reicht denn meine Bitterkeit noch nicht? Da, da, da! Sie ergriff den Zollstock und ließ ihn auf ihn niedersausen. Die Kinder weinten, und sie weinte auch. Das Abendessen blieb unberührt auf dem Tisch stehen.

Nachdrücklich schob sie die Erinnerung von sich und schluckte das Würgen hinunter. Von heute an keine Tränen, kein Getratsche und keine Trübsal mehr. Auf diesem neuen Stück Land wird sie ein neues Haus bauen. Zwei kleine Zimmer wird sie bauen, eines für sich selbst, das andere für die Kinder. Eine Glasveranda, wie sie es sich erträumt hatte, wird es nicht geben. Und sie wird auch nicht auf Nablus hinabblicken, ja, sie wird es nicht einmal sehen. Um so besser. Sie wird näher beim Dorf als bei der Stadt sein. Das Minarett des Dorfes sieht sie von hier; auch die Olivenhaine und die Gemüsegärten. Am Morgen werden die Bäuerinnen vorbeikommen und Feigen, Kaktusfrüchte und Dickmilch ausrufen. Eier wird sie keine bei ihnen kaufen, da sie selber fette Hühner hat. Malven wird sie selber, wenn Erntezeit ist, sammeln und kochen. In der Stadt sehnen sich die Frauen immer nach Malven. Sie wird sich von heute an nach nichts mehr sehnen. Das Stück Land und ihre Seelenruhe werden ihr genügen. »Ach Raschad, mein Junge, bald wirst du groß sein und wirst mich verstehen.« Doch der Junge weinte weiter, und sie ging zwischen den Felsen herum und versuchte vergeblich, seine Worte zu vergessen.

»Schau doch, mein Junge, hier gibt es Luft und Sonne und Wind, im Sommer und im Winter. Dort, was gibt es denn dort? Glotzaugen und Lästermäuler. Hier ist das Land weit, es gibt Bäume und Vögel. Bald kannst du auf Vögel schießen mit deiner Schleuder, nicht mehr auf Soldaten; und brauchst dich vor niemand zu rechtfertigen. Hier gibt es keine Demonstrationen, keine Treffer am Kopf, kein ›Los Sadija, zahl lieber die Strafe.‹ Hier gibt es keine Ausgangssperre, keine Festnahmen, keine Probleme. Hier ist es besser.«

Aber Raschad schrie weiter: »Nein, es ist nicht besser. Dies ist unser Viertel, Mutter, unser Viertel. Das kennen wir. Wir kennen die Leute hier, die Nachbarn, die Kinder. Auch Abduh gehört dazu, auch Umm Tahsin mit ihrem Lästermaul und ihrem Getue. Mit wem sollen wir denn spielen? Mit wem sollen wir denn reden? Mit wem sollen wir denn demonstrieren. Sogar Umm Tahsin hat dem Soldat, der mich verhauen hat, zugerufen, Gott solle ihm die Hände brechen.«

»Sei still, Junge, sei still! Du willst mich zum Wahnsinn treiben. Bring den Zollstock, Samija.« Das Abendessen blieb unberührt auf dem Tisch stehen.

Trotz der Weite des Landes und trotz des nahen Dorfminaretts wurde es ihr eng. Wieder wandte sie sich hilfesuchend an Sohdi und beschwor die Erinnerung an ihn. Dieses Land ist dein Land, Sohdi, und das Land deiner

Kinder. Hab Wohlgefallen an mir, Sohdi, Gott habe Wohlgefallen an dir. Dein Sohn Raschad, Sohdi, macht mich wahnsinnig. Er legt nie die Schleuder aus der Hand, und ich fürchte, daß er was anstellt, was uns teuer zu stehen kommt. Gott erbarme sich deiner, Feldwebel. Sogar du hast deinen Abschied genommen, und Sadija hat niemand und nichts mehr außer diesem Land und einer Schar Kinder. Oh Gott. Wem Gott beisteht, der braucht von den Menschen nichts zu befürchten.

Vom nahen Minarett erschallte der Gebetsruf. Sie vernahm ihn und sprach demütig ein Gottseibeiuns und ein Dankgebet. Sie hielt den Gebetsruf für ein gutes Omen und ein Zeichen dafür, daß Sohdis Geist Wohlgefallen an ihr hatte. Etwas Sicherheit kehrte in ihr Herz zurück, und sie träumte weiter. Oberhalb dieses Felsens wird sie das Haus bauen. Hier wird sie Beete mit Petersilie und Minze anlegen. Sie wird auf der Schwelle in der Sonne sitzen und eine Orange essen, wird das Gemüse betrachten und die Hühner von den Beeten verscheuchen. Kein Knafi, keine diamantenbesetzten Teller und keine roten Pantoffeln. Nun ja, was soll's. Zu Beginn erst einmal zwei Zimmer, dann nochmals zwei, dann – zur Straße hin – eine Glasveranda. Von ihrem Platz aus wird sie die Autos, die Lastwagen und die Busse sehen können, die von Osten nach Westen und von Westen nach Osten auf der Asphaltstraße vorbeifahren. Sie wird am Straßenrand stehen, einem Auto winken und wenige Minuten später auf dem Platz sein. Dort wird sie einkaufen, was sie brauchen, und dann im Taxi zurückfahren. Der Fahrer wird sie am Straßenrand aussteigen lassen, nachdem er zuvor gehupt hat. Die Kinder werden ihr entgegenspringen, ihr die übervollen Papiertüten abnehmen und damit hinauflaufen, sie wie ein Hirte hinterher. Schon unterwegs werden sie Bananen und Äpfel essen, und beim Reden wird es Apfelsaft aus ihren Mündern sprühen.

Ja, Sadija, bald ist es soweit. Ende gut, alles gut. Keine Umm Tahsin mehr, keine Umm Saber mehr, keine …

»Dies ist unser Viertel, Mutter. Sollen wir denn ins Niemandsland gehen, weit weg von anderen Leuten und vom Viertel, ohne Nachbarn und Freunde? Und wenn die Juden eine Ausgangssperre verhängen, mit wem sollen wir uns die Zeit vertreiben. Weißt du noch, Mutter, wie du von Umm Tahsin und von anderen Brot geborgt hast? Weißt du noch, wie wir auf den Dächern gesessen und gesungen haben, während die Soldaten unten vorbeigegangen sind, wir aber weitergetrommelt und uns nicht darum gekümmert haben?«

»Sei still, Junge, du darfst das nicht sagen. Ihr dürft das nicht sagen.« Ach, Sohdi, wem hast du mich zurückgelassen? Das Abendessen blieb unangetastet auf dem Tisch stehen.

Sie sank auf einen Felsen und ließ den Tränen freien Lauf. Weine nicht Tränen, Auge, weine glühende Kohlen. Ach Sadija. Sogar das Kind, das du in deinem Bauch getragen und mit deinen Tränen aufgezogen hast, hat sich gegen dich gewandt, wie alle anderen Leute. Weh dir, du Unglücksweib, Sadija. Das Witwendasein ist unbarmherzig. Die Leute sind unbarmherzig. Sogar dein Kind ist unbarmherzig. Du hast niemanden auf der Welt, Sadija. Komm her, Sadija. Setz dich zu mir. Komm her, du Unglücksfrau. Du hast jetzt nur noch mich auf der Welt.

In ihrer Verlassenheit und ihrer Einsamkeit wünschte sie sich, irgend jemand, selbst wenn es Chadra wäre, würde sich zu ihr setzen. Du hast ja recht, Chadra: Wir fliehen vor dem Unglück. Aber wohin wir auch fliehen, wir stoßen wieder drauf. Gott mache Schluß mit mir und meinem Schicksal. Weh über diese Welt. Sogar unsere Kinder stehen nicht mehr auf unserer Seite. Sogar du, Chadra, kannst nicht mehr auf meiner Seite stehen, nachdem ich dich verleugnet habe. Chadra, die Arme. Gott trifft die Menschen auf seine Art. Die arme Chadra, die dir ihr Herz geöffnet hat, die sich an dich erinnert hat – du hast sie vergessen. Aber die Leute, Chadra, die Leute!

»Sadija!«

Sie zuckte zusammen, erzitterte und riß den Kopf hoch. Als sie ihn erblickte, rief sie überrascht: »Abu al-Iss.«

Dann kehrte sie in ihre finstre Welt zurück und zu den Fehlern, die sie gemacht hatte. Er setzte sich auf die Erde zu ihren Füßen. Ein Schuldgefühl quälte ihn. Das ist Sadija – eine ganz andere Sorge. Empfange weiter dein Schicksal, Abu al-Iss. Welches Verbrechen haben wir begangen, Völker der Erde, Zorn der Geschichte? Sadija, Umm Hamada, wo ist dein Lachen geblieben? Wo ist das Anemonenrot geblieben? Wo sind die Schuhe mit den hohen Absätzen und das geblümte Kleid geblieben? Du gehst aus dem Viertel weg? Du bist das Viertel, Sadija. Ach Saleh. Morgen werden unsere Witwen in der Wüste weinen und nur noch Vogelfreie wie uns finden. Sohdi ist dahingegangen, und meine Stütze ist in die Fremde gezogen. Aber bei den Arabern heißt es noch immer: Eine Stütze wird durch eine andere ersetzt. Seine Kinder sind mein Blut. Seine Frau ist meine Mutter. Sein Erbe lastet auf meinen Schultern von jetzt bis in alle Ewigkeit. Sogar du, Sadija, willst aus dem Viertel weggehen? Du bist das Viertel. Du bist das Wohlgefallen. Du bist der Himmel. Du bist das Licht in den finsteren Gassen. Du bist meine Mutter. In deinen Augen sehe ich die Welt als Licht, als Glaube, als Gebet. Du bist die Hoffnung. Und du willst aus dem Viertel weggehen?

Sie schluchzte: »Die Leute haben mich völlig fertiggemacht, Abu al-Iss.«

»Alle?«

»Jeder denkt nur an sich. Jeder arbeitet für sich. Ich hab's gemacht wie alle anderen. Ich habe mit Blut und

Tränen mein Geld verdient und habe gesagt: Gott schütze mich. Aber weder Gott noch die Menschen haben mich geschützt.«

Die Worte Abu Marufs klangen ihm im Ohr: Bis heute hat er uns nicht beschützt. Sollen wir schweigen oder weiterreden? Lieber schweigen wir. Was wollen wir verschweigen, Saleh? Siehst du nicht weiter? Meine Mutter, alle Tränen der Erde ... Meine Mutter, Ort der Bauern ... Schreibst du ein Gedicht? Usama hat mich vieles gelehrt. Auch Adel. Vollzieht die Waschung mit Sand! Ich aber werde bald die Waschung mit Erdöl vollziehen. Vielleicht wirst du dich entzünden! Ohne Entzündung kein Brennen ...

»Du bist meine Mutter, Sadija. Du bist das Viertel. Das Viertel ohne dich ist nichts. Das Paradies ohne die Menschen ist nichts.«

»Das Viertel, das mich aufgezogen hat, hat mich verstoßen. Sadija, die Tochter des Tamarija-Verkäufers, die beide den Leuten nie etwas zuleide getan haben, hat niemanden mehr auf der Welt, nicht einmal Chadra. Witwesein, haben wir gesagt, ist der Wille Gottes. Armut, haben wir gesagt, ist unser Los auf dieser Welt. Der Schweiß und unser täglich Brot, haben wir gesagt, ist uns verheißen und auf die Stirn geschrieben. Ich hab gesagt: Dein Schutz, Herr! Aber der Herr war kein Schutz und die Leute auch nicht. Ich war gläubig, aber mein Glaube hat kein Erbarmen geweckt. Die Leute waren ungläubig, und Ungläubige haben kein Erbarmen, Abu al-Iss. Jedesmal, wenn ich Beleidigungen gehört habe, habe ich mich an Gott gewandt – bis ich genug hatte. Verzeih mir, Herr, Aber irgendwann ist das Unglück größer als der Mensch; dann verliert er seinen Glauben. Man hat mich allein gelassen, ohne Stütze, ohne Familie, ohne Hilfe. Das Viertel, das mich aufgezogen hat, hat mich verstoßen. Wieviele Blechkanister mit Wasser hab ich auaf meinem

Kopf getragen! Aber als ich durstig war, hat mir niemand etwas zu trinken gegeben. Sie haben mir das Herz verbrannt, Abu al-Iss.«

Bist du traurig? Entehrt Trauer den Revolutionär? Aber dein Schicksal ist es, auszuharren. Dein Schicksal allein, Sonnenblume – Sonnenanbeterin und Sonnenherr! Sie durchbricht den Horizont und wagt es, sich dem Herrn zu nähern.

»Das Viertel ohne dich ist nichts, Sadija. Du bist das Viertel.«

Sie schluchzte noch heftiger. »Wir haben uns mit der Sorge abgefunden, aber die Sorge nicht mit uns. Wir haben gesagt: Im Herz behält man's, nicht vor den Leuten sagt man's. Aber über uns hat man geredet und getratscht, und Sadijas Lebensweise ist in aller Munde gewesen. Du sagst Viertel? Ich bin fremd und durstig in dem Viertel, das ich mit meinen Tränen und mit dem Blut von meinem Seligen getränkt habe. Wieviele Blechkanister hab ich auf dem Kopf getragen, und wie oft sind meine Adern am Hals geschwollen! Sohdi ist dahingegangen, und seine Brut verläßt mich, sobald sie flügge ist. Und ich kämpfe hart ums täglich Brot. Aber Hände, die nicht an den Kampf gewöhnt sind, verletzen sich leicht. Die Hände sind verwundet, das Herz ist verwundet, das Auge ist verwundet, und der Böse Blick hat mich getroffen. Sogar der Brunnen, an dem ich die Blechkanister gefüllt und das Viertel damit getränkt habe, ist ausgetrocknet. Es gibt nichts anderes mehr als die Maschine, das Witwendasein und die bösen Zungen der Leute. Sie haben die Juden vergessen und denken nur noch an mich. Sie werfen einen Stein auf die Soldaten und zehn auf mich. Sie interessieren sich ständig für die Maschine und sagen: Mein Gott, mein Gott, Sadijas Nähmaschine … Aber die Maschine gehört nicht mir, und die Hemden gehören nicht mir, und das Viertel gehört nicht mir. Du hast ja recht, wenn du sagst: Das Viertel ohne die Menschen ist nichts. Sogar das täglich Brot ist uns als Fluch auf die Stirn geschrieben. Verflucht sind wir, wenn wir es essen, und hungrig sind wir, wenn wir es nicht essen. Das Abendessen steht noch ungekostet auf dem Tisch, ich schwör dir's. Ach, Sadija. Weh, rabenschwarze Nacht, Sadija.«

Geduld, Abu al-Iss, Geduld. Ein ruhiges Meer wird von einem Schrei nicht aufgewühlt. Ein Zaun erstreckt sich bis an den Horizont. Ein blasser Himmel trägt keinen Regen. Ein Spiegel reflektiert das Schweigen des Horizonts. Geh tief, bis auf den Grund, Taucher! Das Leben des Meeres spielt sich auf dem Grund ab. Der Traum des Schöpfers und des Revolutionärs. Er hat euch gesagt: Die Erde dreht sich. Ein Schwindel soll die Unwissenden treffen in einem Land, in dem der Brunnen versiegt ist. Er hat euch gesagt: Die Erde dreht sich. Unglauben, sagten sie. Die Erde dreht sich, die Oberfläche ist kalt, das Innere heiß wie eine Fackel. Die Sonne hat sie geboren, ausgegossen. Dein Los allein. Sie durchbricht den Horizont und wagt es, sich dem Herrn zu nähern.

»Sadija, Umm Hamada ...«

»Sag nicht Hamada, und sag nicht Raschad. Sohdi ist dahingegangen, und seine Brut verläßt mich, sobald sie flügge ist. Solange das Kind sich in meine Arme drängt, klagt es und sagt: Das ist unser Viertel, Mutter. Doch sobald es flügge ist, flieht es und vergißt mich. Eine fremde Frau nimmt es mir weg, ein fremdes Land. Ich ziehe die Täubchen auf und lasse ihnen Flügel wachsen. Die Jahre gehen dahin, und plötzlich gehe ich auf dem Krückstock in einem fremden Viertel. Die Welt hat mich alleingelassen, Abu al-Iss. Ich habe nichts mehr außer diesem klagenden Herzen, das noch immer trauert – über den Verstorbenen und sein noch nicht getrocknetes Blut, über den, der verschwunden ist und nicht zurückkehrt, über Hamada, der gegangen ist und über Raschad, der bald gehen wird. Ach Sadija, weh, rabenschwarze Nacht, Sadija.«

Er zog sie am Saum ihres Kleides. »Geduld, Sadija, Geduld. Deine Geduld und dein Glaube, Sadija!«

»Barmherzigkeit, Herr! schrie sie nach oben.

Sie lauschte, in der Hoffnung, den Gebetsruf zu hören als gutes Omen für Sohdis Wohlgefallen an ihr. Aber die Welt war in Schweigen getaucht. Nichts war um sie herum als offenes Land. Kummervoll wiegte sie mit dem Kopf und stöhnte: »Selbst der Gebetsrufer ruft nicht mehr. Beim Sonnenuntergangsgebet ist Sohdi immer zurückgekommen und hat den Abend zum Tag gemacht. Wir haben uns auf die Dachterrasse gesetzt, haben Matratzen auf den Boden gebreitet und haben den Sternen Gesellschaft geleistet. Ich habe in der Nacht nur die Sterne und den Mond gesehen, solange Sohdi bei mir war und die Kinder neben mir lagen, in meinem Bauch und auf den Matratzen. Doch Sohdi ist dahingegangen, Hamada ist in der Fremde, und ich bin mit gebrochenen Flügeln in einem Viertel geblieben, das nicht einmal mit den vaterlosen Kindern Erbarmen hat. Am Anfang hab ich gesagt: Schämt euch, ihr Leute. Denkt an Sohdi. Sein Blut auf der Erde ist noch nicht trocken. Sie haben sich erinnert und haben Erbarmen gezeigt und den Seligen beweint. Einmal, zweimal, dreimal, zehnmal. Danach ist Sohdi bloß noch ein Name gewesen. Die Leute sind undankbar und haben den Glauben verloren, Abu al-Iss! Und der Ungläubige kennt kein Erbarmen, nicht mal mit sich selbst. Sie haben gesagt: Diese Sadija mit ihrer Nähmaschine ... Und in der Welt und im Viertel ist es immer schlimmer geworden.

Früher einmal hab ich mich immer ans Fenster gesetzt. Das Fenster ist mir Licht und Erleichterung gewesen. Am Morgen und am Abend habe ich lächelnde Gesichter gesehen und freundliche Worte gehört. Ich habe die Dunkelheit des Viertels als Licht und die Feuchtigkeit als Wärme empfunden. Ich habe auf den Sonnenuntergang gewartet, wenn der Gebetsrufer *Allahu akbar* gerufen hat. Sohdi ist heimgekommen und hat mir die Nacht zum Tag gemacht. Heute kündet der Gebetsruf nur noch den Sonnenuntergang und die Nacht an, die unheimlich sind, und er erinnert mich an den, der dahingegangen ist, und an das, was kommt. Statt Stohdi anzukündigen, kündigt der Gebetsruf nur noch die Dunkelheit an. Und das Fenster, das einmal zu den Menschen hinaus ging, bringt jetzt nur noch Kummer und Sorge. Und da sagt der Junge: Das ist unser Viertel, Mutter! Bald wird er Federn an den Flügeln haben und wegfliegen. Er wird nicht mehr ›unser Viertel‹ sagen und nicht mehr ›Mutter‹. Es ist dein Los, Sadija. Es ist unser Los, daß wir Schweiß vergießen und daß wir die Maschine mit unserem Schweiß ölen. Und am Ende des Tages bleibt das Abendessen unberührt und ungegessen auf dem kleinen Tisch stehen.

Nun, Abu al-Iss, sagst du immer noch: das Viertel? Welches Viertel? Wo ist die Sonne, wo ist die Luft, wo ist die Seelenruhe? Nur das tägliche Brot gibt es dort. Ich möchte fliegen mit den Fliegenden und in einem Haus sitzen, auf das immer die Sonne scheint. Ich hab die Düsterkeit satt, ich habe die Feuchtigkeit satt, ich hab den Gebetsruf satt, der mich immer nur an die Trennung von den Lieben erinnert. Das Viertel hört nicht, und der Gebetsruf erreicht den Herrn nicht. Gott der Allmächtige verzeihe mir. Unglauben ist eine Krankheit. Kennst du Chadra, Abu al-Iss? Chadra hat gesagt: Vor den Leuten sagt man's, und nicht im Herz behält man's. Aber ich habe gesagt: Im Herz behält man's, nicht vor den Leuten sagt man's. Über uns hat man geredet und getratscht, und Sadija ist im Mund der Leute wie Chadra geworden.«

Was nun, Saleh? Rette mich aus dieser Lage. Ja, rette mich und rette sie. Bring mir bei, wie man die Waschung in einem Viertel vollzieht, in dem der Brunnen nicht mehr läuft. Aber du vollziehst die Waschung mit Sonnenlicht. Dabei hockst du doch im Knast? Ich warte, daß es losgeht; dann fliehe ich. Du allein? Nein, mit dem Sonnensystem. Das Fleisch rollt auf die Erde, und wir rufen noch immer: Schahada, Schahada …

Allein ging er den Weg hinunter. Bist du allein, Abu al-Iss? Ich suche, Schahada. Wo denn? In welchem Viertel? In welcher Fabrik? In welchem Café, Schahada? Ich suche noch immer.

Er ging ins Kaffeehaus und suchte im Zigarettenqualm. Schesch, besch. Einen ordentlichen Kaffee für Abu al-Iss! Sofort! Ich komme, wie du befiehlst. Was wünschen Sie? Wie Sie befehlen, *Adoni.*

Er betrachtete Schahada unter den über Wasserpfeifen und Tavla-Spiel gebeugten Köpfen. Rauch. Ein bewölkter Tag, wie im Herbst. Die Tür fast geschlossen. Die Gäste drängen sich zusammen, und die Stühle auf dem Gehweg sind verlassen. Er atmete mit Mühe, erstickte fast. Schritt durch die dunklen Gassen und explodierte vor Zorn.

Geduld, Abu al-Iss, Geduld. Dein Los, Sonnenblume. Du wirst nach Golgatha hinaufsteigen und dich dem Herrn nähern. Der Gebetsruf kommt nicht an, und Gott ist nicht am größten. Den Glocken folgen Erdbeben. Schwing die Hacke. Es gibt keine Familie mehr und keine Herren. Du allein, Sonnenblume, bist eine winzige Maus, die hoch hinaus will und die auf den Wolken ihr Zelt aufschlägt und mit einer Angel die Sterne fängt. Du gehst in Rauch und Flammen auf. Du erlöschst wie eine Kerze. Die ganze Welt wird elektrifiziert. Lichter werden schwach. Fackeln erheben sich. Das Wachs der Kerze schmilzt. Ausgegossen und hingegeben legst du dich,

Zorn der Erde. Schwing die Hacke. Schlag und flieh. Du allein, Abu al-Iss, bist wach. Der Apparat zieht sich von einer Niere und von verdorbenem Blut zurück. Das einfältige Blut verflüchtigt sich. Das Blut des Sonnensystems besteht aus Wachstropfen. Die schmelzen und schrumpfen. Doch sie widerstehen der Verflüchtigung.

Spitz dich zu, Krise, dann wirst du gelöst! Dein Los, du allein. Sonnenblume – Sonnenanbeter und Sonnenherr. Dringe auf den Grund vor, Sonnenschein, immer tiefer. Das Meer lebt in der Tiefe. Schwing die Hacke. Feuer stiebt empor, geschmolzene Minerale und Vulkane. Schlag und flieh.

Eine Granate detonierte. Das Fleisch rollte auf die Erde. Lautsprecher dröhnten. Eine Stimme kündigte die Ausgangssperre an.

31

Unterwegs nach Jerusalem, zur Zeitschrift. Das Radio und die Kaffeesatzleserin, die ins Dunkel und in die Wolken starrt ... Welche Wolke, welche dunkle Nacht?

Sie sagte: Mein Junge, sei nicht traurig. Ich bin es leid, Tage und Stunden zu zählen. Der Strudel, er wirkt anziehend. Ein gewaltiger Strudel, wie ein großer Trichter. Irgendwo in der Welt fängt er an. Dann sucht er das Westjordanland und Israel heim. Ich erinnere mich, Saleh, daß ich die Urzeiten durchgegangen bin, das Mittelalter, die Darstellungen in einem großen Buch. Ich erinnere mich, daß ich irgendwann einmal von Dante gesprochen habe und vom Inferno dieser Welt. Damals haben wir uns halbtot gelacht. Jetzt lache ich nicht mehr. Ich lache zwar noch immer gern, und ich glaube auch noch immer, daß eine Ameise mit einem Elefanten schwanger sein kann.

Aber ich habe begriffen, was verzweifelte Liebe in einem guten Herz anrichten kann. Nein, nein, ich bin nicht verzweifelt, aber ich habe zu zweifeln begonnen. Ich werde mit dem Geist und mit der Empfindung eines Kindes leben, damit ich das Kind hegen und pflegen kann.

Abu al-Fawaris hat mich daran erinnert, daß ich noch jung bin. Rennen, keuchen, sägen, eine Knarre und steinalte Patronen. Und Araber verwirklichen, wozu die Fremden nicht in der Lage waren. Ich weiß, ich verstehe, am Verstand hat es nie gefehlt. Ich kenne sie, die Festtags-Politiker. Ich kenne sie, die Schach- und Kartenspiel-Helden. Aber das zerrissene Herz hat den Schlager der Saison zum Bluten gebracht. Sie sind aufgestanden, haben gespielt, haben Karten ausgeteilt, haben getrunken. Sie haben einen Kreis um den Spieltisch gebildet. »Los, auf, spielen wir an diesem Brett, von Kairo bis nach Nazareth.« Am Verstand hat es nie gefehlt. Aber, Freund, frag nicht, was verzweifelte Liebe in einem guten Herz anrichten kann. Da ist mein Geist, er ist immer in Gefahr. Siehst du mein Herz? Ein feuriger Rubin. Vielleicht bist du auch so, aber ich verstehe überhaupt nichts mehr. Blutige Tinte im Blei.

Ein Wind drinnen und ein Wind draußen. Das Versprechen lastet schwer, dröhnend wie ein Donner. Du gehst auf einem Seil, gespannt zwischen Wasser und Feuer. Rechts von dir erstrecken sich die Wälder, wilde Tiere, aufgerissene Mäuler, Apparate, die jaulen wie Dämonen, Waren aus Amerika und Japan. Nein, nein, ich scherze nicht. Aber wenn das Maß überläuft, explodiere ich mit Granaten und Gelächter. Ich lache darüber, wie Taiwan reingelegt wurde, oder auch darüber, wie die Amis dem Schah von Iran mitgespielt haben. Was ist los mit ihrem fetten Minister, daß er nichts lernt? Den Armeniern ist Unrecht geschehen. Wenn alle Namen Füße hätten, würde Jordanien aus Amman fliehen.

Lache, Mensch, lache, brülle vor Lachen. Dann rezitiere, rezitiere die Fatiha und lege Zeugnis ab vom Geist aller Frustrierten ...

»Guten Tag, Chadrun.«

»Ah, Abu al-Iss! Ich habe schon viel von dir gehört.«

»Und was?«

Chadrun schaute ihn nachdenklich an. »Wollen wir ernsthaft miteinander reden?«

»Nein, nein, ich bitte dich. Heben wir uns unsere Energie für den Sitzungssaal auf. Also, was hast du erfahren?«

»Ich habe erfahren, wir werden vor tauben Ohren singen.«

»Sehr hübsch. Du magst Witze?«

»Probier's doch.«

Sie vernahmen ein kräftiges Klopfen aus dem Sitzungszimmer; ihm folgte ein Stimmengewirr und eine stürmische Attacke.

Basil schüttelte den Kopf und flüsterte: »Da hast du den ersten Witz.«

»Aber ein mieser.«

»Du bist also ein ägyptischer Jude. Tja, ein Unglück kommt selten allein.«

Mit einem kräftigen Stoß ging plötzlich die Tür weit auf. Dann schloß sie sich wieder. Sie schauten sich an; Chadrun fragte beunruhigt: »Was ist das?«

Abu al-Iss schüttelte den Kopf und grinste: »An wen wagt man sich wohl heran?«

Sie rauchten noch zwei Zigaretten; ihre Beine begannen zu zittern. Chadrun fühlte sich unwohl. »Sind wir eigentlich in einer Sprechstunde und warten, bis wir drankommen?«

»Aber wo ist der Arzt? Hier oder dort? Das frage ich mich.«

Hinter der geschlossenen Tür rief der Chefredakteur: »Meine Herrschaften! Bitte, meine Herren!« Aber keiner schenkte ihm Aufmerksamkeit. Salem schüttelte die Faust und rief drohend: »Diktatur! Du benimmst dich wie ein Alleinherrscher. Wer hat dir erlaubt, ihn herzubringen? Hältst du uns für eine Narrenzunft. Wir sind hier nicht in den arabischen Staaten, mein Herr. Es ist allmählich Zeit, daß du das zur Kenntnis nimmst. Ihr seid eure Notabelnstellungen los, ihr al-Karmis. Es ist aus mit Familie al-Karmi! Es ist aus mit Familie al-Warmi! Es ist aus mit Familie al-Scheissi!«

Von allen Seiten gingen die Stimmen kreuz und quer: Schämen Sie sich, Salem! Hüten Sie Ihre Zunge, Salem! Halt den Mund, du Schwachkopf! Dreckiger Bourgeois! Alberner Hetzer! Ruhe, meine Herrn! Bitte, meine Herrn, Ruhe!

Der Chefredakteur haute so heftig mit dem Aschenbecher auf den Tisch, daß dieser – noch nie war's geschehen! – zerbrach. Splitter flogen umher; einigen ins Gesicht, anderen auf die Hände. Der Druck in Herrn Badis Kopf wuchs; er bekam einen Anfall, der alle zum Schweigen brachte. Rafif eilte und brachte ihm ein Glas Wasser. »Luft, Luft«, röchelte er. Da nahm jeder sein Notizheft und fächelte ihm Luft zu. Blätter und Projekte flogen umher – unter den Tisch, unter die Stühle, auf das Regal und aus den offenen Fenstern. Das Einsammeln der Blätter lenkte sie von dem Anfall ab. Dann herrschte Schweigen; Herr Badi benutzte die Gelegenheit und sagte weinerlich: »Mich betrübt es, daß uns die andere Seite hört. Wenn er doch nicht vor der Türe stünde.«

Saleh sprang auf, blickte in die Runde und sagte zuvorkommend: »Soll ich ihn nach Hause schicken?«

Der Chefredakteur hielt ihn am Arm fest und flüsterte: »Setzen Sie sich, Salem! Setzen Sie sich. Sie sind doch aus gutem Hause und wissen, was sich gehört.«

Salem sank resigniert auf seinen Stuhl zurück und murmelte: »Da werfe ich ihnen ›es ist aus mit Familie al-

Karmi, es ist aus mit Familie al-Warmi, es ist aus mit Familie al-Scheissi‹ an den Kopf, und er sagt mir: Sie sind doch aus gutem Hause und wissen, was sich gehört. Oh jeh, Herr jemineh!«

»Also du bist wirklich ein ägyptischer Jude?« fragte Basil nochmals Chadrun.

»Meine Mutter ist aus Ägypten, mein Vater aus Deutschland. Ich selbst bin ein Sabra.«

»Ja, und fühlst du dich nun zu den Aschkenasis oder zu den Sephardis zugehörig?«

»Zu keinen von beiden. Ich habe mit dieser Tradition gebrochen.«

»Aber Israel hat noch nicht damit gebrochen.«

»Ja, das ist richtig.«

»Und wir ja wohl auch noch nicht?«

Der Chefredakteur hatte die Ordnung des Redaktionsteams und das Redaktionsteam der Ordnung wiederhergestellt. »Und nun, meine Herrn«, sagte er, »bitte erlauben Sie Adel, uns diesen Standpunkt zu erklären.«

»Das ist alles klar, auch ohne Erklärung«, rief Salem. »Sie wissen doch wohl, was Hintertürchen sind?«

Der Chefredakteur hob die Hand und knurrte: »Müssen Sie immer das letzte Wort haben, Salem? Können Sie uns nicht ein einziges Mal die Gelegenheit geben, in Ruhe zu reden! Bitte, Adel, ihre Erklärung. Wir waren heute mit Abu al-Iss und mit niemandem sonst verabredet. Ihr erster Fehler nun ist, daß Sie die Verabredung durch eine andere ersetzt haben. Der zweite ist, daß Sie uns nicht nach unserer Meinung zu diesem Treffen gefragt, sondern völlig eigenmächtig gehandelt haben. Wir haben uns hier geeinigt, daß wir uns bei jedwedem Vorhaben nach dem Willen der Mehrheit richten. Sogar ich habe mich der Mehrheit gefügt und davon Abstand genommen, mir einen Passierschein zu besorgen. Ihr dritter Fehler ist, daß Sie versuchen, uns vor vollendete

Tatsachen zu stellen, um uns zu zwingen, einen Plan anzunehmen, den wir mit Mehrheitsbeschluß abgelehnt haben. Was ist das für eine Politik, die Sie verfolgen, und wie können Sie sie erklären?«

»Das ist doch alles klar, auch ohne Erklärung«, murmelte Salem.

Adel kochte; aber er nahm sich zusammen und fragte trocken: »Was ist klar, Salem?«

»Die Politik natürlich.«

»Welche Politik?«

»Die Blödsinnspolitik.«

Sofort entstand eine Unruhe, und sie ließen die alte Platte wieder ablaufen und stimmten überein, nicht übereinzustimmen.

Chadrun erklärte: »Die überwältigende Mehrheit der Prostituierten und der Kriminellen in Israel waren und sind noch immer orientalische Juden. Die offizielle und die inoffizielle Propaganda hat den orientalischen Juden immer eingeredet: ›Ihr seid dreckig, dämlich und ignorant. Eure orientalische Kultur ist ein Schandfleck; ihr müßt endlich von ihr loskommen.‹ Sogar Maimonides gilt in der Ashar-Universität mehr als in Israel. Ich glaube, das erklärt, warum ich mich zur Zeit nur mir selbst zugehörig fühle.«

»Ich verstehe, ich verstehe. Das ist wirklich interessant. Ich habe ja schon vieles über die besondere Gesellschaftsstruktur in Israel gelesen, aber es berührt einen doch noch mehr, wenn man es aus dem Munde eines Beteiligten hört. Erzähl weiter.«

»Die offizielle und die inoffizielle Propaganda hat dem orientalischen Juden immer eingeredet: ›Es ist zwar richtig, daß du ganz unten auf der Leiter stehst. Aber es gibt da jemanden, der noch weiter unten steht und noch niedriger ist als du, nämlich der Araber.‹ Als Ergebnis davon waren und sind die orientalischen Juden sogar noch rassistischer und noch fanatischer als die europäischen, und das wiederum erklärt, warum sich der Likud völlig auf die Stimmen der orientalischen Juden stützt. Das erste, was die Schwarzen Panther politisch unternommen haben, war, sich dem Likud anzuschließen.«

Basil lächelte; er dachte daran, in welch schiefes Licht Schahada geraten war, nur weil er sich einen Fernseher gekauft und eine Pfeife geraucht hatte.

Adel nahm sich zusammen und führte aus: »Die Erklärung für das, was ich getan habe, läßt sich in wenigen Punkten zusammenfassen. Erstens: In der Abstimmung habt ihr mein Beilagen-Projekt abgelehnt, nicht ein Zusammentreffen mit Chadrun. Und ich darf euch doch an etwas Wichtiges und Interessantes erinnern, nämlich, daß Chadrun ein Progressiver ist, der unsere Sache für gerecht hält und der gemeinsam mit seinen Freunden versucht, Informationen zu verbreiten, die sich von denen der herrschenden Medien unterscheiden. Zweitens – und laßt mich hier ganz offen sein: Ich weiß, daß jeder einzelne in diesem Redaktionsteam privat schon Israelis der einen oder anderen politischen Richtung getroffen hat. Weshalb also weigert ihr euch, gemeinsam mit Chadrun zusammenzutreffen?«

»Er weicht der Frage durch eine Gegenfrage aus«, sagte Salem. »Denk dir doch ein anderes Spielchen aus.«

Der Chefredakteur sagte geduldig: »Lassen Sie ihn fertigreden, Salem, Ja, und weiter?«

»Drittens hängt mit dem Kapital zusammen.«

Die Spannung wuchs. Jeder erinnerte sich, daß es Adel war, der den Verkauf der Orangenplantage vorgeschlagen hatte. Daß er aus diesem Grund Abu al-Iss hierher hatte kommen lassen. Und daß selbst der Chefredakteur von seiner Reise über die Brücke Abstand genommen hatte – in Erwartung der Lösungen, die Abu al-Iss vorlegen würde. Heute nun, da der Happen dem Mund schon nahe war und sie sich eingefunden hatten, um die Sache mit der Orangenplantage und mit der Zeitschrift endgültig zu erledigen, erschien Adel mit einer neuen Überraschung!

»Ich habe Abu al-Iss seit jenem Tage nicht gesehen«, fuhr Adel dort. »Aber von der Orangenplantage sind keine guten Nachrichten gekommen. Gestern hat mir Abu al-Fawaris mitgeteilt, es sei weitergegangen, und nach der Enteignung der östlichen Ecke hätten sie nun auch die Quelle enteignet. Das heißt, daß die Probleme der Bauern sich vervielfachen werden; denn was ist eine Plantage ohne Wasser?»

»Das ist ein neuer Schlag«, meinte der Chefredakteur nachdenklich. »Gott helfe euch al-Karmis. Denn das heißt ja, Adel, daß Sie nur mit größter Mühe die Pacht von den Bauern werden einziehen können. Sind Sie sicher, daß die Verträge, die Sie mit den Bauern haben, gesetzliche Gültigkeit besitzen?«

»Welche Verträge, Herr Atallah? Diese Bauern haben seit eh und je auf dem Land gearbeitet. Sie sind dann in die israelischen Fabriken gegangen und erst wieder nach dem Rauswurf auf die Plantage zurückgekommen. Da habe ich diese aufgeteilt und sie den Bauern verpachtet. Wir hatten abgemacht, daß ich von jedem einen bestimmten Ernteanteil erhalten sollte. Es gibt keine Verträge oder so etwas mit gesetzlicher Gültigkeit.«

Der Chefredakteur und Herr Badi tauschten verzweifelte Blicke, und Herr Atallah dankte seinem Herrn tausendmal für die richtige Entscheidung, seine Nichte nicht zum Studium nach Rußland zu schicken. Nachdenklich sagte er: »Also ist der Verkauf der Plantage kein Luxus, sondern eine Notwendigkeit. Was bindet euch noch an dieses lästige Stück Land. Verkauft es, dann habt ihr eure Ruhe. Ich nehme an, Abu al-Iss wird diesen Schritt schon getan haben bei seinem Besuch dort, währenddessen er sich über die Plantage ein Bild gemacht hat.«

Adel schüttelte den Kopf. »Nein, das glaube ich nicht. Abu al-Fawaris hat mich über die ganze Sache ins Bild gesetzt, und ich gehe davon aus, daß Abu al-Iss hier ebenso denkt wie ich.«

»Aber wo ist Abu al-Iss?« fragte Salem mißtrauisch. »Wieso ist er nicht pünktlich?«

Adel wies zur Tür. »Seit über einer halben Stunde wartet er da draußen.«

»Und Sie haben ihn allein da stehen lassen, Adel?« rief der Chefredakteur. »Das gehört sich doch nicht, mein Sohn.«

»Nein, er ist nicht allein. Chadrun ist bei ihm. Die beiden warten gemeinsam.«

»Aha, wenn zwei oder drei beisammen sind ...« bemerkte Salem boshaft.

Herr Badi war befremdet. »Aber Adel, mein Sohn, ich verstehe das nicht. Wie konnten Sie sich zu so etwas hinreißen lassen? Waren wir denn nicht übereingekommen, daß uns die Beilage Schwierigkeiten ohne Zahl bringen würde? Waren wir die Frage nicht gemeinsam angegangen? Die Frage nämlich, mit welcher der beiden Sprachen wir beginnen sollten, dem Arabischen oder dem Hebräischen?«

»Schon wieder«, prustete Salem.

Doch Herr Badi beharrte auf seinem Standpunkt. »Ja, schon wieder, ob es Ihnen gefällt oder nicht. Ich habe euch von Anfang an klar zu verstehen gegeben, daß ich nicht daran interessiert bin, mich durch Abenteuer, die uns gar ins Verderben stürzen können, in eine prekäre Situation bringen zu lassen. Und Herr Atallah hat euch zu verstehen gegeben, daß er nicht seinen guten Ruf und sein Lebenswerk aufs Spiel setzen will für ein Projekt mit unabsehbaren Folgen.«

»In der Tat, das habe ich gesagt«, bestätigte Herr Atallah. »Und wir haben darüber abgestimmt und es mehrheitlich abgelehnt. Ich, Herr Badi, Salem, Rafif...« Rafif unterbrach: »Nein ich habe nicht gegen das Projekt gestimmt. Ich habe mich lediglich der Stimme enthalten.«

Beim Gedanken an ihre frühere Haltung lächelte sie beschämt. Doch dann dachte sie wieder daran, daß Adels jetziges Manöver negative Folgen für ihren eigenen Plan haben werde. Das Geldproblem ist nämlich das eigentliche Problem, und wenn dieses jetzt gelöst wird, muß ich warten, bis die Lage sich wieder verändert hat und ich gebraucht werde. Selbst in diesem Fall gäbe es nicht die Hälfte der Zeitschrift, ja, nicht einmal die »Ecke«. Plötzlich wurde ihr bewußt, woran sie dachte: Handeln und Feilschen, Rafif? Warum nicht? Sie alle tun das. Und wer sich nicht derselben Waffe bedient, wird besiegt. Aber ich bin nicht Christus, und ich lasse mich nicht besiegen.

»Ich behaupte«, warf Salem ein, »egal wie man sich dreht und windet, all das ist nichts anderes als ein sorgfältig einstudiertes Theater.« Der Chefredakteur schüttelte ärgerlich den Kopf; dann nahm er sich wieder zusammen und schaute sich um. Salem fuhr fort: »Ich glaube nämlich, daß die al-Karmis nicht geruhen werden, die Plantage zu veräußern, und zwar weil man als Feudalherr mehr Ansehen genießt denn als Bourgeois.« Der Aufruhr brach nochmals los.

Chadrun sagte zu Basil: »Dann haben wir herausgefunden, daß der Likud die Interessen der Wirtschaftskreise vertritt und daß er an der Veränderung der Klassenstrukturen nicht interessiert ist. Die Kompaßnadel begann sich nach links zu drehen. Schon vor dem Oktoberkrieg waren wir entschlossen, uns nicht an einem Krieg zu beteiligen. Wir haben einen offenen Brief an Golda Meir geschrieben, in dem stand, Vaterland bedeute für uns, ein Haus, eine Arbeit und eine Sozialversicherung zu haben. Wir haben nichts dergleichen – weder Häuser noch Einkommen noch Sicherheit. Deshalb sehen wir uns nicht genötigt, ein Vaterland zu verteidigen, das nicht das unsre ist. So haben wir uns geweigert, unseren Militärdienst zu leisten, und sie haben auf uns eingedroschen. Einige von uns haben sie bestochen, einige haben sie unter Druck gesetzt, noch andere haben sie verfolgt. Wir haben demonstriert, und sie haben uns verprügelt und verhaftet. Wir sind aus Jerusalem geflohen und haben uns bei progressiven Arabern in Jericho und Nablus versteckt.«

»Du auch?« fragte Basil neugierig.

»Ja, ich habe mich in Nablus versteckt. Hat er es dir nicht erzählt?«

Basil spitzte die Ohren und antwortete nicht. Etwa Adel? Nein, nein, Adel ist zu so etwas zu feige. Vorsichtig fragte er, um sich zu vergewissern: »Und du, nimmst du auch dergleichen Risiko auf dich?«

»Was für ein Risiko?«

»Einen Araber in deinem Haus zu verstecken?«

Chadrun lächelte. »Du zweifelst noch immer.«

»Nimm mir's nicht übel. Ich saß schließlich im Gefängnis.«

»Ich weiß. Deswegen konnte ich in deinem Bett schlafen.«

Die beiden blickten sich in die Augen, dann mußten sie lachen. Plötzlich rief Basil: »Jetzt mach ich die Türe auf, und wir gehen hinein.«

»Sollen wir nicht warten, bis man uns ruft?«

»Los, Mann! Wenn wir die weiter diskutieren lassen, werden wir auf immer hier draußen sitzen und sie da drin. Los!«

Er stieß die Tür auf, die Gesichter erstarrten. Die Worte blieben auf den Lippen festgenagelt. Sie hörten auf zu reden, ja sogar zu atmen.

32

Sie standen in der Tür; es herrschte Schweigen. Jede Gruppe betrachtete prüfend die andere. Zwei an der Tür, einer davon etwa Mitte zwanzig, der andere Mitte dreißig; der eine braun, der andere gemischt; der eine im Khakizeug, der andere in Jeans. Beide schauten abwartend mit weit geöffneten Augen.

Eine düstere Stimmung. Die alten Samtvorhänge vor dem Fenster auf der anderen Seite sind herabgelassen. Der Sitzungstisch wirkt finster unter einem verstaubten Lüster. An der Spitze thront der Chefredakteur; er raucht und klopft, nach dem Hingang des Aschenbechers, die Zigarettenasche in ein zerknülltes Stück Papier. Hier sitzt Adel, dort Salem, Herr Badi, Rafif, Hafes und der Sportredakteur.

»Lassen Sie sie doch Platz nehmen, Adel«, sagte der Chefredakteur freundlich.

Salem sprang auf, doch Basil trat schnell zu ihm hin: »Bitte setz dich, Salem al-Muchtar. Ich habe etwas mitzuteilen, was dich interessieren wird.«

Wütend murmelte Salem: »Ich setze mich nicht an denselben Tisch mit einem ...«

Basil unterbrach ihn scharf: »Das kennen wir schon. Setz dich! Hör dir an, was ich zu sagen habe. Dann kannst du weggehen, wenn du willst.«

Als Salem stehenblieb, faßte ihn der Chefredakteur am Arm und zog ihn, ohne nennenswerte Mühe, auf den Stuhl zurück. Er klopfte seine Asche auf das zerknüllte Papier; sein Herz schlug langsam. Jetzt wird alles klar. Ist es wirklich eine Verschwörung? Mein Gott, nun weiß ich wirklich nicht mehr ein noch aus. Soll das das Ende sein, Atallah? Wird man von dir sagen, was man von Sadat sagt? Nach diesem langen Leben und all dieser Enthaltsamkeit sollst du nun so das Fasten brechen? Wenn ich gleich von Anfang an diesem doppelzüngigen Adel kein Gehör geschenkt und mir einen Passierschein besorgt hätte, wären wir nicht in diese unheilvolle Lage gekommen. Was wird man in Amman sagen? Was wird man in Beirut sagen? Was wird man bei der Arabischen Liga sagen? Sogar in Kairo wird man vieles sagen. Nach all dieser Enthaltsamkeit brichst du nun mit Sadat zusammen das Fasten und ißt mit ihm vom selben Teller? Man wird sagen, wir hätten beim gleichen Meister gelernt. *Es gibt keine Kraft und keine Macht außer bei Gott.* Wo bleibst du, Herr Badi?

Herr Badi machte sich bereit, diesem Fremden da eine unentrinnbare Schlinge zu legen, ihm die wohlbekannte peinliche Frage zu stellen: Was meinst du, Herr Soundso, mit welcher der beiden Sprachen sollen wir beginnen? Wenn er antwortet, mit Hebräisch, sage ich: Reingetreten! Und wenn er antwortet, mit Arabisch, sage ich auch: Reingetreten! Ja, den Tyrannen ereilt am Ende sein Los! So heißt doch das Koranwort? *Und wir bestimmten für die Kinder Israel in der Schrift ›Wahrlich, zweimal werdet ihr auf der Erde Verderben anstiften und werdet euch in großer Hoffart erheben.‹ Und als die Drohung für das erste Mal eintraf, da entsandten wir wider euch unsre Diener, begabt mit gewaltiger Macht, und sie durchsuchten das Innerste eurer Wohnungen, und es ward die Drohung vollzogen.* Was die zweite Drohung angeht ... *Und als die Drohung für das andere Mal eintraf, da entstandten wir zu euch Diener, um eure Angesichter zu kränken und eure Moschee zu betreten, wie sie dieselbe das erste Mal betraten, und was sie erobert, von Grund auf zu zerstören.*

Wollen wir einmal sehen, du da, wie deine zweite Drohung eintrifft. Mit welcher der beiden Sprachen beginnen wir? Sag es mir! Mit welcher der beiden Sprachen?

Basil zog einen Stuhl ans untere Ende des Tisches, faßte Chadrun am Arm und ließ ihn neben sich Platz nehmen. Wieder herrschte Schweigen, und jeder schaute den anderen an. Abu al-Iss richtete den Blick auf seinen Bruder und lächelte, als er dessen sorgenvolles Gesicht sah. Woran denkst du? Jetzt kann ich dich schon besser verstehen. Ängstlich? Nein, aber vorsichtig bist du. Du hast mir nicht gesagt, wo und wann du Chadrun versteckt hast.

Der Chefredakteur räusperte sich und sagte langsam: »Diese Konstellation haben wir nicht erwartet. Verantwortlich dafür ist, wie alle wissen, Adel. Das Redaktionsteam, Gott und die arabische Presse mögen Zeuge dafür sein, daß ich unschuldig bin an diesem ...« Er wußte nicht, wie er fortfahren sollte. Drückte seine Zigarette in dem zerknüllten Papier aus und wiederholte dabei: »Daß ich daran unschuldig bin.«

Basil lächelte. Es fiel ihm ein, daß der Chefredakteur nur noch versäumt habe, sich eine Schüssel bringen zu lassen, um darin seine Hände in Unschuld zu waschen. Er stand auf, ging zu seinem Bruder, der gerade nach seinen Zigaretten griff, und flüsterte: »Du hast mir gar nicht verraten, wie du ihn verstecken konntest, ohne daß Mutter und Nuwar etwas merkten.«

Adel drehte sich zu seinem Bruder; nur wenige Zentimeter trennten die beiden. Seine Augen blieben ruhig und kalt, als er, ebenfalls flüsternd, langsam und ohne mit der Wimper zu zucken, erwiderte: »Du hast mir auch nicht verraten, wie du Usamas Munition versteckt hast.«

Basil nickte kommentarlos mit dem Kopf. »Sag uns, was du zu sagen hast«, verlangte Salem brüsk, »damit wir fertig werden und die Sache hinter uns bringen.«

Basil blickte der Reihe nach in die auf ihn gerichteten Augen. Dann begann er: »Zunächst zur Einführung. Dies ist, wie ihr wißt, Chadrun. Ich brauche ihn euch wohl nicht vorzustellen und nehme an, auch seine Vorgeschichte ist euch bekannt.«

»Nur zu bekannt«, bemerkte Salem trocken. »Ein Israeli, der auf arabischem Boden lebt, in einem arabischen Haus wohnt und die Fahne eines expansionistischen, kolonialistischen und rassistischen Staates schwingt. Im Krieg trägt er amerikanische Waffen und mäht uns dahin. Das ist Chadrun, Amen!«

Chadrun wandte sich überrascht an Basil; doch dieser flüsterte ihm zu: »Überlaß ihn mir.«

Adel schaltete sich ein und sagte kurz und bündig: »Chadrun war einer von denen, die sich geweigert haben, im Oktoberkrieg mitzukämpfen.«

»Angenehm«, bemerkte Salem spöttisch.

Adel sah Salem scharf an: »Chadrun ist ein Progressiver, der glaubt, daß unsere Sache gerecht ist.«

»Warum packt er dann nicht seine Siebensachen«, fauchte Salem wutentbrannt, »und verläßt ein Land, das ihm nicht gehört; wenn er wirklich ein Progressiver ist?«

»Weil ich hier geboren bin«, protestierte Chadrun, »und weil ich dasselbe Recht habe wie du, hier zu leben.«

»Was ist das für ein Recht, von dem du sprichst?« schrie Salem. »Ein Israeli und spricht von Recht. Meine Herrschaften, ich warne euch. Das ist einer dieser neumodischen Tricks, sich in unsere Reihen einzuschleichen und uns von unserer eindeutigen Haltung abzubringen, nämlich imperialistische Machenschaften und defätistische Lösungen abzulehnen. Seit Sadat seine unheilvolle Reise nach Jerusalem unternahm, versuchen die Israelis permanent, unter uns Agenten zu finden und so die Pläne Washingtons zu verwirklichen. Ihnen ist jedes Mittel recht – Bestechung, Drohung, Druck, Steuererhöhung, Verhaftungen undsoweiter, ihr kennt das ja. Dies hier ist ein weiterer Versuch, eine Bresche zum Durchschlüpfen zu finden. Ich habe euch hiermit genügend gewarnt. Lebt wohl.«

Er sprang auf; Basil rief: »Setz dich hin, Salem, setz dich hin. Ich habe noch nicht gesagt, was ich zu sagen habe. Hör dir das erst an, dann kannst du gehen oder tun, was du willst.«

»Also gut! Aber schnell.«

»Gut. Das, wofür ich gekommen bin, hat mit dem Kapital der Zeitschrift und mit der Plantage zu tun. Was die Plantage angeht ...«

»Das wissen wir, das wissen wir«, unterbrach ihn Salem ungeduldig. »Die Familie al-Karmi wird sie nie verkaufen. Das haben wir begriffen.«

»Nein, nichts hast du begriffen. Die Plantage, oder was davon noch übrig ist, kann jeden Augenblick enteignet werden.«

Der Chefredakteur mischte sich ein: »Dann verkauft doch, was davon noch übrig ist, bevor es enteignet wird.«

»Was meinen Sie damit?«

»Hat Adel denn nicht zu Beginn gesagt, er wolle sie den Bauern verkaufen?«

»Sie meinen also«, fragte Adel eisig, »wir sollten ein Stück Land verkaufen, das dem Untergang geweiht ist? Sie meinen, wir sollten sie übers Ohr hauen?«

Der Chefredakteur krebste zurück: »Nein, nein. Das meine ich nicht. Ich erinnere mich lediglich daran, daß Sie etwas sagten, daß die Bauern am ehesten Anspruch hätten, das Land zu besitzen. Haben Sie das etwa nicht gesagt?«

Basil und Adel sahen sich an, und Basil beeilte sich zu sagen: »Wir wollen uns nicht auf Abwegen verlieren. Daher werde ich mich auch mit dem, was ich zu sagen habe, so kurz wie möglich fassen und dann gehen. Ich habe wahrlich Wichtigeres zu tun, als mich auf Diskussionen einzulassen, die erst mit der Gründung unseres Staates oder gar mit dem Jüngsten Gericht zu Ende gehen.

Aus all dem, was ich bisher gehört und erfahren habe, folgere ich, daß die Zeitschrift nur noch durch eine der beiden folgenden Maßnahmen zu retten ist. Die erste ist, kurz zusammengefaßt, daß Herr Atallah unverzüglich aufbricht, sich einen Passierschein besorgt und damit morgen früh über die Brücke geht. Diese Maßnahme ist jedoch nicht mehr als ein Beruhigungsmittel, das heißt eine Oberflächenbehandlung, die weder die Widerstandskraft des Körpers weckt, noch die Produktion von eigenen Abwehrstoffen veranlaßt.«

Der Chefredakteur und Herr Badi blickten sich an, bemerkten aber nichts. Basil fuhr fort: »Die zweite Lösung ist schwieriger, geht aber auch tiefer und verspricht am ehesten einen Erfolg. Sie besteht aus zwei gleichwertigen Teilen, deren erster uns zu Adels Projekt führt und ...«

Im Zimmer des Chefredakteurs klingelte das Telefon. Einen Augenblick hörten sie auf zu reden und zuzuhören. Dann brach ein Durcheinander los. Rafif zeterte: »So hatten wir es aber nicht abgemacht, Abu al-Iss.«

Er hob beschwichtigend die Hand. »Nur nichts überstürzen. Hör dir erst noch den Rest an!«

Doch sie sprang, ihre Unterlagen in der Hand, auf und fuchtelte mit ihrem Plan vor seinem Gesicht herum. »Noch so ein Manöver! Jetzt glaube ich überhaupt nichts mehr. Und das? Was wird daraus? Du willst doch nur die Scheinwerfer auf Adels Projekt richten, damit es die Zeitschrift akzeptiert; dann wird für meinen Plan kein Raum mehr sein. Aber so weit kommt es nie. Nie, und wenn die Zeitschrift zur Hölle führe.«

Das Telefon klingelte weiter; niemand erhob sich von seinem Platz, es zu beantworten.

»Aber dein Plan ist ohne die Rettung der Zeitschrift gar nicht durchführbar« rief Adel erregt. »Wann wirst du das denn begreifen.«

»Das ist ein Komplott«, schrie sie ihm ins Gesicht. »Sind wir wieder bei der Geschichte von der Ampel und vom roten Licht angelangt, Adel? Ein Komplott.«

Salem nahm es auf. »Ein Komplott«, rief er. »Die al-Karmis verschwören sich, und die Geschichte wiederholt sich selbst.«

Der Chefredakteur stand auf; er hob seine Hände und seine Stimme. »Meine Herrn, meine Herrschaften, bitte, liebe junge Freunde ...« Keiner antwortete ihm oder schenkte ihm Gehör. Das Telefon klingelte weiter; der Chefredakteur rief um Hilfe: »Das Telefon, Salem, Hafes, Adel. Es klingelt, Rafif! Es klingelt, es klingelt.«

Niemand hörte auf ihn. Sie tauschten weiterhin Anschuldigungen, Beleidigungen und Beschimpfungen aus. Da verließ der Chefredakteur das Zimmer, um selbst das Telefon abzunehmen.

Rafifs bebende Stimme verlor sich in den Fluten der Krise. »Die Geschichte wiederholt sich selbst«, sagte sie. »Sie verlangen von uns Zeit, um ihre Absichten verwirklichen zu können. Dann am Abend – aber das ist ein anderes Thema. Augenwischerei, Komplott.«

Nur mit Mühe vermochte Herr Badi eine Lücke zu finden, um ein paar Worte unterzubringen: »Liebe Kinder, ich bitte Sie! Hören Sie! Ein einziges Wort nur, das gar alle unsere Probleme lösen möchte.«

Neugier ergriff Basil, und er sprang Herrn Badi bei. Suchte die anderen zu überreden, sie sollten ihm gestatten, sein Wort zu äußern. Schließlich hörten sie ihm zu, und Herr Badi brachte schweratmend hervor: »Um mir selbst und allen anderen Gewißheit zu verschaffen, möchte ich gern Herrn Chadrun eine Frage stellen, eine einzige nur.« Adel, Salem und Hafes tauschten Blicke. Rafif seufzte: »Ist das der Moment dafür?«

Freundlich und bedächtig fragte Herr Badi: »Herr Chadrun. Wenn wir Ihr Projekt annähmen, mit welcher der beiden Sprachen sollten wir beginnen?« Chadrun, dem die Frage die Sprache verschlagen hatte, wandte sich an Basil: »Was soll das heißen?«

»Stimmen wir ab«, psalmodierte Salem. »Richten wir uns nach der Mehrheit! Richten wir uns nach der Mehrheit, der Mehrheit.«

Adel wischte sich die schweißnasse Stirn und ließ seine Hand dort liegen. Rafif begrub ihr Gesicht in ihrem Arm und floh in ihre eigene Welt. Die Mehrheit? Die Geschichte wiederholt sich. Die Mehrheit hat die Frau in der Türkei besiegt. Die Mehrheit hat die Frau in Iran besiegt. Die Mehrheit hat die Frau in Algerien besiegt. Im türkischen Parlament stimmte die Mehrheit gegen die Befreiung der Frau. Atatürk allein hat sie befreit, nicht die Mehrheit. Und Atatürk hat das zu Beginn dieses Jahrhunderts getan, und jetzt sind wir bald am Ende, und die Geschichte wiederholt sich. Atatürk hat das vor Dutzenden von Jahren getan, ohne Sozialismus, ohne Parolen, ohne viel Aufhebens. Und Adel und Salem und Hafes ... Was ist in Algerien passiert? Was in Iran? Was in weiß ich wo?

Mit hochgeworfenen Händen kehrte der Chefredakteur ins Sitzungszimmer zurück. »Meine Lieben, meine Lieben! Eine wichtige Nachricht, eine brennende Nachricht. Nablus wankt wie im Erdbeben. Ein Aufruhr. Eine Enteignung. Eine neue Siedlung. Los Jungs, schnell. Wer berichtet über die Ereignisse in Nablus? Adel, Hafes, Salem, los! Nehmen Sie den Wagen der Zeitschrift und fahren Sie sofort nach Nablus.«

Basil stürmte zur Tür, Chadrun ihm nach.

33

Kurz vor Nablus sahen sie überrascht Hunderte von Personenautos und Lastwagen, die darauf warteten, in die Stadt fahren zu dürfen. Bis zu den Zähnen bewaffnete Soldaten liefen zwischen den Autos umher und befahlen den Fahrgästen, auszusteigen und ihre Identitätskarten vorzuzeigen. Gleichzeitig inspizierten jeweils zwei das Auto von innen und von außen und untersuchten auch den Kofferraum, den Motor und die Räder. Schauten unter den Sitz und in das Handschuhfach. Überprüften auch den Führerschein und die Papiere des Fahrers – Name des Vaters, des Großvaters, der Familie, Religionszugehörigkeit. Das Warten dauerte lang, und die Fahrgäste stiegen aus, stellten sich an den Straßenrand und tauschten die Neuigkeiten aus.

Frauen mit weinenden Kindern gingen, auf der Suche nach etwas Wasser, einer Banane oder einem Keks, von Auto zu Auto. Einige entfernten sich auch ein wenig mit ihren Kindern. Dort hockten sich dann die Kinder hin und taten, was den Erwachsenen versagt war. Und über den Köpfen der Hockenden begannen die Frauen zu plaudern, erzählten Geschichten und versorgten sich gegenseitig mit Nabluser Klatsch. Sie versäumten auch nicht zu erwähnen, was der Militärgouverneur gesagt hatte und was die Schüler beim Demonstrieren auf der Straße gerufen hatten. Der Gouverneur hatte nämlich zum Bürgermeister gesagt: »Wenn ihr die Schüler nicht unter Kontrolle bringt, werden wir es tun. Wenn ihr eure Kinder nicht erziehen könnt, werden wir die Erziehung übernehmen.«

Eine der Frauen schlug die Hände aufeinander und ließ ein Lachen hören, das wie ein Knallfrosch klang. Die anderen Frauen scharten sich um sie, um zu vernehmen, wie sie die Kinder erziehen. Die Frauen verloren sich in Unterhaltung und Getratsche und vergaßen ihre Kinder, wie sie waren, bis denen das Blut aus den Beinen gewichen war. Einige weinten und streckten ihren Müttern ihre Hände hin. Ein kleiner Junge stolperte, halb angezogen, ein paar Schritte, fiel dann auf die Erde und begann zu brüllen. Seine Mutter lief zu ihm, einen kleinen Stein in der Hand. Nachdem sie es mit dem Stein erledigt hatte, kehrte sie zu den Frauen zurück, um den Rest der Geschichte zu hören. Die Frau erzählte lautstark: »Die Kinder haben das Auto völlig kaputtgemacht. Da haben sie sie zur Wache genommen und verhört und dabei völlig vergessen, daß es Kinder sind. Sie haben sie in eine Zelle gestopft wie Essigfrüchte und haben zu ihnen gesagt: Ihr seid ungezogen. Wir werden euch zeigen, wie man sich benimmt. Wir werden euch in ein Zimmer mit Mäusen sperren. Die Kinder haben gelacht, und eins von ihnen hat dem Richter die Zunge rausgestreckt.«

Ein Soldat näherte sich der Frauengruppe und schrie: »Los, los, weg da.« Die Frauen drehten sich verständnislos zu ihm um und unterhielten sich dann weiter. Da schrie er nochmals: »Weg da, weg da!« Belustigt flüsterte eine der Frauen: »Und dann?« Als der Soldat nochmals schrie, kreischten die Frauen wie aus einem Munde: »Ist ja guuuuut! Was ist los mit dir? Die Welt geht doch nicht gleich unter.« Dann unterhielten sie sich weiter: »Ha, und dann? Ja, dann hat der Junge dem Richter die Zunge rausgestreckt. Der Richter ist wütend geworden und hat den Eltern gepredigt: Arabisch nix Kinderstube, Arabisch nix Hirn, nix Benimm. Einen von den Jungen hat's gedrückt; er hat die Füße verdreht und gerufen: Ich muß pinkeln, ich muß pinkeln.«

Die Frauen brachen in schallendes Gelächter aus und bogen sich vor Lachen. Der Soldat wurde noch wütender. Er stürzte sich auf eine der Frauen und zog sie an den

Schultern, worauf sie einen markerschütternden Schrei von sich gab. Die anderen Frauen eilten ihr zu Hilfe, und in wildem Durcheinander prasselten dem Soldaten Verwünschungen aufs Haupt: »Gott möge dich zerbrechen und dich nie wieder zusammenflicken! Bei Gott, der dich in einen Affen verwandelt hat und dich ein Gewehr tragen ließ, möge deine Mutter dich verlieren! Ihr sollen auch die Zähne schwarz werden. Der böse Blick soll euch treffen und die Stunde, die euch zu uns brachte! Möget ihr schwarz werden, beim angebeteten Gott und bei unserm Herrn David.«

Der Soldat zog sich ein paar Schritte zurück; vor Überraschung verstummte er. Einige Augenblicke stand er da und schaute, auf seinem Gesicht Zeichen der Ratlosigkeit. Die Frauen beruhigten sich, starrten ihn aber weiterhin haßerfüllt an, bis sie eine von ihnen fragen hörten: »Und dann?« Da scharten sie sich wieder im Kreis zusammen, und die Störung war in Sekunden vergessen.

Der Soldat ging schnell fort und kehrte in Begleitung eines anderen, dunkelhäutigen und orientalisch aussehenden Soldaten zurück, der rüde schrie: »Los, keine Rumhurerei hier!« Eine der Frauen schlug sich an die Brust und kreischte: »Willst du uns mit deiner schmierigen Zunge erziehen, du schamlose Kreatur. Und sowas behauptet, wir hätten keine Kinderstube und keinen Anstand und kein Hirn? Bei Gott, deine Mutter sei verflucht, und dein Vater; und der einäugige Teufel da auch gleich noch.« Die beiden Soldaten stürzten sich auf die Frauen und drängten sie weg. Die Frauen streckten die Hände aus und die Zungen heraus; ein Geschrei erhob sich.

Die Kinder standen da, wohlverwendbare Steine in der Hand, und warteten auf eine günstige Gelegenheit. Kaum hatte sich die Frauengruppe aufgelöst und die Soldaten allein zurückgelassen, begann der Hagel; Steine ergossen sich, und die Erde spuckte Hunderte von Kindern aus, einige davon Kinder aus den Autos, die meisten aus dem nahegelegenen Lager. Die Straße wurde zur Front.

Die Fahrer hielten mitten auf der Straße an und redeten beschwörend auf die Kinder ein, indem sie auf ihre Windschutzscheiben und ihre Lampen deuteten. Doch die Kinder hörten nicht auf, immer mehr Steine zu werfen, und das Lager hörte nicht auf, immer mehr Kinder auszuspucken.

Ein Soldat ergriff einen Handlautsprecher und begann, Befehle und Warnungen zu erteilen. Die Jagd zwischen den Kindern und den Soldaten begann. Der Kampf verschob sich in die Lagergassen, und die Militärautos füllten sich mit Kindern. Auf der Straße drängten sich jammernde und wildgestikulierende Frauen.

Als der Sturm etwas nachgelassen hatte, schalteten sich die Fahrer und einige Fahrgäste ein, und nach einigem Hin und Her erreichten sie es, daß der Offizier den Frauen und Kindern erlaubte, zu Fuß in die Stadt zu gehen. Da nahm jede von ihnen ihre Sachen und ihre Kinder, und, begleitet von Flüchen und Verwünschungen, marschierten sie Richtung Stadt. Die Beschimpfungen der Soldaten folgten ihnen.

Rafif, die im Auto saß, begann laut zu lachen: »Es lebe die ›Frauenecke‹.«

»Nein, es lebe das Lager«, entgegnete Hafes düster.

»Ist das jetzt wichtig?« rief Salem ungeduldig. »Wichtig ist, wie wir in die Stadt kommen, meine Herrschaften.«

Nachdenklich betrachtete Adel Chadruns Auto, das vor dem ihrigen stand … Chadrun kann doch hinein. Warum steht er dann auch hier? Wartet er auf uns? Warum setzen wir uns nicht zu ihm hinein und passieren die Barriere in einem israelischen Auto, statt hier zu warten? Aber er schwieg, aus Furcht vor einer neuen Anschuldigung, die von Salem – »Komplott!« – zu erwarten wäre.

Er betrachtete Rafifs Profil; sie saß neben ihm auf dem Hintersitz. Die Sehnsucht kehrte in sein Herz zurück, und er dachte an längst vergangene Tage, als sie ihre Augen nicht von ihm wandte und keine Gelegenheit verstreichen ließ, ihn an der Hand zu fassen und sich an ihn zu drücken. Jetzt dagegen – obwohl sie neben ihm auf dem Hintersitz sitzt, ist sie einzig und allein damit beschäftigt, die Leute anzuschauen. Aber ist es nicht das, was er erreichen wollte? Aus Rafif einen freien Menschen, eine freie Frau zu machen, die sich niemandem, aber auch gar niemandem unterwirft. Doch das Leben ist kalt geworden, noch kälter. Mit ihr hatte er das Gefühl gehabt, man könne manchmal die Lasten und Bürden leichter tragen, könne zwischen den Leuten herumrennen, lachen, so laut es geht, auf der leeren Straße rufen: »Du bist verrückt« und sie schweratmend zurückrufen hören: »Und du bist bloöööd«.

Es gab in seinem Leben Augenblicke der Wärme, einer Wärme, die sich auf ihn übertrug und alles erträglicher machte. Und da sitzt nun Rafif dicht bei ihm und ist doch weit weg. Sie war frei geworden, das war richtig, und er selbst hatte sich von den dauernden Beanspruchungen durch sie und der Last ihrer Emotionen befreit. Aber er fühlte sich nicht glücklicher, oder, anders gesagt, er fühlte sich nicht weniger unglücklich. Sie will die Hälfte der Zeitschrift, das ist alles, was sie beschäftigt. Er spürte ein Gefühl von Bitterkeit. Reichte es nicht mit all dem, was er vor sich sah und was er hinter sich gelassen hatte, um was er kämpfte und was er nicht erreichen konnte? War denn all das nicht schon kompliziert genug?

»Rafif«, sprach er sie freundlich an.

Sie wandte sich zu ihm, in ihrem Blick kühle Distanz,

in ihrem Gesicht keine Anzeichen der früheren Impulsivität. Er spürte Enttäuschung, aber er nahm sich zusammen.

»Die Frauen dürfen die Barriere passieren. Du könntest durchgehen.«

In ihren Augen leuchtete es kurz auf. Sie erwiderte ruhig: »Ich gehe nicht alleine; ich warte.«

Er lächelte, sagte aber nichts. Erinnerte sich wieder daran, wie er mit ihr vor der roten Ampel gestanden hatte. »Du bist erwachsen geworden, Rafif«, flüsterte er nach einigen Augenblicken. Sie schüttelte den Kopf und schaute weiter durch das Fenster auf die Leute.

Ich bin erwachsen geworden, dachte sie bitter. Und wie teuer habe ich dafür bezahlt!

Salem haute aufs Lenkrad und rief ungeduldig: »Ich an deiner Stelle, Rafif, ich würde gehen.«

»Was nützt es denn, wenn ich alleine gehe?« fragte sie und schaute noch immer aus dem Fenster. »Über welche Ereignisse kann ich alleine berichten?«

Sie wandte sich Adel zu, schaute ihm aber nicht ins Gesicht. Sein Herz schlug langsam; er spürte, wie eine feine, weiche Traurigkeit ihn durchströmte. Wie fern ist jener Tag! Ganze Jahre scheinen vergangen zu sein, seit wir zusammen waren. Und jetzt sitzt sie da bei ihm, neben ihm und wartet auf ihn genauso, wie sie auf die anderen Kollegen wartet. Er ist jetzt nichts anderes mehr als ein Kollege. Du bist erwachsen geworden, Rafif... Er hatte nicht geahnt, daß ihr Erwachsenwerden ihm wehtun und ihn traurig machen würde. Er sammelte seine Gedanken und band sie zusammen... Macht es den Männern solche Schwierigkeiten, ihre Grundsätze auf die Frauen anzuwenden? Sie fürchten, sie könne stärker werden als sie, könne sich daran gewöhnen, ohne männlichen Schutz zu leben, und das Leben möchte dann seine Annehmlichkeit verlieren. Wenn eine Frau sich auf ihn stützt, gibt ihm das ein Gefühl von Stärke und füllt sein Herz mit Sanftheit. Aber das hat einen sehr hohen Preis, den Preis seiner Freiheit. Was für eine Augenwischerei! Wo ist denn seine Freiheit! Wo ist ihre Freiheit!

Ein Soldat rief allen Fahrern zu: »Zurück, alles zurück!« Die Fahrer riefen durcheinander: »Von hier, von Nablus sollen wir zurück nach Ramallah?« Doch der Soldat schrie nochmals: »Zurück, alles zurück!«

Basil stieg aus Chadruns Auto und trat ans vordere Seitenfenster, wo Hafes saß. Er streckte seinen Kopf hinein und flüsterte: »Wir könnten in Chadruns Auto in die Stadt hinein. Wer will?«

Einige Augenblicke herrschte Schweigen. Adel wartete auf Salems Reaktion. Doch Salem saß schweigend da und antwortete nicht.

Da öffnete Adel die Tür und sagte: »Ich werde mich euch anschließen.«

Rafif folgte ihm, ebenso Hafes. Sie setzten sich in Chadruns Auto und warteten einige Minuten. Da kam auch Salem und stieg, ohne ein Wort zu sagen, ein. Chadrun wendete und steuerte eine Straße hinunter, die zum Lager führte. Danach fuhr das Auto in Richtung Berg und erklomm dann den Ebal.

Von dort oben sieht die Stadt wie ein gepflastertes, ausgetrocknetes Flußbett aus. Keine Spur von Leben. Nur ein paar Autos fahren die gewundenen Straßen hinauf; sie sehen aus wie Ameisen. Aus den Seifensiedereien dringt Rauch gen Himmel, zieht kurze Linien und löst sich dann auf. Der Gipfel des Ebal ist in Schweigen getaucht. Chadrun hielt das Auto am Straßenrand an, hoch oben, von wo man auf die Stadt hinunterblicken konnte. Er suchte mit den Augen nach dem Aufruhr, von dem er gehört hatte. Aber die völlige Ruhe wurde durch nichts unterbrochen.

»Also, wo ist nun der Aufruhr?« fragte Salem wütend.

»Und wo sind die Erdbebenwellen?« Er begann, allerlei Verwünschungen auszustoßen, während die anderen weiterhin das gewaltige Tal nach Zeichen oder Vorboten des Bebens absuchten. Als sie jedoch nichts fanden, überkam sie das immer wiederkehrende Gefühl von Enttäuschung und Ungeduld. Plötzlich krachten ein paar vereinzelte Schüsse; dann herrschte wieder Ruhe.

»Jetzt geht's los, jetzt geht's los!« rief Salem plötzlich begeistert. Freudig erregt rieb er sich die Hände, stieg aus und betrachtete aufmerksam die Stadt unter sich. Doch da er nichts sah, kam er enttäuscht zurück; sein Eifer war so schnell verflogen, wie er gekommen war.

»Nichts regt sich in der Stadt, außer tief drinnen«, sagte Basil. »Aber von hier sehen wir nicht in die Tiefe. Wie wär's, wenn wir hinuntergingen.«

»Warum sollten wir hinuntergehen?« fragte Salem. »Von hier oben werden wir alles viel klarer sehen.«

»Du wirst überhaupt nichts sehen, solange du hoch oben sitzt.«

Eine lange Salve von Schüssen krachte. Von fern drang ein Schrei an ihr Ohr. Da sagte Basil entschlossen: »Ich gehe in die Stadt hinunter, und wenn es zu Fuß sein müßte.« Er wollte die Tür aufmachen, doch Chadrun hielt ihn zurück. »Wir gehen gemeinsam.«

Das Auto fuhr Richtung Stadt. Unterwegs wurde es von einem Polizeiwagen gestoppt. Doch noch bevor der Polizist sich ihnen genähert hatte, drehte Chadrun und fuhr einen anderen Weg zur Stadt. In einer Seitenstraße standen Jungen neben einer selbst errichteten Barrikade aus Gummireifen, die langsam dahinbrannten. Beidseits davon lagen mittelgroße Steine und ein paar rostige Blechkanister aufgereiht. Als die Jungen das Auto erblickten, begannen sie, es mit Steinen zu bewerfen. Salem brach in lautes Lachen aus, Rafif verbarg ihr Gesicht an Basils Schultern. Hafes stieg schnell aus, stellte sich mit erhobenen Händen mitten auf die Straße und rief ein paar arabische Worte. Der Steinhagel hörte sofort auf, und Hafes kehrte auf seinen Platz zurück. Ihm folgte der Anführer der Gruppe, dessen kleiner Kopf mit einem Tuch umwickelt war, das von seinem Gesicht nur die Augen frei ließ. Mißtrauisch schaute er in die Gesichter und murmelte einen Befehl. Sie begannen, mit ihm zu scherzen; da wies er mit dem Stecken in seiner Hand auf ihre Windschutzscheibe. Sie schrien auf, und der Junge schwenkte nochmals seinen Stecken und wiederholte hinter seinem Tuch den Befehl: »Identitätskarten, Identitätskarten!«

Basil reichte ihm mit ernstem Gesicht seine Identitätskarte und sagte ermutigend: »Gott gebe euch Kraft.«

Der Junge hob sein Tuch vom Mund und fragte tadelnd: »Aus dem Westjordanland und in einem israelischen Auto?«

Die Erklärungen kamen Schlag auf Schlag aus dem Auto. Der Junge lächelte; schließlich wies er auf einen schmalen Durchgang auf dem ungepflasterten Gehsteig.

Das Auto fuhr langsam weiter und entfernte sich von den Jungen und der Barrikade. Rafif schaute sich um und sah, wie die Jungen Petroleum auf die brennenden Reifen schütteten. »Feuer!« rief sie. »Ich habe Angst um sie; sie sind noch Kinder.«

»Ohne Lunte kein Feuer«, flüsterte Basil.

Wiederum krachten Schüsse. Sie waren schon deutlicher zu hören. Als sie die Straße erreichten, die zum Platz führte, bot sich ihnen ein überraschender Anblick. Panzerwagen, Lastautos, Soldaten mit Helmen, Plastikschilden, Knüppeln und Gewehren. Herumliegende Steine, Glas, Blech. Mitten auf der breiten Straße eine gewaltige Barrikade, hinter der Jungen herumsprangen, einige mit Tüchern vermummt, andere mit mützenartig übergezogenen Strümpfen mit Löchern für Augen und Mund.

Mit einem Mal brechen die Jungen hervor; Steine ergießen sich von allen Seiten, Schleudern richten sich nach oben, wo auf den Dächern der Gebäude Soldaten lauern. Die Soldaten ziehen sich zurück; dann greifen sie an. Die Jungen ziehen sich zurück und verschwinden in den Eingängen der Altstadtgassen. Die Soldaten nähern sich der Barrikade; ein Steinhagel bricht los. Sie ziehen sich zurück.

»Auf sie!« schreien die Jungen. »Schlagt zu.« Ein Molotowcocktail explodiert mitten auf der Straße. Sie ziehen sich zurück, sammeln sich. Eine Gasgranate detoniert. Splitter. Ein Kind humpelt, zieht sich zurück. Ein Blechkanister wird umgekehrt auf die Granate gestülpt; das Gas bleibt darunter.

»Zurück, zurück«, ruft ein Soldat Chadrun zu. Das Auto fährt zurück, ein Steinhagel ergießt sich, die Windschutzscheibe geht in Brüche, Splitter fliegen umher. Rafif kreischt, sie schreien. »Zurück, zurück.« Das Auto fährt zurück. »Auf sie!« Die Vorderlampe des Autos zersplittert. Noch eine Granate. Soldaten in Raumanzügen. Eine Zwiebel fliegt heran und landet auf der Kühlerhaube. »Jetzt ist richtig was los«, stößt Salem hervor.

Die Gasseneingänge füllen sich mit Jungen. Wie Heuschrecken brechen sie hervor. Steine fallen vom Himmel. Autoreifen brennen. Ein Panzerwagen durchpflügt die Straße. Plötzlich rollt ihm ein Faß entgegen. »Ein Bild, Salem, fotografier!« ruft Adel. Viele Fässer. Reifen, die auf die Soldaten zurollen. »Mach ein Bild!« Ein Tankwagen mit gefärbtem Wasser. Die Schläuche öffnen sich. »Mach ein Bild!« Die Jungen ziehen sich in die Gassen zurück. Fässer. Brennende Reifen. »Zurück, Chadrun!« Ein Reifen rollt näher. »Laßt uns fliehen.« Gefärbtes Wasser. »Zurück, zurück, zurück. Wir sind in eine Falle geraten. Zurück, zurück.«

Das Auto fährt nach Westen, sie atmen noch immer

schwer. Chadrun murmelt einige Worte des Bedauerns über sein Auto. Adel verspricht ihm, die Zeitschrift werde sich an den Reparaturkosten beteiligen. Wieder eine Militärsperre; spitze Nägel auf der Erde, die zum Zickzackfahren zwingen. Eine Reihe Autos steht und wartet. Soldaten verlangen Identitätskarten und inspizieren die Wagen von innen und von außen, von vorne und von hinten. Aussteigen. Unter dem Sitz. Im Kofferraum. Hinter der Lehne. Zurück. Einsteigen. Weg.

Chadruns Wagen passiert die Sperre ohne Kontrolle. Ein Soldat zeigt auf die zerbrochene Scheibe und die Lampe und ruft einige Worte auf hebräisch. Chadrun nickt mit dem Kopf. Er tritt aufs Gas. Die Tachonadel schnellt nach oben.

Noch eine Sperre. Eine lange Autoschlange. Ein Junge von sechzehn Jahren steht mit dem Rücken gegen eine Wand gelehnt. Neben ihm zwei Soldaten. Sein Gesicht ist hager und bleich, seine Haut weiß, sein Bart noch nicht gesprossen, sein Gesicht voller Pickel. Honigfarbene, sanfte Augen; weiches Haar; schwächlicher Wuchs. Angst im Blick.

Als sie zu ihm hinausschaute, schämte er sich vor der jungen Frau und senkte den Blick. Ein Würgen überkam sie, ihr Herz verstärkte seinen Schlag, mütterliche Gefühle brachen hervor. Sein Blick heftete sich auf ihr Gesicht. »Mein Gott«, flüsterte sie gequält. Das Blut schoß ihr in den Kopf, die Haare standen ihr auf der Haut. Tränen stiegen ihr in die Augen. Sie versuchte sich zusammenzunehmen, damit der Junge nicht verzweifle. Sein Blick war ratlos, angstvoll, seine Augen weich und sanft. Eine Träne löste sich aus ihrem Auge und lief ihr an der Nase entlang. Als sie sie wegwischte, stieß Basil sie an. »Aber er ist doch noch so jung; er sieht aus wie ein verstörter Hase«, flüsterte sie.

»Bleib fest!«

»Wo ist deine Mutter, mein Junge? Hast du Angst, mein Junge? Siehst du es, Chadrun?« schluchzte sie.

»Chadrun sieht nichts und wird nie etwas sehen«, schrie Salem wütend.

Chadrun gab Gas; wie eine Rakete schoß der Wagen dahin. Alle in einem einzigen Auto mit zerschlagener Scheibe und zerschlagenem Scheinwerfer, auf einer Straße voll Splitter und Schlaglöcher. Die Autos standen noch immer wartend in langer Schlange. Die Fahrgäste standen in langen Reihen. Soldaten in Waffen und mit Raumanzügen. Eine Reihe junger Männer an einer Mauer, die Gesichter zur Wand gekehrt, die Hände erhoben. Die Soldaten mit Maschinenpistole im Anschlag.

»Bleib fest, Rafif.«

»Aber er sieht aus wie ein verstörter Hase.«

»Und du verlangst die Hälfte der Zeitschrift?«

»Aber er ist ein unschuldiges Kind.«

»So waren wir alle, aber der Strudel wirkt anziehend.«

»Rafif ist zusammengebrochen«, bemerkte Salem boshaft. »Nieder mit der ›Frauenecke‹.«

Sie verbarg ihr Gesicht in den Händen und begann zu schluchzen. »Aber er ist noch so jung, wie ein Hase, und verstört.«

Adel kam ihr zu Hilfe. »Hast du die Frauen in der Stadt vergessen, Salem? Sie haben ein gewaltiges Schauspiel geboten. Sogar du als Mann hast das nicht getan.«

»Sie sind nicht Rafif.«

»Was ist der Unterschied?« entgegnete Basil trocken. »Alles besteht aus mehreren Teilen. Das Bild ist aus nur einer Perspektive nicht vollständig.« Die Bilder überlagerten sich, wogten und kehrten zurück. Und Adel … Das Bild hat mehr als eine Perspektive, Usama. Lange Jahre sind vergangen. Jahre mit Zähnen und Mahlsteinen. Jahre der Niederlage sind nicht wie Jahre des Sieges. Ein Jahr der Niederlage zählt für hundert.

»Er kam mir vor wie mein Sohn«, schluchzte Rafif. »Wäre ich doch an seiner Stelle gewesen! Was soll ich bloß tun? Ihr tragt kein Mutterherz in euch.«

»Spar dir deine Tränen.«

»Aber er ist ein unschuldiges Kind.«

»Spar dir deine Tränen.«

»Was werden sie mit ihm tun? Wenn ich doch an seiner Stelle wäre.«

»Morgen wirst du es sein. Es ist wie die Masern.«

»Sogar wie Krebs oder die Pest. Aber die Medizin hat Fortschritte gemacht.«

»Habt ihr seine Augen gesehen? Er hat sich vor mir geschämt. Ich schäme mich. Wenn ich doch an seiner Stelle wäre.«

»Morgen wirst du es sein.«

»Wo geht's zur Siedlung?«

»Erst den Berg hinunter, dann Richtung Süden. Dort, siehst du das Auto da? Das Fernsehen und die Presse. Gib Gas!«

»Die Fernsehgesellschaften mästen sich. Unsere Gegend ist fruchtbar. Gib Gas! Sie sind uns zuvorgekommen.«

Ein gelber Caravan mit ausländischem Kennzeichen. Ein Blonder streckte seinen Kopf heraus und fragte auf englisch, wie man zur neuen Siedlung komme. Chadrun machte ein Zeichen mit der Hand und gab Gas. Ein Auto vom Typ eines Krankenwagens, geschmückt mit Abzeichen und Symbolen, folgte ihm. Ein Motorrad fegte vorbei, darauf ein junger Mann und ein Fotoapparat auf dem Rücken einer jungen Frau.

Schneller! Die Presse ist vor uns da. Herr Atallah wird noch den Verstand verlieren. Keine Plantage, kein Passierschein, keine Erstdarstellung. Selbst bei unseren eigenen Nachrichten kommen sie uns zuvor. Herzenswunde, mein Land! Und deshalb, Chadrun, glaube ich an die

Notwendigkeit der Beilage und der Erziehung beider Völker. Die Presseorgane mästen sich an unserem Hunger und unseren Tränen und schlagen Profit aus der Verbreitung der Neuigkeiten. Sind es unsere Neuigkeiten oder eure? Alle in einem einzigen Auto mit zerschlagener Scheibe und zerschlagenem Scheinwerfer, auf eine Straße voller Steine, Splitter und Schlaglöcher. Dieser Tag heute erinnert mich an einen anderen, lange zurückliegenden Tag. Höher, höher! Vaters Niere. *Asur,* verboten, niemand darf mehr hinauf, *Adoni!* Das Haus wurde gesprengt. Der Apparat wurde gesprengt. Basil wurde festgenommen.

War das der Sturm, der das Geheimnis oder das Prinzip des Wandels in sich trägt?

»Alle Ereignisse haben Rafif nicht zum Weinen gebracht«, bemerkte Salem. »Erst die honigfarbenen Augen und der sanfte Blick haben es geschafft. Unser Volk besteht aus Dichtung und unausgereiften Gefühlen. Nieder mit der Dichtung, nieder mit der ›Frauenecke‹, nieder mit den Emotionen!«

Sie schluchzte und unternahm keinen Versuch, ihre Gefühle zu verbergen. »Was ist das für eine Revolution? Eine Revolution ohne Gefühle? Wie kannst du da die Leute lieben? Und wenn du sie nicht liebst, wie kannst du dich um sie sorgen und für sie einsetzen? Du weißt das nicht, du verstehst das nicht.«

»Und wer versteht es! Versteht Adel es?«

»Halt den Mund, Salem!« fuhr Basil ihn an. »Ist das die Zeit dafür? Laß sie in Ruhe.«

»Aber sie weint.«

»Und wenn schon? Laß sie weinen. Stört dich das?«

»Sie schwächt unsere Position.«

Ihr Schluchzen wurde lauter. »Wenn eure Position wirklich stark wäre, würden meine Tränen sie nicht schwächen. Ich werde weinen, weinen, weinen.«

»Weinst du etwa über einen Jungen und vergißt dabei ein ganzes Volk?«

»Aber ich sehe in ihm ein ganzes Volk. Verstehst du das nicht?«

Ach Saleh. Morgen werden unsere Witwen in der Wüste weinen und nur noch Vogelfreie wie uns finden ... Er streckte seinen Arm aus und legte ihn ihr um die Schultern. Sie vergrub ihr Gesicht an seiner Brust und schluchzte noch heftiger.

Du weinst, Rafif! Welch böses Omen! Weinst du für oder an dieser Brust? Und was kann diese Brust ertragen! Weine, warum auch nicht? Ist es denn verboten, daß ein Mensch seinem Schmerz freien Lauf läßt? Und wo ist der Mut? Es gibt eine Zeit für das Herz, eine Zeit für den Verstand, eine Zeit für die Hacke. Und wenn sie alle drei in jedem explodieren, wird die Welt rot und reinigt sich in einem Meer von Tränen. Schneller, Chadrun, gib Gas! Die Zeit verrinnt. Schneller!

34

Eine schmale Asphaltstraße voller Schlaglöcher. Es geht auf und ab. Eine Landschaft voller Steine und Olivenbäume, ohne eine Spur von Leben. Berge, Hügel, Landstücke, einst grün bewachsen, dann umgepflügt. Jetzt ist das Grün mit der roten Erde und dem roten Blut der Bauern vermischt.

Es ist das zweite Jahr, daß die Bauern, trotz allem, gesät haben. Im Jahr zuvor flogen Flugzeuge über die Felder hinweg und warfen Giftstoffe ab, die die Saat abtöteten und die auch das Leben in den Herzen der Menschen abtöteten. Als dann der Winterregen die Erde und die Herzen wusch, da fanden die Menschen ihre Liebe zum

Leben wieder, und sie bebauten die Erde aufs neue. Doch kurz vor der Erntezeit krochen von Westen Maschinen heran, gruben ihre Zähne tief in den Boden und wühlten die Erde um. Militärautos verteilten sich wie Heuschrekken über das ganze Gebiet, und auf Befehl des Militärgouverneurs wurden Tausende von Donum Land enteignet. Die Autos der Siedler strebten zur neuen Siedlung im gelobten Land, während die Bauern Besitzurkunden schwenkten, die der Gouverneur zur Prüfung ihrer Echtheit an sich nahm. Bislang hat er sie noch nicht geprüft.

Baracken wurden ganz oben auf der Höhe aufgestellt, in denen friedfertige Bürger einzogen, welche für die Geister und die Opfer Nebuchadnezars beteten. Sie stellten sich in Reihen auf, wiegten hin und her zur Melodie ihrer Gebete, in denen sie Gott lobten für die Wiederherstellung des Ruhmes der Kinder Israels auf den Trümmern fremder Eindringlinge im Mittleren Osten. Die Kinder der Bauern warfen Steine; einer davon traf einen von ihnen an der Mütze. Der holte sein Gewehr hervor und erschoß einen Jungen. Dann betete er demütig und friedfertig weiter.

Eine Barrikade versperrte die schmale Straße. Die brennenden Reifen versperrten Blick und Weg. Chadrun stoppte den Wagen unter einem Olivenbaum abseits der Straße. Zu Fuß gingen sie Richtung Dorf.

Im Hof des Bürgermeisters versammelten sich die Schwarzgekleideten. Alle Tanten des ermordeten Jungen waren da und verlangten Rache für ihn. Einige Bauern verlangten die Rückgabe ihrer Besitzurkunden vom Gouverneur. Ein über siebzigjähriger Mann lag jammernd auf dem Boden und bedeckte sein Gesicht mit Erde. Das Land! Nach einem Leben voll Mühsal, nach all der Plackerei der Kinder in Kuweit und Saudiarabien; es ist doch der Lebensunterhalt für die Familie! Das Land ist weggenommen und mit hohen Zäunen abgetrennt worden. Das Haus haben die Bulldozer niedergerissen und flachgedrückt. Dann sind sie zu ihm gekommen und haben den Lohn verlangt.

»Den Lohn?« fragte Chadrun.

»Ja, den Lohn für den Bulldozer, mein Sohn, und den Lohn für den Fahrer vom Bulldozer.«

Sprachlos schlug sich Chadrun mit der flachen Hand an die Stirn. Salem gab ihm gehässig zu verstehen, er solle mit dem Theater aufhören. Doch als Basil Salem den Finger vors Gesicht hielt, drehte er sich um und sagte, er wolle pinkeln gehen.

Sie setzten sich auf die Erde, jeder seinen Notizblock und seinen Bleistift in der Hand, und schrieben die umherschwirrenden Ereignisse und Neuigkeiten auf. Der Bürgermeister ließ den Journalisten Kaffee reichen und sie auffordern, sich oben in seinem Zimmer mit ihm zu treffen. Da eilten die ausländischen Journalisten ins Bürgermeisterzimmer, während ihre Augen interessante Einzelheiten festhielten. Schwärme von Fliegen, zerrissene Kleider, ein dümmlicher Bürgermeister. Typisch Araber, genau das ist ihr Problem. Verdienen sie denn wirklich das Land? Verdienen sie überhaupt zu leben? Sie schauten einander an und sagten freundlich danke – wie üblich auf arabisch. Worauf der Bürgermeister höflich lächelte und ihnen noch eine Tasse Kaffee kommen ließ.

Sie tranken auch den zweiten Kaffee, während ihre Augen noch immer die wichtigen Einzelheiten und die Symptome des Problems festhielten. Sie erkundigten sich beim Bürgermeister nach seinen politischen Ansichten, worauf dieser sich mittels eines Übersetzers ausführlich vernehmen ließ. Als sie ihn über den Westen fragten, erwiderte er, Großbritannien sei der Hauptfluch. Einer suchte ihn zu überzeugen, daß der Mittlere Osten ohne Großbritannien noch ignorant und rückständig und noch nicht einmal des Schreibens kundig wäre. Dadurch riefen sie seine Erinnerungen wach, und er erzählte ihnen von den Hinrichtungen durch den Strang, vom Roten Dienstag, von al-Sir und Abu Dschildi.

Als sie die alte Platte wieder ablaufen ließen, wonach ohne die Engländer und die Amerikaner die Lage noch schlimmer wäre, wurde er wütend und fragte, was denn noch schlimmer sein könnte? Sie glaubten, auf diese Frage antworten zu müssen, und erklärten ihm alles Mögliche in der Hoffnung, er werde verstehen. Aber er enttäuschte ihre Hoffnungen und ließ Erinnerungen an die Engländer, an die Hinrichtungen, an die Zerstörung von Häusern an sich vorüberziehen. Er sagte auch, die Juden hätten von ihnen gelernt. Die Juden würden Häuser niederwalzen und dann noch den Lohn für den Bulldozer verlangen. Die Engländer hätten nach der Hinrichtung eines Mannes dessen Leiche erst an seine Angehörigen übergeben, als diese den Preis für die Hinrichtung bezahlt hätten. Fünf Pfund in bar als Preis für die Hinrichtung einschließlich der Geldstrafe für den Hingerichteten. Sie versuchten, mit ihm über internationale Politik zu diskutieren. Doch er brachte sie mit einer Flut von den kleinen Geschichten der Bauern zum Schweigen. Seine Stimme bebte und wurde lauter, und er schüttete ihnen seinen Kummer ins Gesicht. Worauf sie sich wichtige Einzelheiten über die Emotionalität und die unkontrollierten Gefühle der Araber notierten.

Sie fragten ihn, was mit Amerika sei. Die seien noch dreckiger als die anderen. Die einen seien dreckiger als die anderen. Dreckiger? Sie betrachteten die Fliegen und die Kinder, die sich an der Türe drängten und die Ausländer beguckten. Sie notierten etwas über den Schmutz des Orients, während die aus dem Westen importierten Bulldozer noch immer die Häuser und die Herzen der Menschen niederwalzten.

Sie fragten ihn, was mit der Selbstverwaltung sei. Er sei

nur Bürgermeister, nichts mehr, erwiderte er, und er verstehe nichts von Politik und Regierungssachen. Da müßten sie schon die gebildeten jungen Männer fragen. Er wandte sich um und rief einem jungen Mann, der in einer Ecke des Zimmers saß, zu: »Erzähl mal, Dschaber.«

Dschaber sagte Vieles und Gewaltiges. Er sprach vom Imperialismus, von den geknechteten Völkern, von der Dritten Welt, von der ersten und von der zweiten. Er sagte etwas vom Sozialismus und von den Rechten der verfolgten Menschen und von der Revolution der unterdrückten Mehrheit. Die Journalisten schauten einander an und fragten ihn, ob ihr Staat kommunistisch werden und seine Befehle von Moskau erhalten würde. Da erwiderte er mit Abscheu auf dem Gesicht: »Von niemand werden wir Befehle erhalten.« Sie glaubten, aus seiner Bemerkung heraushören zu können, er wolle die Tatsachen nicht wahrhaben, und notierten sich, dieses Stäatchen werde ein Fluch für die demokratische, freie Welt sein und die sowjetische Speerspitze im Mittleren Osten.

Sie richteten noch eine Frage an Dschaber. Doch dieser schwieg und antwortete nicht mehr. Das lieferte ihnen weitere objektive Eindrücke über das schlechte Benehmen und die Halsstarrigkeit und Negativität der Araber.

Als sie den Bürgermeister nochmals nach seiner Meinung zur Selbstverwaltung fragten, erwiderte er, sie sollten die Befreiungsorganisation fragen. »Aber Sie sind der Bürgermeister, und Sie wohnen hier!« Doch er wiederholte unermüdlich: »Fragt die Befreiungsorganisationen.«

Einer von ihnen nahm den alten Faden auf und stellte eine ganz wesentliche Frage, die nämlich, unter welcher Regierung und unter welcher Besetzung die Bevölkerung eine vergleichbare Freiheit der Meinungsäußerung habe. Dschaber sprang auf und rief: »Also wollen wir die Besatzer hochleben lassen und auf ihr Wohl noch etwas

Kaffee und Tee trinken!« Der Bürgermeister zögerte nicht lange und ließ ihnen noch mehr Kaffee kommen.

Die Journalisten trugen weitere objektive Eindrücke über die urwüchsige arabische Sitte grenzenloser Gastfreundschaft zusammen, tranken den dritten Kaffee und sagten danke – wie üblich auf arabisch. Der Bürgermeister war gerührt und lud sie mit den stürmischsten Schwüren zum Mittagessen ein; sie sagten lächelnd zu.

Unten vor dem Bürgermeisterzimmer saßen noch immer die Mitglieder des Redaktionsteams der Zeitschrift »Das Land« auf der Erde unter all den Leuten, die mit Klagen gekommen waren. Sie notierten die Geschichten und die Berichte und merkten sich die Zahlen. Plötzlich erhob sich außerhalb der Gartenmauer ein Geschrei. Alle erstarrten für einige Augenblicke. Dann wandten sie sich wieder den Berichten und den Zahlen zu. Doch das Geschrei wurde lauter. Mit einem kräftigen Stoß ging das Tor auf, und ein weiterer Strom von Bauern ergoß sich in den Garten. Hinter den Bauern rannte eine Frau in Städterkleidung her. Ein kleiner Junge hielt sich an ihrem Rocksaum fest; die Bauernkinder umringten sie neugierig.

»Herr Bürgermeister! Herr Bürgermeister!« jammerte die Frau.

Basil sprang auf und rief: »Sadija!«

Sie sank auf die Knie; der Junge schrie laut. Samija versuchte, sie am Arm hochzuziehen. »Mami, Mami, steh auf! Laß uns heimgehen«, rief sie. Sadija schlug sich hysterisch an den Kopf. »Wohin heim, du Unglückselige? Wohin heim? Das Land ist weg, alles ist weg. Die Arbeit eines Lebens und langer Witwenjahre.« Sie starrte in die beiden vertrauten Gesichter. »Abu al-Iss, das Land! Sie haben mir das Land weggenommen«, flüsterte sie, dann fiel sie in Ohnmacht.

Alles drehte sich. Auch die Gesichter drehten sich. Ein friedvolles Schweigen sank über die Welt herab. Die Frauen bildeten einen Kreis um sie; die Männer blickten weg. Die Journalisten schauten neugierig aus den Fenstern des oberen Zimmers herab. Sie sahen in weiße Tücher und lange Kleider verhüllte Frauen, die eine grobe Sprache redeten. Auch grobe Hände hatten sie und grobe Gesichter. Wenn sie ihre Körper bewegten, wallten ihre weiten Gewänder. Sie gestikulierten mit den Händen, während sie sich unterhielten; es war, als stritten sie. Ein Anblick, der die Ausländer an Filme erinnerte, in denen fremde Kulturen oder die Sitten noch fremderer Völker dargestellt werden. Die Frau da lag noch immer regungslos auf der Erde; die anderen Frauen rannten kreuz und quer durcheinander. Eine von ihnen schöpfte Wasser aus einem Krug und netzte damit das Gesicht der Ohnmächtigen.

Die Tanten des erschossenen Jungen wurden durch den Vorgang aufs neue bewegt; ihr Jammern und Klagen begann aufs neue. Oben am Fenster flüsterte eine Journalistin ihrem Kollegen zu: »Zorba, Poppolina, erinnern Sie sich?« Er nickte und betrachtete weiterhin die ungraziösen Bewegungen der Frauen und die Art, wie sie jammernd ihr Taschentuch schwenkten.

Scheltend rief der Bürgermeister den klagenden Frauen zu: »Genug jetzt! Schämt euch, ihr Frauen. Laßt uns arbeiten.«

Sofort verstummten die Frauen, und man hörte nur noch die nackten Füße auf dem gepflasterten Boden schlurfen; es klang wie dürres Laub im Herbst. Als Samija ihre Mutter am Arm zog und »Mami, steh auf, Mami, Mami!« jammerte, schalten die Frauen sie sogar und wiesen mit dem Finger zum Zimmer des Bürgermeisters hinauf. »Der Bürgermeister, der Bürgermeister«, flüsterten sie. Da preßte Samija schluchzend ihr Gesicht in den

Ärmel ihrer Mutter, und die Furcht der Frauen verlagerte sich vom Bürgermeister auf Samija; ihre Bestürzung und ihr Jammern nahmen noch zu.

Raschad stand bei den Jungen vom Dorf, wischte sich heimlich die Augen und tat aber so, als gehe ihn das alles nichts an. Die Frauen riefen ihr Gottseibeiuns, Sadija kam wieder zu sich und lehnte Rücken und Kopf an die Mauer, neben den jammernden Frauen. Reschad blickte sich um, um andere Kinder seines Alters auszumachen, und während Sadijas Kopf im Takt des Klagelieds wiegte und sie wieder an Sohdi dachte und an das Land, an den, der gegangen ist, und an das, was kommt, holte Raschad seine Schleuder aus der Tasche und zog, eine Schar Jungen im Schlepptau, davon.

Hinter dem Zaun der Siedlung explodierte ein Molotowcocktail und ging in Flammen auf. Einige Schüsse folgten; dann schwärmten die Soldaten aus und patrouillierten in der Umgebung des Dorfes. Sie traten hier eine mit dem Fuß, dort schlugen sie einen mit der Hand. Sie ergriffen einen Mann, der eine Papiertüte voller Tomaten und Gurken trug, und traktierten ihn mit Schlägen, bis seine Muskeln und die Tüte rissen und das Gemüse sich auf dem Boden verteilte.

Raschen Schrittes gingen die Leute am Tor des Bürgermeisters vorbei; jeder strebte nach Hause, um sich dort zu verbergen. Die Journalisten blickten weiter vom Fenster des Bürgermeisterzimmers herab und hielten Wahrheiten und Eindrücke fest. Auch stellten sie denen, die im Zimmer versammelt waren, unablässig weitere Fragen. Basil stand auf der Treppe, die zum oberen Stock führte, und betrachtete über die Gartenmauer hinweg die Menschen und das Tun der Soldaten.

Sadija ergriff Samija am Ärmel, schaute sich um und fragte entsetzt: »Wo ist Raschad, Samija?« Sie fühlte sich wie eine Fremde an einem fremden Ort. Niemand kümmerte sich um sie und ihre Sorgen. Insgeheim pries sie das Viertel und dachte voller Sympathie an Umm Tahsin und an Umm Saber. Sie sah schwarz gekleidete Frauen, andere mit finsteren Gesichtern und mit gerunzelter Stirn. Ein Gefühl der Ohmacht beschlich sie. Sie bemerkte auch eine Schar von Männern, die schreiend unter den Frauen umhergingen; eine von ihnen flüsterte etwas, während Adel über seine Blätter gebeugt war und ihr keine Aufmerksamkeit schenkte. Basil war damit beschäftigt, die Leute außerhalb der Mauer zu beobachten; er fragte nicht nach ihrem Land, das man ihr weggenommen hatte. Sie fühlte sich einsam; doch sie grollte auch mit sich selbst und wünschte, sie hätte nie das Land gekauft und wäre nie aus dem Viertel weggegangen.

Basil trat näher; er lächelte freundlich. »Nun, wie geht's, wie steht's, Umm Hamada?«

Sie sah an ihm vorbei und antwortete nicht. Empfand Bitterkeit wegen der Gleichgültigkeit, die er sie spüren ließ, obwohl sie ihm doch neulich ihr Herz ausgeschüttet hatte, als wäre er ihr Sohn Hamada. Ihre Blicke suchten Raschad, doch fehlte von ihm jede Spur. Sie hieß Samija zu Adel gehen, um ihn zu bitten, Raschad zu suchen. Samija ging und kehrte mit Adels Bescheid zurück, sie solle zu ihm kommen, er sei beschäftigt. Beschäftigt? Welche Beschäftigung in der ganzen Welt ist denn wichtiger als Raschad? Ist das wirklich Sohdis Freund, der gute Nachbar und die Stütze des Viertels? Was ist das für eine Stütze? Adel hat sie vergessen, hat seine Familie vergessen, hat Sohdi vergessen, hat das Viertel vergessen. Das ist Adel!

Sie wiegte den Kopf hin und her und dachte an die lange Kette von Unglücksschlägen, die sie in den letzten Jahren getroffen hatten. Seit Sohdis Hingang ist die Welt schwarz geworden, ist das Viertel schwarz geworden, und auch die Gesichter der Leute. Sie hatte nur noch eine einzige Hoffnung gehabt – das Viertel zu verlassen. Sie dachte auch an all die Träume, die sie sich zurechtgelegt hatte, die sie gehegt und gepflegt hatte. Sie dachte auch an all die Mühsal, die durchwachten Nächte, den endlosen Lärm der Maschinen. Sie dachte auch an all die Verdächtigungen, die sie über sich ergehen lassen mußte wegen Schahada oder wegen anderer, die wegen der Arbeit oder der Näherei in ihr Haus kamen. Sie dachte auch an die Unglücksgänge nach Tel Aviv, die sie für ihr täglich Brot und für den Landkauf unternommen hatte. Sie dachte auch an Chadra, an das Gefängnis und das Bad und an alle Erniedrigung, die sie erduldet hatte, um das Geld zusammenzubringen, das sich in weniger als einer Stunde in nichts aufgelöst hatte. All diese Jahre, all dieser Schweiß und diese Mühsal, all diese Nadelstiche in jedem Finger und der endlose Krach der Nähmaschine, vom frühen Morgen bis zum Sonnenuntergang – all das sollte sich in nichts aufgelöst haben? Was hat sie denn noch? Sogar die Tränen sind versiegt und folgen nicht mehr dem Ruf des Bedürfnisses und dem Klagen des Herzens. Wo sind die Tränen geblieben?

Sie griff sich ins Gesicht und befühlte ihre Augen und die Tränenspur. Ihre Finger strichen teils über schlaffe, teils über straffe Haut. An den Schläfen pulsten langsam und stetig die Adern. So also ist es! Vorbei die Jugend, vorbei das Leben, und vorbei das in Mühsal und während geduldig ertragener Witwenjahre Erworbene. Vorbei die Hoffnung auf ein Haus, das die Sonne nicht vergißt. Wird sie also ins Viertel zurückkehren ohne die Hoffnung, es je zu verlassen? Die glücklichsten Augenblicke hat sie auf der Schwelle des Vorhofs sitzend verbracht, wenn sie von der Glasveranda, den diamantbesetzten Tellern und den roten Pantoffeln träumte. Dann hat sie das Land gekauft; der Traum ist Wirklichkeit gworden, und ihre Besuche dort glichen den Besuchen am Grabe des Propheten. Wie oft ist sie dort gesessen! Jeden Tag am Spätnachmittag fuhr sie in einem Sammeltaxi in Richtung Dorf. Etwas vor dem Dorf stieg sie aus, und während sie den Feldweg erklomm, träumte sie von dem Tag, an dem sie hier hinaufsteigen würde, um nie wieder hinabzugehen. Auf einem Felsen ließ sie sich nieder und wartete auf den Gebetsruf vom Dorfminarett. Der Gebetsruf ermutigte sie, gab ihr neue Kraft und beschwor den Geist ihres seligen Sohdi. Sie betrachtete das leere Land, auf dem alle ihre Wünsche und Träume ruhten. Dort würde ein Beet mit Petersilie hinkommen, dort eines mit Minze, dort der Hühnerstall, dort die ersten beiden Zimmer, mit denen sie die Verwirklichung ihres Hausbauplanes beginnen wird. All das soll endgültig vorbei sein?

Sie spürte, wie ihr der Kopf anschwoll, wie er zum Ballon wurde, voller endlos lärmender Nähmaschinen. Ihr Herz füllte sich mit rotem Feuer, das zu den Augen emporloderte und flammengleich aus den Pupillen stach. Würde ihr doch das Weinen helfen und die Last des bedrückten Herzens von ihr nehmen. Würden doch die Tränen aus ihren Augen hervorbrechen und die Schicht von schwarzem Ruß in ihrem Innersten wegwaschen. Würde doch jemand ihre Klagen anhören, so wie Adel den Klagen jener Bauern lauscht! Doch keiner interessiert sich für sie. Sogar Abu al-Iss, dem sie ihr Herz ausgeschüttet hat, hat sie vergessen. Sie sah nach ihm. Er stand noch immer auf der Treppe und betrachtete unbeweglich die Leute außerhalb der Mauer. Neulich war er ihr auf das Land gefolgt und hatte sie, Vorwurf und Tadel in den Augen und in der Stimme, an das Viertel erinnert. Er hatte ihr schöne Worte gesagt, an die sie sich noch gut erinnert und an die sie sich weiterhin erinnern wird, auch wenn Abu al-Iss selbst sie vergessen sollte. »Du bist meine Mutter, Sadija. Das Viertel ohne dich ist nichts.« Deshalb also kümmert sich Abu al-Iss nicht um ihren Schaden und den Verlust ihres Landes. Er will, daß sie weiterhin im Viertel hockt und nicht weggeht und daß sie bei den Leuten bleibt, die undankbar, mißtrauisch und neidisch sind. Aber was kümmern Abu al-Iss ihre Sorgen? Ist er Witwe und für die Mäuler der Kinder verantwortlich? Ist er Frau und verantwortlich für ihr von allen begafftes Tun und Lassen? Ist er Verdächtigungen und Vorwürfen ausgesetzt? Ist er im Herzen und im Stolz verwundet? Er ist ein Mann, sie nur eine Frau. Er ist ein al-Karmi, sie nur die Tochter von Abu Schamar, dem Tamarijaverkäufer. Er ist Junggeselle, sie Mutter. Er hat die Orangenplantage geerbt, alles was sie geerbt hat, sind die Blechkanister zum Wassertragen, das Witwendasein und die Sorge für die Kinder. Wie soll er verstehen, was sie fühlt, was sie quält, was sie niederdrückt?

Würden doch wenigstens die Tränen dem Ruf ihres Bedürfnisses folgen und die Schwärze von ihrem Herzen waschen und ihr über ihre Verlassenheit hinweghelfen. Doch selbst die Tränen haben sie vergessen – wie Adel und Abu al-Iss. Wer sind eigentlich diese jungen Männer da? Und wer ist diese schicke junge Frau?

Die Frauen klagten mit gedämpfter Stimme:

Das Schießpulver versinke im Boden –
das Gewehr hat nicht seinen Träger geschützt.
Das Schießpulver versinke im Erdreich –
das Gewehr hat nicht seinen Träger geschützt.
Schlag nicht, du mit deiner Unglückshand –
dein Hals empfange den Strick.
Schlag nicht, du mit Sternen auf der Schulter –
dein Hals sei dem Henker gewährt.

Sie vergossen Tränen und wischten sich mit ihren Taschentüchern die Gesichter, während Sadija sie, starr vor Entsetzen, betrachtete. Was für ein unheilvoller Tag!

Nun ist tatsächlich geschehen, worüber sie die

Leute hatte reden hören. Sie hatten erzählt, alle Grundstücke der ganzen Gegend seien enteignet worden. Enteignet? Das heißt, sie haben darauf die Siedlungen errichtet. Etwa auch auf ihrem Land? Ausgeschlossen, unmöglich. Sie hatte es erst geglaubt, als Umm Tahsin ihr monatelang verschlossenes Fenster öffnete, sie ansprach und sich freundlich und mitfühlend mit ihr unterhielt. Nach all diesen Monaten des Streits öffnet Umm Tahsin ihr Fenster? Nach all diesen Zänkereien, den gegenseitigen Verdächtigungen und Verunglimpfungen ist Umm Tahsin freundlich zu ihr? Da kroch das Feuer des Mißtrauens in ihr Herz; sie nahm ihre Kinder und stahl sich in der Stunde, in der die Ausgangssperre aufgehoben war, aus der Stadt. Während alle Leute in die Läden eilten, um Brot, Mehl und Zucker zu kaufen, kümmerte sie allein sich nicht um Essen und Trinken. Zum erstenmal seit sie Mutter war, vernachlässigte sie ihre Hauptverantwortung im Leben, vergaß das Essen für die Kinder und für sich selbst und schleppte sie gleich zu Beginn dieser einen Stunde hinter sich her. Es war eine schwarze Stunde, möge Gott keinen und niemanden eine solche kosten lassen? Bulldozer ebneten das Land, entfernten die Felsen und schoben die Olivenbäume zu Haufen zusammen. Er sagte ihr, das Gewehr in der Hand: »Weg hier!« Sie sagte: »Mein Land!« »Weg hier!« »Mein Land!« Da fuchtelte er nur noch mit dem Gewehr von ihrem Gesicht herum und sagte nichts mehr.

Sie ging weg; die Kinder folgten ihr wie Schafe. Sie sah einige Bauern, die Hacken und Körbe trugen und zum Dorf gingen. Die Frauen erhoben drohend die Hände gegen einen Soldaten, während die Männer ruhig blieben. Der Soldat fuchtelte mit seinem Gewehr; da gingen sie weiter. Sie schloß sich ihnen an und stellte ihnen Fragen. Sie gestikulierten wild mit den Händen und zogen zum Dorf, wo sie um Hilfe baten und nach dem Bürgermeister verlangten. Wo ist eigentlich dieser Bürgermeister? Da ist diese Schar von Bauern, für die dieser Garten fast zu klein ist. Da sind diese jungen Männer, die wie Adel aussehen. Und da ist diese schicke junge Frau, die schreibt wie die Männer. Wo ist unter allen diesen der Bürgermeister?

Die Frauen ließen wieder ihren Klagegesang hören:

Oh Schmerz und Klage über Kämpfer,
die in ihrem Blute liegen.
Wilde Tiere nähern diesem Blute sich,
als wäre es ein sprudelnder Quell.
Raubvögel hocken auf ihren Stirnen,
als wären sie weich wie Seide.

Vom oberen Fenster ertönte die Stimme des Bürgermeisters: »Genug jetzt, ihr da! Schämt euch, hier vor den Fremden.«

Das also ist der Bürgermeister! Ein Zorn beschlich sie; etwas in ihr begehrte auf. Gegen die Wand gestützt, erhob sie sich und hatte nur ein einziges Ziel vor Augen – den Bürgermeister.

Auf der Treppe hielt Abu al-Iss sie an und fragte, was sie vorhabe.

Sie schaute ihm nicht ins Gesicht und antwortete nicht auf seine Frage. Samija folgte ihr, und der kleine Asis hielt sich eisern an ihrem Rocksaum fest. Als er nochmals fragte, antwortete sie nur: »Zum Bürgermeister«. Er sagte etwas, was sie nicht hörte. Er bewegte seine Hand in Richtung der Leute außerhalb der Gartenmauer und wies mit dem Finger auf die im Garten eng zusammengedrängten Bauern, die jungen Männer und die klagenden Frauen. Doch sie wiederholte nur mit Nachdruck: »Zum Bürgermeister«. Er stellt ihr einige Fragen über die Lage der Menschen in der Altstadt. Seine Beharrlichkeit quälte sie, und sie stürmte die Treppen hinauf, ohne sich die

Mühe zu machen, ihm zu antworten oder ihm gar ins Gesicht zu schauen. Was hat er eigentlich mit ihr zu schaffen? Was sie mit ihm? Er ist ein Junggeselle, ein Mann, ein Erbe, seine Plantage und sein Grundstück hat er nicht verloren. Er hat zu ihr gesagt: »Du bist meine Mutter, Sadija!« Aber er hat sie so nachlässig behandelt, obwohl sie doch seine Mutter ist; wie hätte er sie erst behandelt, wenn sie's nicht wäre?

Sie stand an der weit offenen Tür des Bürgermeisterzimmers. Der Raum war voll von blonden und braunen Männern, Fotoapparaten, Mikrofonen, Kaffeetassen und Teegläsern. Einer der blonden Männer trug einen schwarzen Apparat über die Schulter und in der Hand eine Kamera, mit der er die Anwesenden der Reihe nach filmte. Der Bürgermeister redete auf eine junge Ausländerin ein, die vor einem anderen Gerät saß und ein orangengroßes Mikrofon in der Hand hielt.

»Selbstbestimmung?« fragte der Bürgermeister. »Was heißt denn Selbstbestimmung? Heißt es: kein Land, kein Wasser und kein Anbau? Nicht einmal die Engländer haben uns so behandelt.«

Der Ausländer stellte eine Frage, die ein neben dem Bürgermeister sitzender Mann übersetzte: »Was halten Sie von der Rolle Amerikas bei der Friedenslösung?«

Ein junger Mann auf der anderen Seite des Zimmers mischte sich lautstark ein: »Der Bürgermeister hat schon zu Beginn gesagt, daß er ein einfacher Mann ist und nichts von internationaler Politik versteht.«

Der Übersetzer übersetzte es. Der Kamermann hörte auf, sich zu drehen. Die Journalistin drückte den Knopf am Apparat vor ihr. Von da und dort erhoben sich die Stimmen. Der Bürgermeister winkte mit der Hand den Anwesenden besänftigend zu, doch ohne Erfolg.

Sadija fand dies eine passende Gelegenheit, ebenfalls die Stimme zu erheben und laut zu rufen: »Herr Bürgermeister!« Doch der Bürgermeister war ins Gespräch mit der Journalistin vertieft, und der Übersetzer übersetzte. Die Ausländer kauderwelschten untereinander. Sadija stand noch immer an der Tür.

»Sie bitten dich«, sagte der Übersetzer, »zu wiederholen, was du über den dreckigen Westen gesagt hast.«

»Herr Bürgermeister!« schrie Sadija ungeduldig. Der Bürgermeister winkte mit der Hand und gab ihr zu verstehen, sie habe zu schweigen. Widerwillig schwieg sie und beobachtete eben weiterhin die Vorgänge im Zimmer.

Der Bürgermeister sprach lauter; seine Stimme bebte: »Ich erzähle euch von den Leuten, von den Sorgen der Leute und von den Rechten der Leute, und ihr fragt ›und Amerika?‹ Sie reißen die Häuser ein, sprengen die Gebäude und verlangen von uns für das Zerstören und das Einreißen noch Lohn. Sie pflügen das Land um und reißen die Saat und die Bäume raus. Sie machen uns fertig, und ihr kommt und fragt mich nach der Rolle von Amerika! Verflucht sei Amerika, und verflucht sei Carter von jetzt bis in alle Ewigkeit.«

»Soll ich das übersetzen?« fragte ratlos der Übersetzer.

»Übersetz es«, schrie der Bürgermeister scharf und unterstrich seine Worte mit den Händen. »Übersetz es, und kümmere dich um nichts anderes. Sag ihm, was ich dir sage. Sag's und kümmere dich um nichts anderes. Schlimmer kann's für mich nicht mehr kommen. Wollen sie mich etwa einlochen? Bitte sehr, sollen sie's doch! Ich habe sowieso nicht mehr lang zu leben. Irgendwann ereilt einen doch der Tod, und die Seele nimmt schließlich nur Gott und der Todesengel. Was sollen wir noch fürchten? Keine Erde, kein Wasser, keine Saat? Wehe, Gott ist groß, ihr Leute! Haben wir noch was zu fürchten?«

In allen Ecken des Zimmers wurden die Stimmen lauter. Einer klatschte. Die Ausländer drehten sich um und drängten darauf, daß der Übersetzer es übersetze.

Der Übersetzer fragte ratlos: »Soll ich das übersetzen?«

Da stieß ihn der Bürgermeister in die Schulter und schrie: »Ich sag dir, übersetz es, verflixt nochmal. Sag ihnen, wir haben nichts mehr zu fürchten. Sag's ihnen. Hört nur gut zu, Leute! Du, Kerl, hör mal zu da drüben. Sagt den Frauen da unten, sie sollen zuhören.«

Er stand auf, trat schnell ans Fenster und streckte seinen Kopf hinaus, wobei er seine Kefije festhielt. »Genug, ihr Frauen, sonst... Hört auf, euch so schamlos zu benehmen. Geht heim und laßt uns arbeiten.«

Der Bürgermeister kehrte zu seinem Kreis oben im Zimmer zurück und wartete darauf, daß der Übersetzer fertig würde. Die Journalisten trugen auf ihren Notizblättern und in ihrem Gehirn objektive Eindrücke über den Orient zusammen; ein feines Lächeln umspielte ihre bleichen Gesichter.

Sadija zog sich in aller Stille zurück und ging wieder die Treppen hinunter; Asis hielt sich noch immer am Saum ihres verstaubten Kleides fest.

35

Kaum hatte die junge Frau sich erkundigt, was geschehen sei, brach es aus ihr hervor. Sie spürte, wie das Feuer ihr Herz und Haupt verzehrte und in ihren Schläfen barst. Der Schweiß rann ihr von der Stirn und strömte zum Hals. Kalte Tropfen rollten ihr über den Rücken bis an die Hüfte. Die Stimmen der Leute klangen wie Bienengesumm. Weinende Augen, versteinerte Stirnen und zusammengepreßte Lippen machten ihr die Welt enger als ihr Nasenloch. Sie versuchte, Luft zu holen, doch wurde ihr das Einatmen schwer. Sie öffnete den Kragen des Kleides und schob die Ärmel hoch. Vielleicht, daß das den Druck der Hitze verringern würde. Doch der Sommer, die Stimmen der Leute und der Verlust des Landes brannten immer heftiger. Und Gewehrschüsse hinter der Mauer erinnerten sie an jenen unheilvollen Tag. Der Schöpflöffel mit Linsen fiel ihr aus der Hand. Sie betrachtete die Gesichter der Männer und schrie auf: Weh, welch rabenschwarze Nacht, Sadija. Wenn ihr wenigstens das Weinen helfen würde. Doch keine einzige Träne gaben ihre Augen her.

Asis zog sie am Saum ihres Kleides und jammerte: »Ich hab Hunger, Mami.«

Sie verfluchte ihn; sie verfluchte seine Mutter; sie verfluchte seinen Vater; sie verfluchte die ganze Welt. Erschreckt flüchtete er sich zu seiner Schwester, und die beiden zogen sich in eine Ecke zurück und weinten. Abu al-Iss kümmerte sich um die Kinder, doch Sadija sah ihn nicht. Sie sah nur das Gesicht eines einziges Mannes und hörte nur ein einziges Wort. »Geh weg«, sagte er zu ihr, und sie ging weg. Und die Welt schritt weiter mit Füßen, größer als die eines Elefanten – und sie ist die Ameise.

»Von Anfang an, Sadija«, sagte die junge Frau freundlich. »Von Anfang an.«

»Von Anfang an«, brach es aus ihr hervor, »hat der Feldwebel gesagt: Wir haben verloren. Es hat uns erwischt! Ich habe sie in Lastwagen liegen sehen; ihre Beine baumelten herab wie die Ärmel eines Hemdes von der Wäscheleine.«

»Wer waren sie?« fragte Rafif. »Beruhige dich und erklär es mir genauer, damit ich es verstehen kann.«

Entgeistert starrte sie der jungen Frau ins Gesicht. Du und verstehen? Eine wie du soll eine wie mich verstehen? Du hast keine Kinder. Du bist nicht Witwe. Du hast kein Land, keine Nähmaschinen und keine Nadeln, und du willst verstehen? Erklär mir, wie du mich verstehen willst!

Basil rief die junge Frau und flüsterte ihr etwas zu. Als sie zu ihr zurück kam, war ihr Gesichtsausdruck noch entschlossener. »Bitte, Umm Hamada, von Anfang an. Von Anfang an.«

Die Bilder schoben sich ineinander. Sie erinnerte sich an die ersten Tage ihres Witwendaseins. Erinnerte sich, wie sie lange auf der Bank am Fenster saß und verstört die Vorbeigehenden anstarrte. Die Frauen standen um sie herum, sie selbst war in Gedanken ganz woanders. Die Kinder gingen auf Zehenspitzen und warfen ihr verstohlene Blicke zu. Immer waren andere Frauen oder Trauergäste im Haus. Ströme von Menschen. Manche gingen, andere kamen, während sie auf der Bank am Fenster saß, sich ein Tuch um den Kopf band und immer nur Sohdis Gesicht sah, das vor ihre Augen trat und nicht verschwand. Es gab Stunden, da brach sie völlig zusammen; sie nahm nichts mehr wahr, entfernte sich von der Welt und spürte nur noch den Tod. »Sohdi, wem hast du mich zurückgelassen, Sohdi?« schrie sie in die kalte Nacht hinaus, und die Kinder sprangen von ihren Betten und drängten sich, lautlos weinend, um sie. Die Tage vergingen, und allmählich kam sie wieder zu sich. Aber ihr Herz blieb verwundet wie ein getroffenes Tier im gespenstischen Dickicht. Phosphoraugen lauerten ihm auf, um im Augenblick der Erschöpfung über es herzufallen. All das hatte auch sie schon erlebt.

Mit starr aufgerissenen Augen sagte sie: »Die Sorge hat mich immer und überall begleitet, und nur ein einziger Traum hat mir darüber hinweggeholfen. Ich habe immer von einem Haus auf einem sauberen Stück Land geträumt. Du kennst nicht die Altstadt, und du kennst nicht das Viertel dort. Keine Sonne, keine Luft, keine Sauberkeit, keine Ruhe vor den Leuten. Sie haben über mich getratscht und meine Ehre durch den Schmutz gezogen und mir den Tag zur Nacht gemacht. Alles kam zusammen, das Witwendasein, die Sorge um die Kinder und um das täglich Brot, die Geldstrafen wegen Raschad und das Gerede der Leute. Und jetzt, mein Gott, auch noch das mit dem Land? Ich spür das Feuer aus meinem Kopf hervorbrechen, und mir kommt es vor, als würd ich überschnappen; verstehst du, was das heißt, überschnappen, verstehst du das?«

Die junge Frau sagte, den Kopf über ihr Notizheft gebeugt und intensiv schreibend: »Ja, ich verstehe es, ich verstehe.«

»Wenn du's doch verstehst«, sagte Sadija heftig, »warum schreibst du dann? Hör mir zu und schau mir ins Gesicht, dann sag ich dir, ob du's verstehst. Aber du verstehst's nicht, die Leute verstehn's nicht, und Gott versteht's auch nicht.« Sie schaute wieder starr vor sich hin, schloß den Mund und reagierte nicht mehr.

Ein Lautsprecherwagen fuhr durchs Dorf und verkündete: »Auf Befehl des Militärgouverneurs hat sich jeder Mann über dreizehn Jahre auf dem Hof der Schule einzufinden.«

Sadija griff sich an den Kopf und flüsterte heiser: »Raschad.«

»Was hast du für das Land bezahlt?« fragte die junge Frau mit Nachdruck.

Es durchfuhr sie wie ein Dolch, der ihr die Eingeweide zerriß, und sie schrie: »Das Blut von meinem Herzen und das Blut von meinen Fingern und schlaflose Nächte und Gänge zur Firma und nach Tel Aviv. Mein Land, verstehst du das? Mein Schweiß und meine Tränen und mein Witwendasein und schwarze Nächte und die Vaterlosigkeit meiner Kinder. Mein Land!«

Sie starrte auf ihre Hände und hielt sie der jungen Frau hin. »Schau mal, schau! Kein Finger ohne Nadelstich. Da nützt kein Fingerhut was, und ich hab nicht immer aufgepaßt, um zwischen Hemd und Hand zu unterscheiden. Von den Haufen von Hemden, die ich gemacht hab, bleibt kein Körnchen Erde. All die Mühsal hab ich für das Land auf mich genommen. Jetzt ist alles weg, was ich im Schweiß meines Angesichts verdient hab, und auch das Land ist weg. Alles, was noch übrig ist, ist eine Schar Kinder und die bösen Zungen der Leute. Und ich soll mit leeren Händen ins Viertel zurück? Nach all der Schlaflosigkeit und nach allem, was ich von den Leuten erlebt und ertragen habe, soll nichts bleiben als Sadija und was man über sie erzählt? Lieber sterben.«

»Alle Männer über dreizehn haben sich sofort auf den Hof der Schule zu begeben.«

Sadija sprang auf und rannte zum Tor. Basil lief ihr nach und hielt sie fest. »Beruhige dich, Sadija.«

»Raschad, Raschad.«

»Ihm geht es wie den anderen.«

Rafif hielt sie fest und zog sie neben sich in eine Ecke unter der Treppe. Gruppen schweigender Männer gingen langsam zum Tor des Gartens. Die Journalisten kamen aus dem Haus und begaben sich zu ihren Autos, um das Dorf zu verlassen. Adel, Chadrun, Abu al-Iss und die anderen gingen zu dem Olivenbaum, wo ihr Auto stand. Rafif blieb neben Sadija sitzen, umgeben von schweigenden Frauen. Die Frauen hörten auf zu jammern und zu weinen; ihre Augen waren auf das offene Tor geheftet, durch das sie die Männer schweigend zur Schule gehen sahen.

Chadrun wendete das Auto; er sagte erbittert: »Mit meinen eigenen Händen werde ich Israel aufrütteln.«

Salem lachte schallend, sagte aber nichts. Das Auto fuhr nach Westen, flog dahin. Die Träume von Basil folgten ihm ... Eines klaren Tages wird sich eine weiße Wolke erheben, und die Welt wird vollkommen durchsichtig sein, die Blumen Tautropfen. Der Wind wird wehen und eine Fahne von Herbstlaub und Dämmerung hinter sich herziehen. Aus dem Lautsprecher wird ein blauer Gebetsruf ertönen. Er eilt über die Wälder und die Täler, über die Gipfel der Berge und die Wipfel der Bäume. Er schiebt sich lichtgleich in die Finsternis. Die Wälder erwachen aus tiefem Schlaf. Von den Bäumen tropft Tau auf die Hakenkreuze. Die Blätter erbeben und tanzen umher, sie treiben, sie schillern, sie erlöschen, sie springen, sie erzittern; dann brechen Gruppen hervor. Weiße Vögel mit roten Schnäbeln und Flügeln wie der Wind. Flieg dahin, Chadrun, gib Gas. Saleh ist noch nicht so weit …

»Bei der Ampel trennen wir uns«, sagte Chadrun. »Ihr geht nach Jerusalem, ich und Abu al-Iss nach Tel Aviv.«

»Hast du deine Identitätskarte bei dir?« fragte Adel seinen Bruder.

Dieser nickte mit dem Kopf, schaute durch das zertrümmerte Fenster auf die wechselnden Bilder und auf die Grenzen des Landes.

Keine Sorge, ich trage Karte und Identität bei mir. Ich habe sie immer bei mir getragen, ein Leben lang, eine Epoche lang. Sie haben sie in meinen Akten und in den Gefängniszellen aufbewahrt. Sie haben sie mir aufs Schwarze des Herzens und den Augapfel geprägt. Dann habe ich die Augen darüber verschlossen. Die Tage sind vorübergegangen; der Zahn der Zeit hat meine Knochen zernagt und ist selbst unbeschädigt geblieben. Sie ist aus aller Augen verschwunden, nur nicht aus meinen. Dort war sie immer. Ich habe durch sie hindurch die Welt gesehen, und die Welt wird mich daran erkennen. Mit meinen Wimpern vertreibe ich die Fliegen von ihr, und mit ihr vertreibe ich die Raubvögel und die blauen Dschinnen. Ein Tag wird kommen, da mache ich sie zum Gewand, das alle umschließt, die ihrer beraubt sind. Schneller, Chadrun, gib Gas. Ich und du und der Schmerz unsrer beiden Völker und aller Völker. Träume ich? Laß mich träumen! Aber ich starre noch immer dem Land ins Gesicht …

Die Bilder verschwinden. Bäume rasen dahin. Felder fliegen vorbei. Wiesen, Hügel, Vögel. Das Haltzeichen und das rote Licht.

Sadija, die allmählich wieder zu sich kam, fragte: »Haben sie Raschad festgenommen?«

Rafif nahm ihre Hand und sagte: »Beruhige dich, Sadija, bitte. Alle Frauen sind Mütter wie du, und allen geht es wie dir.«

»Aber mein Sohn ist ein vaterloses Kind«, schrie sie, »ein Kind der unglücksschwarzen Nächte und der Nadelstiche.«

Rafif klopfte, strich ihr besänftigend über die Schulter und flüsterte ihr lange zu.

Die Männer standen in dichten Reihen auf dem weiten Schulhof. Sie gingen zwischen ihnen herum und provozierten diesen und ohrfeigten jenen. Deine Saumutter, deine Hurenschwester, deine Scheißreligion, *Aravim mluchlachim,* dreckige Araber, und sogar der Sadat da hat uns die Schuhe und den Arsch geleckt, und da wollt ihr, ihr Palästinenser, uns die Stirn bieten? Da, da, und nochmal da!

Die Blicke der Männer wurden hart, ihre Züge versteinert. Sie hockten da, ohne zu murren. Auf dem Zement des Hofes hallten laut die Stiefeltritte wider. Sie ließen die Herzen der Bauern erzittern.

Chadrun wischte sich übers Gesicht. »Ich fühle mich machtlos und schizophren«, sagte er. »Ich will, und ich will nicht. Ich will meine Hand ausstrecken, aber ich fürchte, daß die Krähen danach schnappen und sie dann zittert. Ich will sehen und hören und meine Empfindungen bewahren; aber die Folter liegt auf der Lauer, und trotz meiner Umweltschädigung bin ich immer noch kein Masochist. Im Dorf war ich nahe dran. Wenn ich doch fliehen könnte, um das nicht mitansehen zu müssen!«

»Was nützt es zu fliehen?« fragte Basil aus dem Fenster hinaus.

»Ich weiß; darum bin ich ja auch noch hier. Ich versuche es noch immer und stecke wie du Schläge ein.«

»Aber da ist ein enormer Unterschied!«

»Es ist aber anders, als du es dir vorstellst. Verstehst du das Gefühl, frei zu sein in einer freudlosen Gesellschaft?«

»Ja, verstehe ich.« Er starrte durch das zertrümmerte Fenster. Erinnere mich nicht daran. Meine Geschichte ist älter als der Sinai, meine Sände sind brennender als der Dschidi-Paß und die Erdölfürsten. Die warme Wunde auf der Stirn und das verkrustete Blut. Aber ich kenne sie schon im voraus, die Geschichte von der Ameise und vom Elefanten ...

»Nein, du wirst es nie verstehen. Bei euch empört man sich gegen die Strukturen. Bei uns dagegen ist das ganze Volk der Henker. Der Sieg hat sie überheblich gemacht, und sie haben die Vernunft und die Erinnerung verloren. Der Sechstagekrieg hat sie verblendet, und die Besetzung hat bei ihnen die Zersetzung gefördert. Der Gusch Emunim ist ein Ergebnis des klaren Sieges, und die Frieden-Jetzt-Bewegung ist das Ergebnis der Tragödie der Siebziger Jahre. Allmählich wachen sie auf. Die Araber hier sind nicht machtlos, sie müssen nur wollen. Aber der Staat hypnotisiert sie. Die Unsrigen haben Angst gehabt, und ganz sicher hat die Angst sie gemäßigt. Der Sieg dagegen hat sie wahnsinnig gemacht, größenwahnsinnig. Die Niederlage dann hat sie erschüttert, und Frieden-Jetzt ist die Frucht davon. Verstehst du mich?«

»Ja, aber wer Hiebe einsteckt, denkt anders als der, der sie nur zählt.«

»Du erinnerst mich an jenen Tag. Wir waren etwa

fünfzig, trugen Plakate und Flugblätter, sonst nichts. Wir organisierten uns in kleinen Gruppen und marschierten zur Hebräischen Universität. Wir hörten den Offizier und das Walkie Talkie: ›Verprügelt sie!‹ Die Drusen weigerten sich, worauf sie andere brachten, die uns verprügelten, bis uns Hören und Sehen verging. Wir leisteten keinen Widerstand, liefen aber auch nicht weg. Trotzdem nahmen sie uns fest.«

»Ich möchte dich etwas fragen, was dich vielleicht in Verlegenheit bringt. Wo stehst du in Israel? Ich meine, deinem Volk gegenüber.«

Er schaute ihn von der Seite an und lächelte. »Dasselbe könnte ich dich fragen.«

Basil lachte kurz und trocken. »Ich verstehe, aber ich gelte bei meinem Volk als Symbol der Treue ...«

»Du brauchst nicht weiterzureden. Ich habe verstanden. Jawohl, sie betrachten mich als den Inbegriff eines Verräters. Vielleicht bin ich das ja auch, aber die entscheidende Frage ist doch die: Wenn der Strom in die falsche Richtung fließt, wirfst du dich dann voll der Strömung entgegen?«

»Soll ich mit leeren Händen ins Viertel zurück?« fragte Sadija. »Sie haben über mich getratscht und meine Ehre in den Dreck gezogen und mich fertiggemacht. Soll ich am Ende alles verlieren und nichts mehr haben außer dem Witwendasein, den schlaflosen Nächten und der Schadenfreude der Leute.«

»Schadenfreude? Wer wäre denn schadenfroh über den eigenen Schaden?«

Sie betrachtete die junge Frau und lächelte bitter. Und du, was weißt du schon von der Welt, Mädchen? Dir fehlt nichts, du hast alles – Jugend, Schönheit, Geld, Wissen und Ansehen. Glaubst du, alle haben's wie du? Sitzt da in Hosen unter den Männern, mit einem Kugelschreiber in der Hand und einer Zigarette; und keine Fatima und keinen Mohammed am Rocksaum. Aber ich, wenn ich eine Stunde von zuhause weg bin, dann ist da was los, und das ganze Viertel wackelt. Und da kommst du und sagst, beruhige dich, Sadija. Schadenfreude, Sadija? Wer wäre denn schadenfroh über den eigenen Schaden? Ach, meine Liebe, laß mich doch in Ruhe! Ich kann dich nicht mehr sehen; nicht einmal meine Kinder kann ich mehr sehen.

Asis kam zu ihr und berührte vorsichtig ihre Hand. Sie fuhr ihn an: »Geh, du auch! Mein Herz ist verkümmert und kümmert sich um niemand mehr. Was weiß ich, für wen wir uns anstrengen und für wen wir uns abrackern. Alles geht verloren, du arme Witwe, alles geht vorbei. Der Mann, der Sohn, das Land, die Arbeit, der gute Ruf. Sag mir doch, wozu hat Gott uns geschaffen? Etwa, damit wir uns anstrengen und abrackern und Witwe werden und unseren guten Ruf verlieren und von Hoch und Niedrig betratscht werden? Und wozu bringen wir Kinder zur Welt? Etwa für diese Scheißkerle, die mit ihnen den Boden wischen und ihr Blut mit der Erde vermischen?«

Die junge Frau blickte ihr unverwandt ins Gesicht und suchte zu ergründen, was das alles bedeuten sollte.

»Was starrst du mich so an? Hast du in deinem Leben noch nie das Wort Scheißkerl gehört? Hast du nie einen Scheißkerl kennengelernt?«

»Doch, gehört und kennengelernt.«

»So, hast du? Jetzt fehlt nur noch, daß du behauptest, du hättest schon so deine Erfahrungen.«

»Habe ich.«

»Du, du und Erfahrungen? Wer's glaubt. Hast du Erfahrung mit dem Witwendasein? Hast du Erfahrung mit den Betratschtwerden? Hast du Erfahrung mit der Sorge um die Kinder, die einem wie Blutegel am Hals hängen und die uns erst loslassen, wenn sie uns den letzten Tropfen Blut ausgesaugt haben? Hast du Erfahrungen mit der Nähmaschine und der Näherei und den Gängen zur Firma und den Sauereien der Männer? Hast du Erfahrung damit, daß einer deine Hilflosigkeit ausnützt und sich über dich hermacht und auf deine Jugend und auf deinen Witwenstand keine Rücksicht nimmt? Hast du Erfahrung damit, wie man auf die schiefe Bahn kommt? Hast du Erfahrung mit der Lage von Chadra, die sich mit Haut und Haaren verkauft, um das täglich Brot und die Medizin zu kaufen? Hast du damit Erfahrung? Genug jetzt, genug. Es reicht. Ich kann keinen mehr sehen und keinen mehr hören und mit keinem mehr reden.« Die junge Frau vor ihr weinte und ergriff ihre Hand und flüsterte: »Glaub mir, Sadija, dein Kummer ist auch mein Kummer.»

»Also gut, freut mich wirklich, und dann?«

Rafif weinte bitterlich. Sie erinnerte sich an ihre Bitterkeit, als sie den Mitgliedern des Redaktionsteams gegenübersaß und diese sie an ihre Sympathie und Bundesgenossenschaft erinnerten. Hatten sie nicht dasselbe gesagt, nur mit anderen Worten? Was fange ich mit einem solchen Bund an? Soll ich ihn in Wasser auflösen und dann trinken? Und Sadija, was soll sie anfangen mit ihrer Sympathie? Soll sie sie in Wasser auflösen und trinken?

Sie spürte völlige Ohnmacht, und ihre Entschlossenheit schwand, ihr Kampfgeist brach zusammen. Was konnte sie angesichts all dessen tun? Hat all das, was sie tut, überhaupt einen Wert? Nichts als Scharmützel mit Adel, Salem und den Herren Atallah und Badi! Und was hat sie bisher erreicht? Nichts anderes, als ein paar Schreie in einem tiefen Tal auszustoßen. Und was nützt das? Die Hälfte der Zeitschrift? Was für ein Witz! Was soll sie denn mit der Hälfte der Zeitschrift anfangen? Darin über Erfahrungen schreiben, die sie nicht hat? Wo stehe ich im Verhältnis zu dir, Sadija?

Unter Tränen sagte sie: »Du und ich, Sadija, wir werden für die Leute schreiben und ihr Gewissen wachrütteln.«

Sadija starrte ihr ins Gesicht und verzog verächtlich den Mund. »Wir für die Leute schreiben? Für welche Leute? Die sollen uns bloß in Ruhe lassen, meine Liebe. Wer ist es denn, der die Welt kaputtmacht, die Häuser zerstört, über die Witwen und die Geschiedenen tratscht und den Kindern das täglich Brot wegnimmt? Sind es denn nicht die Leute? Und wer ist es, der uns das Leben sauermacht, uns entehrt und beschimpft und erst die Alten und dann die Jungen fertiggemacht hat? Sind es denn nicht die Leute? Da tragen sie Stahlhelme, haben Gewehre in der Hand und sprechen hebräisch. Sind das denn nicht auch Leute? Zu wem sollen wir reden, bei wem sollen wir uns beklagen? Wenn nicht einmal Gott uns hört, werden uns dann etwa die Leute hören? Laß das, meine Liebe, laß das! Weiß Gott, mein Kopf ist wie ein Feuerspeier und mein Blut heißer als ein Zündholz. Weiß Gott, weiß Gott, wenn ich eine Granate in der Hand hätte, ich würde die ganze Welt in die Luft jagen, und kein Mensch bleibt übrig, keiner.«

Mit verhaltener Stimme begannen die Jammernden wieder ihre Klage:

Nehmt das Feuer, rächende Frauen, rächt sie
und wascht die Schande weg.
Nimm für mich Rache, Bürgermeister, Großer,
und greif den Angreifer an.
Bringt die Knarre, bringt sie schnell! Wenn nicht,
laßt sie in Rauch aufgehn.

Wie wahnsinnig schrie Sadija: »Genug, jetzt reicht's. Euer Gejammer hat uns gerade noch gefehlt. Sie haben euch die Männer weggenommen und haben eure Kamele weggetrieben, und da jammert ihr noch immer. Welche Schande vor den Leuten, ihr Leute!«

Sie stand vom Boden auf, rannte zur Treppe zum Obergeschoß und sprang die Stufen hinauf. Rafif lief ihr hinterher. Sie fand sie an einem Fenster stehen und auf den Schulhof hinabschauen, wo die Männer dichtgedrängt in Reih und Glied hockten. Die Soldaten standen auf den Mauern und bewachten sie; die Gewehre in ihren Händen glänzten in der gleißenden Sonne.

Unter dem Gewicht ihrer Körper waren ihre Muskeln gespannt, und einige Schultern schaukelten. Der Knüppel in der Hand eines Soldaten sauste auf den Rücken eines Mannes nieder. Seine Kräfte schwanden, und er brach zusammen. Murren und Protestrufe wurden laut. Da erschienen viele Knüppel und verteilten wahllos Schläge. Nasen bluteten, Quetschungen schwollen an. Ein alter Mann rief mit schwacher Stimme: »Bei Gott, helft doch, Leute!«

Sadija wandte sich ihrer Nachbarin zu und starrte sie wild an. »Und du sprichst von den Leuten? Welche Leute denn, du Schwachkopf?«

Rafif schluckte die Beleidigung und flüsterte: »Du hast recht.«

»Aber mein Sohn? Wo ist Raschad? Wenn ich ihn sehen würde, wäre ich beruhigt.« Sie faßte wieder das Fenstergitter und betrachtete die Männer. Unter den Gesichtern suchte sie Raschads Gesicht und sah Raschad in jedem Gesicht und war nicht mehr in der Lage, die Gesichter zu unterscheiden. Die heißen Sonnenstrahlen flimmerten ihr in den Augen, die Gestalten tanzten und wogten. Die Schultern der Hockenden schwankten, die Knüppel sausten auf sie nieder, Muskeln rissen, Stirnen verkrampften sich, Schweiß floß. Über den Lautsprecher hörte sie, wie die Schuljungen aufgerufen und einzeln herausgeholt wurden. Sie stellten sie in einem großen Kreis auf und suchten einige heraus, denen sie auf die unterschiedlichsten Arten Lektionen erteilten. Sie hörte

Schmerzensschreie. Einer von ihnen rief: »Um Gottes Willen!«

Ihr standen die Haare zu Berge, ihre Augen traten hervor, und von hinter dem Gitter rief sie: »Nein, nein, nein, nein!« Alles drehte sich; die Welt wurde rot. Sterne und Monde tanzten vor ihren Augen, und sie verlor das Gleichgewicht. Hielt sich an den Stäben fest, um nicht zu fallen und den Verstand zu verlieren. Ihr Kopf schlug gegen das Eisen, und die Welt wurde noch röter. Chadra. Der Junge schrie nochmals: »Um Gottes Willen!« Der Schrei ging in einem Nebel von Alpträumen unter. Das Echo kam zurück und das Geklapper der Schüsseln und das Aufeinanderschlagen der wütenden, heißen Körper. Sie spürte, wie eine Hand sie von hinten zog; doch sie hielt sich noch immer an den Stäben fest, um nicht zu stürzen. Verteidigte ihren Stand und rief: »Nein, nein, nein!«

Sie spürte, wie ihr kaltes Wasser über den Kopf gegossen wurde. Da kam sie zu sich und starrte wieder aus dem Fenster. Raschad, Raschad! Sie suchte unter allen Gesichtern nach Raschads Gesicht. Flüsterte verkrampft: »Mein Kind.« Ihre Zähne schlugen aufeinander; sie begann zu schlottern. Ihre Hände zitterten am Eisen, ihre Knie gaben nach, und sie sank auf die Bank; das Gitter hielt sie noch immer fest. Ihr Bewußtsein schwand, und Gefühllosigkeit trat ein; langsam gingen die Stunden dahin.

Wieviele Stunden hatte sie so gesessen? Die Zeit war verstrichen, die Zeiger waren rückwärts gegangen, dann vorwärts gerannt, zurückgewichen, gesprungen; dann war sie eingeschlafen.

Rafif, die ihr das Gesicht mit Wasser einrieb, flüsterte: »Umm Hamada, Sadija! Sadija, liebe Schwester! Sadija, gute Freundin!«

Sie erwachte aus ihrer Ohnmacht, hob den Kopf vom Schoß der jungen Frau und faßte wieder die Gitterstäbe.

Sah die dichtgedrängten Körper auf dem Schulhof genau wie zuvor. Sie schaute auf die Uhr, um sich der Zeit und ihres Vergehens zu vergewissern. Doch sie sah nur einen schwarzen Kreis um ihr Handgelenk und einen in der gleißenden Sonne glänzenden Metallring. Wiederum starrte sie durch das Fenster und sah die Jungen auf der mit Steinen, Glassplittern und Baumästen bedeckten Straße herumrennen; ein Militärauto verfolgte sie. Hasen auf der Flucht vor dem Jäger.

Ein alter Mann klagte: »Habt doch Erbarmen, ihr Leute!« Ein Schlag war zu hören, und er stürzte zu Boden. Rufe ertönten. Da waren viele Schläge zu hören, und es herrschte Schweigen. Einer der Männer flüsterte: »Sollen wir aufstehen?« Köpfe wurden geschüttelt; die Lippen der Greise preßten sich zusammen. Gottseibeiuns, Koranverse und Gebete wurden gesprochen. Die jungen Männer sprangen auf. Die Älteren und die ganz Alten blieben hocken. Die Knüppel hoben sich und sausten nieder. Die Körper brachen zusammen und kehrten in die Hockstellung zurück.

Basil sagte zu Chadrun: »Laß mich an der Kreuzung aussteigen. Ich komme nicht mit dir.«

»Du willst mitten auf der Strecke aussteigen? Wo willst du hin?«

»Aus mit der Träumerei. Ich gehe zum Dorf und zu den Leuten zurück.«

»Du willst mich verlassen?«

»Dein Weg führt dorthin. Ich werde ins Dorf zurückgehen.«

»Und Saleh und der Plan für morgen?«

»Heute kehre ich ins Dorf zurück, morgen kehren wir zu Saleh und seinem Plan zurück.«

»Ja aber ...«

»Aus mit der Träumerei, und ich werde nicht das Heute für den Plan von morgen überspringen.«

»Sie wachen wirklich allmählich auf. Glaubst du das nicht?«

»Doch, ich glaube es, aber jetzt beschäftigen mich die Qualen von heute.«

»Sie sind auf dem Weg ins Dorf. Hunderte, Abu al-Iss, Hunderte.«

»Wer sie? Gruppen mit halben Lösungen und Transparenten? Ich will keinen Frieden-Jetzt. Frieden-Jetzt will ich morgen.«

»Der Anfang des Weges.«

»Ich bin noch immer ganz am Anfang. Laß mich hier aussteigen.«

»Werden wir uns nicht wiedersehen?«

»Aber doch. Wir werden uns sicher wiedersehen.«

Ich steige hier aus. Die Lichter und die rote Farbe ergreifen mich. Ich gehe zum Dorf und zu den Leuten zurück. Gehe auf dem Weg, der gesäumt ist mit meinen Hoffnungen und den Versprechungen von morgen. Aber diese Gesichter, starrer als mit Felsstücken gepflasterte Straßen. Die weiße Hautfarbe quält mich und dieser verkommene Westen. Aber, Saleh, ich wandle auf Pflöcken durch Grabesruhe. Schreit doch endlich, schweigende Besiegte. Mach du Radau mit Zeitbomben. Aber ich, kaum bin ich wieder dort – ich werde eine Granate und Tränen detonieren lassen. Das Lachen – wir haben es vergessen, und wir können in kein weißes Gesicht mehr lachen. Ein weißes Gesicht, ein schwarzes Herz. Wunden, die Hiroshima ausbluten lassen. Bleib stehen, Welt. Chadrun fragt: Werden wir uns nicht wiedersehen? Und ich sage: Aber doch. Wir werden uns sicher wiedersehen ...

Tausende zogen zum Dorf. Studenten, Lehrer, Universitätsprofessoren, Kibbuzniks. Auf der Straße erhoben sich Barrikaden und die Gewehre von Soldaten. Plakate wurden entrollt, die hebräische Parolen trugen: »Besetzung ist Zersetzung«, »Wo ist die Freiheit eines Volkes geblieben, das ein anderes unterjocht?« Die Leute stießen mit der Polizei zusammen. Knüppel, Schläge. Münder, die schreien, fluchen. Die Gruppen ziehen sich zurück. Sie verteilen sich auf dem Pflaster, unter der gleißenden Sonne.

Der Schweiß floß. Das Ächzen der Muskeln unter den dichtgedrängten Körpern. Ein alter Mann beschwor einen Soldaten, ihn pinkeln gehen zu lassen. Der Soldat rief: »*Scheu,* setz dich.«

Da nahm der alte Mann die Enden seines Gewandes und drückte auf seine Blase und wand sich. Er sagte etwas von Alter. »*Scheu,* setz dich.« Er sagte etwas von Prostata und einer Operation. »*Scheu,* setz dich.« Er rief und erhielt einen Schlag. Taumelte ein wenig. Dann nahm er alle seine Kräfte und machte einen Schritt. Arme hielten ihn auf und stießen ihn zurück. Verzweifelt rief er: »Etwa in die Hose?« »In die Hose, Arabisch, in die Hose und über die Hose.« Ein hölzernes Lachen dort und ein Stöhnen hier.

Die Stimme flüsterte: »Sollen wir aufstehen?« Nacken drehten sich, Köpfe wurden geschüttelt. Der Bürgermeister suchte Zuflucht bei seinem Herrn und sagte: »Geduld, Jungs.« Ein alter Mann lehnte sich mit dem Rücken gegen die Wand und wurde dafür geschlagen. »Weg von der Wand, los.« Die Beinmuskeln ächzten, die Blasen füllten sich und kündigten die Meuterei an. Die Stimme flüsterte noch nachdrücklicher: »Stehen wir auf? Eins, zwei, drei.« Die eine Hälfte stand auf, die andere blieb auf dem Boden hocken. Knüppel erhoben sich. Beschimpfungen wurden ausgestoßen. Deine Saumutter, deine Hurenschwester! In die Hose und über die Hose! Sogar der Sadat da hat uns die Schuhe und den Arsch geleckt, und da wollt ihr, ihr Palästinenser, uns die Stirn bieten!

»Nein«, sagte der Bürgermeister. »Ja«, sagten die jungen Männer. Die Zeit verrinnt. Die Stimmen der Gruppen donnerten hebräische Sprechchöre. Die Soldaten auf der Mauer schauten sich um und erblickten den Demonstrationszug in weiter Entfernung auf der Straße. Viele Transparente, wütende Slogans, Arme, die winkten, Stimmen. Sie blickten unter sich und waren beruhigt. Der alte Mann flehte und erwähnte nochmals seine Prostata. Er stand auf und wand sich und erhielt einen Schlag. Er hob seine Hände, da hoben sich viele Hände. Verzweifelt zog er sich zurück, dann rannte er. Stürzte gegen die Wand und ließ seinem Pinkeln freien Lauf. Ein Soldat packte ihn von hinten. Die Augen der Soldaten auf der Mauer richteten sich auf einen Soldaten und einen pinkelnden alten Mann.

Die Stimme flüsterte nachdrücklich: »Eins, zwei, drei.« Da erhoben sich die Männer auf einen Schlag. Eine kräftige Stimme rief: »Meuterei!« Der Ruf hallte vielfach wider und vereinte sich zu einem donnernden »Meuterei!« Die Stimmen vermischten sich mit den Rufen in der Ferne. Auf die Gesichter der Soldaten trat Schrecken, und plötzlich erfaßte sie Zorn und Furcht. Dort viele Menschen, hier viele Menschen. Rufe und Transparente dort, hier versteinerte Gesichter, Befehlen trotzend. Gewehre wurden entsichert; dann knallten Schüsse. Die Stimmen wiederholten: »Meuterei!«

»Mein Junge!« rief Sadija. Sie rannte los, sprang die Treppen hinab, riß das Gartentor auf und schrie: »Mein Junge!« Die Frauen folgten ihr, jede schrie: »Mein Junge!« Über die staubigen Straßen rannten die Füße der Frauen. Alle Türen im Dorf gingen auf. Die Frauen ergossen sich auf alle Straßen. Zur Schule und zu den Mauern aus Soldaten. Schüsse. Schreie. Das Jammern der Kinder, die sich an Rocksäumen festklammerten.

Die Frauen bildeten einen Kreis um die Mauern. Der

Offizier kam heraus. Die Frauen schrien. Sadija stürzte sich auf den Offizier. Rafif sah es und rief entsetzt: »Sadija.«

Er schlug sie, ihre Haare flogen umher. »Mein Junge«. Ein Schlag auf ihren Kopf ließ sie die Beherrschung verlieren; sie wurde zum Raubtier. Krallte sich an seiner Brust fest. »Mein Junge.« Eine zweite Ohrfeige, eine dritte. Sie wich einige Schritte zurück; dann wieder Angriff. Sie trat ihn zwischen die Beine, mit allem Haß und aller Bitterkeit und dem Zorn eines zerfurchten Herzens. Unter ihrem gelösten Haar hervor schrie sie: »Mein Junge, ihr Saukerle!«

Hinter der Mauer rief die Stimme: »Mit Steinen, werft.«

Sadija begann zu werfen; auch die anderen Frauen warfen. Große Steine, kleine Steine, Erde, Glassplitter. Das Schreien der Frauen. Werfen, Steine, Schleudern. Die jungen Männer kamen über die Mauer geklettert.

Der Bürgermeister kam heraus; er hatte seinen Gürtel aus der Hose herausgezogen. »Schämt euch, ihr Frauen. Pfui, ihr Schamlosen und ihr Gottlosen. Genug jetzt, ihr da. Geht heim, und laßt uns arbeiten.«

Eine stieß ihn, eine andere packte ihn. Er ließ seinen Gürtel niedersausen. Traf Sadija, die ihm entgegentrat.

»Schäm dich, Frau.«

»Schäm dich selber, schamloser Alter!«

»Weib!«

»Selber Weib.«

Einige Soldaten versteckten sich. Andere wurden umringt, während sie auf den Mauern standen. Einen traf ein Stein; er fiel. Schüsse, Steine, Schreie. Sprechchöre von fern. Die Frauen schlugen und steckten Schläge ein. Junge Männer außerhalb der Mauern. Steine auf die Mauer. Wirf. Schlag. Abu al-Iss rief: Wirf! Eine Stichflamme ging hoch.

Viele Menschen. Stimmen. Schüsse. Schreiende Münder. Jungen und Mädchen, die wie Dschinnen umhersprangen. Das Blut begann zu sieden. Die Frauen überflutete eine wilde Begeisterung.

»Schämt euch, ihr Frauen«, rief der Bürgermeister. Er stürzte zu Boden, Füße stolperten über ihn. Sadija stand da, erblickte Raschad, der mit seiner Schleuder schoß.

»Auf sie, Raschad!« rief sie aus tiefstem Innern. »Auf sie, mein Junge! Auf sie, Sohdi, Geliebter!«

Hartmut Fähndrich

NACHWORT

Gegen Ende des Romans *Der Feigenkaktus* (1976), in dem die palästinensische Bevölkerung im Westjordanland nach Beginn der israelischen Besetzung dargestellt wird, läßt die Autorin zwei wesentliche und auf spätere Entwicklungen deutende Ereignisse eintreten:

1. Usama, der junge Palästinenser, der nach mehrjährigem Auslandsaufenthalt ins Westjordanland zurückkehrt und offenbar einen Auftrag mitbringt, dort bewaffnete Aktionen durchzuführen, kommt bei einem Anschlag auf Busse um, die palästinensische Arbeiter in die Fabriken nach Tel Aviv bringen. Mit ihm stirbt für die Autorin offenbar die Vorstellung, der Widerstand sei auf seine Art zu führen, die Zukunft der Bevölkerung des Westjordanlandes könne in den Händen von seinesgleichen liegen.

2. Kurz danach unternimmt Basil, genannt Abu al-Iss, der halbwüchsige Sohn der Grundbesitzerfamilie al-Karmi, die entscheidende und zukunftweisende Tat: Er rüttelt an den Säulen der bestehenden gesellschaftlichen und familiären Ordnung. Unter dem Einfluß von Usama, der ihm eine Zeitlang so etwas wie ein Vorbild wurde, hatte er mit aktiver Arbeit für den Widerstand begonnen, die ihn dann längerfristig ins Gefängnis bringt. Doch zuvor bringt er in einer abschließenden Auflehnung die Familienfassade aus Lüge und Heuchelei zum Einstürzen.

Diese beiden Ereignisse sind Ausgangspunkte für *Die Sonnenblume,* die auf den *Feigenkaktus* folgende und doch in sich selbständige Darstellung arabischen Lebens in Palästina. Daß der Roman einige Jahre später spielt, läßt sich schon an einer Reihe tagtäglicher Vorgänge aufzeigen. Die Wirklichkeit im Westjordanland hat sich weiter drastisch gewandelt: Es ist von dem gewaltigen Gürtel von Stadtrandüberbauungen um das ältere Jerusalem herum die Rede; es gibt jüdische Siedlungen in der Nähe von Nablus und auch den »Kampf ums Wasser«, einen wahrhaft ungleichen Kampf; häufiger als früher wird im Roman über Auswanderung nachgedacht und über deren Folgen gesprochen; die Frauen, zumal die älteren, bleiben zurück, der arabische Anteil an der westjordanischen Wohnbevölkerung im Arbeitsalter reduziert sich; schließlich bestimmt auch das Gefängnis in noch viel stärkerem Maße das Leben und das Denken der Menschen.

Das Ende der *Sonnenblume,* der Tumult in einem Dorf bei Nablus, an dem israelische Soldaten, palästinensische Intellektuelle, palästinensische Arbeiter und Frauen, palästinensische Bauern und Bäuerinnen und israelische Oppositionelle beteiligt sind, ist eine eindrucksvolle Synthese der Zustände im Westjordanland und, aufgrund der Kontaktnahme verschiedener Gruppen aus ganz Palästina, gleichzeitig deutlicher Ausdruck einer Zukunftsvision der Autorin, die in beiden Romanen das ganze Palästina darstellt, Palästina vom Jordan bis zum Mittelmeer.

Dieses Palästina ist auch physisch präsent; durch das Erleben der Personen hindurch: Die Erde wird berührt, tastend erlebt; Gerüche gibt es, die in der Erinnerung fortleben; und die Flora erscheint ausgiebig – Bäume, Blumen, Früchte ...

Dieses Palästina ist vom heutigen arabisch-palästinensischen Blickwinkel aus betrachtet. Nablus, Stadt traditioneller arabischer Lebens- und Denkweise, ist Hauptschauplatz beider Romane. Dort existiert die palästinensische Gesellschaft, in der aufgrund der Besetzung einige Veränderungen in Gang gekommen sind: Die alte

Grund- und Manufakturbesitzerschicht verkümmert zur lächerlichen Fassade ihrer selbst. Wegen schlechter Behandlung und ausbeuterischer Bezahlung und wegen der wirtschaftlichen Vernachlässigung des Westjordanlandes laufen die Land- und Werkstattarbeiter fort und gehen als Arbeiter nach Israel. Später, im Zusammenhang mit wirtschaftlichen Schwierigkeiten in Israel werden sie wieder entlassen, leiden also – als letztes Glied in der Kette – am meisten.

Somit stellen in erster Linie die Arbeiter das Bindeglied dar zu dem anderen Teil Palästinas, zu Israel, gezeigt am Beispiel Tel Avivs. Dieses ist in beiden Romanen Nebenschauplatz, gekennzeichnet durch die Errungenschaften der modernen Industriegesellschaften: Lärm, Hektik, Produktivität und eine bürokratisch formalisierte Menschenfeindlichkeit. Auch bei der im israelischen Teil Palästinas vorherrschenden Bevölkerung werden weltanschauliche und Klassenunterschiede aufgezeigt, und die Frage, wieviel mehr ein palästinensischer mit einem israelischen Arbeiter gemein habe als mit dem palästinensischen Ausbeuter, durchzieht beide Werke. Ja, es ist die eigentliche Erwartung, die in den Romanen (aber bezeichnenderweise stärker im ersten, dem *Feigenkaktus*) zum Ausdruck kommt, daß die Zukunft ganz Palästinas durch einen Klassen-, nicht durch einen Völkerkampf bestimmt sein wird.

In der *Sonnenblume* kommt ein weiterer Hauptschauplatz, Jerusalem, hinzu, gedacht hier als kulturelles Zentrum auf der Scheidelinie zwischen den beiden großen Teilen Palästinas. Die Art, auf welche die beherrschte arabische Bevölkerung durch die herrschende israelische unterdrückt und degradiert wird, ist Thema unzähliger Szenen in beiden Romanen. Doch bricht bei allen Schwierigkeiten zwischen den beiden Teilen Palästinas und seinen beiden Bevölkerungsgruppen immer wieder die Hoffnung auf eine mögliche Lösung, auf einen *modus vivendi* durch, genährt durch Kontaktmöglichkeiten zwischen beiden Seiten. Und auf der Grenze zwischen dem Staat Israel und dem Westjordanland, eben in Jerusalem, entsteht, beziehungsweise lebt, eine neue Gruppe palästinensischer Bevölkerung: Intellektuelle verschiedenster Provenienz und Prägung, dargestellt in erster Linie in Form des Redaktionsteams der Zeitschrift »Das Land«, innerhalb dessen die unterschiedlichsten politischen und weltanschaulichen Positionen zum Ausdruck kommen. Adel ist, zusammen mit seiner Kollegin Rafif, auch hier – wie zuvor in Nablus und Tel Aviv – die zentrale Gestalt. Er ist, durch den *Feigenkaktus* und die *Sonnenblume* hindurch, einen langen Weg gegangen, zum Teil auch gestoßen worden: Einst als ältester Sohn eines Grundbesitzers verantwortlich für die Plantage, war er zum Arbeiter unter Arbeitern, zum Kollegen auch seiner ehemaligen Untergebenen geworden. Auch während dieser Zeit hat er nie seine Überzeugung aufgegeben, daß Beharrlichkeit und Ausdauer zum Ziel führen werden. Dann wurde er Journalist, konnte seine Überzeugung in der Zeitschrift darlegen, konnte auch mit der anderen Hälfte Palästinas, den Juden, in Kontakt treten. Doch immer wieder findet er den Weg zurück nach Nablus, in die Gesellschaft, die sich wandelt, zu den Leuten, die ausharren. Sie sind seine Hoffnung für ein gemeinsames Leben im Palästina von morgen.

Aber eben, es ist eine Gesellschaft, die sich wandelt, die sich wandeln muß; so hat sich die Autorin vielfach geäußert. Schon im *Feigenkaktus* wird die Notwendigkeit, vielfach auch die Zwangsläufigkeit gesellschaftlicher Veränderung im Westjordanland deutlich herausgearbeitet; ebenso die ihr teils vorausgehende, teils nachfolgende Veränderung des Bewußtseins. Im *Feigenkaktus* zielt diese Veränderung in erster Linie auf die Arbeitswelt, auf die materiellen Verhältnisse und auf die Auseinandersetzung mit der Besatzungsmacht Israel ab. In der *Sonnenblume* kommt ein weiterer wichtiger, vielbeachteter und mehrfach kritisierter Aspekt hinzu, an dem sich die weltanschauliche Entwicklung der Autorin ablesen läßt – die Frauenemanzipation im Rahmen der arabisch-palästinensischen Gesellschaft. Denn im Verhältnis der Geschlechter zueinander, das heißt auch im allerprivatesten Bereiche ist Veränderung nötig. Die traditionelle arabische Gesellschaft schiebe nämlich die Frau in den Hintergrund und unterwerfe sie einer engen moralischen Kontrolle durch den Mann, der sich seit eh und je als Beschützer und als Sittenwart verstehe, wobei für ihn selbst ganz andere Kriterien gälten.

Durch die politischen Verhältnisse haben sich aber auch die Aufgaben der Frau im Westjordanland grundlegend gewandelt. Die Verminderung der Zahl der Männer durch Auswanderung oder Arbeitsaufenthalt im Ausland, durch die Integration vieler Männer in die israelische Wirtschaft und schließlich durch die Inhaftierung zahlreicher anderer durch die Besatzungsmacht hat den Frauen neue Rollen zugewiesen. Das mußten Männer *und* Frauen im Interesse des Landes oder ganz einfach des Überlebens gezwungenermaßen akzeptieren. Doch ihr Denken habe mit dieser Entwicklung nicht Schritt gehalten, so ganz klar die Ansicht von Sahar Khalifa.

Diese Veränderungen und ihre Konflikte mit traditioneller Denkweise wurden in der *Sonnenblume* besonders an drei Frauengestalten gezeigt: Da ist zunächst Rafif, Adels Kollegin bei der Zeitschrift »Das Land« und – zumindest anfangs – seine gute Freundin; da ist dann Sadija, die Witwe Sohdis, des im *Feigenkaktus* beim Anschlag auf die Busse umgekommenen Arbeiters, die nun mit Heimarbeit-Näherei ihren und ihrer Kinder Lebensunterhalt verdient; und da ist schließlich Chadra,

Opfer der Geschichte Palästinas seit 1948 und Außenseiterin dieser oft brutalen Männergesellschaft mit ihren stark moralisierenden Tendenzen und ihrer Doppelmoral. Besonders die Entwicklung Rafifs, der Intellektuellen, und Sadijas, der Arbeiterwitwe, sollen offenbar Wege aufzeigen, die mit Energie und Willenskraft für Frauen gangbar und für die Gesellschaft nützlich sind, eben Wege des Ausharrens. Chadra dagegen, die Außenseiterin und Prostituierte, und Nuwar, Adels Schwester, die schon im *Feigenkaktus* auf die Freilassung Salehs, ihres eingekerkerten Verlobten wartete, werden offenbar als nicht sinnvolle Wege gehend dargestellt und deshalb eher marginal behandelt.

Die Beschäftigung Sahar Khalifas mit der Frauenfrage überhaupt und ihre spezielle Art der Behandlung dieser Frage haben ihr schon vehemente Kritik eingetragen, zumal sie diese Frauenfrage, die Frage nach Rolle und Behauptungsmöglichkeit von Frauen innerhalb der palästinensischen Gesellschaft, der politischen Frage nach Unabhängigkeit nicht unter-, sondern beiordnet, da sie immer davon ausgeht, daß der arabischen Männerwelt (und ihr nachgeordnet auch den Frauen) die Moral – und das sei das Verhalten der Frau – das allerwichtigste sei. Selbst das Interesse an Palästina, die politische Arbeit für seine Zukunft werde hintangestellt – entgegen allen Beteuerungen –, wenn die Sitte, das heißt weibliches Wohlverhalten, gestört ist. Aus dieser Beurteilung der gesellschaftlichen Situation entspringt Sahar Khalifas Forderung nach einer grundlegenden, mit dem politischen Kampf gleichzeitigen Veränderung. Denn nach der Erreichung eines politischen Ziels seien die Frauen, trotz ihrer Beteiligung am Kampf, schon vielfach wieder in eine untergeordnete Stellung abgeschoben worden. Algerien und Iran seien hierfür die deutlichsten Beispiele.

Noch stärker als im *Feigenkaktus* wird in der *Sonnenblume* vom Dialekt, also der palästinensischen Umgangssprache im Gegensatz zur arabischen Schriftsprache, Gebrauch gemacht. Die sehr prägnante, sehr scharfe Zeichnung sozialer Unterschiede wird durch die Verwendung des Dialekts noch klarer. Das läßt sich etwas vereinfacht auf folgenden Nenner bringen: Wer sozial höher steht *und* geografisch über den ursprünglichen Schauplatz Nablus hinausschaut, bedient sich der Hochsprache. Wer dies hingegen nicht tut, dem wird die dialektische Umgangssprache in den Mund gelegt.

Auch durch dieses Stilmittel setzt sich Sahar Khalifa, die Literatin, einer nach wie vor geführten Diskussion aus. Denn die Verwendung von Umgangssprache in literarischen Werken – zumal in diesem Ausmaß – gilt in der arabischen Literaturkritik durchaus noch nicht immer als akzeptabel.

Der Titelbegriff schließlich, *Die Sonnenblume,* wie beim vorhergehenden Roman der Flora entnommen, birgt, in den Anspielungen gegen Ende des Buches, ein Problem. Ähnlich wie das französische *tournesol* drückt auch das arabische Wort das Verhältnis dieser Blume zur Sonne deutlicher aus als das unverbindliche deutsche Wort »Sonnenblume«. *Abbad al-schams* heißt »Sonnendiener«, »Sonnenanbeter«, ist also noch stärker als das französische Wort: Die Blume dient der Sonne, betet sie an. Doch sie bezieht von ihr auch Wärme, Licht, und damit Kraft; sie wächst ihr auch entgegen. Dazu aber muß sie sich ihr auch nachdrehen.

Worterklärungen

Abdal-Kuddus: zeitgenössischer Schriftsteller mit Werken von mitunter etwas süßlicher Tendenz.
Abu...: Vater von..., gebraucht in Verbindung mit dem Namen des ältesten Sohnes; mitunter auch für Beiname verwendet (vgl. Abu al-Iss)
Abu al-Iss: »Vater der Ehre«, Beiname, den Basil im Gefängnis von seinen Kameraden erhielt
Abu Said al-Hilali: Held einer arabischen Volkserzählung
Ahmad, Faisa: ägyptische Sängerin
Aschkenasis: Juden europäischer Herkunft
Ashar: Mitte des 10. Jh. gegründete Universität in Kairo, bis heute eines der großen Zentren islamischer Gelehrsamkeit
Assassinen: schiitische Gruppe, die im 12. Jahrhundert den Raum Syrien/Westiran nicht selten gewalttätig kontrollierte
Beit Hanina: arabisches Dorf bei Jersualem
Chalil Ibn Ahmad: arabischer Grammatiker und Lexikograph im 9. Jahrhundert.
Chidr: islamische Legendengestalt, basierend auf einer koranischen Erzählung (Sure 18, 60–82), oft als »Diener Gottes« betrachtet
Donum: Flächenmaß, in Palästina etwa 900 m^2
Dschinn: aus rauchloser Flamme geschaffene Geister, die in unterschiedlicher Gestalt sichtbar werden
Egged: staatliche israelische Omnibusgesellschaft
Fairus: libanesische Sängerin
Farid al-Atrasch: ägyptischer Sänger
Faruk: letzter König in Ägypten, 1952 von den »Freien Offizieren« unter Nasser gestürzt
Fatiha: erste Sure des Korans, wird als Gebet gesprochen
Gusch Emunim: («Glaubensblock«), aggressive israelische Rechtsgruppierung
Halva: »türkischer Honig«
Humus: Paste aus Kichererbsen
Ibn abi Rabia: frühislamischer Liebesdichter aus dem 7. Jahrhundert.
Ibn Chaldun: nordafrikanischer Gelehrter, starb 1411, stellte allgemeine Entwicklungstendenzen arabischer Geschichte dar und gilt als »erster Soziologe«
Imrulkais: vorislamischer arabischer Dichter, 1. Hälfte des 6. Jahrhunderts.
Kbbani, Nisar: zeitgenössischer syrischer Dichter
Kandil, Muhammad: ägyptischer Sänger
Kassem: Führer der irakischen Offiziere, die 1958 den König stürzten
Kefije: quadratisches Tuch zur Kopfbedeckung

Kenar: Zimttee mit Walnüssen, Pinienkernen und Mandeln
Keren Kajemet: zionistische Finanzorganisation zum Landkauf in Palästina
Knafi: mit Zucker, Schmelzbutter und Honig gebackene Fadennudeln
Koloquinte: Kürbisgewächs, im Arabischen sprichwörtlich für seine Bitterkeit
Maimonides: berühmter jüdischer Arzt in Kairo, starb 1203, diente Saladin als Hofarzt
Mamul: Süßspeise aus Grieß und Nüssen
Rakach: Kommunistische Partei Israels
Sabah: libanesische Sängerin
Sabra: Bezeichnung für Israelis, die – von Einwanderern abstammmend – in Israel geboren sind
Said, Nuro al-: prowestlicher irakischer Politiker, gest. 1958; Ende der 30er Jahre Premier
Salabi: Süßspeise aus Teig, in Öl gebacken und in Zuckersirup getaucht
Saladin: regierte 1169–1193 in Syrien, Palästina, Ägypten; eroberte 1187 Jerusalem von den Kreuzfahrern zurück
Samachschari: Gelehrter, besonders auf dem Gebiet der Philologie, aus dem Nordosten des Iran, 1075–1144
Sandsch: schwarze Arbeitssklaven in den unterirakischen Sümpfen, unternahmen Ende des 9. Jahrhunderts einen Jahre dauernden berühmten Aufstand
Sanusi: Mohammed Idris; libyscher Herrscher, 1969 gestürzt
Schartuni: libanesischer Sprachgelehrter, 1849–1912
Sengi: Herrscher türkischer Abstammung, beherrschte 1127 bis 1146 von Mosul/Irak aus die Region Nordirak und Syrien
Sephardis: Juden orientalischer (einschließlich spanischer) Herkunft
Sibai: ägyptischer Prosaschriftsteller der Gegenwart, im Stil Abdal-Kuddus vergleichbar
Tamarija: Süßspeise, ähnlich wie Salabi
Tell Saatar: Palästinenserlager im Libanon, wurde 1976 von der syrischen Armee zerstört, wobei Hunderte von Palästinensern umkamen
Umm ...: Mutter von ..., gebraucht meist in Verbindung mit dem Namen des ältesten Sohnes
Umm Kulthum: ägyptische Sängerin, bekannt und verehrt in der gesamten arabischen Welt